RHETORIK-FORSCHUNGEN

Herausgegeben von
Joachim Dyck, Walter Jens und Gert Ueding

Band 4

Gert Ueding

Aufklärung über Rhetorik

Versuche über Beredsamkeit, ihre Theorie und praktische Bewährung

Max Niemeyer Verlag
Tübingen 1992

Für Manfred Fuhrmann

Die Deutsche Bibliothek – CIP-Einheitsaufnahme

Ueding, Gert :
Aufklärung über Rhetorik : Versuche über Beredsamkeit, ihre Theorie und praktische Bewährung / Gert Ueding. – Tübingen : Niemeyer, 1992
(Rhetorik-Forschungen ; Bd. 4)
NE: GT

ISBN 3-484-68004-0

Printed in Germany.
Druck und Einband: Weihert-Druck GmbH, Darmstadt

Inhaltsverzeichnis

Vorrede

Der Titel dieses Buches pointiert einen Zusammenhang, der über die Aufhellung eines lange Zeit verschollenen oder durch Mißbrauch verdunkelten Wissensbereiches weit hinausgeht: Rhetorik ist von ihrem historischen Ursprung und nach ihrem klassischen Selbstverständnis ein der Aufklärung verpflichtetes Bildungssystem, das nicht wie die (Platonische) Philosophie Mythos und Tradition absolut setzte, sondern als Produkte historischer Genealogien erkannte und zum Gegenstand rational-kritischer Argumentation machte. Die Wahrheit verlor ihren metaphysischen Grund und die Philosophen ihre Aura als deren irdische Statthalter: sie haben sich schadlos gehalten und ihrerseits der Rhetorik als Schein- und Schmeichelkunst jeden Zugang zur wahren Erkenntnis absprechen wollen. Wie erfolgreich, zeigt das bis heute nachwirkende Zerrbild der Sophistik, das Platon und die Platonische Philosophie selber mit rhetorischen Mitteln verbreitet haben. Doch wie erfolglos auch, lehrt die Geschichte aller Aufklärungsbewegungen von der Antike über Renaissance, Humanismus und das Zeitalter der Vernunft (das 18. Jahrhundert) bis zur kritischen Philosophie und Literatur der Gegenwart. Aufklärung über Rhetorik thematisiert also immer auch den konstitutiven Zusammenhang von Rhetorik und Aufklärung: die in diesem Band versammelten Studien - Essays, Reden und ein hierher gehörendes Kapitel aus einer Literaturgeschichte - haben alle diesen gemeinsamen Fluchtpunkt. Daraus erklären sich einige gedankliche Parallelen und inhaltliche Überschneidungen; sie konnten nicht in allen Fällen beseitigt werden, ohne die Argumentation zu schwächen oder gar zu gefährden und den Kontext zu zerstören, wurden dann also als das kleinere Übel in Kauf genommen.

Die Reihenfolge der Beiträge folgt dem Zusammenhang der Themen, nicht der Chronologie der Entstehung, die oft durch äußeren Anlaß zustande kam. Am Anfang steht der neueste Versuch, eine Rede über das Lachen und seine Rhetorik, nicht nur, weil manchmal der Seitenpfad am schnellsten ins Zentrum führt, sondern auch der alten rhetorischen Regel folgend, die am Anfang das Wohlwollen und die Aufmerksamkeit des Publikums zu erringen empfiehlt.

Tübingen, im Juli 1992

Kurz, gerade die Wahrheit verlangt, in ihrer angemessenen Fülle wie pädagogischen Vermittlung, daß sie nicht nur ist und wird, sondern auch scheint - gerade die Wahrheit ist voll Figur.

Ernst Bloch

Rhetorik des Lachens

In einem Zugabteil sitzen mehrere Handlungsreisende, die sich alle gut kennen. Sie haben sich schon längst sämtliche Witze ihres Repertoires erzählt; versucht es dennoch einer noch einmal, rufen die anderen sofort: "Den kennen wir schon." Da kommen sie auf eine Idee. Sie schreiben alle ihnen bekannten Witze auf ein Blatt und numerieren sie durch. Von Zeit zu Zeit ruft einer dem andern eine Nummer zu - und jetzt können sie wieder lachen. - Auf einer Station steigt nun ein Fremder ins Abteil, der sich über das merkwürdige Zahlen- und Lachspiel wundert. Er läßt sich die Sache erklären, nimmt die Witzliste und ruft lustig: "Siebenundzwanzig." Keiner lacht. "Das ist aber doch ein guter Witz!" sagt er. "Das schon", geben die anderen zu, "aber erzählen muß man ihn halt können."

In jedem guten Witz liegt ein Problem verborgen, und das nicht nur, wenn ihn Lichtenberg erzählt, von dessen Scherzen Goethe solches behauptet hatte. Auch dieses Beispiel - es ist in vielen Varianten verbreitet und wohl jüdischen Ursprungs - zeugt davon, und zwar gleich auf mehrfache Weise. Es illustriert die uns allen vertraute Erfahrung, daß man über bekannte Witze nicht mehr gut lachen kann, daß sie aber in verfremdeter Form wieder wirksam werden. Auch seine eigentliche Pointe findet sofort unsere Zustimmung, denn wer kennt nicht jenen Typus von furchtbarem Witzeerzähler, der jede Pointe verdirbt, indem er sie vorwegnimmt, oder der den Scherz auf andere, meist umständliche Weise derart zerredet, daß nichts mehr daran lustig ist. Witze muß man erzählen können, sonst gibt es nichts zu lachen, und wenn man von einer Rhetorik des Lachens spricht, denkt man wohl zuerst an diesen Zusammenhang. Die Kunst, Witze zu erzählen, ist eine rhetorische Kunst sogar noch in einem ziemlich ursprünglichen Sinne: zur richtigen Entfaltung gelangt sie erst im Medium mündlicher Rede, und wer kennt nicht die Monotonie, die jeder Witze-Anthologie anhaftet, während man sich in geselliger Runde - vielleicht nicht stundenlang, aber doch ziemlich ausgiebig - Witze und lustige Geschichten erzählen kann. Und noch ein Drittes gibt uns das Beispiel zu verstehen, wenn wir genau hingehört haben: Der Lapsus des untalentierten Erzählers wird ja genannt, er ruft die Chiffre "siebenundzwanzig", nämlich "lustig", aus, wie es heißt, und sogleich verdeutlicht sich uns sein Bild noch mehr. Er gehört offenbar zu jenen Witzbolden, die über ihre Scherze am meisten selber lachen und damit nicht einmal warten können, bis sie mit ihrer Geschichte zu Ende sind, ja dieses Ende unter lauter Gaudi und Gekicher oftmals nicht einmal erreichen. Noch eine vierte Konsequenz will ich an dieser Stelle schon andeuten, sie folgt nicht aus dem Witz selber, sondern aus dem, was ich hier mit ihm angestellt habe. Er verliert nämlich seinen Charakter und seine Bestimmung (also witzig zu sein und lachen zu machen), sobald er zum Gegenstand der Auslegung oder gar weitläufiger Erörterungen wird. Eine Crux, die die wissenschaftliche Beschäftigung mit dieser so leichten wie flüchtigen Materie ausgesprochen prekär (nämlich manchmal selber unfreiwillig komisch) macht. Ja wahrlich, sagt Cicero, es ist sehr schwer für einen Mann von einiger Bildung, witzig über den Witz zu reden.[1]

[1] Vgl. M. Tullius Cicero: De oratore. Über den Redner. Lat. u. dt. Übers. u. hg. v. H. Merklin. 2., durchges. u. bibl. erg. Aufl. Stuttgart 1976. II, 217, S. 345.

Man kann aus diesen wenigen Bemerkungen schon heraushören, daß mit einer "Rhetorik des Lachens" zumeist die "Rhetorik des Lächerlichen" gemeint wird, die Art und Weise also, in der eine witzige Geschichte verfaßt und erzählt werden muß, damit sie Lachen erregt. Und wirklich haben sich die großen Redetheoretiker eigentlich nur mit diesem Aspekt unseres Themas beschäftigt. "Die letzte Schönheit eines glücklichen Schertzes besteht in einem geschickten Vortrage desselben",[2] behauptet Georg Friedrich Meier, ein Rhetoriker der Aufklärung und Baumgarten-Schüler, der eines der wenigen deutschen Rhetorikbücher über das Komische geschrieben hat: *Gedancken von Schertzen* heißt der Titel des 1744 erschienenen Werks. Darin finden wir auch eine brauchbare Definition des Gegenstandes, mit dem ich mich heute beschäftigen will. Meier schreibt, "daß ein Schertz eine Rede sey, wodurch wir Vorstellungen, die von den scharfsinnigen Witze gewürckt worden, vortragen, und welche zum nächsten Zwecke hat, andere zum Lachen zu reizen."[3] Die Definition erspart mir weitläufige Begriffserklärungen und Begriffsdifferenzierungen zwischen Humor, Witz und Satire, zwischen Scherzhaftem, Komischem und Lächerlichem, womit sich vor allem die Ästhetik des 19. Jahrhunderts wohl weniger vergnügt als geplagt hat.

Für Meier steht - wie für alle Rhetoriker - die Kunst, eine Scherzrede, sei es in kurzer Form als Witz, sei es in ausführlicher Weise als spaßhafte Rede, zu verfassen und vorzutragen, also im Zentrum der Aufmerksamkeit. Das Lachen selber, bedauert er, "ist eine so verworrene und, aus unendlich vielen andern, zusammengesetzte Veränderung, daß man Ursach zu zweiffeln hat, ob man dieselbe so deutlich erklären könne, als andere Veränderungen die bey uns vorgehen."[4] Wie in diesem Buch des Philosophieprofessors aus Halle, so wird auch in allen anderen redetheoretischen Schriften das Lachen selber als eine durchaus differenzierte und nuancierte Ausdrucksweise nur nebenbei einmal und dann sehr pauschal gewürdigt. Das hat Gründe, wie wir noch erfahren werden, doch möchte ich mich zuerst ein wenig auf gesichertem rhetorischen Terrain umsehen, bevor ich einige Vorstöße auf den schwankenden Boden unternehme, auf dem gleichwohl, um ein Wort Jean Pauls aufzunehmen, alles gedeiht, weil ihn der Himmel mit Heiterkeit überwölbt.[5]

Ziemliche Einigkeit herrschte schon in der antiken Rhetorik darüber, daß die Frage, was das Lächerliche seinem Wesen nach sei, nicht in ihr Gebiet gehöre. Aristoteles verweist auf seine Definitionen in der *Poetik* (wobei der Teil mit der Theorie des Lächerlichen verlorengegangen ist), und Cicero erklärt lapidar, darum möge Demokrit sich kümmern,[6] jener Philosoph also, den schon seine Zeitgenossen den lachenden genannt haben, nicht weil seine abderitischen Landsleute ihn dauernd dazu gebracht hätten, wie uns Wieland glauben machen möchte, der dabei an seine Schwaben dachte, sondern weil er die Wohlgemutheit, eine heitere, gelassene, ungestörte Gemütsstimmung, als das höchste Gut betrachtete. Aber das ist natürlich nicht alles, was Aristoteles, Cicero und Quintilian, die eigentlichen und größten

---

2 G. F. Meier: Gedancken von Schertzen. Nachdr. d. Ausg. Halle 1744. Mit Einl., Zeittafel, Bibl. v. K. Bohnen. Kopenhagen 1977. S. 117

3 Meier, Gedancken, S. 26

4 Meier, Gedancken, S. 107

5 Vgl. Jean Paul: Levana oder Erziehlehre. In: Ders.: Werke. Hg. v. N. Miller. Bd. 5. München 1963. S. 598.

6 Vgl. Cicero, De oratore, II, 235, S. 359.

Begründer der Rhetorik, zu diesem Thema zu sagen hatten. Die komische Rede und der Witz werden von ihnen durchaus als eigene Domäne begriffen, die der Platon-Schüler Aristoteles zudem gegen seinen Lehrer zu verteidigen hatte. Bekanntlich bewährt sich der platonische Weise im Kampf gegen das Vergnügen und für innere Ruhe und Selbstbeherrschung. Besonders empörte ihn, daß die Götter bei Homer lachen und noch dazu auf unmäßige und ihnen unwürdige Weise über so unwürdige Gegenstände wie zum Exempel den Ehebruch Aphrodites mit Ares, die beide hilflos unter Hephaistos', des krüppelhaften, doch kunstreichen Gottes, Netz zappeln, worauf der Betrogene alle anderen Götter und selbst Vater Zeus zu Zeugen herbeiruft: "Kommt und seht, was hier zum Lachen und zur Schande geschieht."[7] Platon fand solches Lachen selber schändlich, ordnete es dem Schlechten und Unverständigen zu, und auf diese Weise gelangte der Griesgram in die hohe Philosophie, wovon sie sich bis heute, trotz Aristoteles und Nietzsche, nicht recht erholt hat. Der erstere hat den Menschen das sich vor allen anderen Lebewesen durch sein Lachen auszeichnende Geschöpf genannt, und der späte Nietzsche gab diesem Diktum eine bezeichnende Pointe: "Das leidendste Tier auf Erden erfand sich - das *Lachen.*"[8]

In seiner *Rhetorik* hat Aristoteles, ihrer argumentationstheoretischen Ausrichtung entsprechend, das Lächerliche nur kurz mit einem Gorgias-Zitat als rhetorisches Kunstmittel und zur "Anwendung in den Prozessen" empfohlen: "man müsse den Ernst der Gegner durch Lachen und ihr Lachen durch Ernst zunichte machen."[9] Das sehen Cicero und Quintilian nicht anders, die eine weitere wichtige rhetorische Funktion des Lächerlichen ebenfalls von Aristoteles beziehen, freilich nicht aus dessen rhetorischen Lehrschriften, sondern aus der *Nikomachischen Ethik.* "Tätiges Leben wird durch Zeiten der Erholung unterbrochen, in denen Muße und Kurzweil ihren Platz haben",[10] heißt es dort, ja, der Mensch braucht solche Erholung sogar, um erneut und erneuert tätig sein zu können.[11] Auf die Redekunst übertragen, werden derart Scherz und Komik zu Mitteln der Entspannung, mit deren Hilfe das Publikum wieder zu neuer Aufmerksamkeit zurückgeführt wird. So pflegte Prodikos, ein berühmter Redner und Redelehrer aus dem 5. Jahrhundert, seine schläfrig werdenden Schüler mit der Bemerkung aufzuheitern, er lege jetzt ein Stück aus seinem Extrakurs ein, für den er sich sonst 50 Drachmen bezahlen lasse,[12] und es gibt wohl kaum einen guten Redner, der sich, aus vergleichbaren Gründen, die Gelegenheit zu scherzen entgehen ließe. In der Rede vor der Volksversammlung ist solche rhetorische Entspannungstechnik besonders wichtig, will der Redner vermeiden, daß er beim Volk in Ungnade fällt,[13] wie Cicero

---

7 K. Kerenyi: Die Mythologie der Griechen. Bd. I: Die Götter- und Menschheitsgeschichten. München [6]1983. S. 60.

8 F. Nietzsche: Aus dem Nachlaß der Achtzigerjahre. In: Ders.: Werke in drei Bdn. Hg. v. K. Schlechta. München 1966. Bd. 3. S. 467.

9 Aristoteles: Rhetorik. Übers., mit e. Bibl., Erl. u. e. Nachw. v. F. G. Sieveke. München 1980. III, 18, 7, 1419^b, S. 223.

10 Aristoteles: Nikomachische Ethik. Übers. u. Nachw. v. F. Dirlmeier. Anm. v. E. A. Schmidt. Stuttgart 1990. S. 115

11 Vgl. Aristoteles, Nikomachische Ethik, S. 117.

12 W. Süß: Lachen. Komik und Witz in der Antike. Hg. v. K. Bartels. Zürich u. Stuttgart 1969. S. 27.

13 Vgl. Cicero, De oratore, II, 338ff., S. 423ff.

sagt, welcher aber auch die Gerichtsverhandlung für den richtigen Ort einer Scherzrede hält, wenn es Gegner und strittige Sache erlauben. "Nach meiner Meinung hast du jedenfalls", lobt er Crassus, "den weitaus größten Anteil der Richterstimmen durch deinen beißenden, geistvollen und geschliffenen Witz und Humor gewonnen. Da triebst du deinen Spott mit seinem übergroßen Scharfsinn und stauntest über Scaevolas Genie, wie er darauf gekommen sei, daß ein Mensch erst geboren werden müsse, bevor er sterben könne."[14]

Spannungslösung und Sympathiegewinnung rücken das Komische in den Geltungsbereich des rhetorischen ethos, also jener emotionalen Redefunktion, die der Unterhaltung und Zerstreuung, dem delectare und conciliare, dient. Den Richter zum Lachen zu bringen, rechnet Quintilian daher zur "Leistung des Redners auf dem Gebiete der Gefühlswirkungen",[15] wobei es nicht um Leidenschaftserregung, sondern um die Bewegung der eher sanften und milden Affekte geht. Das ethos, das in Person und Charakter des Redners erscheint und seine Glaubwürdigkeit begründet, bewirkt nach rhetorischer Theorie "eine gelassene Gemütsemotion"[16] des Wohlwollens, der Freundlichkeit und Geneigtheit. Sie geht aus von der "Eigenart menschlichen Verhaltens"[17] in seiner bloßen, gewöhnlichen Natürlichkeit, von vita et mores in ihrer menschlich-geselligen Erscheinung, und ist damit eine Wirkung der humanitas. Der tägliche Umgang, sagt Quintilian, ist die Hohe Schule des Witzes[18] und daß der einzelne nur in Gesellschaft, nicht in der Einsamkeit lacht, eine übliche, uns allen zugängliche Erfahrung. "Wir würden die Komik nicht genießen, wenn wir uns allein fühlten",[19] heißt es in Bergsons berühmtem Essay *Über das Lachen*, der darin freilich noch einen anderen sozialen Sinn gesehen hat, nämlich Korrektiv und Strafe für die menschliche Vorliebe, aus der Reihe zu tanzen und die Konventionen und Regeln der Gemeinschaft zu mißachten.[20] Ein großer Teil der jüdischen Witze lebt von diesem Mechanismus, da das Gemeindeleben des gläubigen Juden bis in Einzelheiten durch religiöse Bestimmungen geregelt ist. Ein Beispiel: Kommt ein Jude zum Rabbi: "Welche Buße werdet Ihr mir dafür auferlegen, daß ich kürzlich vor dem Essen die Hände nicht gewaschen habe?" (was rituelles Gebot ist). Darauf der Rabbi: "Ja - warum habt Ihr sie nicht gewaschen?" - "Ich habe mich geniert, es war ein christliches Lokal." - "Wie kommt Ihr in ein nicht-koscheres Restaurant?" - "Es war Jom Kippur (also strengster Fastentag), und da waren alle jüdischen Restaurants geschlossen."[21]

---

14 Cicero, De oratore, I, 243, S. 187.

15 M. Fabius Quintilianus: Institutio oratoria. Ausbildung des Redners. Lat. u. dt. Hg. u. übers. v. H. Rahn. 2., durchges. Aufl. Darmstadt 1988. Bd. 1, VI, 3, 1, S. 715.

16 K. Dockhorn: Die Rhetorik als Quelle des vorromantischen Irrationalismus in der Literatur- und Geistesgeschichte. In: Ders.: Macht und Wirkung der Rhetorik. Vier Aufsätze zur Ideengeschichte der Vormoderne. Bad Homburg v. d. H., Berlin, Zürich 1968. S. 50.

17 K. Dockhorn: Wordsworth und die rhetorische Tradition in England. In: Ders., Macht und Wirkung, S. 34.

18 Vgl. Quintilian, Ausbildung des Redners, Bd. 1, VI, 145, S. 719.

19 H. Bergson: Das Lachen. Ein Essay über die Bedeutung des Komischen. Übers. v. R. Plancherl-Walter. Nachw. v. K. Witte. Darmstadt 1988. S. 15.

20 Vgl. Bergson, Lachen, S. 23.

21 Entnommen aus: Der jüdische Witz. Soziologie und Sammlung. Hg. u. eingel. v. S. Landmann. 13., vollst. neu bearb. u. wesentl. erg. Aufl. Olten u. Freiburg i. Br. 1988. S. 141.

Es lohnt sich, diesen Gesichtspunkt (das Lachen als Verlachen dessen, der die Regeln verletzt) noch ein wenig zu vertiefen, bevor ich zu den Arten des Lächerlichen oder Komischen komme, die die Rhetorik dem Redner empfiehlt oder von denen sie ihm abrät. Denn vor die Scherzrede haben auch die lachenden Götter die Mühe des Findens gesetzt. Woher nimmt man denn den "Stoff zum Lachen"?[22] fragt Quintilian, da seine Erscheinungsformen doch so ungeheuer vielfältig sind, und er kommt zu einer folgenschweren Entdeckung: Der Scherz speist sich aus derselben Quelle wie der Ernst; ob ich Sentenzen oder Witze suche, Beweise oder Paradoxien, die Topik, das System der Fundstellen, wo ich nach ihnen forschen kann, bleibt sich gleich: Es sind die loci communes, die sich, als loci a persona, entweder auf Körper und Charakter des Menschen oder, als loci a re, auf die Sache, die Umstände oder Situationen beziehen, in die man geraten kann. Von dieser rhetorisch-topischen Orientierung der Scherzrede leitet sich die seit Cicero und bis heute übliche Unterscheidung in Charakter- und Situationskomik ab. Für den Advokaten Cicero spielen die loci a persona bei der Suche nach Witzstoffen die größte Rolle, weil man mit ihnen den Gegner besonders wirkungsvoll diskreditieren kann. "Der Ort und gleichsam das Gebiet des Lächerlichen", so läßt er Crassus ausführen, "ist wesentlich bestimmt von einer gewissen Häßlichkeit und Mißgestalt. Denn man lacht ja ausschließlich und ganz besonders über das, was etwas Häßliches auf eine Weise, die nicht häßlich ist, bezeichnet und beschreibt."[23] Das ist nicht etwa nur übertragen zu verstehen. Das klassische Zeitalter, dem ein Winckelmann sein Schönheitsideal so überzeugend abgewonnen hat, daß wir ihm noch heute, und sei es in der Gestalt Marilyn Monroes, huldigen, war in seinem Umgang mit der davon abweichenden körperlichen Erscheinung bemerkenswert unbefangen. Der hinkende Hephaistos ist Gegenstand zahlreicher Witze, und in seinem Gegner Piso sieht Cicero Schafskopf, Schwein und Geier vereint, auch nennt er ihn einen Zuchthengst, der aufwiehert, sobald auch nur ein Philosoph von "Lust" spricht; noch dazu sei er ein elender Schlemmer, ein "römischer Epikur", jedoch ein "Erzeugnis des Stalles, nicht der Schule",[24] abscheulich aus dem Munde stinkend und zudem von Galliern abstammend, die mit Hosen herumlaufen. Aussehen und Abstammung, auch der Name waren herausragende Gegenstände von Ciceros Spottlust: was gewinnt er allein an Beschimpfungen dem Namen seines Gegners Verres ab, da verrēs, verris m. "das Schwein" heißt. Des Verres' Rechtsprechung nennt er zum Beispiel "ius verrinum": da "ius" auch "Sauce" heißen kann, bedeutet der doppelsinnige Ausdruck zugleich "Schweinebrühe",[25] und als sein Gegner einen jüdischen Scheinankläger präsentiert, fragt Cicero hinterlistig: "Was hat denn der Jude mit dem Schwein zu schaffen?"[26] Übrigens bedient sich auch der jüdische Witz ganz ungeniert aller besonders ins Auge fallenden körperlichen Defekte: "Rabbi", beschwert sich ein Buckliger, "jeden Schabbes predigt Ihr, wie

---

22 Quintilian, Ausbildung des Redners, Bd. 1, VI, 3, 35, S. 727.

23 Cicero, De oratore, II, 236, S. 359.

24 M. Tullius Cicero: Rede gegen Piso. In: Ders.: Sämtliche Reden. Eingel., übers. u. erl. v. M. Fuhrmann. Bd. VI. Zürich u. München 1980. S. 166.

25 Vgl. M. Tullius Cicero: Reden gegen Verres II. Zweite Rede gegen C. Verres. Lat. u. dt. Übers. u. hg. v. G. Krüger. Stuttgart 1989. I, 46, 121. S. 111 u. 157.

26 Plutarch: Große Griechen und Römer. Eingel. u. übers. v. K. Ziegler. Bd. IV. Zürich u. Stuttgart 1957. S. 259.

vollkommen Gott alles erschaffen hat. Seht mich an!" Der Rebbe sieht ihn von allen Seiten an und sagt: "Nu, seid Ihr für einen Buckligen nicht vollkommen geraten?"[27]

Uns Heutigen mögen Witze, Scherz- und Spottreden dieser Art eher makaber vorkommen, doch wer in die Niederungen karnevalistischer Fröhlichkeit und Stammtischkomik steigt, kann natürlich immer noch die krudesten Exempel aus dem trüben Wasser solcher Geselligkeit fischen. Und schließlich: ein Volk, das das Glück hat, einen Kanzler namens Kohl, einen Oppositionsführer namens Vogel und gar einen Ministerpräsidenten, der leibhaftig Teufel heißt, zu besitzen, würde sich ein schlechtes Zeugnis ausstellen, wenn es sich darauf nicht seine eigenen komischen Reime machte. Daß der Bundeskanzler zudem eine ausgeprägte Statur besitzt, ist ein besonderer Trumpf für alle Karikaturisten und Witzbolde in unserem Land.

Dies nur am Rande. Wichtig sind solche Beispiele aus einem Grunde: Die Bindung des Komischen an die humanitas kennt wie diese selber keine Reservate, die prinzipiell ausgespart werden müßten, kurz, auch dem Witz ist nichts Menschliches fremd. Es sind allein die Adressaten und die Gelegenheit, welche dem Redner Zurückhaltung oder Verzicht auferlegen. Cicero markiert einige Grenzen, die entweder im Anlaß, in der Würde des Redners oder in der aktuellen Situation begründet sind. Große und besonders ruchlose Verbrecher will er von der komischen Behandlung ebenso ausgenommen wissen wie außergewöhnliches Elend. Grimassieren und übertriebenes Nachahmen, wie Komödianten und Possenreißer es lieben, vertragen sich nicht mit dem oratorischen Idealbild des vir bonus, der schließlich ein Muster sämtlicher ernsthaft positiver Möglichkeiten des Menschen darstellt. Dasselbe gilt für die unernste und seichte Witzelei, und die Zote gar "gehört nicht nur nicht auf das Forum, sondern kaum in ein Gelage freier Männer."[28] Daß der römische Meister der Schmähredе solche Regeln nicht eng auslegt, zeigt er freilich wenige Seiten später, wenn er die Heiterkeit behandelt, die dann entsteht, wenn sich kluge Leute dumm stellen. "Als man Pontidius z. B. fragte: 'Wie stellst du dir einen Mann vor, den man beim Ehebruch ertappt?' gab er zur Antwort: 'Langsam'."[29]

Doch zurück zum Hauptpunkt. Die Fundorte für Witz und Scherz stimmen mit denen für die scharfsinnige, ernste Rede und Argumentation überein, sagte ich, und das ist rhetorische Gemeinüberzeugung seit der Antike. Quintilian hat sie in einem kurzen Satz zusammengefaßt: "Alle Fundstellen für Beweise bieten ja auch für Witze Gelegenheit."[30] Ob es sich um den Definitionstopos handelt wie in der Unterrichtsstunde in der Talmudschule, als die Studenten die Frage diskutieren, ob Kindermachen Arbeit oder Vergnügen sei, und Jankl antwortet; "Ein Vergnügen. Sonst hätten die Juden einen Goj dafür angestellt";[31] oder ob sich der Fundort aus dem Gegenteil ergibt wie in dem Fall, als Augustus einem Präfekten recht ungnädig den Abschied gab, der aber fragte, was er nur seinem Vater sagen solle; worauf der Kaiser lapidar: "Sag ihm, *ich* hätte *dir* nicht gefallen."[32] Selbst die logische Beweis-

---

27 Entnommen aus: Landmann, Jüdischer Witz, S. 101.

28 Cicero, De oratore, II, 252, S. 371.

29 Cicero, De oratore, II, 275, S. 385.

30 Quintilian, Ausbildung des Redners, Bd. 1, VI, 65, S. 741.

31 Entnommen aus: Landmann, Jüdischer Witz, S. 52.

32 Vgl. Quintilian, Ausbildung des Redners, Bd. 1, VI, 64, S. 739.

führung, der Syllogismus, kann Witze in Form von Trug- oder Scheinschlüssen liefern. So wurde einst Diogenes von einem platonischen Dialektiker folgender Trugschluß zugemutet, auf den jener freilich geistesgegenwärtig antwortete. "Was ich bin", fragte jener den Diogenes, "das bist du doch nicht?", und der gab das zu, woraufhin wieder der andere: "Ich aber bin ein Mensch", welchen Satz auch Diogenes als richtig anerkennen mußte, wohl schon ahnend, was als Schluß folgen sollte, nämlich: "Also bist du kein Mensch"; denn Diogenes antwortete: "Dieser Schluß ist verkehrt; wenn du ihn aber richtig machen willst, so mußt du bei mir anfangen."[33] In diesen Zusammenhang gehört auch das Paradoxon, für das ich zu unserer Gemütsergötzung Lewis Carrol exemplarisch zitieren möchte: "'Auf der Straße sehe ich niemand', sagte Alice. 'Ach, wer solche Augen hätte!' bemerkte der König wehmütig, 'mit denen man selbst Niemand sehen kann! Noch dazu auf die Entfernung! Und *ich* muß schon froh sein, wenn ich in diesem Licht noch die wirklichen Leute sehen kann!'"[34]

Die Reihe ließe sich beliebig verlängern, und jeder von Ihnen könnte seinen Beitrag dazu leisten. Ich möchte sie vorläufig mit einem besonders schönen Beispiel aus der jüdischen Witztradition abschließen, in welchem die argumentativ-logischen Schlußverfahren sowohl die Methode wie den Inhalt der witzigen Argumentation liefern. Und zwar wird der Analogieschluß hier mit dem Schluß vom Kleineren auf das Größere kombiniert. Der erstere bedarf keiner Erläuterung, den letzteren will ich mit einem klassischen Fall belegen, er stammt aus Quintilians *Ausbildung des Redners*: Wer öffentlich lügt, dem wird man auch zutrauen, daß er einen Meineid schwört.[35] (Auch der umgekehrte Schluß vom Größeren auf das Kleinere ist natürlich möglich: wer Tempelraub begeht, wird auch diesen Diebstahl einer Geldbörse verschuldet haben, so lautet das Modellargument in diesem Fall.) Doch genug der Einleitung und zu dem angekündigten Beispiel, das ich im wesentlichen in der Fassung Salcia Landmanns hierhersetze. Der Kutscher Reb (Ehrentitel aller angesehenen Juden) Schachne ist ein guter Kenner des Talmud. Einmal will er auf seinem Wagen einige Juden nach Roswadow bringen - da kracht plötzlich ein Rad und fällt ab. "Und was jetzt?" fragen die besorgten Fahrgäste. "Nichts", beruhigt sie Reb Schachne, "wir werden weiterfahren." - "Womit?" - "Mit dem Schluß aus dem Geringeren", antwortet der gelehrte Kutscher. "Wenn ein Fahrrad nämlich, das nur zwei Räder hat, fahren kann - um wieviel mehr kann es dann ein Wagen mit drei Rädern!" Sie fahren weiter, doch nicht lange, das zweite Rad kracht. "Und womit werden wir jetzt weiterfahren?" fragen die Juden. "Sehr einfach, per analogiam", erhalten sie zur Antwort. "Kann nämlich ein Fahrrad auf zwei Rädern fahren, dann kann es der Wagen auch." Nach kurzer Zeit wiederholt sich das Unglück, das dritte Rad geht perdü, und auf die entsprechende Frage heißt es jetzt: "Wir fahren weiter entsprechend dem Schluß aus dem Geringeren; wenn ein Schlitten ganz ohne Rad fahren kann, wieviel mehr ein Wagen mit einem Rad." Kurz darauf tut es einen Schlag, um das vierte Rad ist es geschehen. "Und womit fahren wir jetzt?" - "Per Analogieschluß aus dem Schlitten!"[36]

---

33 Vgl. H. Rüdiger: Sokrates ist nicht Sokrates. Der Kampf mit dem gesunden Menschenverstand. Klassische Trug- und Fangschlüsse. Zürich u. München 1975. S. 89.

34 L. Carroll: Alice hinter den Spiegeln. Übers. v. Chr. Enzensberger. Frankfurt a. M. 1974. S. 96.

35 Vgl. Quintilian, Ausbildung des Redners, Bd. 1, V, 10, 87, S. 581f.

36 Entnommen aus: Landmann, Jüdischer Witz, S. 50.

Das ist der Weg, auf dem zwar noch keine Kutsche zum Ziel, aber schon mancher Stachel in den gesunden Menschenverstand gelangt ist. Obwohl man diese Dimension des Witzes auch als persuasiv beschreiben kann, insofern er den Verstand dabei von der eigenen Unzulänglichkeit überzeugen will, dient er in unserem Zusammenhang nur als besonders bewußtes, in sich selbst reflektiertes Exempel dafür, daß zumindest die Quelle von Ernst und Komik ein und dieselbe ist. Bei näherer Betrachtung gilt das auch für den Stoff, denn selbst wenn das Häßliche und Mißgestaltete ein besonders dankbarer Gegenstand der Erheiterung sein mag: er ist nicht einmal der wichtigste, und zuletzt erscheint auch der Gegenstandsbereich der Scherzrede als ebenso groß und eigentlich unabmeßbar wie die Gegebenheiten des menschlichen Lebens. Versucht man einmal, alle wesentlichen Merkmale zusammenzunehmen, die seit der Antike für die lachenerregende Rede und den Witz genannt wurden, wird man freilich auf einen gemeinsamen Nenner stoßen. Denn ob, wie von Cicero, die Fehlerhaftigkeit als Anlaß genannt wird,[37] von Bergson die Verunstaltung und Automatisierung des Lebendigen[38] oder von Joachim Ritter die Torheit des Menschen schlechthin,[39] die Anlässe zum Scherzen liefern, jedesmal liegt eine Unangemessenheit, rhetorisch gesprochen: eine aptum-Verletzung, zugrunde. Das kann ein unangemessener Körperbau, eine unangemessene Haltung oder Geistestätigkeit sein.

Aber Sie mögen mir nun einwenden, dies sei doch nur eine rein formale Bestimmung, Unangemessenheit setze einen Maßstab voraus, der durch sie verletzt werde. Und es ist wahr, das Komische ist immer eine Maßstabsverletzung, wobei das Maß des Richtigen nicht ein für allemal feststeht, sondern kulturell und historisch variabel ist. Ein Mann, so erzählt eine orientalische Geschichte, die auch in Blochs *Spuren* stehen könnte, wollte nach seinem Diebeszug eines der Beutestücke, einen kostbaren Teppich, verkaufen. "Wer gibt mir 100 Goldstücke dafür?" ließ er in der ganzen Stadt verbreiten. Nachdem er verkauft hatte, fragte ihn ein Freund: "Warum hast du für diesen unbezahlbaren Teppich nicht mehr verlangt?" "Gibt es denn eine größere Zahl als 100?" fragte der Verkäufer erstaunt. Komisch wirkt diese Geschichte nur, weil es ja wirklich eine größere Zahl als 100 gibt; unter der Voraussetzung aber, daß sie tatsächlich den höchsten Wert angäbe, wäre es die Frage des Freundes, die komisch wirkte. So kommt es, daß wir Witze aus fremden Kulturen oftmals nicht verstehen oder uns mühsam zusammenreimen müssen, von welchem Maßstab aus sie komisch wirken.

Die prinzipielle Geltung der aptum-Verletzung als Strukturmerkmal von Witz und Komik geht aber noch weiter. Nichts erregt größere Heiterkeit, sagt Cicero, "als etwas, das man nicht erwartet."[40] Quintilian stimmt ihm darin bei,[41] und unter ganz verschiedenen Masken begegnet uns diese Erwartungsenttäuschung in der Theorie des Komischen immer wieder. Noch Freuds Theorie, daß Humor, Komik und Witz deshalb lustvoll sind, weil sie uns Aufwand von Gefühlen, Vorstellungen und Hemmungen ersparen, die wir sonst von uns erwarten oder mit denen wir rechnen müßten, enthält noch im Kern die Maxime von der

---

37 Vgl. Cicero, De oratore, II, 236, S. 359.

38 Vgl. Bergson, Lachen, S. 25 u. 28.

39 Vgl. J. Ritter: Über das Lachen. In: Ders.: Subjektivität. Sechs Aufsätze. Frankfurt a. M. 1989. S. 62.

40 Cicero, De oratore, II, 284, S. 391.

41 Vgl. Quintilian, Ausbildung des Redners, Bd. 1, VI, 64, S. 741.

unerwarteten und daher überraschenden Wendung. Die Plötzlichkeit und Überraschung selber gehören dazu, die nach rhetorischer Überzeugung auch das Ideal der Scherzerzählung, brevitas, die Kürze also, begründen und denen auf der Rezipientenseite der plötzliche Ausbruch des Lachens, sein Zünden, wie der Sprachgebrauch es so treffend formuliert, entspricht. "Wenn man gantz unerwartete Schertze vorträgt, so überfällt man den Zuhörer, und läßt ihm nicht viel Zeit nachzudencken [...] Man kan sagen, daß das unerwartete in einem Schertze, ein Mittel sey, viele andere Fehler des Schertzes zu verbergen",[42] sagt der schon mehrfach zitierte Meier. Auch Joachim Ritter zielt auf diesen Punkt, wenn er feststellt, daß das Lächerliche aus einer Übereinkunft herausfällt,[43] auf die es, freilich in negativer Weise und meist bloß andeutend, bezogen bleibt. Der Maßstab, der hier verletzt wird, ist das durch gesellschaftlichen Konsens, durch Ideologie und öffentliche Meinung eigentlich Erwartete. Eine Unangemessenheit liegt schließlich auch sämtlichen Techniken des komischen Ausdrucks zugrunde, ob es sich dabei einerseits um das unangemessene Verhältnis von Scherz und Scherzgegenstand handelt, wie bei der übertriebenen Nachahmung, der euphemistischen Beschreibung, dem Understatement, der Ironie, oder, mit Jean Paul gesprochen, der Anwendung des Endlichen auf das Unendliche, so daß ein umgekehrt Erhabenes entsteht;[44] oder ob auf der anderen Seite der rhetorische Ausdruck selber unstimmig ist, also wie beim Wortwitz zweideutig, ungereimt oder überspannt. "Überhaupt besteht ja [...] die ganze Kunst", behauptet Quintilian, "mit gesalzenem Witz zu sprechen, darin, anders, als es richtig und wirklich ist, zu sprechen".[45] Bis in den Vortrag hinein kann man dieses Schisma verfolgen, und sämtliche Redelehrer warnen ihre Schüler davor, die Scherzrede etwa mit lächerlichem Gebärdenspiel oder selber lachend vorzubringen, vielmehr mache "den größten Eindruck die ernste Haltung des Sprechenden."[46] Sie kennen das ja alle: der Unbewegte, ja Mürrische ist der beste Witzeerzähler, und Charlie Chaplin oder besonders Buster Keaton haben die Empfindungslosigkeit und Selbstdistanziertheit zum komischen Prinzip schlechthin erhoben. Gerade die Teilnahmslosigkeit, mit der Charlie auch außerhalb der Fabrik die automatische Schraubbewegung an allem Schraubenähnlichem, ob Mantelknopf, Brille oder Schmuckstück, ausprobiert, oder die ungerührte Habachtstellung mit der Hand an der Mütze, in der Kapitän Keaton zusammen mit seinem Schiff langsam in den Fluten verschwindet, wirken umwerfend komisch - jede emotionale Unterstreichung oder sogar bloß Andeutung hätte die komische Wirkung vermindert. Georg Friedrich Meier konzentriert daher seine *Gedancken von Schertzen* im wesentlichen auf deren Vortrag, weil nichts schädlicher ist, als wenn sich der Scherzende selber lächerlich macht. "Napoleon, der sich manchmal als ein guter Psychologe entpuppte", schreibt Bergson, "wußte genau, daß das Sich-Hinsetzen eine Tragödie in eine Komödie verwandeln kann. Im 'Journal inédit' des Barons Gourgaud berichtet er von einem Gespräch, das er nach der Schlacht von Jena mit der Königin von Preußen führte. 'Sie empfing mich in tragischem Ton wie Chimène: Sire, Gerechtigkeit! Gerechtigkeit! Magdeburg! In diesem Ton, der mir sehr peinlich war, ging

42 Meier, Gedancken, S. 81.

43 Ritter, Lachen, S. 81.

44 Vgl. Jean Paul: Vorschule der Ästhetik. In: Ders., Werke, Bd. 5, S. 124f.

45 Quintilian, Ausbildung des Redners, Bd. 1, VI, 89, S. 749.

46 Quintilian, Ausbildung des Redners, Bd. 1, VI, 3, 26, S. 725.

es weiter. Um sie abzulenken, bat ich sie, sich zu setzen. Denn nichts beendet eine tragische Szene schneller. Wenn man sitzt, wird daraus eine Komödie.'"[47] Das ist übrigens auch ein Grund dafür, daß Redner stehend ihren Vortrag halten: die Diskrepanz zwischen Familiarität, ja Privatheit der sitzenden Haltung und der öffentlichen Rede wird allemal als unangemessen und daher leicht komisch empfunden.

Distanz und Verfremdung, können wir zusammenfassen, sind Voraussetzung der komischen Wirkung, sowohl bei demjenigen, der Scherze macht (ob freiwillig oder nicht), wie bei demjenigen, der sie aufnimmt. Einen scharfsinnigen, möglicherweise bösartigen Witz goutieren wir, wenn er über eine uns fremde Person ergeht, wir werden empfindlich, wenn ein Freund die Zielscheibe hergeben muß, und benötigen eine gute Portion Überlegenheit und Selbstdistanz, wenn wir selber zum Objekt loser Scherze werden. Weshalb auch die meisten Rhetoriker die Meinung vertreten, daß, aus einer bestimmten Entfernung gesehen, jedes Geschehen komisch wird und bei Verringerung der Distanz die Komik verschwindet. Jedem von uns ist die Erfahrung ja vertraut: mitten in einer ernsten Angelegenheit oder gar leidenschaftlichen Beschäftigung sehen wir uns plötzlich, durch eine kleine Störung, einen plötzlichen Anfall von ennui veranlaßt, von außen und staunen über das lächerliche Wesen, das sich derart komisch nach Kräften abmüht, irgendeine Aufgabe zu erfüllen - beispielsweise im Schweiße seines Angesichts und das ganze sonnige Wochenende hindurch an einem Aufsatz zu schreiben, der noch dazu vom Lachen und der Heiterkeit handelt.

Aber ich muß sogleich hinzusetzen, daß Distanz bloß eine notwendige, doch nicht hinreichende Bedingung komischer Wirkung darstellt. Witze über Mitterand finden wir, auch wenn wir ihren Kontext kennen, längst nicht so lustig wie Witze über Kohl, obgleich die Distanz viel größer ist, und wenn wir an die manchmal gewiß nicht sehr geschmackvollen Scherze denken, mit denen wir uns nicht nur Staatsmänner, sondern selbst furchteinflößende Lehrer und Professoren auf handliche Maße reduzieren, so scheint doch eine gewisse Vertrautheit oder sogar Familiarität ebenfalls eine unverzichtbare Voraussetzung komischer Wirkung zu sein. Joachim Ritter hat diese paradoxe Struktur (Nähe bei gleichzeitiger Distanz zum Gegenstand des Scherzes wie auch zu diesem selber) zum Angelpunkt seiner Deutung des Lachens gemacht. "Das Komische entsteht [...] in einer doppelten Bewegung, einmal im Hinausgehen über die jeweils gegebene Ordnung zu einem von ihr ausgeschlossenen Bereich, und zweitens darin, daß dieser ausgeschlossene Bereich in und an dem ihn ausschließenden Bereich selbst sichtbar gemacht wird. Erst wenn man diese hier in Kürze am Zweideutigen entwickelte Bewegung sieht, wird verständlich, was es damit auf sich hat, daß das Entgegenstehende oder Richtige zum Lächerlichen werden und d. h. in der positiven und bejahenden Antwort des Lachens quittiert und aufgenommen werden kann."[48] Werfen wir einen Blick auf die rhetorische Theorie der scherzhaften Rede, so löst sich diese paradoxe Bewegung auf ganz ähnliche, doch klarere Weise auf. Aristoteles redet davon, daß es auch auf dem Gebiet von Scherz, Unterhaltung und Kurzweil "einen gewissen Takt der Umgangsformen [gibt], ein richtiges Gefühl für das, was man da redet oder anhört und auch für das Wie."[49] Cicero nennt diesen Sinn für das Richtige decorum, und Quintilians

47 Bergson, Lachen, S. 41.

48 Ritter, Lachen, S. 74.

49 Aristoteles, Nikomachische Ethik, S. 115.

Ideal der witzigen Rede, die urbanitas, ist ebenfalls durch eine solche Gemeinsamkeit gekennzeichnet: sie trägt nämlich "den eigentümlichen Geschmack unserer Hauptstadt zur Schau [...], sowie auch, was als stillschweigende Bildungskraft aus der Unterhaltungsform Gebildeter stammt".[50] Die Beteiligung des Erzählers oder Redners an einer gemeinsamen Erfahrung und Bildung ist in allen diesen Aussagen gemeint, ein affirmatives Element, das keine Schande und kein Nachteil ist und dem Witz, gerade dem urbanen Witz, auch nicht etwa seine Schärfe, sein Salz nimmt, welche Würze ihn nach übereinstimmender Meinung der Rhetoriker gerade ausmacht. Nehmen wir ein Beispiel, das heißt einen Witz, in dem gerade diese Gemeinsamkeit selber Gegenstand des Scherzes ist. Ein Jude mußte aus seiner Heimat flüchten. Nun betritt er in Israel das Land und seufzt: "Zweitausend Jahre haben wir umsonst um Rückkehr gebetet - und ausgerechnet mich muß es nun treffen."[51] Zwischen dem Erzähler und seinem Gegenstand besteht eine Verwandtschaft; in der distanzierten und distanzierenden Perspektive des Witzes steckt auch ein Stück eigener Erfahrung. Und wie ist es mit dem Hörer, wie ist es mit uns, die wir einen solchen Witz doch gerade aus der Entfernung der Nichtzugehörigkeit vernehmen und ihn dennoch zu goutieren vermögen? Natürlich gibt es den jüdischen Witz, für dessen Verständnis wir z. B. den religiösen Ritus kennen müssen, doch stiftet die Abhängigkeit der christlichen von der jüdischen Kultur genug an Gemeinsamkeit, um auch das gemeinsame Lachen zu ermöglichen; darüber hinaus artikuliert der jüdische Witz - von dem Widerstand gegen Regeln und Konventionen bis zur täglichen Messias-Erwartung - einen Fundus von Erfahrungen, die uns allen unmittelbar zugänglich sind, weil wir sie auf die ein oder andere Weise teilen.

Der distanzierende Scherz, sagte ich, bedarf zu seiner Wirkung einer gemeinsamen Erfahrung, deren allgemeinste Basis darin besteht, daß der Witz und sein Rezipient aus demselben Stoff gemacht sind. "Es gibt keine Komik außerhalb dessen, was wahrhaft *menschlich* ist",[52] dekretierte Bergson kurz und bündig: der Scherz ist, wir erfuhren es schon, eng an die humanitas gebunden, doch die Spur der Erfahrung, die wir in jeder Scherzrede aufnehmen, führt in den meisten Fällen auf eine noch engere Gemeinsamkeit, die Rhetorik hat sie sensus communis genannt, den gemeinschaftlichen Sinn, der aus der Gemeinsamkeit einer Gruppe, eines Volkes, einer Kultur oder des ganzen Menschengeschlechts hervorwächst, also auf Naturanlage, Gewohnheit und Überlieferung beruht und ebenfalls allem zukommt, was der Mensch hervorgebracht hat. "Aus diesem gemeinsamen Sinn für das Wahre und das Rechte", so erläutert Gadamer den Sachverhalt, "der kein Wissen aus Gründen ist, aber das Einleuchtende (*verisimile*) zu finden gestattet",[53] gewinnt auch das Komische seine Verbindlichkeit, und weil dieser Sinn nicht im theoretischen, sondern im praktischen Wissen wirksam wird, folgt hieraus auch die Erklärung für die Konkretheit des Komischen. Es ist gebunden an konkrete Situationen und Umstände und findet seine Erfüllung in der Detailfreude und Kleinmalerei des Humors, von der alle Theoretiker von Jean Paul und Hegel bis Lukács reden. Das Lachen, so drückt Bergson denselben Ge-

---

50 Quintilian, Ausbildung des Redners, Bd. 1, VI, 3, 17, S. 721.

51 Entnommen aus: Landmann, Jüdischer Witz, S. 570.

52 Bergson, Lachen, S. 14.

53 H.-G. Gadamer: Wahrheit und Methode. Grundzüge einer philosophischen Hermeneutik. Tübingen ^{4}1975. S. 18.

danken aus, signalisiert immer ein (zumindest) "heimliches Einverständnis", es "muß gewissen Anforderungen des Gesellschaftslebens genügen. Das Lachen muß eine soziale Bedeutung haben."[54]

Damit aber habe ich strenggenommen den ersten Kreis meines Themas überschritten, der von der Grenze zwischen der Rhetorik des Komischen als der Kunst der Scherzrede und der Rhetorik des Lachens als einer eigenen Redeform markiert wird. Denn das Lachen ist nicht nur Folge eines am konkreten Detail gewonnenen überraschenden Einblicks in die als unangemessen empfundene Abweichung des Charakters von dem gemeinsamen Sinn für das Wahre und Rechte, der doch gerade die menschlich-allzumenschliche Abirrung in sein praktisches Wissen aufgenommen hat, das Lachen *schafft* auch diese Gemeinsamkeit, übt sie und bildet sie aus, es ist nicht nur, wie uns die Verhaltenspsychologen glauben machen wollen, instinktgeleitete Reaktion, sondern ebenso eine Aktion, eine produktive Kraft.

Überlegungen dieser Art sind freilich nicht selbstverständlich, und es gibt eine Reihe ernstzunehmender Theoretiker des Lachens, die diese körperliche Ausdrucksform von jeder Art Sprache, also auch von der Körpersprache, unterschieden wissen wollen. Ich möchte nur einen Vertreter dieser Ansicht hier zitieren. Helmuth Plessner behandelt Weinen und Lachen als analoge Ausdrucksgebärden (wobei er, doch das wäre ein eigenes Thema, dem Weinen einen "unvergleichliche[n] seelische[n] Tiefgang" zuerkennt, den das Lachen angeblich nicht haben kann); gemeinsam sei ihnen aber "ihr rein expressiv-reaktiver Charakter, ihr Mangel einer dem Lachenden oder Weinenden bewußten Zeichenfunktion".[55] Die These hat einiges für sich, Opfer eines zwanghaften, automatischen Lachanfalls war jeder schon einmal, und es gibt so etwas wie eine Lach-Neigung, die vielleicht ebenso verbreitet ist wie die Anfälligkeit für das Weinen, die man mit der Redewendung meint, einer habe nahe am Wasser gebaut. Doch beruht diese rigorose Ansicht auf der radikalen Reduktion der Phänomene, die man zum Beispiel auch vornehmen würde, wollte man Form und Leistung der Sprache am kindlichen Lallen studieren. Gerade in der Geschichte der Rhetorik hätte nun Plessner aber eine ganze Reihe von Argumenten für seine These finden können. Denn das Komische ist zwar - ich hoffe, es gezeigt zu haben - seit der Antike ein wichtiges Feld rhetorischer Theorie-Arbeit, sei es in seiner aggressiven, verlachenden Form auf den Gegner im juristischen oder politischen Streit bezogen, sei es als Mittel zur Sympathiegewinnung und Unterhaltung, zur emotionalen Stimulierung und Entspannung. Allein, in der Bewertung (und davon habe ich bisher nur andeutungsweise geredet) rangiert das Lachen weit unter dem Ernst, und der lachende Redner ist zwar nicht geradewegs eine contradictio in adiecto, aber doch eher eine lächerliche Figur und als solche eben wenig überzeugungskräftig. Das hängt nicht nur mit der dann zur Regel erhobenen Erfahrung zusammen, daß, wie Cicero formuliert, "je strenger und mürrischer [die Miene] wirkt [...], um so witziger [...] gewöhnlich [das erscheint], was man sagt",[56] sondern mit dem prinzipiellen Mißtrauen gegen den anarchisch-irrationalen Kern des Lachens, das in unsere Kultur tief eingelassen ist. Von Platons Haltung war schon die Rede, doch selbst Cicero kann Catulus nur deshalb

---

[54] Bergson, Lachen, S. 16.

[55] H. Plessner: Philosophische Anthropologie. Hg. u. mit e. Nachw. v. G. Dux. Frankfurt a. M. 1970. S. 59.

[56] Cicero, De oratore, II, 289, S. 395.

als einen so vortrefflichen Redner loben, weil sich bei ihm die Gabe zu scherzen mit Würde, Anmut und Ernst paare.[57] Bis zur Aufklärung und darüber hinaus hat sich an dieser rhetorischen Funktionalisierung des Lachens nichts geändert; sie bedeutete immer eine Regulierung und Domestizierung des Lachens, diente seiner Kontrolle und Verfeinerung und war vor allem darauf gerichtet, unerwünschte Wirkungen zu verhindern. Die moralphilosophische Abwertung des Lächerlichen als des Lasterhaften, Närrischen, Törichten und die Betonung des Verlachens als einer Strafe, zur Besserung gedacht, wie sie in der satirischen Literatur und der Komödie gemeint ist, verstärkten die negative Bewertung. Schließlich trat das christliche Scherzverbot hinzu, und wie weit seine Folgen reichten, brauche ich gerade in Tübingen, einer Hauptstätte pietistischer Strenge, die den akademischen Biedersinn manchmal potenziert, kaum auszuführen. Jesus ist, das müssen wir wohl mit schmerzlicher Miene eingestehen, ein ausgesprochen ernster Religionsstifter gewesen, der - wenn wir seinen, freilich auch sonst nicht ganz fehlerlosen Zeugen glauben wollen - niemals gelacht, dafür aber die Lachenden höchst wirkungsvoll gescholten hat: "Weh euch, die ihr jetzt lacht; denn ihr werdet klagen und weinen."[58] Ich will mich jetzt aber nicht in eine rhetorische Untersuchung der christlichen Lach- und Scherzfeindlichkeit vertiefen, von der Friedrich Schiller in seinem berühmten und viel angefeindeten Gedicht *Die Götter Griechenlands* vorteilhaft abgehoben wissen wollte (welche gerade pietistische Empörung riefen die Verse hervor: "Ausgestorben trauert das Gefilde, / keine Gottheit zeigt sich meinem Blick, / Ach! von jenem lebenswarmen Bilde / Blieb nur das Gerippe mir zurück."[59]), ich will auch nur kurz darauf verweisen, daß die christliche Kirche (denken wir an ihr renaissancehaftes Gepräge in manchen Epochen) ihre Quelle auch einmal höchst vorteilhaft korrigiert hat. Denn wo immer Scherz- und Lachverbote errichtet werden, ob in Gemeinden oder Diktaturen, im Tempel der Wissenschaft oder auf dem Parnaß der Kunst, in der antiken Rednerschule oder im Uhland-Gymnasium, es sind immer wieder dieselben Motive, die die Hauptrolle dabei spielen. "Die Begierde einiger Scribenten was lustiges zu schreiben, kan niemals abscheulich genug vorgestellt werden."[60] Das ist Gottsched, den zwar erst Lessing und die Germanisten zu dem Hanswurst gemacht haben, den er angeblich in einer spektakulären Aktion 1737 auf dem Roßmarkt zu Leipzig von der Bühne der Neuberin vertrieben haben soll (eine üble und bis heute wirkende, doch immer noch unbestätigt gebliebene Nachrede), der aber die rhetorische Tradition des allein ernsthaften und vernünftigen Redners und Schriftstellers besonders wirkungsvoll an die Aufklärung vermittelt hat. Es gibt übrigens ein schönes Gedicht von Günter Grass, in dem das Mißtrauen gegen das Lachen thematisch wird: "Wer lacht hier, hat gelacht? / Hier hat sich's ausgelacht. / Wer hier lacht, macht Verdacht, / daß er aus Gründen lacht."[61]

---

57 Vgl. Cicero, De oratore, III, 29, S. 463f.

58 Lukas-Evangelium VI, 25.

59 F. Schiller: Die Götter Griechenlands. In: Ders.: Sämtliche Werke. Hg. v. G. Fricke u. H. G. Göpfert in Verb. mit H. Stubenrauch. Bd. 1. 4., durchges. Aufl. München 1965. S. 167.

60 J. Ch. Gottsched: Die Vernünftigen Tadlerinnen. Anderer Theil. Franckfurt u. Leipzig 1746. II. St. 11. Jenner 1726. S. 16

61 G. Grass: Kinderlied. In: Ders.: Werkausgabe in zehn Bdn. Hg. v. V. Neuhaus. Bd. I: Gedichte und Kurzprosa. Hg. v. A. Overwien-Neuhaus u. V. Neuhaus. Darmstadt u. Neuwied. 1987. S. 62.

Es kann nach allen Zeugnissen, die ich bisher schon gebracht habe, kein Zweifel mehr sein: Wer vom Lachen spricht, kann vom Ernst nicht schweigen, doch war es gerade dieses prekäre Verhältnis, das immer wieder rhetorische Aufmerksamkeit erweckt hat. Die Regeln und technischen Verfahrensweisen, die die Rhetorik für die Produktion und den angemessenen Einsatz der Scherzrede entwickelt hat, waren daher immer auch auf das Lachen selber und seine Ausdrucksformen gerichtet. Gleich einem entwickelten Negativ, kann man alle Vorschriften auch auf die Schulung und Differenzierung des Lachens als einer eigenen Rede wenden. Wenn Cicero sagt, daß es keine Art von Scherz gebe, hinter der sich nicht ein ernster Gedanke verberge,[62] dann ist das auch normativ gemeint, und kann man nicht wirklich ein dieser Komik entsprechendes Lachen am besten dadurch erreichen, daß der Scherz selber aus dem Ernst abgeleitet wird, aus den Schlußverfahren für Beweise etwa, aus den Topoi für Argumentationen oder aus den Gedankenfiguren? Allerdings setzt dieser pädagogische, auf den natürlichen Gebrauch des Lachens gemünzte Gebrauch der Rhetorik voraus, daß es überhaupt differenzierbar ist.

Das grund- und zwecklose Lachen, so korrigierte Joachim Ritter die Plessnersche Position, "ist unter der Vielfalt seiner Formen sicher nur ein Grenzfall".[63] Die explosionsartige, momentane Weise, in der Lachen ausbrechen kann, ist nur Zeichen einer Entladung und Entspannung, doch keineswegs grundlos und auch keine unmittelbare Ausdrucksbewegung, die direkt und unvermittelt "zum Aussehen innerer Verfassungen"[64] dazugehörte. Das Lachen, das seinen Grund in der Begegnung mit dem Lächerlichen"[65] hat, ist auch, so Ritter, "physiognomisch gebunden an den Zusammenhang mit seinem Anlaß und Grund; es ist zunächst und zuerst Handlung wie die Sprache und alles Bemerken auch und gehört als solche allen Menschen an." Das hatte natürlich auch Bergson nicht anders gesehen, wenn er das Lachen zwar als vitale Lebensäußerung deutete, es aber zugleich als sozial sinnvoll und zweckgerichtet ansah, als Korrektiv, als Entspannung und als Spiel mit den Konventionen oder sogar der Logik.[66] Erst auf dieser Basis kann man von einer Rhetorik des Lachens sprechen und die ganze Skala von der leichten Heiterkeit über das Thersiteshafte Spottlachen bis zum desperaten Gelächter in Bonaventuras *Nachtwachen* als eigenes rhetorisches Phänomen darstellen. Lesen wir noch einmal Joachim Ritter: "Was Rassen, Völker, Individuen unterscheidet, ist je die eigentümliche welthafte Bezogenheit ihres Lachens und mit ihr seine eigentümliche Formung und Ausprägung, die durch zahllose unterscheidende physiognomische Marken und Zeichen bezeichnet wird. Das Lachen ist dünn, breit, laut, leise, kichernd, verhalten, frostig, stoßweise, offen, grell, schrill, sanft, warm, still, kalt, schneidend, gemein, müde, ausgelassen, spöttisch, traurig, unheimlich, gemütlich usw."[67] Die Kette ist potentiell unendlich, und die Literatur ist bis heute nicht müde geworden, das Lachen in allen seinen Bedeutungsnuancen zu beschreiben: Sie enthält, von Homer angefangen und bei Thomas Bernhard noch längst nicht aufhörend, das wahrhafte und unbegrenzte Wörterbuch des Lachens.

---

62 Vgl. Cicero, De oratore, II, 248, S. 367.

63 Ritter, Lachen, S. 64.

64 Ritter, Lachen, S. 64.

65 Ritter, Lachen, S. 68.

66 Vgl. Bergson, Lachen, S. 109 u. 122.

67 Ritter, Lachen, S. 66.

Es hat auch nicht gefehlt, das Lachen seiner lautlichen Erscheinung nach zu beschreiben und zu deuten, also etwa das "Haha"-Gelächter als offen, befreiend, herzhaft, das "Hihi"-Kichern als verschmitzt und schadenfroh (Sam Hawkins würde zustimmen, wenn ich mich nicht irre) oder das "Hehe"-Lachen ganz im Sinne von Buschs Schneider Meck als scheelsüchtig und hämisch. Auch wenn es überzeugende Beispiele gibt, so erschließt sich aber wie in der Sprache so auch in der Rede des Lachens die Bedeutung einer Sequenz nicht durch die isolierte Analyse ihrer Bestandteile, sondern durch den gesamten rhetorischen Kontext der Rede, d. h. durch die rhetorischen Beziehungen der Einzelelemente untereinander und nach außen.

Ich habe mich nun recht weit in mein Thema eingelassen und vielleicht allzusehr dem Ernst des Lachens gehuldigt, allein, ich möchte mit meinem letzten Gedankengang die Sache und auch ihre Deutung noch ein Stück weitertreiben. Denn wenn es eine Rhetorik des Lachens gibt mit ihren Tonarten und Wirkungsintentionen, ihrer Inventionskunst und ihren Figuren, wenn es also nicht nur eine Redekultur, sondern in einem sehr präzisen Sinn auch eine wenngleich verdeckte, unausgeführte oder mißachtete Lachkultur gibt, dann müßte sich auch deren besonderes Telos angeben lassen. Es kann nicht allein in der Bindung des delectatio erregenden Lachens an Charakter, ethos und humanitas liegen, wovon ausführlich schon die Rede war.

Wenn wir uns bei den Theoretikern umsehen, erhalten wir zwar einige Antworten, doch sie befriedigen nicht ganz. Bergson: "Das Lachen hat mit reiner Ästhetik nichts zu tun, da es ja [...] den nützlichen Zweck einer allgemeinen Vervollkommnung verfolgt."[68] Schopenhauer: Das Lachen zeigt den "Sieg der anschauenden Erkenntnis über das Denken".[69] Friedrich Georg Jünger: "Der Heiterkeit [...] ist es eigentümlich, daß sie etwas Umfassendes, Bejahendes hat."[70] Des strafenden Lachens, mit dem die Gesellschaft die Regelverletzung der komischen Abweichung, sei es als Charakter- oder Situationskomik, ahndet, wurde schon gedacht. Wobei die Gesellschaft hier keine homogene empirische Größe darstellt, sondern eher ein virtuelles Bild, in dem Züge aus Wunsch und Wirklichkeit zusammenfließen. Ein schönes Beispiel fand ich bei Schopenhauer: Der französische König trifft draußen auf dem Felde einen Gascogner, der bei strengster Winterkälte in leichter Sommerkleidung herumläuft, und bricht über diesen Anblick in Lachen aus. Darauf der Verspottete: "Hätten Ew. Maj. angezogen, was ich angezogen habe; so würden Sie es sehr warm finden." Und auf die Frage, was er denn angezogen habe, kam die lakonische Antwort: "Meine ganze Garderobe."[71]

Auf eine weitere Spur brachten mich einige Bemerkungen Friedrich Georg Jüngers, der von der "heilende[n] Wirkung"[72] des Komischen spricht und an jenen verbreiteten Märchenstoff erinnert, wonach "derjenige, der den traurigsten Prinzen zum Lachen bringt, ihn auch heilt."[73] Es handelt sich dabei offensichtlich um die märchenhafte Korrektur einer

68 Bergson, Lachen, S. 23.

69 A. Schopenhauer: Die Welt als Wille und Vorstellung. In: Ders.: Sämtliche Werke. Textkritisch bearb. u. hg. v. W. Frhr. v. Löhneysen. Bd. II. Frankfurt a. M. 1976. S. 131.

70 F. G. Jünger: Über das Komische. Berlin o. J. [1936]. S. 49.

71 Schopenhauer, Welt als Wille und Vorstellung, S. 123.

72 Jünger, Über das Komische, S. 50f.

73 Jünger, Über das Komische, S. 50.

älteren christlichen Vorlage, die genau das Gegenteil aussagt und uns in der Exempelgeschichte vom ernsthaften König durch den Stricker überliefert ist. Danach wird der König, der niemals lacht, von seinem Bruder nach dem Grund solch lebensverachtenden Ernstes gefragt. Der fackelt nicht lange, läßt den Neugierigen gefangensetzen, vor dem ganzen Hofstaat entkleiden und von vier scharfen Lanzen so einkreisen, daß er keine Bewegung machen kann. Das ist meine Situation, erklärt ihm der König, die vier Speere, die mich am Lachen hindern, sind Christi Marter und Tod, die Erwartung des eigenen Todes, die Ungewißheit über das Leben nach dem Tode und die Angst vor dem Jüngsten Gericht.[74]

Eine asketische Parabel, und es verwundert nicht, daß das volkstümliche Märchen, der Lachkultur nahe, sich seinen eigenen Vers darauf machte und die Tendenz einfach umdrehte, eine Umwertung vollzog, nicht weniger radikal als die Nietzsches, als er das Lachen der Zukunft pries,[75] eine Rangfolge der Philosophen nach dem Rang ihres Lachens vorschlug[76] und die therapeutische Bedeutung der Heiterkeit sogar auf die Wissenschaft angewendet sehen wollte, auf daß sie eine fröhliche werde. "Das Lachen sprach ich heilig: ihr höheren Menschen, *lernt* mir lachen!" verkündet Zarathustra, und mit diesem "Wahrlachen", der "Kunst des diesseitigen Trosts", will Nietzsche, wie er wörtlich sagt, "alle metaphysische Trösterei zum Teufel [schicken]."[77] Der rhetorische Ausgangspunkt von Nietzsches Denken ist ebenso bekannt wie der seiner Kunstprosa, die rhetorische Methode seiner Schriften ist jüngst erst Gegenstand postmoderner philosophischer Reflexion geworden, und so mag es gar nicht sehr verwundern, wenn er sich für die Rhetorik des Lachens ebenfalls als bedeutsamer Fluchtpunkt herausstellt. Die Aufforderung: "ihr solltet *Lachen* lernen, meine jungen Freunde",[78] hat eine gleichnishafte und eine buchstäbliche Ebene. Das Lachen befreit, weil es das Dasein in seiner ausweglosen Zirkelhaftigkeit und den Willen zur Macht bejaht, aber zugleich das "Bündnis mit den reaktiven Kräften" aufkündigt. Das aristophanische Lachen der Weltverspottung, der "Karneval des großen Stils" und das Lachen aus der ganzen zukünftigen Wahrheit heraus sind eins und stehen für die Lebensbejahung, die aber zu allem Lebensverneinenden auch "nein" zu sagen weiß.

Im Lachen löst sich das alte Dasein auf und grüßt das heraufkommende vielversprechend herüber - ich kann mir für eine Rhetorik des Lachens keine bessere Wirkungsintention vorstellen und möchte, wie es sich gehört, mit ein paar munteren Sätzen aus der "Fröhlichen Wissenschaft" schließen: "Der Intellekt ist bei den allermeisten eine schwerfällige, finstere und knarrende Maschine, welche übel in Gang zu bringen ist: sie nennen es 'die Sache ernst nehmen', wenn sie mit dieser Maschine arbeiten und gut denken wollen [...]. Die liebliche Bestie Mensch verliert jedesmal, wie es scheint, die gute Laune, wenn sie gut denkt [...], 'wo Lachen und Fröhlichkeit ist, da taugt das Denken nichts' - so lautet das Vorurteil dieser ernsten Bestie [...]. Wohlan! Zeigen wir, daß es ein Vorurteil ist!"[79]

---

74 Vgl. Stricker: Der ernsthafte König. In: Die Kleindichtung des Strickers. Gesamtausgabe in fünf Bdn. Hg. v. W. W. Moelleken. Bd. III/2. Hg. v. W. W. Moelleken, G. Agler-Beck u. R. E. Lewis. Göppingen 1975. S. 355-379.

75 F. Nietzsche: Die fröhliche Wissenschaft. In: Ders., Werke, Bd. 2, S. 34.

76 F. Nietzsche: Jenseits von Gut und Böse. In: Ders., Werke, Bd. 2, S. 753.

77 F. Nietzsche: Die Geburt der Tragödie. In: Ders., Werke, Bd. 1, S. 18.

78 Nietzsche, Geburt der Tragödie, S. 18.

79 Nietzsche, Fröhliche Wissenschaft, S. 189.

Rhetorische Kunstprosa in Klassik und Romantik

Formen und Funktion

Im Programm seiner ästhetischen Erziehung hat Friedrich Schiller dem Dichter den hervorragenden Platz zugewiesen, ihn zum Vorbild vollkommener Menschlichkeit überhaupt erhoben und den Geschichtsverlauf von seiner Wirkung abhängig gemacht. Dieser Auffassung entspricht es, wenn er immer wieder in philosophische Erörterungen die detaillierte Reflexion "handwerklicher" Probleme einschiebt, Beispiele aus seinen Erfahrungen als Dramatiker anführt und seinen ausgedehnten Briefwechsel häufig auf Fragen konzentriert, die das Verfertigen von Kunstwerken, die schriftstellerische Technik, betreffen. Dennoch hat er mit Ausnahme eines Aufsatzes - *Über die notwendigen Grenzen beim Gebrauch schöner Formen* - keine ausführliche Darstellung, keine systematische Erörterung seiner poetologischen Prinzipien gegeben; und selbst dieser Aufsatz, aus zwei Entwürfen entstanden, die beide als Verteidigungsschriften gegen Angriffe Fichtes gedacht waren, liefert keine geschlossene Theorie seiner Schreibweise, sondern behandelt vor allem die Bedingungen und Möglichkeiten philosophischer Kunstprosa. Doch dies auf programmatische und für die ganze Zeit bedeutsame Weise. Denn blicken wir einen Augenblick zurück, so besteht die große Leistung des 18. Jahrhunderts, von Leibniz und Thomasius angefangen und in Gottsched kulminierend, in der Kultivierung der deutschen Sprache, so daß sie als Sprache der Literatur, der Philosophie und der Wissenschaften tauglich wurde. Wenn die Forschungen hier auch erst begonnen haben, läßt sich doch schon erkennen, in welchem Umfang die Rhetorik als Theorie, Technik und Methode zugleich diese Kulturentwicklung in allen Phasen bestimmt hat, ja die Ausbildung einer Deutschen Rhetorik - aus der antiken Überlieferung abgeleitet und den besonderen zeitgenössischen Anforderungen entsprechend - gehört zu den wichtigsten Errungenschaften der Aufklärung.[1] Aus ihr entstand nicht nur die geistliche Rede oder Homiletik, die Briefstellerei und die politische Rede, sondern vor allem eine rhetorische Kunstprosa und Essayistik, die den Begriff einer auf Popularisierung und Ästhetisierung des Wissens gerichteten Aufklärung erfüllen. Da deren Interesse noch sehr grundlegend gerichtet war, auf Aneignung und Weiterentwicklung hinsichtlich der besonderen aufklärerischen Zielsetzung konzentriert, spielte für sie das Medium der Rede, Mündlichkeit oder Schriftlichkeit, eine untergeordnete und insgesamt wenig problematische Rolle. Das verwundert nicht, da die Übertragung der rhetorischen Prinzipien auf die schriftliche Rede ansatzweise schon in der Antike, dann in Mittelalter und Humanismus geschehen war, so daß man auch in dieser Frage auf eine gesicherte Tradition zurückgreifen konnte.

Die Epoche nach 1789 zeigt nun in diesem Punkt zwei kraß entgegengesetzte Ausrichtungen. Da ist einmal auf seiten der politischen Publizisten das unbegrenzte Vertrauen in die rhetorische Wirksamkeit ihrer Sprache, mit welcher sie ihr bürgerlich-demokratisches Programm überzeugungskräftig und allgemein zu vermitteln suchen. Darin stimmen jüngere

[1] Vgl. G. Ueding u. B. Steinbrink: Grundriß der Rhetorik. Geschichte, Technik, Methode. Stuttgart 1986.

und ältere Generation, radikale und liberale Schriftsteller im wesentlichen überein; und ob Wieland, Knigge, Forster, Wekhrlin oder Kant - sie alle betrachten die politisch-aufklärerische Rede als ein geeignetes und unproblematisches Mittel zur Verbreitung ihrer Ideen. Fast gleichzeitig dazu setzt sich aber eine ganz andere Meinung langsam durch, und sie hat gewiß etwas mit dem - nach Meinung der meisten deutschen Schriftsteller - offenkundigen Scheitern der Französischen Revolution zu tun, die eben nicht den Citoyen, den aufgeklärten, mündigen Bürger, sondern auf der einen Seite einen in das "Elementarreich" herabgesunkenen, auf der anderen durch moralische Dekadenz verdorbenen Menschen hervorgebracht hatte. "Die Kultur, weit entfernt, uns in Freiheit zu setzen, entwickelt mit jeder Kraft, die sie in uns ausbildet, nur ein neues Bedürfnis, die Bande des Physischen schnüren sich immer beängstigender zu, so daß die Furcht, zu verlieren, selbst den feurigen Trieb nach Verbesserung erstickt und die Maxime des leidenden Gehorsams für die höchste Weisheit des Lebens gilt. So sieht man den Geist der Zeit zwischen Verkehrtheit und Rohigkeit, zwischen Unnatur und bloßer Natur, zwischen Superstition und moralischem Unglauben schwanken, und es ist bloß das Gleichgewicht des Schlimmen, was ihm zuweilen noch Grenzen setzt."[2] Die Sätze stehen im fünften Brief *Über die ästhetische Erziehung des Menschen*, dem - zusammen mit dem sechsten Brief - kulturkritischen Hauptstück der Schrift. Was ich daraus zitiert habe, macht mit einem Schlage klar, daß die rednerisch bestimmte Kultur des Denkens mit der Revolution und ihren Folgen in ein neues Stadium getreten ist und der Inbegriff der Aufklärung, der die praktische Philosophie der Vernunft und ihre Rhetorik umfaßt, nun selber fragwürdig geworden ist.

Man weiß, wohin die Philosophie und die Wissenschaften von hier aus geraten sind, sie haben sich immer mehr vom Publikum entfernt, haben sich zu Spezialdisziplinen entwikkelt, die der öffentlichen Kontrolle entzogen sind. Den Prozeß der Verwissenschaftlichung aller Disziplinen des Denkens und der Autonomisierung der Kunst muß man auch als Ausweichen vor einer als fragwürdig erkannten Ideologisierung in der Vergangenheit betrachten; er beginnt erst in der Epoche der Französischen Revolution, ist seiner Vollendung nach ein Produkt des späteren 19. Jahrhunderts, dessen überall spürbarem Sog die klassischen und romantischen Schriftsteller sogar entschiedenen Widerstand entgegensetzten. Schillers Ästhetik ist wohl dabei der umfassendste Versuch, den Zielinhalt der Freiheit und Würde auf neuem Wege zu erreichen. Woraus sich die scheinbare Paradoxie ergibt, daß er die unmittelbare, als solche aufklärerisch gewollte Verbindung mit der bestehenden politischen Realität aus Engagiertheit für deren künftigen, utopisch gedachten Vollzug aufgekündigt hat. Widersprüchlich vermag diese Gedankenfigur allerdings nur dem unhistorischen Blick erscheinen, denn die Entgegensetzung hebt sich im geschichtlichen Fortschreiten auf, wobei es zur dringenden Aufgabe wird, die Fehlerquellen zu identifizieren, die zur gegenwärtigen Krise geführt haben, um derart auch die Vernunfttätigkeit und ihre sprachliche Ausübung neu und positiv zu bestimmen. Ganz konkrete Überlegungen in diese Richtung stellte Schiller im Zusammenhang mit seinen ästhetischen Briefen an, weil sie schließlich nicht nur ihrem Inhalt nach mit diesen Fragen befaßt sind, sondern auch die Darstellung selber betreffen. Dem Breslauer Philosophen Garve, den er um die Mitarbeit an den *Horen* angegangen

2 F. Schiller: Über die ästhetische Erziehung des Menschen in einer Reihe von Briefen. In: Ders.: Sämtliche Werke. 5 Bde. Hg. v. G. Fricke u. H. G. Göpfert. Bd. 5. 4., durchges. Aufl. München 1967. S. 581.

hatte, versucht er nun dieses Thema in einer bestimmten, ihn besonders bewegenden Hinsicht schmackhaft zu machen. "Es ist noch eine Materia, die ich von Ihnen vorzugsweise beleuchtet wünschte, das Verhältniß des Schriftstellers zu dem Publikum und des Publikums zu dem Schriftsteller. In unsern Zeiten, wo ein so großer Theil der Menschen seine eigentliche Erziehung durch Lecture bekommt, und wo ein anderer nicht unbeträchtlicher Theil sich diese Erziehung durch Schriften zum Geschäft seines Lebens macht, scheint es mir eben so interessant als zweckmäßig, das Innere dieses wechselseitigen Verhältnißes aufzudecken, die Folgen die es für beide Theile hat, anthropologisch zu entwickeln, und es wo möglich, durch ein aufgestelltes Ideal von dem was es für beide Theile seyn könnte und sollte, zu reinigen und zu veredeln."[3] Auch als Garve nicht wie gewünscht reagiert, läßt Schiller nicht locker, sondern führt seinen Gedanken sogar noch etwas weiter aus. "Aus dem ganz eigenen Umstand, daß der Schriftsteller gleichsam unsichtbar und aus der Ferne auf einen Leser wirkt, daß ihm der Vortheil abgeht, mit dem lebendigen Ausdruck der Rede und dem accompagnement der Gesten auf das Gemüth zu wirken, daß er sich immer nur durch abstrakte Zeichen, also durch den Verstand an das Gefühl wendet, daß er aber den Vortheil hat, seinem Leser eben deswegen eine größere Gemüthsfreyheit zu lassen, als im lebendigen Umgang möglich ist. u. s. f. Aus Allem diesem scheinen mir ganz eigene Regeln hervorzugehen, die eine nähere Entwickelung verdienten. Bei dem Sprechenden mischt sich das Individuum schon mehr in die Sache, und darf sich mehr darein mischen. Von dem Schreibenden wird die *Sache* weit strenger gefordert. Nun giebt es aber ein Mittel der Sache nichts zu vergeben und dennoch durch Mittheilung seiner Individualitaet den Vortrag zu beseelen. Auf dieses Mittel nun wünschte ich die Aufmerksamkeit vorzüglich gerichtet zu sehen."[4] Wie wenig Garve für eine solche Aufgabe der richtige Mann war, zeigt seine Kritik an den ästhetischen Briefen,[5] und Schiller hat seine Überlegungen schließlich selber zusammengefaßt, dabei auch jenes Mittel dargelegt, das seiner Meinung nach alle Wünsche erfüllt, die man an den Rhetor als einen Schriftsteller richten kann: es macht seine Rede erst zu einem "schönen Vortrag".

Bevor er jedoch in seinem Gedankengang so weit fortgeschritten ist, hält er sich noch bei zwei anderen Formen schriftlicher Rede auf. Da ist zunächst der wissenschaftliche Vortrag, dessen Zweck in der reinen Lehre besteht (nach rhetorischem Sprachgebrauch im docere), der daher eine strenge Überzeugung aus Prinzipien bewirken will; nicht nur sein Inhalt, "sondern auch die Darlegung desselben muß den Denkgesetzen gemäß" sein.[6] Seine Methode ist der Syllogismus, alles Individuelle und Sinnliche bleibt ausgeschlossen, er ist schmucklos, klar, von sachlicher und logischer Konsequenz, was den Entschluß des Lesers voraussetzt, "um der Sache willen die Schwierigkeiten nicht zu achten, welche von der Form unzertrennlich sind."[7]

---

[3] F. Schiller: Brief an Garve vom 1.10.1794. In: Schillers Werke. Nationalausgabe. Hg. v. J. Petersen u. H. Schneider. Bd. 27: Schillers Briefe 1794-1795. Hg. v. G. Schulz. Weimar 1958. S. 57.

[4] Schiller: Brief an Garve vom 25.1.1795. In: Schillers Werke, Nationalausgabe, Bd. 27, S. 126f.

[5] Chr. Garve: Brief an Chr. F. Weise vom 8.3.1795. In: Schiller und sein Kreis in der Kritik der Zeit. Hg. v. O. Fambach. Berlin 1957. S. 168.

[6] F. Schiller: Über die notwendigen Grenzen beim Gebrauch schöner Formen. In: Ders., Sämtliche Werke, Bd. 5, S. 672.

[7] Schiller, Grenzen beim Gebrauch schöner Formen, S. 673.

Ein solcher Adressatenbezug, der keine weiteren Beweggründe als das Streben nach Erkenntnis voraussetzt, ist begrenzt auf die Wissenschaftsvermittlung in einem engen Sinne. Fehlen dafür die Bedingungen, tritt an die Stelle des wissenschaftlichen der populäre oder didaktische Vortrag, der die "Anschauungen und einzelnen Fälle" gleich mitliefert,[8] mit Beispielen aus dem Leben, einer sinnlich-anschaulichen Ausdrucksweise, mit Bildern und Gleichnissen arbeitet, um ein nur wenig oder gar nicht vorgebildetes, wissenschaftlich also allenfalls gering motiviertes Publikum an den Erkenntnissen dennoch teilnehmen zu lassen. Das Denken wird dabei von der Einbildungskraft unterstützt, aber der eigentliche Zweck bleibt die Verstandesaufklärung, die sich der rhetorischen Mittel zur Unterhaltung und Entlastung bedient. Es ist nicht schwer zu erraten, wen Schiller als Beispiel dafür vor Augen hatte; der von ihm populär genannte Vortrag, dessen sich der Volksredner oder Volksschriftsteller bedient, war das Hauptmedium der popularphilosophischen Aufklärung von Thomasius bis Garve oder Engel und hatte damit freilich seine ganz eigene Begrenztheit schon bewiesen. Das Ideal einer rhetorischen Kunstprosa findet der Autor der ästhetischen Briefe daher nicht in der didaktischen Rede, sondern im schönen Vortrag, der Denken und Einbildungskraft, Erkenntnis und Imagination vereinigt. "Findet nun zwischen diesen Begriffen, als dem geistigen Teil der Rede, der genaueste Zusammenhang statt, während daß sich die ihnen korrespondierenden Anschauungen, als der sinnliche Teil der Rede, bloß durch ein willkürliches Spiel der Phantasie zusammenzufinden scheinen, so ist das Problem gelöst, und der Verstand wird durch Gesetzmäßigkeit befriedigt, indem der Phantasie durch Gesetzlosigkeit geschmeichelt wird."[9] Worauf der schöne Vortrag zuletzt abzielt und was ihn wirklich in den Rang einer neuen Kunstform erhebt, die zwar mit allen überlieferten rhetorischen Mitteln arbeitet, sie aber in den Dienst einer neuen Absicht stellt, hebt Schiller an anderer Stelle seines Aufsatzes hervor: "Wer mir seine Kenntnisse in schulgerechter Form überliefert, der überzeugt mich zwar, daß er sie richtig faßte und zu behaupten weiß; wer aber zugleich imstande ist, sie in einer schönen Form mitzuteilen, der beweist nicht nur, daß er dazu gemacht ist, sie zu erweitern, er beweist auch, daß er sie in seine Natur aufgenommen und in seinen Handlungen darzustellen fähig ist. Es gibt für die Resultate des Denkens keinen andern Weg zu dem Willen und in das Leben, als durch die selbsttätige Bildungskraft. Nichts, als was *in uns selbst* schon lebendige Tat ist, kann es *außer uns* werden".[10] Wir erkennen den Gedankengang wieder, erleben eine weitere Anwendung der ästhetischen Spieltheorie, womit nun wirklich aber der Rahmen abgesteckt ist, in dem sich alle weiteren Überlegungen zu diesem Thema bewegen. Auch Adam Müller geht davon aus, wenn er gegen die stumme deutsche Gelehrtenwelt polemisiert ("ein Gebäude von Chiffren, sinnreich, aber einsam, unerwärmend, unerfreulich, ohne Antwort oder Erwiderung von irgendeiner Seite her!"), wenn er sie wieder "von dem lebendigen Odem der Rede [...] ergriffen"[11] sehen will und wenn er schließlich eine neue Beredsamkeit zu begründen sucht, die in sich selber widerstreitend ist, doch eben deshalb überzeugend nach außen zu wirken

8 Schiller, Grenzen beim Gebrauch schöner Formen, S. 674.

9 Schiller, Grenzen beim Gebrauch schöner Formen, S. 676.

10 Schiller, Grenzen beim Gebrauch schöner Formen, S. 682.

11 A. Müller: Zwölf Reden über die Beredsamkeit und deren Verfall in Deutschland. Hg. v. W. Jens. Frankfurt a. M. 1967. S. 37f.

vermag: "Wer wirken will, muß seinen Gegenstand zu ergreifen wissen: die gemeine Eroberung, Besitznahme und Unterwerfung genügt der größeren Seele nicht. Die Beredsamkeit will ergreifen, aber durch Reiz, durch Motive, die in der Brust dessen liegen, auf den sie es abgesehn: sie will ihre Beute nicht tot haben wie der gemeine Eroberer, aber im vollen Sinne des Worts lebendig. Sie will eine freie Seele bezaubern und beherrschen; sie will ihren Gegner nur zwingen und reizen, niederzuknien vor der Wahrheit, die größer ist als sie beide. Sobald also der Redner allein spricht, ohne seinen Gegner, vielmehr sobald in der Rede des Redners nicht alle Argumente des Gegners enthalten sind, sobald ist er seines Gegenstandes Meister noch nicht und seines Sieges nicht gewiß. *Jede wahre Rede ist also Gespräch:* in dem Munde des einen Redners sprechen notwendig zwei, er und sein Gegner."[12] Die grundlegende Gemeinsamkeit der rhetorischen Kunstprosa der Zeit ist damit gefunden, es geht ihr nicht oder erst in zweiter oder dritter Linie um Wissensvermittlung, sie will die lebendige Erfahrung des Gegenstandes, der selber nicht tot ist, sondern sich fortentwickelt. Korrespondenz ist das Ziel, Entsprechung von subjektiver Erfahrung und objektivem Prozeß, so daß aus dieser Bewegung heraus Neues entsteht. Ein utopischer Zug ist dieser Kunstprosa eigen, weil sie nicht Reproduktion, sondern Produktion will. "Das Unbekannte ist der Reiz des Erkenntnisvermögens", sagt Novalis und ergänzt an anderer Stelle: "Es ist nicht das Wissen allein, was uns glücklich macht, es ist die Qualität des Wissens, die subjektive Beschaffenheit des Wissens."[13] Ich könnte nun Zeugnisse aus allen Gegenden des Zeitraums zitieren, der Klassik und Romantik umfaßt, Goethes Ideal der Tätigkeit heranziehen ("Eine tätige Skepsis: welche unablässig bemüht ist, sich selbst zu überwinden, um durch geregelte Erfahrung zu einer Art von bedingter Zuverlässigkeit zu gelangen."[14]), auf die romantische Theorie des Fragments verweisen (Friedrich Schlegel: "Ich habe einige Ideen ausgesprochen, die aufs Zentrum deuten, ich habe die Morgenröte begrüßt nach meiner Ansicht, aus meinem Standpunkt. Wer den Weg kennt, tue desgleichen nach seiner Ansicht, aus seinem Standpunkt."[15]) und Kleists Ratschläge *Über die allmähliche Verfertigung der Gedanken beim Reden* verfolgen, sie alle laufen darauf hinaus, daß Wahrheit und Erkenntnis, in welchem Fall auch immer, nicht als fixe Resultate genommen werden dürfen, sondern mit ihrer eigenen, unabgeschlossenen Entwicklung zusammenfallen. Für ihre Darstellung muß daher eine Prosaform gefunden werden, die dem neuen, prozeßhaften Wahrheitsbegriff entspricht. Wenn nämlich, räsonierte Bacon, "Alles als längst in jeder Rücksicht vollendet dargestellt wird", so muß der wissenschaftliche Fortschritt stocken, wogegen das Verfahren, die "durch Naturstudien erworbnen Kenntnisse [...] in Aphorismen oder kurze nicht methodisch verkettete Sätze zu fassen",[16] dem Stande des fragmentarischen Wissens selber angemessen ist und zu weiteren Forschungen anregt. Die einheitliche Hervorbringung von Sache und Wort war, gegenüber der didaktischen Trennung beider Berei-

---

12 Müller, Zwölf Reden über die Beredsamkeit, S. 46f.

13 Novalis: Romantische Welt. Die Fragmente. Hg. v. O. Mann. Leipzig 1929. S. 143.

14 J. W. v. Goethe: Maximen und Reflexionen. In: Goethes Werke. Hamburger Ausg. in 14 Bdn. Hg. v. E. Trunz. Bd. 12. 9., neubearb. Aufl. München 1981. S. 406.

15 F. Schlegel: Fragmente. In: Ders.: Kritische Schriften. Hg. v. W. Rasch. 3., erw. Aufl. München 1971. S. 108.

16 F. Bacon: Neues Organ der Wissenschaften. Übers. u. hg. v. A. T. Brück. Darmstadt 1981. S. 66.

che in den Lehrbüchern, immer das eigentliche Ideal der rhetorischen Kunst. Der Unterschied liegt nicht darin, daß wir es in dem einen Falle mit einer unwillkürlichen Einheit, im anderen mit einer absichtsvollen Operation zu tun hätten. Der eigentliche Gewinn, der in der Einheit von Denken und Sprechen liegt, muß darin gesehen werden, daß Reden oder Schreiben dann nicht mehr bloß eine Bekleidung von Sachen mit Worten bedeuten, sondern Erkenntnis produzieren, also richtig verstanden eine ars inveniendi in allen Wissenschaften darstellen. Auch Lichtenberg hat diese Absicht mehrfach bekräftigt. Beginnend mit der Berufung auf Plato, der gesagt habe, "das poetische Genie werde durch die Harmonie und die Versart rege gemacht, und dieses setze den Dichter in den Stand ohne Überlegung seine Gedichte zu verfertigen. [...] ein jeder wird dieses bei sich verspürt haben, wenn er mit Feuer Verse gemacht hat, vielleicht könnten wir durch ähnliche Kunstgriffe unsre übrige Fähigkeiten ebenso in Bewegung setzen, hauptsächlich auch die Ausübung der Tugend. Eine große Fertigkeit im Dividieren und zwar nach der Methode, die man über sich dividieren heißt, die ich bei jemand bemerkte, brachte mir zuerst den Lusten zur Rechenkunst bei; ich dividierte mehr der eiförmigen Gestalt der Auflösung willen, als aus einer andern Absicht."[17] Gerade dieses Beispiel aus Heft A der *Sudelbücher* scheint mir bemerkenswert, weil es auf den psychologischen und sinnkräftigen Einfallsreichtum zielt, der selbst der abstrakten mathematischen Problemerörterung dienlich ist. Eine spätere Notiz nimmt den Gedankengang wieder auf und bezieht ihn nun direkt auf das Schreiben. "Zur Aufweckung des in jedem Menschen schlafenden Systems ist das Schreiben vortrefflich, und jeder, der je geschrieben hat, wird gefunden haben, daß Schreiben immer etwas erweckt was man vorher nicht deutlich erkannte, ob es gleich in uns lag."[18] Auch noch einen dritten Beleg möchte ich zitieren, weil er das Überraschende, Unvorhersehbare dieses in Analogie zu religiöser Erfahrung beschriebenen Erweckungsprozesses pointiert: "Wenn ich über etwas schreibe, so kommt mir das Beste immer so zu, daß ich nicht sagen kann woher."[19] Lichtenbergs Wahrheitsbegriff erschöpft sich nicht, wie man wohl erwarten könnte, in der Angleichung an die Sache, die es zu erkennen gilt, so daß allein das Objekt das Verständnis des Subjekts bestimmte. Erkenntnis ist ihm vielmehr Produkt eines schöpferischen Prozesses, in dem das Interesse des Subjekts, seine Gefühle und Neigungen nicht allein als Hemmnisse mit eingehen, sondern die angemessene Erfahrung der Wirklichkeit erst ermöglichen.

Eine festumrissene, in ihrer Struktur ein für allemal festgelegte literarische Form widerspräche offensichtlich der Auffassung von der Wahrheitserzeugung im Erkenntnisprozeß, und die moderne Kunstprosa läßt sich auch nicht auf eine bestimmte rhetorische Verfahrensweise reduzieren; sie verwendet alle, probiert sie aus, benutzt sie als Instrument und Darstellungsmittel der Erkenntnis zugleich. Das Experiment mit literarischen Formen, der Wechsel der Schreib- und Redeweisen gelten als wichtigste Gegenmittel gegen uniformes, erstarrtes Denken, und vergleicht man die popularphilosophische Essayistik der Aufklärung mit Schillers und Goethes, Lichtenbergs und Forsters, Schlegels und Kleists Kunstprosa, so

---

17 G. Ch. Lichtenberg: Sudelbücher. In: Ders.: Schriften und Briefe. Hg. v. W. Promies. Bd. 1. München ^{2}1973. Heft A 27. S. 14f.

18 Lichtenberg, Sudelbücher, Heft J 19, S. 653.

19 G. Ch. Lichtenberg: Vermischte Schriften. Neue, vermehrte, von dessen Söhnen veranstaltete Original-Ausg. Bd. I. Göttingen 1844. Bd. I. S. 288.

fällt der Unterschied sogleich ins Auge. Die gegenüber der Schulphilosophie aufgelockerte, mit Beispielen und Gleichnissen versetzte, doch einheitliche Redeweise, die so ziemlich Schillers Kategorie vom didaktischen Vortrag entspricht, ist abgelöst worden durch eine Prosa, die zwischen Aphorismus und Fragment auf der einen und Buchessay sowie Vortragsreihe auf der anderen Seite eine Fülle von Zwischenstufen und Variationen kennt. Deren formale Charakteristika erscheinen so unbestimmt und vielfältig, daß sich aus ihnen keine einheitliche Gattungsbeschreibung gewinnen läßt. In einem gewissen Sinne kann man sogar die Lehrgedichte dazurechnen, und wenn Tieck die Erlebnisse seiner Italienreise nicht in einem der üblichen Berichte, sondern als Gedichtzyklus faßt, so liegt auch dies zuletzt an seiner Absicht, keine Ergebnisse zu dokumentieren, sondern eine bestimmte Erfahrungsweise selber zum Gegenstand zu machen: die Reise als poetische Entdeckungsfahrt. In der Wirkungsintention aber stimmen die modernen Essayisten überein, und sie allein liefert das Hauptmerkmal zur Bestimmung der Gattung. Um wieder Schiller das Wort zu geben, der ihr erster und wichtigster Theoretiker in seiner Zeit gewesen ist: "Ein solcher Schriftsteller ist aber aus eben diesem Grunde ganz und gar nicht dazu gemacht, einen Unwissenden mit dem Gegenstande, den er behandelt, bekannt zu machen oder, im eigentlichsten Sinne des Worts, zu *lehren* [...] Der Lehrer in strengster Bedeutung muß sich nach der Bedürftigkeit richten; er geht von der Voraussetzung des Unvermögens aus, da hingegen jener von seinem Leser oder Zuhörer schon eine gewisse Integrität und Ausbildung fordert. Dafür schränkt sich aber seine Wirkung auch nicht darauf ein, bloß tote Begriffe mitzuteilen, er ergreift mit lebendiger Energie das Lebendige und bemächtigt sich des ganzen Menschen, seines Verstandes, seines Gefühls, seines Willens zugleich."[20]

Themen und Tendenzen

Reisebeschreibung

Das Kernstück der zeitgenössischen Reiseliteratur ist Goethes *Italienische Reise*. Die Gattung selber war natürlich längst eingeführt und steht in einer langen, bis in die Antike zurückreichenden ununterbrochenen Tradition. Im 18. Jahrhundert, das ist bekannt, erfreute sie sich größter Beliebtheit; wurde die Reise doch zunehmend als unentbehrliches Mittel betrachtet, die aufklärerischen Zwecke, Welt- und Menschenkenntnis, zu erreichen und im ausführlichen, sachlichen, auf der empirischen Wahrnehmung und so genauen wie zielgerichteten Beobachtung beruhenden Bericht den Zeitgenossen die neuen Erfahrungen mitzuteilen. Dies war ein Weg, ihnen die Teilnahme am Bildungsfortschritt zu ermöglichen, auch wenn sie selber nicht die Mittel für weitläufige Reisen besaßen. Die konkreten Zielsetzungen schwankten dabei entsprechend dem Interesse oder Auftrag des Reisenden. Georg Forsters *Beschreibung einer Reise um die Welt während den Jahren 1772 bis 1775 in dem von Captain J. Cook commandirten Schiffe The Resolution* zeigen ihn als scharfsinnigen und aufmerksamen Beobachter von Natur- und Völkerleben, der sich um Unvoreingenommenheit und Toleranz bemüht. Von seiner trefflichen Beschreibung spricht daher bewundernd

20 Schiller, Grenzen beim Gebrauch schöner Formen, S. 681f.

Alexander von Humboldt in seinem *Kosmos*, dessen Untertitel *Entwurf einer physischen Weltbeschreibung* die eigene Zielsetzung kurz, aber zureichend charakterisiert. Das wissenschaftliche Interesse dominierte bei Reisebeschreibungen dieses Typs, doch kommt auch ein weltbürgerliches und zivilisationskritisches Motiv hinzu. Im Vorwort zu seiner Übersetzung von Georg Keates *Nachrichten von den Pelew-Inseln in der Westgegend des stillen Ozeans* bemerkte Forster, daß die Bewohner jener beliebtesten Traumgegend des europäischen Publikums gerade "in ihrer Unwissenheit und Einfalt"[21] die Bedingungen ihres harmonischen Daseins finden. Die Französische Revolution hatte dann noch eine Art von politischem Bildungsreisenden hervorgebracht, der nach Paris fuhr, um die Ereignisse an Ort und Stelle zu erleben und darüber nach Hause zu berichten (Campe, Reichardt, von Halem). Das Reisebuch, ob nun enzyklopädisch angelegt wie bei Humboldt oder als Großstadterkundung wie in Lichtenbergs *Englischen Briefen*, ob den fernsten Weltgegenden gewidmet wie die zahlreichen Entdeckergeschichten oder den Ländern nahe der eigenen Heimat wie Georg Forsters *Ansichten vom Niederrhein, von Brabant, Flandern, Holland, England und Frankreich, im April, Mai und Junius 1790*, das Reisebuch diente nicht nur der Wiedergabe erfahrener Realien, sondern als Kompendium aller möglichen Interessen und Einfälle. "Als literarisches Genre triumphiert die Reisebeschreibung", resümiert Paul Hazard in seiner schon klassischen Kulturgeschichte der Aufklärung; "in ihrer unbestimmten Abgrenzung war sie bequem, weil man alles hineinbringen konnte, gelehrte Dissertationen und Museumskataloge ebensogut wie Liebesgeschichten. Sie konnte eine gewichtige, äußerst wissenschaftliche Abhandlung sein oder eine psychologische Studie oder ein reiner Roman oder auch alles auf einmal."[22] Die Diagnose gilt noch für Forster, und wirklich nehmen die Reiseberichte oftmals den Charakter eines gebildeten, doch weitläufigen Gesprächs über verschiedene Gegenstände der Welt, der Natur und Kunst an, wobei auch zunehmend die Selbsterfahrung des Reisenden als Auseinandersetzung mit dem Fremden, Relativierung der eigenen Maßstäbe und Vergewisserung der mitgebrachten Kenntnisse in die Darstellung einbezogen werden.

Goethes *Italienische Reise*, um nun endlich auf sie zurückzukommen, vereinigt alle diese Züge und ist darin das getreue Spiegelbild der umfassenden Interessen ihres Autors. Zeitlich erstreckt sie sich über eindreiviertel Jahre, dauert vom 3. September 1786, dem Tag der heimlichen Abreise aus Karlsbad, bis zum 18. Juni 1788. Schon der Vater Goethe hatte seinen Sohn auf den eigenen Spuren und dem häufigen Bildungsbrauch folgend nach Italien schicken wollen, doch der war ungehorsam gewesen und nach Weimar gegangen. Nun, vier Jahre nach des Vaters Tod, wurde die alte Absicht verwirklicht; die Ziele, die Goethe inzwischen mit der Reise verband, sahen freilich etwas anders aus. Jetzt floh er vor der Überlast an Regierungsgeschäften, aus einer quälend unbefriedigend gebliebenen Liaison (mit Charlotte von Stein), mit der Hoffnung, all die angefangenen literarischen Arbeiten endlich zu beenden (*Iphigenie, Tasso, Faust*), seine malerischen Fertigkeiten auszubilden und das theoretisch aus dem Buch- und Bilderstudium gewonnene Antikebild durch die lebendige Erfahrung zu ergänzen. Das hatte freilich nichts mit dem antiquarischen Interesse zu tun,

---

21 G. Forster: Reise um die Welt. In: Ders.: Werke in 4 Bdn. Hg. v. G. Steiner. Bd. 1. Frankfurt a. M. 1967. S. 281.

22 P. Hazard: Die Krise des europäischen Geistes. Hamburg 1965. S. 33f.

das Bildungsreisen nach Italien sonst kennzeichnete. Goethe hat das Faktum dieser Reise (wie ähnlich einst den Aufbruch nach Weimar) sogleich lebensgeschichtlich gedeutet, ihm einen epochalen Sinn gegeben, der die Reise-Erfahrung selber verändert hat. In seinen Tagebuchnotizen und Briefen, die er dem Reisebuch zugrunde legte, kommt das sehr viel klarer und direkter zum Ausdruck als in dem fertigen, auf vielfache Weise künstlerisch bearbeiteten und stilisierten Werk. Schon auf dem Brenner spricht er von "dieser wichtigen Epoche meines Lebens", auf der Fahrt von Trient nach Rovereto hält eine Notiz fest: "Mir ists wie einem Kinde, das erst wieder leben lernen muß.",[23] und in einem Brief aus Rom an Frau von Stein steht nun auch das längst fällige Stichwort: "Die Wiedergeburt die mich von innen heraus umarbeitet, würckt immer fort, ich dachte wohl hier was zu lernen, daß ich aber so weit in die Schule zurückgehn, daß ich so viel *ver*lernen müßte dacht ich nicht."[24] Die Wiedergeburtsphantasie ist eine Wunschphantasie, die uns auch in Goethes dichterischem Werk sonst begegnet, hier verknüpft sie sich mit dem kulturellen Renaissance-Motiv, das im 18. Jahrhundert, denken wir an Winckelmann und die Folgen, weit verbreitet war. Selbsterfahrung und Kultur- wie Natur-Erfahrung korrespondieren im Bewußtsein dieses Reisenden auf ungewöhnliche Weise und machen das eigenartige, exemplarische Wesen seines Reisebuchs aus; er hat damit natürlich auch in der ausgearbeiteten Fassung nicht hinter dem Berge gehalten: "Wie mir's in der Naturgeschichte erging, geht es auch hier, denn an diesen Ort knüpft sich die ganze Geschichte der Welt an, und ich zähle einen zweiten Geburtstag, eine wahre Wiedergeburt, von dem Tage, da ich Rom betrat."[25]

Wenn wir in aller Kürze die Erträge der *Italienischen Reise* rekapitulieren, so liegen sie auf allen Gebieten von Goethes weitgespannten Interessen. Klima-, Boden- und Pflanzenbeobachtungen ("Im Angesicht so vielerlei neuen und erneuten Gebildes fiel mir die alte Grille wieder ein, ob ich nicht unter dieser Schar die Urpflanze entdecken könnte. Eine solche muß es denn doch geben!"[26]), Landschafts- und Stadtbesichtigungen, Erkundung von Volksbräuchen (*Römisches Carneval*) und Betrachtung von Kunstwerken, Besuch von Theateraufführungen und Ausgrabungsstätten. Er stellt kunsthistorische und völkerpsychologische Studien an und bewährt dabei seine ganze Vielseitigkeit aufs beste, auch anekdotische Berichte kommen nicht zu kurz. Einmal, am Gardasee, verdächtigen Einheimische den malenden Goethe der Spionage,[27] ein andermal leckt die Katze der Wirtin hingebungsvoll den Gipsabguß eines Jupiterkopfes, weshalb deren Besitzerin über die Religiosität des Tieres in größtes Entzücken gerät. Darauf Goethe: "Der guten Frau ließ ich ihre Verwunderung, erklärte mir aber diese seltsame Katzenandacht dadurch, daß dieses scharf riechende Tier wohl das Fett möchte gespürt haben, das sich aus der Form in die Vertiefungen des Barts gesenkt und dort verhalten hatte."[28]

---

23 J. W. v. Goethe: Tagebuch der italiänischen Reise für Frau von Stein. In: Ders.: Gedenkausgabe der Werke, Briefe und Gespräche. 24 Bde. u. 2 Erg.-Bde. Hg. v. E. Beutler. 2. Erg.-Bd. Zürich 1964. S. 133f.

24 J. W. v. Goethe: Brief an Ch. von Stein vom 25.1.1787. In: Goethes Briefe. Hamburger Ausg. in 4 Bdn. Hg. v. K. R. Mandelkow. Bd. 2. Hamburg 1964. S. 45f.

25 Goethe: Italienische Reise. In: Goethes Werke, Hamburger Ausg., Bd. 11, S. 147.

26 Goethe, Italienische Reise, S. 266.

27 Goethe, Italienische Reise, S. 31ff.

28 Goethe, Italienische Reise, S. 152.

Die wichtigste Eigenart dieser Reisebeschreibung ist aber die Erlebnisweise ihres Autors selber und wie er die Realien in den eigenen Bildungsprozeß einbezieht, ohne ihren Sachgehalt zu verbiegen und zu verletzen. Was in dieser unerschütterlichen Selbstgewißheit nur erklärlich ist durch die ganz ursprüngliche, gleichsam eingeborene Überzeugung Goethes von der Verpflichtung der Natur gegenüber der eigenen Existenz. Ins Tagebuch hat er am 24. September 1786 notiert: "Doch muß man auf alle Fälle wieder und wieder sehn, wenn man einen reinen Eindruck der Gegenstände gewinnen will. Es ist ein sonderbares Ding um den ersten Eindruck, er ist immer ein Gemisch aus Wahrheit und Lüge im hohen Grade, ich kann noch nicht recht herauskriegen wie es damit ist."[29] Man erkennt, Goethe ist sich der methodologischen Probleme der Reise-Erfahrung wohl bewußt, der verfälschenden Wirkung des Vorwissens und der vorgefaßten Meinungen, die den Reisenden daran hindern, in der fremden Erscheinung auch gleich deren Wesen aufzufassen, obwohl der erste, frische, neue Eindruck doch auch einen so nie wieder zu erreichenden Einblick in die Sache gewähren könnte. Das mehrmalige Sehen hat dann bewirkt, daß man sich der im ersten Eindruck unvermerkt mitwirkenden Lüge, also, um es mit Bacon zu sagen, der Trugbilder oder Idole bewußt wird, sich ihrer entledigt, sie gleichsam suspendiert und derart zum "reinen Eindruck" vorstößt, aus dem die Sache selber spricht. Daß dafür freilich erst die Sinne geschärft sein müssen und die richtige Vorbildung dann sogar den Weg zum reinen Eindruck eröffnet, ist ein Ergebnis der Architektur- und Kunsterfahrung, und Goethe meldet aus Venedig: "Ich sah in Verona und Vicenz was ich mit meinen Augen ersehen konnte, in Padua fand ich erst das Buch [er meint Palladios Werk], jetzt studier ich's und es fallen mir wie Schuppen von den Augen, der Nebel geht auseinander und ich erkenne die Gegenstände."[30] Dies zu erfahren und zu erkennen ist aber kein reproduktiver, sondern ein schöpferischer Vorgang, eine Tätigkeit, die sich mit Widerständen auseinanderzusetzen hat und durch sie hindurch die Kommunikation mit den Gegenständen sucht. Deren Anblick ist dann eine sachgemäße Konstruktion des Gegenstandes aus Wahrnehmung und subjektiver Einbildung. Die Interpreten haben immer wieder darauf hingewiesen, daß Goethes an Winckelmann und Palladio geschultes Griechenbild es ihm nur erlaubte, die hellenistische und römische Antike angemessen aufzunehmen, während er den Zeugnissen der eigentlichen klassischen Epoche Griechenlands verständnislos gegenübergestanden habe. Es wäre töricht, das schlichtweg zu bestreiten, doch bewährt sich Goethes komplizierter Blick selbst an den dorischen Tempelruinen von Paestum, und seine Beschreibung macht deutlich, in welchem Maße er sich von dergleichen Befangenheiten zu befreien, seine Vorprägungen zu relativieren suchte.[31] Eine unbändige sinnliche und theoretische Neugierde kennzeichnet seinen Reisebericht, der freilich insofern ganz ein Werk der Weimarer Klassik ist, als er subjektives Interesse und objektiven Geltungsanspruch vereinen möchte: "Der Genuß auf einer Reiße ist wenn man ihn rein haben will, ein abstrackter Genuß, ich muß die Unbequemlichkeiten, Widerwärtigkeiten, das was mit mir nicht stimmt, was ich nicht erwarte, alles muß ich bey Seite bringen, in dem Kunstwerck nur den Gedancken des Künstlers, die erste Ausführung, das Leben der ersten Zeit da das Werck entstand heraussuchen und es wieder rein in meine

---

29 Goethe, Tagebuch der italiänischen Reise, S. 150.

30 Goethe, Tagebuch der italiänischen Reise, S. 163.

31 Goethe, Italienische Reise, S. 219f.

Seele bringen, abgeschieden von allem was die Zeit, der alles unterworfen ist und der Wechsel der Dinge darauf gewürckt haben. Dann hab ich einen reinen bleibenden Genuß und um dessentwillen bin ich gereißt, nicht um des Augenblicklichen Wohlseyns oder Spases willen."[32]

Keiner der romantischen Fahrensmänner wenige Jahre später hätte dieses Reiseprogramm noch unterschrieben. Gewiß unterscheidet es sich bedeutsam von der rein zweckbestimmten Aufklärungsreise eines Friedrich Nicolai (*Beschreibung einer Reise durch Deutschland und die Schweiz, im Jahre 1781*), der von vornherein beschlossen hatte, "was ihm nicht dienet, lieber ganz weg[zu]lassen, und sich auf das ein[zu]schränken, was seinem Zwecke gemäß ist",[33] und auch Goethe läßt sich immer wieder einmal treiben und - horribile dictu für rationalistisches Verständnis - vom Zufall führen. Wenn er die Arena in Verona verläßt, verweilt er bei einem Ballspiel,[34] und in Venedig, so hält er fest, "verlief ich mich wieder ohne Führer in die entferntesten Quartiere der Stadt".[35] Da ist noch etwas vom Wesen jener Geniereisen zu spüren, die er einst von Straßburg und Wetzlar, auch anfänglich noch in die Umgebung Weimars oder, gemildert schon, in die Schweiz (1779) unternommen hatte: "Wenn einer zu Fuß, ohne recht zu wissen warum und wohin in die Welt lief, so hieß dies eine Geniereise, und wenn einer etwas Verkehrtes ohne Zweck und Nutzen unternahm, ein 'Geniestreich'."[36] Das derart prägnant formulierte Reiseprogramm, das eben keines mehr ist, hat mit Goethes italienischem Unternehmen aber nicht mehr viel gemein, wenn auch noch manches in seinen Erlebnissen vom Reiz der früheren Entzückungen zeugt, im Tagebuch, das aber nur fragmentarisch erhalten ist, mehr und offensichtlicher als in der späteren Druckfassung, in der Goethe viele Passagen gestrichen oder ins Exemplarische verdichtet hat, die das Temporelle, Impressionistische, den spontanen Eindruck und die individuell-zufällige Reaktion wiedergeben. Die Romantiker entdecken dann die Geniereisen neu, das ziel- und planlose Wandern, die Improvisation, das Sich-Verlieren auf Ab- und Umwegen bei Vermeidung der Hauptstraßen, das Verweilen nach Genuß und Laune, der unregelmäßige Reiserhythmus und das Vergessen der Zeitrechnung - dies alles sind Merkmale einer rein subjektbezogenen Reiseart, in welcher sich der individuelle Charakter mit seinen Vorlieben und Abneigungen, seinen zufälligen Motiven und abenteuerlichen Vorstellungen zu erkennen gibt und die objektive Realität, Landschaft, Städte, andere Menschen, nur gleichsam katalysatorische Funktion erhält, damit sich der Reisende in seiner Eigentümlichkeit so recht zur Geltung bringen kann. Weshalb es auch gar nicht verwundert, daß die romantische Reise von vornherein zum poetischen Sujet tendiert, es romantische Reiseberichte vor allem in der Form des Romans, als dessen integrale Bestandteile gibt, nicht aber oder nur selten einmal als selbständiges Genre. Wo dies der Fall ist, wie ganz zu Anfang der romantischen Bewegung in Wackenroders Reiseberichten aus den süddeutschen, vor allem fränkischen Landen, da dominieren ebenso die Realien wie etwa in Goethes *Italienischer Reise* oder sei-

---

32 Goethe, Tagebuch der italiänischen Reise, S. 153.

33 F. Nicolai: Beschreibung einer Reise durch Deutschland und die Schweiz im Jahre 1781. Berlin u. Stettin 1795. Bd. 1. S. 13.

34 Goethe, Italienische Reise, S. 44.

35 Goethe, Italienische Reise, S. 69.

36 J. W. v. Goethe: Dichtung und Wahrheit. In: Goethes Werke, Hamburger Ausg., Bd. 10, S. 161.

ner *Campagne in Frankreich*. Auch Wackenroder ist vielseitig interessiert, berichtet über mineralogische und geologische Beobachtungen, über den Lehrbetrieb an Schulen und Universitäten, über Dosenfabrikation und Bergbau, Landwirtschaft und Lebensgewohnheiten der Bevölkerung. Doch darf man den unmittelbaren Adressaten dieser Berichte nicht vergessen, die Familie in Berlin, vor allem den Vater, einen preußischen Justizbeamten, der die Reisen finanzierte und über ihren nützlichen, erzieherischen Wert informiert sein wollte. Wo Wackenroder über Kunst und Künstler spricht, wird indessen auch der Ton ein wenig anders und verrät etwas von der Beteiligung, die bei entsprechenden Gesprächen mit seinen Reisekameraden Tieck oder Wilhelm von Burgsdorff geherrscht haben mag: "Nürnberg ist eine Stadt, wie ich noch keine gesehen habe, und hat ein ganz besonderes Interesse für mich. Man kann sie, ihres Äußern wegen, in der Art romantisch nennen. Mit jedem Schritt heftet sich der Blick auf ein Stück des Altertums, auf ein Kunstwerk in Stein oder in Farben."[37] Doch die eigentliche romantische Reiseerfahrung findet man nicht in diesen materialreichen Briefen, sondern in den Romanen der jungen Schriftsteller, in *Franz Sternbalds Wanderungen* von Tieck, in Novalis' *Heinrich von Ofterdingen* oder Eichendorffs *Ahnung und Gegenwart*. Einen Höhepunkt dieser subjektiv-poetischen Reiseliteratur bilden aber Tiecks *Reisegedichte eines Kranken*, in welchen die Stationen seiner italienischen Reise nun ganz konsequent in lyrischen Stimmungsbildern mehr hervorgerufen als beschrieben werden, von Tirol und Innsbruck über Verona und Venedig bis Rom, dann zurück (*Rückkehr des Genesenden*) über Livorno, Bologna, Parma. Nicht was dem Reisenden begegnet, in seiner Selbständigkeit und Neuheit, ist Thema dieses Zyklus, sondern die Gefühlsreaktionen, die zufälligen Assoziationen und Erinnerungen, die der Anblick wechselnder Gegenstände in ihm wachruft. "Seid mir gegrüßt, du alte Veste, / Du schönes Land, ihr lieben Hügel, / Du schöner Strom, / Und all ihr zarten Erinnerungen, / Die wie frohe Kinder, mahnend, neckend, / Sinnig lächelnd um mich gaukeln, / Mir dies und jenes zu zeigen"[38] - so beginnt das *Verona* überschriebene Reisegedicht, und wenn natürlich auch Tiecks italienische Reise nach einem Programm verläuft, die Stationen ziemlich feststehen, werden die Aufenthalte doch nach Art poetischer Impressionen ausgefüllt mit jener absichtslos verknüpfenden Bewegung, die die romantische Reise kennzeichnet und in der Übertragung der ästhetischen ars inveniendi auf das Raumverhältnis besteht. "Der echte Beobachter ist Künstler", resümiert Novalis das Thema, "- er ahnt das Bedeutende und weiß aus dem seltsamen, vorüberstreichenden Gemisch von Erscheinungen die wichtigen herauszufühlen."[39]

Wenn wir solche Maximen lesen, Franz Sternbalds Selbstgespräch über das Reisen dazunehmen, wie es ihm als "ein herrlicher Zustand" erscheint, "diese Freiheit der Natur, diese Regsamkeit aller Kreaturen, der reine weite Himmel und der Menschengeist, der alles dies zusammenfassen und in *einem* Gedanken zusammenstellen kann: - o glücklich ist der, der bald die enge Heimat verläßt, um wie der Vogel seinen Fittich zu prüfen und sich auf unbekannten, schöneren Zweigen zu schaukeln. Welche Welten entwickeln sich im Gemüte, wenn die freie Natur umher mit kühner Sprache in uns hineinredet, wenn jeder ihrer Töne

[37] W. H. Wackenroder: Reiseberichte. In: Ders.: Werke und Briefe. Hg. v. L. Schneider. Heidelberg 1967. S. 511.

[38] L. Tieck: Verona. In: Ders.: Gedichte. 3 Bde. Bd. 3. Dresden 1823. S. 114.

[39] Novalis: Romantische Welt. Die Fragmente. Hg. v. O. Mann. Leipzig 1929. S. 171.

unser Herz trifft und alle Empfindungen zugleich anrührt."[40]; wenn wir dieses und die vielen anderen Zeugnisse der Zeit, die ich anführen könnte, in unser Gedächtnis zurückrufen, wird auch der wahre Adressat, der Gegner, deutlicher, gegen den sich die romantische Wanderlust richtet. Das ist nämlich nur auf den ersten Blick der aufklärerische Reisende, dessen Beschreibungen Tieck übrigens in seinem *Peter Lebrecht* persifliert,[41] dahinter erscheint vielmehr das neue Naturverständnis als der eigentliche Grund zum Anstoß. Die Entfaltung der modernen bürgerlichen Wirtschaftsweise, Aufschwung der Naturwissenschaften und Entdeckungs- wie Forschungsreisen bilden einen engen, unheilvollen Bedingungszusammenhang, in dem die Erde nur noch als Werkstatt vorkommt und die Verschmutzung der Natur immer umfassendere Ausmaße annimmt. Die ausdrückliche oder unbewußte Motivation des aufklärerischen Reisenden war ökonomischer Art, zielte auf die Entdeckung von Handelsmärkten, die Erforschung von Bodenschätzen, von nützlicher Flora und Fauna. Der romantische Reisende will davon nichts wissen, für ihn ist die ästhetische Erfahrung der wichtigste Sinn seines Wanderns, und das Wort Freiheit wirkt in seinen Berichten wie ein Signal, meint subjektive und objektive Unabhängigkeit vom Zweckrationalismus der Wissenschaften und Techniken, und er hat in seinem Gemüt, in Gedächtnis und Phantasie ein Vermögen entdeckt, sich und sein Land derart freizusetzen. Der Natur-Raum, durch den er zieht, wächst ihm gleichsam unter den Füßen hervor, ist sein schöpferisches Produkt und bildet sich erst im Vollzug seines Wanderns und Reisens. Den letzten Extrempunkt romantischer Reiselust hat Novalis in seinen *Blütenstaub*-Fragmenten bezeichnet: "Nach Innen geht der geheimnißvolle Weg."[42]

Geschichtsschreibung

"Meine Absicht bei diesem Versuche ist mehr als erreicht, wenn er *einen* Teil des lesenden Publikums von der Möglichkeit überführt, daß eine Geschichte historisch treu geschrieben sein kann, ohne darum eine Geduldprobe für den Leser zu sein, und wenn er einem andern das Geständnis abgewinnt, daß die Geschichte von einer verwandten Kunst etwas borgen kann, ohne deswegen notwendig zum Roman zu werden."[43] Die Vor-Rede Schillers ist von seiner ersten historischen Schrift, der *Geschichte des Abfalls der Vereinigten Niederlande von der spanischen Regierung*, und der bescheidene Ton darf nicht darüber hinwegtäuschen, daß in ihm recht hochgespannte Absichten vorgetragen werden. Sie laufen auf nichts Geringeres hinaus als die Erneuerung einer großen Tradition, an deren Anfängen Herodot, Thukydides oder Plutarch gestanden haben und in der die Geschichtsschreibung als Kunst, ge-

---

40 L. Tieck: Franz Sternbalds Wanderungen. In: Ders.: Werke in 4 Bdn. Hg. v. M. Thalmann. Bd. 1. München 1963. S. 712f.

41 Vgl. L. Tieck: Peter Lebrecht. In: Ders., Werke, Bd. 1, S. 122ff.

42 Novalis: Blüthenstaub. In: Schriften. Die Werke Friedrich von Hardenbergs. Hg. v. P. Kluckhohn u. R. Samuel. Bd. 2: Das philosophische Werk I. Hg. v. H.-J. Mähl u. G. Schulz. 2., nach d. Hs. erg., erw. u. verb. Aufl. Darmstadt 1965. S. 419.

43 F. Schiller: Vorrede zu Geschichte des Abfalls der vereinigten Niederlande von der spanischen Regierung. In: Ders., Sämtliche Werke, Bd. 4, 2., durchges. Aufl. München 1960, S. 31.

nauer: als rhetorische Kunst, aufgefaßt und betrieben wurde. Das Bewußtsein von diesem Zusammenhang war auch im 18. Jahrhundert vollkommen präsent, noch Eschenburg handelt die "Historische Schreibart", der Übereinkunft entsprechend, im Buche "Rhetorik" seiner *Theorie der schönen Wissenschaften* ab. "So, wie sich Philosoph und Geschichtsschreiber dadurch voneinander unterscheiden, daß jener sich meistens mit allgemeinen Wahrheiten, dieser hingegen mit einzelnen Fällen und Thatsachen beschäfftigt; so ist auch historischer Vortrag oder Erzählung darin von dem dogmatischen Vortrage oder der Abhandlung verschieden, daß diese Wahrheiten und Sätze, jener aber Handlungen und Begebenheiten zum Gegenstande hat, und dieselben nicht sowohl umständlich untersucht und erörtert, als vielmehr bloß, nach der Beschaffenheit ihres Verlaufs und nach ihren einzelnen Umständen, berichtet und erzählt."[44] Nicht anders sieht es Schiller, auch er betont das erzählerische Prinzip, weil es allein der Geschichte als einer Ereignisfolge menschlicher Verhältnisse, die sich nicht unter ein abstraktes Gesetz zwingen lassen, gerecht zu werden vermag. Gewiß, er hat seine historische Profession aus pragmatischen Gründen und zur Existenzsicherung betrieben, war auch nicht länger als vier Jahre, von 1788 bis 1792, in dieser Disziplin tätig, doch Historiker ist er im Sinne einer Grundanschauung der Welt immer gewesen, von seinem *Fiesco* bis *Wilhelm Tell* und *Demetrius*, hat seine geschichtlichen Studien mit Ernst betrieben, auch wenn er sie des dramatischen Zwecks wegen brauchte (Musterbeispiel: die *Wallenstein*-Trilogie, die Golo Mann ein "Wunderwerk in allen seinen einander durchdringenden Schichten"[45] genannt hat) und selbst in seinen ästhetischen und dramentheoretischen Schriften mehr oder weniger ausdrücklich seinen historischen Denkansatz zur Geltung brachte. Aber es gilt auch die Umkehrung: Als Historiker ist Schiller immer Dramatiker gewesen, und seine ureigene Epoche, der er sich in seinen historischen Schriften fast ausschließlich widmete, das Jahrhundert von 1550 bis 1650, war eine Zeit dramatischer Entwicklungen, des politischen und religiösen Aufbruchs, der Gegenreformation und der Sicherung der protestantischen Freiheiten, der Erneuerung Frankreichs und des großen europäischen Krieges auf deutschem Boden, der die Geschichte Deutschlands in seinen katastrophalen Folgen bis in das 18. und 19. Jahrhundert bestimmte; ein Krieg, schreibt Schiller gleich am Anfang seiner *Geschichte des dreißigjährigen Krieges*, "der den aufglimmenden Funken der Kultur in Deutschland auf ein halbes Jahrhundert verlöschte und die kaum auflebenden bessern Sitten der alten barbarischen Wildheit zurückgab. Aber Europa ging ununterdrückt und frei aus diesem fürchterlichen Krieg, in welchem es sich zum erstenmal als eine zusammenhängende Staatengesellschaft erkannt hatte; und diese Teilnehmung der Staaten an einander, welche sich in diesem Krieg eigentlich erst bildete, wäre allein schon Gewinn genug, den Weltbürger mit seinen Schrecken zu versöhnen."[46] An dieser Stelle ist mehreres bemerkenswert. Die Perspektive der Geschichtsschreibung, das "Verhältnis eines historischen Datums zu der *heutigen* Weltverfassung",[47] wie sie Schiller pointiert in seiner An-

44 J. J. Eschenburg: Entwurf einer Theorie und Literatur der schönen Wissenschaften. Berlin 1794. S. 326.

45 G. Mann: Schiller als Geschichtsschreiber. In: Ders.: Zeiten und Figuren. Schriften aus vier Jahrzehnten. Frankfurt a. M. 1961. S. 99.

46 F. Schiller: Geschichte des dreißigjährigen Krieges. In: Ders., Sämtliche Werke, Bd. 4, S. 366.

47 F. Schiller: Was heißt und zu welchem Ende studiert man Universalgeschichte? In: Ders., Sämtliche Werke, Bd. 4, S. 762.

trittsvorlesung beschreibt. Denn eben dieses Verlöschen der Kultur macht er verantwortlich für die notorische Verspätung Deutschlands. Sodann die europäische, ja weltpolitische Interessenrichtung, die die nationalen Belange und Ereignisse in ihrem internationalen Wechselverhältnis auffaßt - ein Gesichtspunkt, der mit der Entstehungszeit des Buches in engem Zusammenhang gesehen werden muß. Das europäische Ereignis der Französischen Revolution steht hinter diesen historiographischen Reflexionen über die Heterogonie historischer Ereignisse. Freiheit und staatliche Vereinigung, wer hörte aus solchen Motiven nicht sogleich die politischen Aspirationen heraus, die sich in Deutschland an die Ereignisse in Frankreich und die von ihnen ausgelösten Erschütterungen knüpften? Die Geschichtsschreibung der Epoche ist, ob ausgesprochen oder nicht, immer auch Medium der Gegenwartserfahrung, ob in Johannes von Müllers historischen Schriften oder denjenigen Schillers, der seinerseits allerdings mehr als alle anderen die Sache der Zukunft verficht und sich als Historiker einer Freiheitsgeschichte versteht, die sich vollkommen noch nie und nirgends begeben hat, deren Indizes aber in der Vergangenheit aufgespürt werden können, gerade in den Umbruchszeiten der europäischen Geschichte. "Man drängte sich nach einem Lande, wo die Freiheit ihre erfreuende Fahne aufsteckte, wo der flüchtigen Religion Achtung und Sicherheit und Rache an ihren Unterdrückern gewiß war [...]. Mitten unter dem Waffengeräusch blühten Gewerbe und Handel, und der ruhige Bürger genoß im voraus alle Früchte der Freiheit, die mit fremdem Blut erst erstritten wurden."[48] Eine Lobrede auf die Niederlande, und wir können daraus auch den Wirkungszweck ablesen, den Schillers Gerichtsrede verfolgt. Er besteht gewiß nicht in einer Lektion, wonach sich aus der Geschichte für Gegenwart und Zukunft die nötigen Maximen entnehmen ließen. Wohl aber darin, das Bewußtsein der Freiheit wachzuhalten, deren durchaus nicht automatisches, sondern durch menschliche Handlungen ausgelöstes und weitergetriebenes Fortschreiten seiner Überzeugung nach überhaupt Geschichte erst setzt und in Gang hält. Diese Überzeugung allgemein zu machen, sehen wir Schiller alle rhetorischen Register der Historiographie ziehen, dramatische Szenen und lebhafte Porträts wechseln einander ab, Antithese und Parallelismus, wirkungskräftige Bilder und anschauliche Exempelgeschichten sind seine Hauptdarstellungsmittel, die politische Geschichte dominiert, auch wenn Religions- und Sozialgeschichte immer wieder in einzelnen Ereignissen beispielhaft die Staatengeschichte ergänzen und beleuchten. Wobei der Historiker alles andere als der bloße Sekretär des Weltgeists genannt werden kann. Seine Aufgabe ist es, die schier unendliche Masse der Fakten intelligibel zu machen, aus ihnen eine Geschichte zu konstruieren, Ordnung in eine unüberschaubare Zahl von Daten und Tatsachen zu bringen, die für sich chaotisch erscheinen. Darauf beruht die Wahlverwandtschaft von Historiker und Künstler sowie die epische Qualität der Geschichtsschreibung: "Er nimmt also diese Harmonie aus sich selbst heraus und verpflanzt sie außer sich in die Ordnung der Dinge, d. i. er bringt einen vernünftigen Zweck in den Gang der Welt und ein teleologisches Prinzip in die *Weltgeschichte*."[49]

Da sind wir bei dem Gegensatz von Geschichte als Erfahrung oder Ereignis und Geschichte als Erkenntnis oder Bericht angelangt. Die Aufgabe des Geschichtsschreibers hat Schiller darin gesehen, die empirische Zufälligkeit und Unendlichkeit der Erfahrung in die

48 Schiller, Geschichte des Abfalls der vereinigten Niederlande, S. 39.

49 Schiller, Universalgeschichte, S. 764.

Ordnung der Erkenntnis zu verwandeln. Er hat damit, wie in seiner Ästhetik, grundlegend für die Folgezeit gewirkt. Für Novalis entsteht dann ebenfalls Geschichte "durch Verknüpfung der Vergangenheit und Zukunft",[50] und wenn er die Aufgaben des Historikers erläutert, klingt das wie eine Paraphrase Schillerscher Gedanken: "Auch ist die Gegenwart gar nicht verständlich ohne die Vergangenheit und ohne ein hohes Maß von Bildung, eine Sättigung mit den höchsten Produkten, mit dem gediegensten Geist des Zeitalters und der Vorzeit, und eine Verdauung, woraus der menschlich prophetische Blick entsteht, dessen der Historiker, der tätige, idealistische Bearbeiter der Geschichtsdaten nicht so entbehren kann wie der grammatische und rhetorische Erzähler. Der Historiker muß im Vortrag oft Redner werden."[51] Ganz ähnliche Vorstellungen finden wir in Friedrich Schlegels Überlegungen zur Universalhistorie. "*Geschichte* ist der Inbegriff der vergangnen Menschheit, nicht zu trennen von der Ahndung der künftigen",[52] verkündet er und beschreibt das konstruktive Ideal der Geschichtsschreibung: "Da man immer so sehr gegen die Hypothesen redet, so sollte man doch einmal versuchen, die Geschichte ohne Hypothese anzufangen. Man kann nicht sagen, daß etwas ist, ohne zu sagen, was es ist. Indem man sie denkt, bezieht man Fakta schon auf Begriffe, und es ist doch wohl nicht einerlei, auf welche." Im Sinne dieser Überzeugung (auf die Formel gebracht: "Construktion + Charakteristik = Historie"[53]) hat Schlegel auch selber Geschichte geschrieben und den Fortschritt der griechischen Poesie aus der Entwicklung eines idealen Lebenszusammenhangs gewonnen.

Die romantische Geschichtsschreibung hat aber diesen Weg nicht weiterverfolgt; sie ist nicht allein, wie schon Schlegel, vom Primat der politischen Geschichte abgegangen und hat sich auf die Kunst-, vor allem die Literaturgeschichte konzentriert, sondern auch das Paradigma der Hypothesenbildung gewechselt: Mittelalter, katholische Kirche, feudaler Ständestaat traten an die Stelle der antiken Kunst und ihrer Grundlage, der politischen Freiheit des griechischen Volks. Die wichtigsten Zeugnisse der politischen Romantik, Novalis' Rede über *Die Christenheit oder Europa*, Görres' *Teutsche Volksbücher*, die germanistischen Arbeiten der Brüder Grimm, liegen alle in der Linie einer nationalen Konzentration der historischen Perspektive aus den ideologischen Erfordernissen der patriotischen Bewegung heraus. Politische Unterschiede zwischen der abstrakt-utopischen Wunschpoesie von Novalis, Adam Müllers ungenierter Apologie des Feudalstaats und den Vertretern der Idee einer demokratischen Volksbewegung, die sich aus den Quellen der eigenen nationalen Vergangenheit entwickeln sollte, sind denkbar groß, doch gemeinsam ist ihnen eine Ideologisierung der vaterländischen Geschichte zum Zwecke ihrer aktuellen Wirksamkeit. Womit nun das Element der Konstruktion, das epische Prinzip der Geschichtsschreibung, ein Übergewicht über die Rekonstruktion der historischen Erfahrungen erhält, was fast wie ein Rückfall in die Historiographie des frühen 18. Jahrhunderts aussieht. Auch wird dem historischen Exempel ein unmittelbares fabula docet entnommen, von dem man sich eine Stärkung des patriotischen Bewußtseins und der Widerstandskraft in den aktuellen Kämpfen erhofft.

---

50 Novalis, Romantische Welt, S. 285.

51 Novalis, Romantische Welt, S. 285.

52 F. Schlegel: Philosophische Fragmente. In: Ders.: Kritische Ausgabe. Hg. v. E. Behler. Bd. 18. München 1963. S. 389.

53 Schlegel, Philosophische Fragmente, S. 96.

Wenn die Konsequenzen auch selten so abenteuerlich geraten wie in Novalis' Europa-Rede, wirken alle diese Faktoren zusammengenommen doch auf eine Verengung des historischen Bewußtseins hinaus, sowohl was die universalhistorische wie die Zukunfts-Perspektive betrifft. Denn auch die utopische Zielsetzung wird gleichsam eingezogen und der kurzfristigen Absicht der Befreiungskämpfe angepaßt. Deshalb gibt es denn auch keine den Schillerschen Schriften vergleichbare romantische Historiographie, die über die Literaturgeschichte der Brüder Schlegel oder die germanistischen Forschungen der Brüder Grimm, später Uhlands, hinausginge; mehr und mehr wird der Historiker zum forschenden Antiquar, der allenfalls seine Gegenwart im Blick behält, aber das Werden der Zukunft als eines politischen Geschehens aus seinem Gesichtskreis verbannt hat.

Philosophischer und wissenschaftlicher Essay

Die philosophische und wissenschaftliche Prosa gehört aller Übereinkunft gemäß nicht in den Bereich der schönen Künste, ihre Aufgabe ist die Lehre dessen, was gewiß ist und daher aus subjektiv wie objektiv zureichenden Gründen für wahr gehalten wird. Von diesem Gebiet des Wissens grenzt zum Beispiel Kant scharf und kompromißlos die Gebiete des Meinens und Glaubens ab: Überredung, sagt er, ist unstatthaft, wenn die Wahrheit herausgefunden werden soll, deren Modus ja die Notwendigkeit ist, so daß sie für alle und jederzeit von sich aus gelten muß.[54] Selbst einmal diese strenge Distinktion akzeptiert und hier zugrunde gelegt, kann sich weder der Wissenschaftler noch der Philosoph damit begnügen, die herausgefundene Wahrheit auf streng logisch-mathematische Weise zu demonstrieren, wenn er an ihrer Durchsetzung oder gar praktischen Wirksamkeit interessiert ist. In dem Augenblick, wo er das Gebiet des Wissens verläßt, und das heißt das Gebiet der mathematischen Erzeugung des Erkenntnisgegenstandes, muß er sich sowieso anderer Methoden bedienen. Glaubensinhalte und das Meinungsmäßige ebenso wie die Fragen der Moral und der Lebensführung gewinnen Überzeugungskraft nicht bloß aus der Sache und ihrer logischen Deduktion, sondern ebenso aus ihrer glaubwürdigen Erscheinung und dem Ethos des Vortragenden. Kants Rhetorikkritik, die in der deutschen Geistesgeschichte ebenso fatal als ein Mißverständnis gewirkt hat wie ihr platonischer Vorläufer in der europäisch-abendländischen Denktradition, hat einen unverkennbar anderen Gegenstand und gilt, der ganze Sprachgebrauch verrät es dem Kundigen (Kant nennt sie "bloße Wohlredenheit", vergleicht sie mit einer "hinterlistigen Kunst", die es nur darauf abgesehen habe, "sich der Schwächen der Menschen" zu eigenen zweifelhaften Absichten zu bedienen[55]), einer bestimmten Spielart rhetorischer Praxis, die als corrupta eloquentia spätestens seit Quintilian und Tacitus auch Gegenstand innerrhetorischer Kritik gewesen ist. Es gibt genug Schriften Immanuel Kants selber, in welchen er die Überzeugungsherstellung auf rhetorischem Wege sucht, also etwa den Essay über die *Beantwortung der Frage: Was ist Aufklärung?*, einen anderen über den *Mutmaßlichen Anfang der Menschengeschichte*, den Entwurf *Zum ewigen Frieden* oder

[54] Vgl. I. Kant: Kritik der reinen Vernunft. In: Ders.: Werke. Hg. v. W. Weischedel. Frankfurt a. M. 1968. Bd. 4/2, S. 687ff.

[55] I. Kant: Kritik der Urteilskraft. In: Ders., Werke, Bd. 10/2, S. 430f.

die Schriften *Über das Schöne und Erhabene* und die *Träume eines Geistersehers*. Schiller geht dann sogar wieder so weit, sein Ideal einer philosophischen Kunstprosa ganz aus rhetorischem Geist zu gewinnen: "Die Begriffe entwickeln sich nach dem *Gesetz der Notwendigkeit, aber nach dem Gesetz der Freiheit* gehen sie an der Einbildungskraft vorüber; der Gedanke bleibt derselbe, nur wechselt das Medium, das ihn darstellt. So erschafft sich der beredte Schriftsteller aus der Anarchie selbst die herrlichste Ordnung und errichtet auf einem immer wechselnden Grunde, auf dem Strome der Imagination, der immer fortfließt, ein festes Gebäude."[56] Oder mit anderen, genaueren Worten, die nun gar die Polemik umkehren: "Wenn der Schulverstand, immer vor Irrtum bange, seine Worte wie seine Begriffe an das Kreuz der Grammatik und Logik schlägt, [...] so gibt das Genie dem seinigen mit einem einzigen glücklichen Pinselstrich einen ewig bestimmten, festen und dennoch ganz freien Umriß. Wenn dort das Zeichen dem Bezeichneten ewig heterogen und fremd bleibt, so springt hier wie durch innere Notwendigkeit die Sprache aus dem Gedanken hervor und ist so sehr eins mit demselben, daß selbst unter der körperlichen Hülle der Geist wie entblößet erscheint. Eine solche Art des Ausdrucks, wo das Zeichen ganz in dem Bezeichneten verschwindet, und wo die Sprache den Gedanken, den sie ausdrückt, noch gleichsam nakkend läßt, da ihn die andre nie darstellen kann, ohne ihn zugleich zu verhüllen, ist es, was man in der Schreibart vorzugsweise genialisch oder geistreich nennt."[57] Wir brauchen uns in der essayistischen Literatur der Zeit nicht lange umzusehen, um neben Schiller weitere Beispiele für die von ihm beschriebene und in Meisterstücken wie den Versuchen *Über naive und sentimentalische Dichtung*, wie den *Kallias*-Briefen und den Briefen *Über die ästhetische Erziehung des Menschen* verwirklichte philosophische Kunstprosa zu finden. Wilhelm von Humboldts sprachphilosophische Schriften gehören ebenso hierher wie die philosophischen Versuche der Romantischen Schule: Schellings Dialog *Bruno oder über das göttliche und natürliche Prinzip der Dinge"* wäre zu nennen, seine *Aphorismen über die Naturphilosophie* oder das Gespräch *Über den Zusammenhang der Natur mit der Geisterwelt*, auch Fichtes Reden *Über die Würde des Menschen* oder die *Wissenschaftslehre-Lehre* von 1804, trotz der Auseinandersetzung, die sich zwischen ihm und Schiller über die angemessene philosophische Schreibweise entwickelte.[58] Wobei Fichte freilich sehr viel stärker den didaktischen Auftrag des Wissenschaftlers betonte: "Der Ungelehrte ist bestimmt, das Menschengeschlecht auf dem Standpunkte der Ausbildung, die es errungen hat, durch sich selbst zu erhalten, der Gelehrte, nach einem klaren Begriffe, und mit besonnener Kunst dasselbe weiter zu bringen [...]. Dazu bedarf es einer klaren Übersicht des bisherigen Weltzustandes, einer freien Fertigkeit im reinen und von der Erscheinung unabhängigen Denken, und, damit er sich mitteilen könne, des Besitzes der Sprache bis in ihre lebendige und schöpferische Wurzel hinein."[59]

So lange das Bildungsideal eines umfassenden Wissens, einer Entwicklung sämtlicher menschlicher Fähigkeiten und Anlagen im wesentlichen ungebrochen fortlebte, und das war

---

56 Schiller, Grenzen beim Gebrauch schöner Formen, S. 677.

57 F. Schiller: Über naive und sentimentalische Dichtung. In: Ders., Sämtliche Werke, Bd. 5, S. 706.

58 Vgl. G. Ueding: Schillers Rhetorik. Idealistische Wirkungsästhetik und rhetorische Tradition. Tübingen 1971. S. 109ff.

59 J. G. Fichte: Reden an die deutsche Nation. Hg. v. A. Diemer. Hamburg 1955. S. 173f.

auch noch in der Epoche nach 1789 der Fall, so lange galt auch die Forderung nach der Mitteilbarkeit für alle wissenschaftlichen Disziplinen. In welchem Maße aber Theorie und Praxis trotz solcher Übereinkunft auseinanderklafften, läßt Adam Müllers Wissenschaftskritik ziemlich sicher vermuten, wenn er die Autoren der wissenschaftlichen Lehrbücher mit Rednern vergleicht, "die eigentlich niemanden anreden, sondern in sich selbst hineinsprechen", und die deutschen Gelehrten als besondere Vortragskünstler porträtiert, "die sich öffentlich vor ganz Deutschland sprechend, und weitläufig sprechend, hinstellen, - ohne irgend jemand anzureden."[60] Doch war das Ideal selber noch wirkungskräftig genug, die Kritik zu legitimieren und auch den allgemeinen Bildungsanspruch der Naturwissenschaften zu begründen. So erläutert Goethe sein Unternehmen der *Morphologie* mit der umfassenden Wirkung, die die forschende Auseinandersetzung mit der Natur für die Fortentwicklung des menschlichen Geistes hat, so daß auf diesem Wege sich gar die Vollendung des Lebensglücks finden ließe: "Wenn der zur lebhaften Beobachtung aufgeforderte Mensch mit der Natur einen Kampf zu bestehen anfängt, so fühlt er zuerst einen ungeheuern Trieb, die Gegenstände sich zu unterwerfen. Es dauert aber nicht lange, so dringen sie dergestalt gewaltig auf ihn ein, daß er wohl fühlt, wie sehr er Ursache hat, auch ihre Macht anzuerkennen und ihre Einwirkung zu verehren. Kaum überzeugt er sich von diesem wechselseitigen Einfluß, so wird er ein doppelt Unendliches gewahr, an den Gegenständen die Mannigfaltigkeit des Seins und Werdens und der sich lebendig durchkreuzenden Verhältnisse, an sich selbst aber die Möglichkeit einer unendlichen Ausbildung, indem er seine Empfänglichkeit sowohl als sein Urteil immer zu neuen Formen des Aufnehmens und Gegenwirkens geschickt macht. Diese Zustände geben einen hohen Genuß und würden das Glück des Lebens entscheiden, wenn nicht innre und äußre Hindernisse dem schönen Lauf zur Vollendung sich entgegenstellten."[61] Goethes naturwissenschaftliche Schriften zu analysieren und etwa seine Farbenlehre mit ihrer qualitativen Naturbetrachtung im Lichte der modernen, das mechanistische Weltbild sprengenden Physik zu diskutieren gehört nicht mehr zum hier erörterten Thema und müßte für unser Interesse viel zu weitläufig ausfallen. Doch sei immerhin angedeutet, daß Goethes ganze Forschungsabsicht darauf gerichtet ist, naturwissenschaftliche und ästhetische Auffassung von Naturphänomenen zur Synthese zu bringen. "Vergebens bemühen wir uns", sagt er im Vorwort zum didaktischen Teil der *Farbenlehre*, "den Charakter eines Menschen zu schildern; man stelle dagegen seine Handlungen, seine Taten zusammen, und ein Bild des Charakters wird uns entgegentreten. / Die Farben sind Taten des Lichts, Taten und Leiden. In diesem Sinne können wir von denselben Aufschlüsse über das Licht erwarten. Farben und Licht stehen zwar untereinander in dem genausten Verhältnis, aber wir müssen uns beide als der ganzen Natur angehörig denken: denn sie ist es ganz, die sich dadurch dem Sinne des Auges besonders offenbaren will."[62] Die Vergleichung ist aufschlußreich, weil Goethe sie nicht nur zur Illustration benötigt, sondern weil sie seine Methode, den Analogieschluß, und die Darstellungsweise kennzeichnet, die von einem Natursubjekt ausgeht, dessen Handlungen und Verhältnisse zur sprachlich-rednerischen Erschei-

---

60 Müller, Zwölf Reden über die Beredsamkeit, S. 36f.

61 J. W. v. Goethe: Morphologie. In: Goethes Werke, Hamburger Ausg., Bd. 13, 8., neubearb. Aufl. 1981, S. 53.

62 J. W. v. Goethe: Zur Farbenlehre. In: Goethes Werke, Hamburger Ausg., Bd. 13, S. 315.

nung kommen sollen. Seine wichtigste Überzeugung, daß das Licht ein unteilbares Ganzes sei und die Farben nach der ewigen Formel des Lebens aus der Polarität von Hell und Dunkel, Licht und Finsternis durch Vermittlung der trüben Atmosphäre und nach dem Prinzip der Steigerung entstünden, hat Goethe in zahlreichen Versuchsbeschreibungen und Beobachtungen, in subtilen ästhetischen Betrachtungen und breiten historischen Interpretationen dargelegt, seine Redeweise wechselt zwischen anschaulichen Bildbeschreibungen, diskursiven, doch immer verständlichen Erklärungen und heftiger Polemik gegen Newtons Lehre, durchläuft damit sämtliche Stilarten und stellt ein Musterbeispiel der reichhaltigen und abwechslungsvollen, zwischen den genera dicendi nach Gegenstand und Wirkungszweck wählenden Prosaform dar.

Goethes *Farbenlehre*, 1810 in zwei umfänglichen Bänden veröffentlicht, ist gewiß - und dafür bürgt sein Autor als so genialer wie professioneller Schriftsteller - ein Gipfelpunkt naturwissenschaftlicher Prosa. Bleibt zu fragen, wie weit wir seine literarisch-rhetorische Leistung dennoch beispielhaft nennen dürfen. Aber schon ein kurzer Blick in die Bücherverzeichnisse der Zeit - etwa in die medizinischen Schriften der Schellingschule (Windischmann oder Markus), in Carl Friedrich von Kielmeyers Buch über *Die Verhältnisse der organischen Kräfte untereinander in der Reihe der verschiedenen Organisationen* oder in Lorenz Okens naturgeschichtliche Werke - klärt uns darüber auf, daß stilistische Kunstfertigkeit kein Privileg des belletristischen Schriftstellers war. Allgemeine rhetorische Erziehung in Schule und Universität legte die Grundlage des Ausdrucksvermögens in sämtlichen Disziplinen, und Goethe stand auch mit dem Gedanken vom Bildungswert naturwissenschaftlicher Studien nicht allein. Noch vertrat Lorenz Oken den Konsensus der Gebildeten, wenn er 1809 in seiner Schrift *Über den Wert der Naturgeschichte besonders für die Bildung der Deutschen* das klassisch-romantische Programm (hier darf man es einmal in einem Atemzuge so nennen) bekräftigte: "Wir dürfen zu unserer Ermunterung glauben, daß die Bildung des deutschen Volkes weiter gediehen ist, als die Anpreiser und Einführer der Naturgeschichte vorauszusetzen sich nicht zu scheuen verstehen; daß der Deutsche nicht den elenden, den Geist und selbst den Leib unterdrückenden Nutzen in den Wissenschaften sucht, sondern daß er den edlern, zu allen geistigen und leiblichen Emporstrebungen vorhandenen, erfreuenden, bereichernden Wert der Wissenschaften erkenne, und sie um ihrer selbst willen ehre, erwerbe und pflege. Ist noch eine unedle Ansicht der Naturgeschichte unter unserm Volke, so ist sie bloß durch die, ihren Wert verkennenden, Lehrer derselben unter es gekommen. Kann wohl etwas die Flucht alles wahrhaft gelehrten Sinnes, alles wissenschaftlichen Geistes mehr beurkunden als das Unterfangen, einzelne Bruchstücke aus der Naturgeschichte herauszureißen, und sie als eine selbständige Wissenschaft zu behandeln? Was soll aus der Wissenschaft, was aus unserer Bildung werden, wenn jene am Ende aus nicht mehr besteht, als aus Färber-, Förster-, Fabrikantennaturgeschichte; wenn wir statt der Mineralogie, die uns allein über das Dasein unsers Planeten, über seine Entstehung, über den Charakter seiner Bestandteile, und dadurch über alle mögliche Benutzungsarten aufklärt, wenn wir, statt dieser vollendeten Wissenschaft, eine Maurer-, oder Färber- oder Apothekermineralogie usw. erhalten, was aus der Botanik, wenn nichts mehr gelehrt und gehört wird, als ökonomische, medizinische, Forst- und Küchenbotanik! Die Zoologie hat sich noch am meisten wissenschaftlich erhalten, aber ohne Zweifel bloß darum, weil sie selbst in sich so wissenschaftlich aufgebaut ist, daß die herausgerissenen nützlichen oder schädlichen Individuen nie als eine ganze Wissenschaft sich behandeln ließen."[63]

Literaturkritik

Es hängt mit der zeitgenössischen Auffassung vom Dichter und Schriftsteller zusammen, daß das kritische Vermögen ganz selbstverständlich zu seinen Eigenschaften gezählt wird. Für eine kurze Zeit nur - von der Geniebewegung - war diese Verbindung aufgekündigt worden, als mit dem Kampf gegen Norm- und Regelwesen in der Literatur auch deren Beurteilung dem subjektiven Gefühl überlassen werden sollte. Ich will mich hier nicht in die historische Untersuchung der Tradition einlassen, in der das Bild des gelehrten, kritisch urteilsfähigen Dichters entstanden ist und kultiviert wurde, nur soviel sei angedeutet, daß auch ihm Rhetorik zugrunde liegt. Sehr allgemein gesprochen, kann man zwei große Traditionsstränge unterscheiden, die häufig miteinander konkurrierten, aber auch oftmals zu einer Synthese gebracht wurden. Der eine zählt Platon zu ihrem wichtigsten Sprecher, aus ihr entwickelte sich die Inspirationslehre mit ihrem Kernpunkt, daß nämlich die Rede des Dichters nicht aus einer klaren Einsicht, sondern, bei Abwesenheit der Vernunft, aus der Begeisterung hervorgehe. Der andere ist aristotelischen Ursprungs und im Zusammenhang mit der Rhetorik entstanden; ihren Vertretern bedeutet die Kunst eine bewußte Schöpfung, die zwar das Talent des Autors als eine natürliche Anlage voraussetzt, aber ohne Bildung, ohne die Kenntnis der literarischen Techniken und Methoden, ohne das kritische Unterscheidungsvermögen (iudicium), das zur Wahl der angemessenen Mittel befähigt, schlechterdings nicht vollendet werden kann. Da die Ausbildung des Redners und Dichters vor allem an den vorbildlichen Autoren mittels nachahmender Übung erfolgt, richtet sich die Kritik notwendigerweise nicht nur auf das eigene Werk, sondern ebenso auf das Werk anderer Autoren. Für die klassische Epoche der deutschen Literatur und übrigens ebenso für die Romantische Schule gilt die synthetische Konzeption, die früh schon Horaz in die vielberufenen Verse gebracht hat: "Ob ein Gedicht der Natur oder Kunst Vollkommenheit danke, / Hat man öfter gefragt. Der Fleiß ohne inneren Reichtum / Oder das rohe Genie ist meines Erachtens kein Vorteil; / Eines erfordert das andre, und beide verbünden sich innig."[64] Nach diesen Erläuterungen läßt sich genauer angeben, welche Funktion die Literaturkritik im Werk der Schriftsteller hat, die hier zur Diskussion stehen: nicht bloß die eines Nebenprodukts, ja nicht einmal eine streng von der übrigen Produktion getrennte Sondergattung, sondern Betätigung der genuinen Kunstfertigkeit eines Schriftstellers, der sich nicht isoliert, sondern der in einem Kommunikations- und kulturellen Bedingungsverhältnis steht, von dessen Einflüssen er sich nicht dispensieren kann. Literaturkritik wird dabei nicht allein in Rezensionen betrieben, in Vorreden und Romanen (die *Hamlet*-Kritik im *Wilhelm Meister*), in Vers und Prosa erscheint sie mit gleicher Selbstverständlichkeit, die *Xenien* Schillers und Goethes

63 L. Oken: Über den Wert der Naturgeschichte besonders für die Bildung der Deutschen. Jena 1809. Hg. v. J. Schuster. Berlin 1939. S. 3f.

64 Q. Horatius Flaccus: De arte poetica liber. Die Dichtkunst. Lat. u. dt. Übers. v. H. Rüdiger. Zürich 1961. Vers 408ff. S. 41.

oder viele Fragmente von Schlegel und Novalis sind ebenso Zeugnisse literaturkritischer Reflexion wie Adam Müllers Vorlesungen oder Jean Pauls *Vorschule der Ästhetik*. Schon diese Formenvielfalt deutet auf eine besondere Schwierigkeit, die im früheren 18. Jahrhundert so nicht angetroffen wird: ich meine die individuelle Ausrichtung der Literaturkritik. Wenn wir uns die Schriftsteller der klassischen und romantischen Literatur vor Augen führen, entdecken wir schnell, daß trotz aller Werkbund- und Schulbildung von einem allgemeinen theoretischen Konsens als Grundlage der literaturkritischen Tätigkeit nicht gesprochen werden kann und daß die Einigkeit nicht einmal so weit reicht, wie sie zwischen Gottsched und seinen Schweizer Kontrahenten Bodmer und Breitinger selbst zur Zeit ihres schärfsten Zwistes prinzipiell noch bestand. Zwischen Goethes ästhetischen Überzeugungen und denen Schillers bestehen schon grundsätzliche Unterschiede, auch wenn sie nicht so offenkundig werden, weil sie in der kritischen Anwendung oftmals zu den gleichen oder doch ähnlichen Ergebnissen führen. Doch muß man nur die wirklichen Rezensionen der beiden Schriftsteller lesen, um sofort einen Begriff von den unterschiedlichen kritischen Temperamenten zu bekommen.

Beide gehen von einer Vorstellung der Ganzheit als dem obersten Maßstab aus, begründen dies aber sehr unterschiedlich. Im Falle Schillers steht seine Theorie vom ästhetischen Zustand als der harmonischen Vereinigung von Formtrieb und Stofftrieb dahinter;[65] Goethe geht von einer gleichsam natürlichen Ganzheit aus und begreift sie nach Analogie des Organismus, geht aber dann weiter, sozusagen in Schillers Richtung, wenn er eine Universalität der Bildung fordert, die im Besonderen des Kunstwerks zum Ausdruck kommt. "Der Poet", erläutert er Eckermann, "soll das Besondere ergreifen, und er wird, wenn dieses nur etwas Gesundes ist, darin ein Allgemeines darstellen. Die englische Geschichte ist vortrefflich zu poetischer Darstellung, weil sie etwas Tüchtiges, Gesundes und daher Allgemeines ist, das sich wiederholt."[66] Das Allgemeine wird hier zwar historisch begründet als Ergebnis der englischen Geschichte, doch läßt das Wort Gesundheit aufmerken, das ja nur in einem organischen Verständnis sinnvoll ist; und wirklich werden Kultur und Geschichte von Goethe nach Analogie der Naturbildungen betrachtet. Weshalb er auch den Ausdruck "Komposition" für ein künstlerisches Werk als viel zu technisch-maschinenmäßig ablehnt: "Eine geistige Schöpfung ist es, das Einzelne wie das Ganze aus einem Geiste und Guß und von dem Hauche eines Lebens durchdrungen, wobei der Produzierende keineswegs versuchte und stückelte und nach Willkür verfuhr, sondern wobei der dämonische Geist seines Genies ihn in der Gewalt hatte, so daß er ausführen mußte, was jener gebot."[67] Da tauchen dann auch platonische Gedanken auf und verbinden sich mit der geniezeitlichen Auffassung vom Künstler als dem verlängerten Arm der Natur, dessen Produkte dann eben auch natürlich und den Organismen gleich sind. Die Folgen für die literaturkritische Praxis lassen sich leicht ablesen, nehmen wir zum Beispiel Goethes Kritik an Calderons Drama *Tochter der Luft*, Hauptkritikpunkt am Autor: "Eigentliche Naturanschauung verleiht er keineswegs", statt dessen seien die Zwischenszenen "rhetorisch, dialektisch, sophistisch", und der Ge-

---

[65] Vgl. im vorliegenden Band: Rhetorik und Ästhetik in Schillers theoretischen Abhandlungen. S. 160f.

[66] J. P. Eckermann: Gespräch mit Goethe vom 11.6.1825. In: Ders.: Gespräche mit Goethe in den letzten Jahren seines Lebens. Hg. v. R. Otto. München [2]1984. S. 140.

[67] J. P. Eckermann: Gespräch mit Goethe vom 20.6.1831. In: Ders., Gespräche, S. 655.

samtplan "liegt klar vor dem Verstand".[68] Schließlich folgt noch der Vergleich mit Shakespeare, seit Goethes literarischen Anfängen das wichtigste Paradigma seiner naturgemäßen Kunstanschauung: "Shakespeare reicht uns im Gegenteil die volle, reife Traube vom Stock; wir mögen sie nun beliebig Beere für Beere genießen [...]. Bei Calderon dagegen ist dem Zuschauer, dessen Wahl und Wollen nichts überlassen; wir empfangen abgezogenen, höchst rektifizierten Weingeist, mit manchen Spezereien geschärft, mit Süßigkeiten gemildert".[69] Das Gleichnis spricht für sich. Die Naturanalogie hat aber noch eine weitere Konsequenz, insofern nicht allein der Autor des kritisierten Werks, sondern auch der Kritiker als Spezies eines natürlichen Ganzen erscheint und daher seinen Ausgangspunkt ganz legitim von sich selber nimmt: "An diesen Mann", und Goethe meint hier Laurence Sterne, "dem ich so viel verdanke, werd' ich oft erinnert; auch fällt er mir ein, wenn von *Irrtümern* und *Wahrheiten* die Rede ist, die unter den Menschen hin und wider schwanken."[70] Derart sehen wir die individuelle Natur sogar zum Instrument der Kritik werden.

Die romantische Literaturkritik besteht in einer konsequenten Entfaltung dieses bei Goethe noch historisch oder - denken wir an seine Konzeption der Weltliteratur - sogar universalhistorisch vermittelten organischen, naturgemäßen Kunstverständnisses. Novalis verlangt demzufolge nach kritischen Journalen, "die die Autoren kunstmäßig medicinisch und chirurgisch behandelten, und nicht blos die Kranckheit aufspürten, und mit Schadenfreude bekanntmachten. Die bisherigen Kurmethoden waren größtentheils barbarisch".[71] Von hier ist es nur noch ein kleiner Schritt zu Adam Müllers Gleichsetzung von Schönheit und Leben: "Schönheit und Leben hatten sich als ein und dasselbige gezeigt, daher die Nähe der Poesie in allen Verkündigungen der neueren Naturphilosophie. Die Naturphilosophie sieht neben und in den einzelnen Lebendigen und Lebenserscheinungen allezeit eine Totalität des Lebens; in ihrer Sprache, sie sieht neben und in den Handlungen, Spielen und Äußerungen der einzelnen Organe immer ein Ganzes, einen Organismus. Bei den früheren Naturforschern wurden Feuer, Licht, Magnet, Wärme, Luft usf. einzeln für sich, jedes als Äußerung irgendeines abgesonderten Organes betrachtet: daher der Tod, und ich darf hinzufügen die Häßlichkeit dieser Erscheinungen. Die neue Lehre untersucht die Natur in Wechselblicken, die unaufhörlich bald den Teil, bald das Ganze, bald das Organ, bald den Organismus treffen, und wie wir, um das Geheimnis der Liebe oder der Schönheit zu erkennen, in unsrer neulichen Unterhaltung abraten mußten, daß man ausschließend den geliebten und schönen Gegenstand betrachte, ebenso, daß man ausschließend idealistisch den betrachte, der die Schönheit des Gegenstandes empfände, wie wir auf beide und auf die Harmonie zwischen beiden, als dem Sitze der Schönheit, hinzeigen mußten, auf diese und keine andre Weise will jene das Geheimnis des Lebens erfinden oder vielmehr desselben in unendlichem Umgange teilhaftig werden."[72]

---

68 J. W. v. Goethe: Calderons 'Tochter der Luft'. In: Goethes Werke, Hamburger Ausg., Bd. 12, 9., neubearb. Aufl. 1981, S. 303f.

69 Goethe, Calderons 'Tochter der Luft', S. 304.

70 J. W. v. Goethe: Lorenz Sterne. In: Goethes Werke, Hamburger Ausg., Bd. 12, S. 346.

71 Novalis, Blüthenstaub, S. 464.

72 A. Müller: Von der Idee der Schönheit. In: Ders.: Kritische, ästhetische u. philosophische Schriften. 2 Bde. Hg. v. W. Schroeder u. W. Siebert. 2 Bde. Neuwied u. Berlin 1967. Bd. 2, S. 23.

Keine kritische Position könnte weiter von diesem vitalistischen Schönheitsbegriff entfernt sein als diejenige Friedrich Schillers, den Adam Müller doch so geschätzt hat, während Friedrich Schlegel, der erbitterte Kontrahent, eigentlich die Linie fortsetzt, die der Autor der spektakulären Bürger-Kritik in besonders auffallender Weise bekräftigt hatte. Deren Vorgehen, die Kriterien, nach denen das Werk beurteilt werden soll, zunächst dazulegen und theoretisch zu begründen, um danach ein verbindliches, Beistimmung heischendes Kunsturteil durch ständige kritische Vergleichung zu erlangen, ist um Objektivierung bemüht. Wir erkennen diese Struktur der Kritik in Friedrich Schlegels Entwurf allgemeiner Grundsätze wieder, wonach sie "1. gleichsam eine Geographie des Kunstwerks [...] 2. eine geistige und ästhetische Architektonik des Werks, seines Wesens, seines Tons; und endlich 3. eine psychologische Genesis" zu liefern habe.[73] Schlegels Ausführungen sind uneinheitlich, auch nicht frei von bewußt provokatorischen Zügen, doch findet er immer wieder zu einer Auffassung zurück, die Kritik mit Analyse identifiziert, das Ganze in seinen Teilen prüfen will und sich dazu seiner pragmatischen Entstehungsgeschichte vergewissert. "Wenn manche mystische Kunstliebhaber, welche jede Kritik für Zergliederung, und jede Zergliederung für Zerstörung des Genusses halten, konsequent dächten: wo wäre Potz tausend das beste Kunsturteil über das würdigste Werk. Auch gibts Kritiken, die nichts mehr sagen, nur viel weitläufiger."[74] Die Werke und Kunstformen faßt Schlegel als ein Kontinuum auf, dessen Erkenntnis und Konstruktion "die eine und wesentlichste Grundbedingung einer Kritik" ist,[75] welche zuletzt darin besteht, die Abhängigkeit des Einzelnen von der mit diesem Ganzen in eins gesetzten Idee der Kunst herauszustellen. Walter Benjamin hat den sehr modernen Begriff einer solchen Literaturkritik in einem eindringlichen Gleichnis gefaßt: "Die Absolutierung des geschaffenen Werkes, das kritische Verfahren, war ihm das Höchste. Es läßt sich in einem Bild versinnlichen als die Erzeugung der Blendung im Werk. Diese Blendung - das nüchterne Licht - macht die Vielheit der Werke verlöschen. Es ist die Idee."[76] Die mystische Metapher unterschlägt allerdings, daß die Aufhebung des Einzelwerks im Ganzen der Idee, das in ihm durch Kritik zum Vorschein gebracht wird, eine bewußte Konstruktion, eine Produktion nach Regeln ist, die aus dem Werk selber durch Analyse zuvor gewonnen wurden. Die romantische Literaturkritik kann man daher - in einem emphatischen Sinne - spekulativ nennen. Sie macht die sonst unbewußt und verdeckt bleibende Beziehung des Einzelwerks und seiner Teile zur Totalität des geschichtlichen Lebens offensichtlich, ihr oberster kritischer Maßstab liegt in ebendieser erkannten Beziehung, welche nicht nur den Inhalt, sondern auch die Formen bestimmt. Wobei die romantischen Schriftsteller mit Goethes Begriff der Weltliteratur Ernst machen, der auf einer anderen Ebene jener Idee entspricht, die die Kritik sichtbar zu machen hat.

---

73 F. Schlegel: Schönheit in der Poesie. In: Ders.: Neue philosophische Schriften. Hg. v. J. Körner. Frankfurt a. M. 1935. S. 382.

74 F. Schlegel: Kritische Fragmente. In: Friedrich Schlegel. 1794-1802. Seine prosaischen Jugendschriften. 2 Bde. Hg. v. J. Minor. Wien 1882. Bd. 2, S. 191.

75 F. Schlegel: Lessings Geist aus seinen Schriften. 3 Bde. Leipzig 1810. Bd. 1. S. 34. Vgl. dazu R. Grimminger: Die Ordnung, das Chaos und die Kunst. Für eine neue Dialektik der Aufklärung. Frankfurt a. M. 1986. S. 94 ff.

76 W. Benjamin: Der Begriff der Kunstkritik in der deutschen Romantik. In: Ders.: Gesammelte Schriften. Hg. v. R. Tiedemann u. H. Schweppenhäuser. Bd. 1. Frankfurt a. M. 1974. S. 119.

"Doch wozu Umschweife! es gibt nur eine heilige, eine christliche Beredsamkeit! wenn alle Hausmittelchen der Überredung, wenn alle die ängstlichen Lehren der Alten befolgt und erschöpft sind, wenn man Hörer hat wie sie sein sollen, wenn sich die Kunst abgemattet, um eine große Wirkung hervorzubringen - dann fühlt man, daß ohne jene Quelle, aus der die Gefühle der Ehre, der Liebe, des Gehorsams, der freien Dienstbarkeit geflossen sind, die ganze Mühe der Rede, sowohl was ihre Form, als was ihren Stoff betrifft, nicht belohnt werden kann."[77] Das ist die peroratio der elften Rede Adam Müllers über die Beredsamkeit und deren Verfall in Deutschland, er sagt das also, wohlgemerkt, vor einem sehr weltlich gesinnten, gebildeten Publikum, bei dem er nicht ohne weiteres auf Übereinstimmung in dieser Frage rechnen konnte. Die abschließende zwölfte Vorlesung ist denn auch der "Scheu unsrer gebildeten Zeitgenossen vor der Erwähnung heiliger Dinge in der Betrachtung der weltlichen" gewidmet[78] und reiht sich damit fast ausdrücklich in die Tradition apologetischer Literatur ein, die Schleiermacher so wirkungsvoll 1799 mit seiner Schrift *Über die Religion. Reden an die Gebildeten unter ihren Verächtern* erneuert hatte. Sie steht ziemlich am Anfang der romantischen Frömmigkeitsbewegung, in der sich die chiliastischen Impulse mit einer resignativen Haltung mischten. Die religiöse Wende der Romantischen Schule jedenfalls, an der Schleiermacher nicht unbeteiligt war, auch wenn sie dann in eine andere Richtung verlief, als es seinen Intentionen entsprach, bereitete den Boden für eine religiöse Durchformung des gesellschaftlich-geselligen Lebens.

Überblickt man die Entwicklung der geistlichen Beredsamkeit nach 1789, so fallen drei Punkte ins Auge. Theoretisch bleibt sie weitgehend abhängig von der Rhetorik des 18. Jahrhunderts, auch wenn sie sich natürlich in ihren Themen den Zeitproblemen geöffnet hat, so daß etwa der schwäbische Theologe Johann Harter am 14. Juli 1800, dem 11. Jahrestag der Revolution, in seiner Predigt in Worms die Vorteile der republikanischen Regierungsverfassung pries, ein anderer Pfarrer am 4. Oktober 1812 eine *Predigt zur Dankfeier für die am 7. September 1812 gewonnene Schlacht an der Moskwa* hielt, weil viele seiner württembergischen Landsleute in Napoleons Truppen mitgekämpft hatten, oder der Stuttgarter Stiftsprediger einen Erntedank nach den Hungerjahren 1816 und 1817 abstattete.[79] Die Beispiele ließen sich häufen, doch änderte der zeitbezogene Gegenstand nichts an dem herkömmlichen Aufbau und der üblichen Zwecksetzung, daß der Prediger zwar Wissen, Erfahrung, philosophische Erkenntnis zur Glaubensdarlegung benötigt, diese aber den absoluten Vorrang genießt und die Belehrung des Verstandes mit der Erbauung des Willens Hand in Hand zu gehen habe. Die zweite Auffälligkeit: Homiletik und Predigt sind vom klassischen Kulturmodell Weimars unberührt geblieben, wie auch dieses selber, ungeachtet Herders Wirken in Weimar oder Wielands Herkunft, keine Spuren davon zeigt, Goethe und Schiller im Gegenteil immer wieder einmal unchristlicher Gesinnung verdächtigt wurden. Keinen von beiden kann man sich recht auf der Kanzel vorstellen: Schillers Beredsamkeit

---

77 Müller, Zwölf Reden über die Beredsamkeit, S. 188.

78 Müller, Zwölf Reden über die Beredsamkeit, S. 190.

79 Vgl. J. Kuhn u. R. Breymayer (Hg.): Wo die Hoffnung Hand und Fuß hat. Predigten aus zehn Jahrhunderten. Stuttgart 1987.

verrät zwar hin und wieder in Pathos und Bildlichkeit, daß Jahrhunderte hindurch in Deutschland die Kanzel fast der einzige Ort einer kontinuierlichen rednerischen Praxis gewesen ist, doch kann man diesen Einfluß allgemein in der deutschen Schrift- und Umgangssprache nachweisen, darüber hinaus geht er nicht, wie das etwa bei Jean Paul zu beobachten wäre.[80] Drittens schließlich beginnt die Predigttheorie als eigenständige rhetorische Gattung gerade in dem Augenblick an Bedeutung zu verlieren, in dem die Predigt selber zu einer beliebten oratorischen und literarischen Form avanciert, die nicht mehr an die christliche Glaubensverkündigung in der Kirche gebunden ist. Das mag paradox erscheinen, gehorcht aber dem Kulturgesetz, daß die Gesellschaft im Medium ästhetischer Repräsentation das zu retten sucht, was seine wirkliche soziale Bedeutung zu verlieren beginnt. Zwar gibt es noch bedeutende homiletische Schriften wie Franz Theremins *Die Beredsamkeit eine Tugend*, aus welcher sich auch Adam Müller für seine Zwecke reichlich bedient hat, doch wirkt es wie ein Signal, daß der gewichtigste und berühmteste Prediger der Epoche, der Romantischen Schule durch vielfältige Beziehungen auch persönlich verbunden, daß Friedrich Schleiermacher zwar zahlreiche rhetorisch beeinflußte Werke und Vorlesungen verfaßt und seine Hermeneutik davon besonders profitiert hat, daß er aber keine systematische Homiletik geschrieben hat. Dennoch hat er sich natürlich über Aufgaben und Form der Predigt geäußert, und sein "dialogisches Verfahren"[81] zeugt vom romantischen Geselligkeitsideal, überträgt die Gesprächshaltung auf die Predigt, auf den Dialog des Predigers mit seiner Gemeinde. Auch aufklärerische Überlieferung wirkt weiter, in der ethischen Auffassung der Predigt als einer sittlichen Tat bei Franz Theremin zum Beispiel, der die Beredsamkeit gar als "Entwicklung des ethischen Triebes" definierte.[82]

Unaufhaltsam und ohne nennenswerten Widerspruch vollzieht sich die Entwicklung der Predigt zur Kultpredigt, die sicherlich in Schleiermacher ihren Höhepunkt erreicht, aber auch andere Repräsentanten wie Zacharias Werner gefunden hat, dessen Predigten während des Wiener Kongresses größten Zulauf erhielten. Nicht belehren und bekehren, den biblischen Text auslegen und als Ausgangspunkt eigener Meditationen nehmen sollen diese Predigten, sondern christlich-fromme Gesinnungen zur angenehmen bis hinreißenden Gemütserregung darstellen. "Anschauen des Universums, ich bitte befreundet Euch mit diesem Begriff, er ist der Angel meiner ganzen Rede, er ist die allgemeinste und höchste Formel der Religion, woraus Ihr jeden Ort in derselben finden könnt, woraus sich ihr Wesen und ihre Gränzen aufs genaueste bestimmen laßen."[83] Das steht in Schleiermachers *Reden an die Gebildeten*, und in Fortführung dieses Gedankens wird er den Prediger dann ganz im Sinne der "enthusiastischen Beredsamkeit" Friedrich Schlegels zum Medium des Universums machen.[84] Schleiermachers Predigten in der Berliner Dreifaltigkeitskirche waren gesellschaftliche Ereignisse, ihre Themen stammen aus allen Bereichen, neben dem kirchli-

---

80 Vgl. U. Naumann: Predigende Poesie. Zur Bedeutung von Predigt, geistlicher Rede und Predigertum für das Werk Jean Pauls. Nürnberg 1976.

81 F. Schleiermacher: Über die Religion. Reden an die Gebildeten unter ihren Verächtern. Berlin 1799. S. 40.

82 F. Theremin: Die Beredsamkeit eine Tugend, oder Grundlinien einer systematischen Rhetorik. 2., verb. Aufl. Berlin 1837. S. 25.

83 Schleiermacher, Über die Religion, S. 55.

84 Vgl. Schleiermachers gesamte vierte Rede.

chen aus dem häuslichen, bürgerlichen, sozialen Leben, auch politische Fragen des Tages hat er behandelt; am 28. März 1813, dem Tage des Kriegsanfangs, hält er eine seiner berühmtesten patriotischen Predigten: "Nun darf keiner mehr zweifeln! Dank den edlen Heerführern, die den Schein des Ungehorsams nicht achtend es wagten, im Geist des Königs den ersten Schritt zu tun! Dank dem König, der das ungeduldig erwartete Wort gesprochen, [...] dessen Wollen die reinste Übereinstimmung mit den Wünschen des Volkes zeigt! *Der heilige Krieg beginnt.*"[85] Das politische Verständnis der Predigt hat auch Franz Theremin in seiner Rhetorik bekräftigt: "Ich muß hier meine Leser bitten, auf ein Resultat aufmerksam zu seyn, das sich aus der bisherigen Untersuchung mit der größten Gewißheit ergiebt [...], daß nämlich die kirchliche Beredsamkeit mit der politischen, ihren Ideen, das heißt, ihrem Wesen nach, durchaus ein und dieselbe ist. Wodurch wir übrigens nicht leugnen, daß sie nicht in ihrer äußeren Form bedeutend von einander abweichen; denn Staat und Kirche sind sehr verschiedene Verhältnisse, und den Verhältnissen hat jede sittliche Thätigkeit immer einen wesentlichen Einfluß auf sich gestattet."[86] Diese Verweltlichung, Ästhetisierung, schließlich Literarisierung der Predigt (Schleiermachers *Reden an die Gebildeten* fingieren bezeichnenderweise die Predigtsituation nur) trieb auch sonderbare Blüten. Johann Heinrich Bernhard Dräseke, evangelischer Bischof und nicht minder berühmter Kanzelredner, wurde auf seinen Reisen vom Publikum stets jubelnd begrüßt und im Triumphzug begleitet, und die Predigten Wilhelm Krummachers hat kein Geringerer als Goethe "narkotische Predigten" genannt: "Er setzt voraus, der Mensch tauge von Haus aus nichts, droht auch wohl einmal mit Teufeln und ewiger Hölle; doch hat er stets das Mittel der Erlösung und Rechtfertigung bei der Hand. Daß jemand dadurch rein und besser werde, verlangt er nicht, zufrieden, daß es auch nicht schade, weil, das Vorhergesagte zugegeben, auf oder ab die Heilung immer bereit ist und schon das Vertrauen zum Arzte als Arznei betrachtet werden kann. Auf diese Weise wird sein Vortrag tropisch und bilderreich, die Einbildungskraft nach allen Seiten hingewiesen und zerstreut, das Gefühl aber konzentriert und beschwichtigt. Und so kann sich ein jeder dünken, er gehe gebessert nach Hause, wenn auch mehr sein Ohr als sein Herz in Anspruch genommen wurde."[87]

Die Literatur des 19. Jahrhunderts ist von dieser Grenzüberschreitung der Predigt zur gesellig-ästhetischen Veranstaltung nicht unberührt geblieben. Wienbargs *Wanderungen durch den Thierkreis* sind großenteils verkappte politische Predigten, die Reden des Büchnerfreundes Friedrich Ludwig Weidig, der *Hessische Landbote*, die massenhaft verbreitete Erbauungsliteratur, das sind nur beliebig herausgegriffene Beispiele, die ihrer Wirkung nach aber wohl alle zurücktreten müssen hinter dem pathetischen Kultbuch aus homiletischem Geist, Nietzsches *Also sprach Zarathustra*. Doch ist das, auch stilistisch, der Endpunkt einer anderen Geschichte, die weit wegführt von Weimar und Jena, dem Prolog menschlicher Freiheit und Würde.

---

85 F. Schleiermacher: Predigt am 28.3.1813. In: Ders.: Sämmtliche Werke. Bd. 2. Berlin 1834. S. 25.

86 Theremin, Die Beredsamkeit eine Tugend, S. 35.

87 J. W. Goethe: Blicke ins Reich der Gnade. In: Ders., Gedenkausgabe der Werke, Briefe und Gespräche, Bd. 14, Zürich 1950, S. 391f.

Rhetorik und Popularphilosophie

Die Entstehung und Entwicklung der aufklärerischen Popularphilosophie in Deutschland drücken die wichtigsten Bestrebungen des Zeitalters aus und folgen damit ebenso wissenschaftsgeschichtlichen Bedingungen wie auch den Bedürfnissen eines breiter werdenden bürgerlichen Publikums, das zur Verbesserung seiner kulturellen Situation, seiner gesamten Lebenslage Anschluß an die geistigen, die wissenschaftlichen und künstlerischen Errungenschaften finden mußte. Wichtige Voraussetzung dafür war der Ausgang der Wissenschaften aus dem engen Zirkel der hermetischen Forschung und Diskussion unter Gelehrten, vor allem die Philosophie sollte wieder in die Lebenspraxis integriert werden, denn "außer den Vortheilen, welche sie unsrer Geistesbildung gewährt", formuliert noch Eschenburg, wird der Mensch "durch sie mit sich selbst, mit seiner Natur, mit seinen Fähigkeiten und Kräften, seinen Pflichten, und mit der ganzen Bestimmung seines Daseyns bekannt", kurz, sie ist zur "Beförderung seiner Glückseligkeit" erforderlich.[1]

In der Frühaufklärung waren es vor allem Thomasius und Leibniz, die diese Neuorientierung des Denkens forderten und zugleich den Anfang mit ihr machten - eine Popularphilosophie im Sinne jener breiten literarphilosophischen Strömung der zweiten Jahrhunderthälfte entstand aus diesen Anfängen freilich noch nicht. Erst die allmähliche Vergrößerung des Buchmarkts, das Anwachsen des Publikums seit den vierziger Jahren des 18. Jahrhunderts schufen langsam die Voraussetzung dafür; seit dieser Zeit kann man auch von einer Popularphilosophie in einem gattungsspezifischen Sinn reden. Sie wurde erst möglich, als sich auch ein gebildetes Publikum entwickelt hatte, das zum Träger der öffentlichen Meinung wurde, das Informationen, Kriterien und Vorbilder zur Meinungsbildung benötigte und seine theoretische und praktische Neugierde auf eine verständliche und unterhaltsame Weise befriedigen wollte. Der frühaufklärerische Aufbruch aus der Schulphilosophie führte dagegen innerhalb weniger Jahrzehnte wieder in die Schule, in Universität und hermetische Gelehrsamkeit zurück. Die Gründe für diese Wendung hatte insbesondere Leibniz hellsichtig schon im voraus analysiert. Seine Schrift *Ermahnung an die Teutschen, ihren Verstand und Sprache besser zu üben, samt beigefügten Vorschlag einer teutschgesinnten Gesellschaft* von 1697 gehört ebenso wie der im selben Jahr geschriebene Essay über die Sprache *Unvorgreiffliche Gedanken betreffend die Ausübung und Verbesserung der Teutschen Sprache* und dem sehr viel früheren Aufsatz *De optima philosophi dictione* (1670) zu den für die Entwicklung einer neuen deutschen Literatursprache auch kulturpolitisch wichtigsten Initiativen und zu den klarsten kulturkritischen Untersuchungen seiner Zeit.

Eines der größten Hemmnisse für die Entwicklung und Verbreitung der deutschen Wissenschaften und Philosophie sieht Leibniz im Fehlen einer breiten, zur Herstellung und Verbesserung des Gemeinwohls gebildeten Schicht von Bürgern, die "so ein mehr freies Leben führen", dadurch "eines weit edleren Gemüts und tugendhaften Lebens" fähig sind,

---

[1] J. J. Eschenburg: Lehrbuch der Wissenschaftskunde, ein Grundriß encyklopädischer Vorlesungen. Berlin u. Stettin 1800. S. 98f.

und bei denen "nicht Reichtum, noch Macht oder Geschlecht, sondern die Gaben den Unterschied machen. Wann man nun mich fragen will, was eigentlich der gemeine Mann sei, so weiß ich ihn nicht anders zu beschreiben, als daß er diejenigen begreife, deren Gemüt mit nichts anders als Gedanken ihrer Nahrung eingenommen, die sich niemals höher schwingen und so wenig sich einbilden können, was die Begierde zu wissen oder die Gemütslust vor ein Ding sei, als ein Taubgeborener von einem herrlichen Konzert zu urteilen vermag".[2] Leibniz' Hinwendung zur Bildungs- und Sozialpolitik war gewiß auch darin begründet, daß seine Wirkungsmöglichkeiten auf staatspolitischem Gebiete nur außerordentlich begrenzt waren und sich in Ratschlägen, Gutachten und Denkschriften mit zweifelhaftem Erfolg erschöpfen mußten. Nur durch die soziale und kulturelle Stärkung des Bürgertums mochte es gelingen, das "gemeine Beste" auch gegen die Interessen der Fürsten und des Adels durchzusetzen. "Je mehr nun dieser Leute in einem Land, je mehr ist die Nation abgefeinet oder zivilisiert, und desto glückseliger und tapferer sind die Einwohner. / Können wir nun dieser Leute Zahl vermehren, die Lust und Liebe zu Weisheit und Tugend bei den Deutschen heftiger machen [...] so achten wir dem Vaterland einen der größten Dienste getan zu haben, deren Privatpersonen fähig sein." Dem Bürgertum zu einem einheitlichen öffentlichen Bewußtsein zu verhelfen, darin sieht schon Leibniz eine der wichtigsten Aufgaben für die Zukunft und die erfolgversprechendste Möglichkeit, die Nachteile der deutschen Geschichte doch noch wettzumachen. In der *Ermahnung* zählt er die wichtigsten auf: fehlende nationale Einheit, Religionstrennung, Kulturlosigkeit vieler fürstlicher Höfe, jahrzehntelanges Fehlen des "Edlen Friedens" und die "Kriegswunden", fehlendes kulturelles Zentrum, schwaches Bürgertum. Sein gesamtes kulturpolitisches Bemühen war darauf abgestellt, diese Aufklärung durch Bildung und Erziehung durchzusetzen, an ihrem Ende sollte die irdische Glückseligkeit des Menschen stehen. Auf diesen utopischen Horizont bleibt seine Wirksamkeit immer bezogen, ihn schrittweise zu erreichen, entwarf er seine Bildungsprogramme und Akademiepläne. Sollte die Aufklärung breite Schichten des Volkes erreichen, durfte sie nicht bloß auf die kleine Gelehrtenrepublik beschränkt bleiben, und so rücken die Möglichkeiten und Bedingungen, die Methoden und Techniken des Aufklärers zwangsläufig ins Zentrum seines Interesses. Die "Gelehrten, indem sie fast nur Gelehrten schreiben" und alle diejenigen, "so kein Latein gelernet, von der Wissenschaft gleichsam ausgeschlossen" haben, sind an der Isolierung ihres Standes selber schuld.[3] Und doch, meint Leibniz, kann nur von ihnen eine Verbesserung des Lebens und der Kultur, der Wissenschaften und Künste ausgehen, daher müssen sie überzeugt werden, endlich ihre französischen Sitten, ihre Abhängigkeit von ausländischer Kultur und Sprache aufzugeben. "Sind wir also in den Dingen, so den Verstand betreffen, bereits in eine Sklaverei geraten und werden durch unsre Blindheit gezwungen, unsre Art zu leben, zu reden, zu schreiben, ja sogar zu gedenken, nach fremden Willen einzurichten".[4] So gilt seine Sorge zunächst dem Zustande der deutschen Sprache, die ja nicht nur Instrument der Kommunikation ist, als solche nennt er ihren Gebrauch "bürgerlich" und schränkt sie auf die Unterhaltung und ih-

---

2 G. W. Leibniz: Politische Schriften. 2 Bde. Hg. v. H. H. Holz. Frankfurt a. M. 1966. Bd. II. S. 67.

3 Leibniz, Politische Schriften, Bd. II, S. 70.

4 Leibniz, Politische Schriften, Bd. II, S. 71.

ren "Gebrauch im Rahmen des bürgerlichen Lebens" ein,[5] sondern darüber hinaus auch eine philosophische Funktion hat. "[D]ie Worte dienen, 1.) um unsere Gedanken verständlich zu machen, 2.) um dies auf leichte Weise zu tun, und 3.) um einen Zugang zur Kenntnis der Dinge freizulegen." Alle drei Funktionen aber sind im Aufklärungsprozeß untrennbar miteinander verbunden. Wer nicht die Sprache beherrscht (die richtigen Worte findet), kann weder seine Ideen ausdrücken noch gar die Übereinstimmung oder Nichtübereinstimmung seiner Ideen mit dem, "was wirklich ist", feststellen, also auch zu keinen Erkenntnissen über die Wirklichkeit kommen, und er kann schließlich "die anderen über die Erkenntnisse, die er haben mag, nicht aufklären".[6] In der *Ermahnung* nun geht es ihm hauptsächlich um diese aufklärende Wirkung der Sprache, deren Pflege und verständlicher Gebrauch die Bedingung dafür ist, daß "Weisheit und Wissenschaft unter die Leute kommen" können.[7] "Was aber den Verstand betrifft und die Sprache, welche gleichsam als ein heller Spiegel des Verstandes zu achten, so glaub ich, diesfalls habe ein jeder Macht, seine Gedanken vorzutragen".[8]. Die "Wiederbringung der teutschen Beredsamkeit", die doch einmal, so erklärt er unter Berufung auf Luthers Bibelübersetzung, in voller Blüte gestanden hatte, ist daher eine der wichtigsten Erfordernisse, worunter er "nicht nur von der Reinigkeit der Worte, sondern von den Arten der Vernunftschlüsse, den Erfindungen, der Wahl, der eigentlichen Deutlichkeit, der selbstwachsenden Zierde und Summe der ganzen Einrichtung der Rede will verstanden haben, wobei es uns allenthalben mangelt".[9] Seine ganze *Ermahnung* gipfelt schließlich in der Forderung einer Vereinigung von "Verstand, Gelehrsamkeit und Beredsamkeit",[10] in der Wiedererweckung des rhetorisch-humanistischen Bildungsideals.

Leibniz war zu solchen sehr weitgehenden Überlegungen durch Schottels *Teutsche Sprachkunst* (1641), insbesondere aber durch Thomasius angeregt worden, der schon 1687 sein *Collegium über des Gratians Grund-Reguln, Vernünftig, klug und artig zu leben* in deutscher Sprache abgehalten, aber anders als Leibniz die Unvollkommenheit des Deutschen für derzeit so groß befunden hatte, daß er sie zum schriftstellerischen Gebrauch für untauglich hielt. Das Thema dieser berühmten Leipziger Vorlesung deutet aber auch bereits auf die Herkunft von Thomasius' Bestrebungen und auf ihre eigentlichen Beweggründe. In seinen Vorschlägen, alles Schulmäßige zu vermeiden, einen klaren, verständlichen und wirkungsvollen Stil zu benutzen und eine "honnete Gelehrsamkeit, beauté d'esprit, un bon gout und Galanterie" zu entwickeln,[11] meldet sich der Gusto Gracians, jenes Geschmacksideal also, das das Bildungsziel aller rhetorischen Erziehung bezeichnete und den honnête homme, den vollendeten Weltmann, Gracians und Thomasius' ebenso charakterisiert wie zuvor den vollkommenen Hofmann im *Libro del Cortegiano* des Baldassare Castiglione. Die bürgerliche Forderung nach einer Popularisierung des Wissens entstammt also parado-

---

5 G. W. Leibniz: Philosophische Schriften. 3 Bde. Hg. u. übers. v. H. H. Holz. Darmstadt 1965. Bd. III. Tl. 2. S. 167.

6 Leibniz, Philosophische Schriften, Bd. III, Tl. 2, S. 205.

7 Leibniz, Politische Schriften, Bd. II, S. 70.

8 Leibniz, Politische Schriften, Bd. II, S. 70.

9 Leibniz, Politische Schriften, Bd. II, S. 70.

10 Leibniz, Politische Schriften, Bd. II, S. 80.

11 Chr. Thomasius: Kleine deutsche Schriften. Halle 1701. S. 48.

xerweise einem höfischen Bildungsverständnis, wo es seinen realistischen Sinn in säkularisierten Bildungs- und Umgangsformen längst entfaltet hatte.

Bevor sich diese Überzeugungen durchsetzen konnten, bedurfte es freilich einer abermaligen philosophischen Neuorientierung, die nur scheinbar einen Rückschlag für die auf Verbreitung und Öffentlichkeit der Wissenschaften gerichteten Impulse der Aufklärung bedeutete. Sie ging von Christian Wolff aus, der die Leibnizsche Philosophie systematisierte und zu einer neuen Schulphilosophie ausbildete. Erst diese Systematisierung nämlich machte die Gedanken auch verfügbar; indem sie ihnen eine feste Ordnung gab, richtete sie sie für den Lehrzweck, für Lehrbuch, Lehrbetrieb und auch zur Wirksamkeit in einem gebildeten Publikum erst aus. Wolffs kultur- und bildungspolitische Intentionen waren von denen seines Lehrers kaum unterschieden, auch er hielt seine Vorlesungen in deutscher Sprache und war auf eine allgemeine kulturelle Ausbildung des deutschen Bürgertums bedacht. Die Klarheit und Ordnung seines Vortrags, seine vielen anschaulichen Beispiele, die moralische Nutzanwendung, seine bewußt didaktisch angelegten Lehrbücher, seine rein logisch deduzierende, daher nachprüfbare und nachvollziehbare Vorgehensweise, die immer neben der Evidenz auf praktische Brauchbarkeit zielt, schließlich seine Lehrabsicht einer Vervollkommnung des menschlichen Denkvermögens bis hin zu einer vernünftigen Höhe, somit die Beförderung einer allgemeinen Glückseligkeit durch Vermehrung der Kenntnisse, der Tugend und des Wissens - in all diesem bietet er das Musterbild eines philosophischen Schriftstellers der Aufklärung. Noch seine Rückkehr zur lateinischen Sprache (nach 1726) als Ausdrucksmittel seines Denkens ist nicht etwa als Revision seines ganzen bisherigen Wirkens aufzufassen, sondern folgt der Erkenntnis, daß Latein als Gelehrtensprache nicht an Sprachgrenzen gebunden ist: Die Ausbreitung seines Ruhms auf ganz Europa veranlaßte den "Professor generis humani", als den er sich selber sah, seine Werke nun auch ausführlich lateinisch zu bearbeiten, um ihre internationale Wirksamkeit zu fördern.

Die Leibniz-Wolffsche Philosophie eroberte seit der ersten Hälfte der zwanziger Jahre die Universitäten und Schulen, erreichte in den dreißiger Jahren den Höhepunkt ihrer Wirkung, beeinflußte aber noch bis in die achtziger und neunziger Jahre die Entwicklung der Philosophie und der mit ihr verbundenen Wissenschaften. Wolff knüpfte zwar an Leibniz' Programm einer Vereinigung von Scholastik und neuer Wissenschaft an, verlor aber den lebenspraktischen Impuls, von dem sein Lehrer ebenso wie Thomasius beherrscht war. Je mehr sich die Wolffsche Philosophie durchsetzte und seine Schule auch wissenschaftspolitisch scholastische Ausmaße annahm, um so stärker begann sich auch eine Opposition zu regen, die zunächst von Schülern und Anhängern des Thomasius, von Joachim Lange, Budde und Rüdiger, getragen wurde, verstärkt durch Einwirkung der englischen und französischen Philosophie, dann aber seit etwa der Mitte des Jahrhunderts von einer ganzen Reihe von philosophischen Schriftstellern, die man Popularphilosophen genannt hat, ohne daß es sich bei ihnen um eine geschlossene Schule, gar eine einheitliche Philosophie handelte; schon die Beantwortung der Frage, wer eigentlich ein Popularphilosoph sei und wie er sich von der neuen Schulphilosophie Leibniz-Wolffscher Prägung unterscheide, macht große Schwierigkeiten. Sie kann kaum nach den popularphilosophischen Denkinhalten entschieden werden, die Wolffs Lehre bis in Einzelheiten verschrieben bleiben, sondern nach der Methode und Darstellungsweise ihres Denkens. Die Ausbildung und Befestigung dieser spezifischen Denkart "Aufklärung", die weniger ein bestimmter Erkenntnisfundus als eine Erkenntnisweise, eine geistige Energie und Praxis darstellt,[12] ist nun undenkbar (und das wurde bislang generell übersehen) ohne die gleichzeitige Entwicklung, Kräftigung und Verteidigung einer deutschen Rhetorik und ihre Einflußnahme auf die literarische Gestalt des Denkens und damit ebenso auf die Denkart. Die ganze Diskussion um eine literaturfähige, kultivierte deutsche Sprache, um eine einheitliche Muttersprache ist ohne diesen rhetorischen Diskurs nicht zu verstehen, und der Kampf um ihre Durchsetzung wurde schon in den barocken Sprachgesellschaften, dann von Leibniz, Gottsched (*Grundlegung einer Deutschen Sprachkunst*, Leipzig 1748) ebenso wie von Adelung (*Versuch eines vollständigen grammatisch-kritischen Wörterbuches der Hochdeutschen Mundart*, Leipzig 1774-89) oder Wieland (*Ueber die Frage: Was ist Hochteutsch? und einige damit verwandte Gegenstände*, 1782) mit rhetorischen Argumenten geführt.[13] Über die Rehabilitierung der deutschen Muttersprache, ihre Vervollkommnung zur Literatursprache beginnt auch die Bedeutung der Rhetorik zu wachsen, die ein sehr differenziertes System zur Sprachausbildung, Sprachbeherrschung und Sprachübung mit dem Ziel der öffentlichen Wirkung im Sinne einer Übereinstimmung zwischen Redner und Publikum zur Verfügung stellen konnte. "Der Nutzen der Redekunst ist in Absicht auf die Cultur der Schreibart allgemein",[14] kann daher Johann Gotthelf Lindner im *Kurzen Inbegriff der Ästhetik, Redekunst und Dichtkunst* (1771/72) ohne weitere Begründung die übereinstimmende Ansicht der deutschen Schriftsteller formulieren, die in ihrer Überzeugung erst gegen Ende des Jahrhunderts wankend werden.

Unter dem Einfluß der Rhetorik entwickelt sich damit auch ein für Deutschland neuer Schriftstellertypus, denn der aufklärerische Diskurs beruht auf der Einheit von Sprechen, Erklären und Wissen mit dem Ziel des Handelns und entspricht damit genau der rhetorischen Theorie der Literatur, in der sich Wissen und Sprache wechselseitig bedingen und praktisch geworden die soziale Ordnung stiften.[15] "Diese Regeln", so hatte bereits Christian Thomasius 1710 seinen *Kurtzen Entwurf der Politischen Klugheit* eröffnet, "sind nicht zum disputiren / peroriren oder speculiren / sondern zur praxi geschrieben".[16] Diese Praxis bedeutet gesellige, soziale Tätigkeit, und Thomasius schließt sich damit, wie die gesamte Aufklärung, der aristotelischen Lehre an, die den Menschen als zoon logon echon bestimmte, als mit logos begabtes Wesen, wobei logos die Einheit von Sprache und Vernunft bezeichnet. Im ersten Paragraphen des 5. Kapitels seiner *Politischen Klugheit* definiert Thomasius: "Der Mensch ist ein zahmes und geselliges / nicht aber ein wildes noch zur Einsamkeit geschaffenes Thier. Der Grund aller Gesellschafften ist die *Conversation*".[17] Es wird dann im 18. Jahrhundert vor allem Gottsched sein, der solche Erkenntnisse in einer Art nationalem Kultur- und Erziehungsprogramm neu formulieren wird. Man kann sein ganzes Lebenswerk als den in alle Richtungen ausschreitenden Versuch ansehen, Bedingun-

---

12 Vgl. E. Cassirer: Die Philosophie der Aufklärung. Tübingen ^{3}1973. S. 16ff.

13 Vgl. E. Haas: Rhetorik und Hochsprache. Über die Wirksamkeit der Rhetorik bei der Entstehung der deutschen Hochsprache im 17. und 18. Jahrhundert. Frankfurt a. M., Bern, Cirencester / U. K. 1980.

14 J. G. Lindner: Kurzer Inbegriff der Ästhetik, Redekunst und Dichtkunst. 2 Bde. Königsberg u. Leipzig 1771/72. Bd. II. S. 6.

15 Vgl. im vorliegenden Band den Aufsatz "Rhetorische Konstellationen im Umgang mit Menschen", S. 103-124.

16 Chr. Thomasius: Kurtzer Entwurf der politischen Klugheit. Frankfurt u. Leipzig 1710. Vorrede o. P.

17 Thomasius, Kurtzer Entwurf, S. 108.

gen und Möglichkeiten der Aufklärung in der ersten Jahrhunderthälfte zu erforschen und praktisch zu erproben. Seine besondere Aufmerksamkeit gilt daher von der Vorrede zu *Fontenelles Gesprächen im Reiche der Todten* (1726) bis zum *Versuch einer Critischen Dichtkunst* (1730), der *Ausführlichen Redekunst* (1736) und dem *Handlexikon [...] der freyen Künste*" (1760) der Form des aufklärerischen Diskurses, der nicht nur den Gegenständen, sondern auch den Adressaten angemessen sein muß. Dieses Problem der didaktischen Wirksamkeit des Diskurses wird von der Stil- und Gattungstheorie des 18. Jahrhunderts noch ganz im Rahmen der klassischen rhetorischen Stillehre gelöst, deren mustergültige Verwirklichung Gottscheds Vorliebe für die französischen Klassizisten ganz entgegen seinen sonstigen nationalen Bestrebungen begründete. Wenn er immer wieder den Unterschied hervorhebt, der den "natürlichen oder niedrigen Ausdruck" der "Historienschreiber" und "dogmatischen Scribenten" (also Schulphilosophen) trennt von der "sinnreiche[n] Art" des Vortrags von "sinnreiche[n] Gedanken" des Redners, und diese Vortragsart einer dritten gegenüberstellt, die "bewegen", also Gemütsbewegung und Leidenschaften "in andern erwecken will" und daher "feurig und heftig, oder affectuös und pathetisch" sein muß,[18] so modifiziert er bloß die Theorie der spezifisch rhetorischen Wirkungsweise, die den Vortrag des Redners, die Stilhöhe bestimmt und der angemessene Ausdruck der Denkungsart, "Ausdruck von dem Verstande seines Meisters", ist.[19] Erkenntnisart, Stil und Wirkungsintention gehören zur selben Ordnung, eine Überzeugung, die in Wolffs Psychologie der Denkvermögen vorbereitet ist und die nach Gottsched auch Baumgarten in seiner *Aesthetik* der Unterscheidung der verschiedenen Denkungsarten und ihres Ausdrucks zugrunde legen wird: "Will der Philosoph bloß nach den Regeln der Logik verfahren, so ist er nicht beredt, er kann aber von seinen Gegenständen auch schön denken und also beredt schreiben. In gewissen Umständen hat er das letzte nötig, weil er in einer Welt ist, wo er auch mit andern Leuten zu tun hat als denen, die abstrahiren können".[20]

Gottscheds Stilideal für den aufklärerischen Schriftsteller ist die mittlere, sinnreiche Schreibart, die sich durch "Erläuterungen, gute Einfälle, Lehrsprüche u. d. gl." auszeichnet und deutlich von der erhabenen, affektuösen Sprache der Lohensteinschule wie von der trockenen, pedantischen der Gelehrten unterschieden ist.[21] Es ist ein Stil der vernunftgemäßen, wohlgeordneten Rede, die alle Extreme vermeidet, aber doch von einer kultivierten Natürlichkeit ist, in der das Beispiel häufig zu finden ist, Sentenzen angebracht und die Gedanken auf angenehme Weise zum Ausdruck gebracht werden. Eine fiktive Leserin von Gottscheds *Vernünfftigen Tadlerinnen* lobt die "Reinigkeit der deutschen Schreibart", die sie in den Stand versetzt habe, "daß ich künftig richtiger und angenehmer schreiben, und Euch ein besser gerathenen Brief zuschicken könne",[22] und in der Zueignung des *Biedermann* er-

18 J. Ch. Gottsched: Versuch einer Critischen Dichtkunst. Leipzig 1751. S. 356f.

19 Gottsched, Critische Dichtkunst, S. 348.

20 A. G. Baumgarten: Ästhetik, nach einer Kolleghandschrift. In: B. Poppe: Alexander Gottlieb Baumgarten. Seine Bedeutung und Stellung in der Leibniz-Wolffischen Philosophie und seine Beziehungen zu Kant. Borna-Leipzig 1907. S. 171.

21 Vgl. E. A. Blackall: Die Entwicklung des Deutschen zur Literatursprache 1700 - 1775. Stuttgart 1966. S. 110ff.

22 J. Ch. Gottsched: Die vernünftigen Tadlerinnen. Halle 1725/26. Bd. I. S. 39.

klärt er, daß diese Art von "Scribenten das Muster ihrer gantzen Nation wird, sobald sie durch ihre Schrifften in einiges Ansehen gesetzet; indem sich ihre Art zu dencken und zu schreiben unvermerckt unter Gelehrten und Ungelehrten ausbreitet".[23] Der mittlere Stil, genus medium, schien Gottsched durch seine vermittelnde Funktion, die er schon nach der antiken Stillehre besaß und die sich nach der aptum-Doktrin sowohl auf die Angemessenheit von Worten und Sachen wie auf die von Rede und Publikum bezog, vorzüglich geeignet, um die Kluft zwischen Gebildeten und Ungebildeten zu überbrücken. Die soziologische Begründung der Stiltheorie, wie sie seit ihrer ständischen Umdeutung im Mittelalter, das die Wahl der Stilarten durch die herrschende soziale Stufung determiniert sah,[24] die Gattungsgeschichte prägt, verrät auch den Beweggrund aller stiltheoretischen Erörterungen der Zeit. "Weil sie aber insgeheim und überhaupt entweder Gelehrte sind, oder Ungelehrte", schätzt der *Patriot* seine Leser ein und verkündet programmatisch, "so will ich allezeit iedweden Aufsatz dahin einrichten, daß er weder für die Gelehrten zu schlecht und niedrig, noch für die Ungelehrten zu hoch und unbegreifflich, sondern vielmehr iedermann verständlich sei, und bloß den ordentlichen Gebrauch menschlicher Vernunft erfordere. Es soll demnach iedweder, auch so gar ein Handwercker und Land-Mann, wenigstens in diesem Falle, iederzeit etwas vorfinden, das seiner Fähigkeit gemäß sey, und werde ich solche Schreib-Art beständig beyzubehalten suchen".[25] Auch Eschenburg wird in seiner *Theorie der schönen Wissenschaften* (1783) die "mittlere oder gemäßigte Schreibart" in den "moralischen Aufsätzen, wichtigern und leidenschaftlichen Briefen, in pragmatischen Geschichterzählungen, und in den meisten eigentlichen Reden" an ihrem Platz finden.[26] Er folgt aber in seiner Terminologie mehr Adelung, der die Bezeichnung populäre Schreibart den Lehrbüchern und dogmatischen Schriften, also dem niederen Bereich des reinen docere, zugewiesen hatte und diese damit immer noch auf ein ausgewähltes, gebildetes Publikum bezieht, das der trockenen, logischen Unterrichtung zu folgen versteht, nicht aber auf eine breite bürgerliche Öffentlichkeit, die einen Anspruch darauf hat, in ihren divergierenden Interessen und Voraussetzungen berücksichtigt zu werden, wie es Knigge in seinem Essay *Über Schriftsteller und Schriftstellerey* von 1793 ausführt. Schreiben wurde für den zum Bürgertum übergelaufenen Freiherrn eine "öffentliche Mittheilung der Gedanken; gedruckte Unterhaltung; laute Rede, an Jeden im Publico gerichtet, der sie hören will; Gespräch mit der Lesewelt",[27] und er sieht "eine Haupt-Eigenschaft" des guten Schriftstellers in der "Beybehaltung eines feinen, gesitteten Tons. Man kann populär schreiben, ohne in das Pöbelhafte zu fallen; deutlich ohne platt; derbe, ohne plump; muthwillig, ohne frech zu werden".[28] Dem Schriftsteller, "welcher Gegenstände der Moral behandelt", empfiehlt er, sich vor einem "trocknen und langweiligen Vortrag" zu hüten.[29] Im 11. Kapitel seines Essays geht Knigge auch auf die

---

23 J. Ch. Gottsched: Der Biedermann. Leipzig 1726. Zueignung o. P.

24 Vgl. L. Arbusow: Colores Rhetorici. Göttingen 1963. S. 15ff.

25 J. Ch. Gottsched: Der Patriot. 3 Bde. Neue u. verb. Ausg. Hamburg 1737f. 36. St.

26 J. J. Eschenburg: Entwurf einer Theorie und Literatur der schönen Wissenschaften. Zur Grundlage bey Vorlesungen. Nachdr. d. Ausg. Berlin u. Stettin 1783. Hildesheim, New York 1976. S. 218.

27 A. Freiherr Knigge: Über Schriftsteller und Schriftstellerey. Hannover 1793. S. 9.

28 Knigge, Über Schriftsteller und Schriftstellerey, S. 29f.

29 Knigge, Über Schriftsteller und Schriftstellerey, S. 281.

breite Volksaufklärung ein, wie sie musterhaft Zacharias Becker mit seinem *Noth- und Hülfsbüchlein* repräsentiert, setzt aber hinzu: "Es ist nicht so leicht, wie man wohl glaubt, hierinn den rechten Ton zu treffen und in Beförderung der so gepriesenen und so gelästerten Aufklärung nicht weiter zu gehn, wie weise Beurtheilung der Bedürfnisse, der Empfänglichkeit und der Folgen es erheischt. Viel Schriftsteller setzen diese Rücksichten aus den Augen; und da auch die Wuth des Bücherlesens aller Art unter allen Ständen täglich zunimmt; so geht wohl in der That die Volks-Aufklärung einen schnellern Gang, als man wünschen mögte".[30] Für die schönen Künste natürlich gelten alle diese Überlegungen nicht oder nur so weit, als sie sich selber in die Dynamik des Aufklärungsprozesses stellen, und schon Gottsched gesteht ihnen allen Reichtum und alle Vielfalt zu. In seiner *Allgemeinen Theorie der Schönen Künste* (1792-94) hat Sulzer diese poetologische Doktrin zusammenfassend formuliert und auf die politische Verfassung eines Volkes bezogen: "In der Sprache der schönen Künste aber muß man sich in sehr vielerley Charakter auszudrücken wissen: bald sehr einfach und gerade zu, ein andermal geistreich; itzt sehr gelassen, ein andermal feurig; einmal edel und mit hohem Anstand, ein andermal in dem bescheidensten gemeinen Ton, u.s.f. Diese verschiedenen Charaktere hat nur die Sprache eines schon großen, und am vorzüglichsten eines großen und zugleich freydenkenden Volks, da sich keiner scheuen darf, sich in seinem eigenen Charakter zu zeigen, und nach seiner eigenen Weise zu handeln. Denn wo die Menge sich schon nach wenigen, die den Ton geben, richtet, da verschwindet auch die Mannichfaltigkeit des Charakteristischen in der Sprache".[31]

Auch von dieser Seite, von den Erfordernissen nach Ausbildung, Differenzierung und Vielstimmigkeit der Sprache, ist die gleichberechtigte, ungezwungene, aber auf natürliche Weise geregelte gesellschaftliche Konversation ein Ideal der Zeit. In ihm kommen politische Erwartungen ebenso zum Ausdruck wie die Überzeugung, daß Gespräch und Dialog "aufs allerglücklichste zu richtigen Untersuchungen der Wahrheiten und zur Berichtigung der Gedanken eines Menschen genutzt werden können".[32] Im aufklärerischen Diskurs ist daher das Gespräch Paradigma für die didaktische Methode, mit der der Mensch zum Selbstdenken, zum richtigen und freien Gebrauch seines Verstandes erzogen werden soll, im Dialog kulminiert die stilistische Kunstfertigkeit des prosaischen Schriftstellers und Philosophen. Die antike Gesprächskultur, der sokratische Dialog, die Dialoge Ciceros und Tacitus', die Totengespräche Lucians, seiner Nachahmer Fontenelle und Fénelon, schließlich Leibniz' und der französischen Philosophen wie Voltaire und Diderot, galten als die Vorbilder, die man nachzuahmen und womöglich zu übertreffen suchte. Christian Thomasius hatte im 8. Kapitel der *Höchstnötigen Cautelen für einen Studiosus juris* (1713) den Gesprächen einige Bemerkungen gewidmet, "die aus allerhand Erfindungen bestehen, die den Leser belustigen und aufmerksam machen sollen",[33] während Gottsched vierzehn Jahre später in der Vorrede

30 Knigge, Über Schriftsteller und Schriftstellerey, S. 285.

31 J. G. Sulzer: Allgemeine Theorie der Schönen Künste. 4 Bde. Leipzig 1792-1799. Bd. IV. S. 448.

32 M. Ehlers: Betrachtungen über die Sittlichkeit der Vergnügungen. 2 Bde. Flensburg/Leipzig 1779. Bd. I. S. 123.

33 Chr. Thomasius: Von dem Studio der Poesie [=Kapitel 8 der "Höchstnöthigen Cautelen"]. In: Deutsche Literatur. Sammlung literarischer Kunst- und Kulturdenkmäler in Entwicklungsreihen. Unter Mitw. v. W. Brecht u. D. Kralik hg. v. H. Kindermann. Reihe Aufklärung. Bd. 1. Hg. v. F. Brüggemann. Weimar u. Leipzig, Wien u. Leipzig 1928. S. 125.

zur Übersetzung von *Fontenelles Auserlesenen Schriften* (1727) mit dem Titel *Des Übersetzers Abhandlung von den Gesprächen überhaupt* den Dialog schon als die geeignetste Form der praktischen Unterrichtung und populären Aufklärung empfiehlt. Und ganz in diesem Sinne schreibt Christian Heinrich Schmid in seiner *Theorie der Poesie* (1767): "Durch ihn, unsern Plato, ward zuerst die dürftige Philosophie, die bey aller ihrer Gründlichkeit sich immer noch nicht aus den Schulen in die feinere Welt wagen durfte, mit dem Überflusse der schönen Wissenschaften vermählt".[34] Im selben Jahr erscheint Moses Mendelssohns *Phädon* mit dem berühmten Einleitungsessay *Charakter des Sokrates*, in welchem der Autor die Vorzüge des sokratischen Gesprächs rühmt, die er vor allem darin sieht, "daß man von Frage zu Frage, ohne sonderliche Anstrengung ihm folgen konnte, ganz unvermerkt aber sich am Ziele sah, und die Wahrheit nicht gelernet, sondern selbst erfunden zu haben glaubte".[35] Späteren wird dieser Dialog zum vorbildlichen Muster der Gesprächskunst. "Man kan den Gesprächsstil", so meint 1772 Johann Gotthelf Lindner im zweiten Teil seines *Kurzen Inbegriffs der Aesthetik, Redekunst und Dichtkunst*, "wegen der unterhaltenden Lebhaftigkeit zu allem anwenden. Man lese die Dialogen des Sokrates im Plato, Plutarchs Gastmahl, u.a.m. Wielands letzte Gespr. des Sokrates, Vernets sokrat. Dialogen, Moses Mendelssohns Phädon, Sulzer über die Schönheit der Natur, Baile zwischen Arist und Eugen, Bouhours Kunst witzig zu denken, la Physique du Beau, Boileaus sat. Gespr. über die Ritterromanen".[36] In seinem *Philosophen für die Welt* ist das Gespräch Engels meistbenutzte Form, unterhaltend zu unterrichten, ob nun über das Verhältnis von Schönheit und Weisheit (in einem Disput unter den olympischen Göttern), des Schriftstellers zu seinem Kritiker oder 'Über die Bestimmung zum Tode', worüber sich zwei Freunde unterhalten.[37] Das Ideal des gebildeten philosophischen Gesprächs preist Knigge in seiner Abhandlung *Über den Umgang mit Menschen* (1777) als den Höhepunkt aller Geselligkeit, und von Eschenburg bis Sulzer, Garve und Eberhard ist es immer wieder das gleiche Argument, mit dem diese Hochschätzung begründet wird: Die Wahrheiten werden nicht allein gelehrt, sondern auch "fühlbar gemacht", wie es Friedrich von Blankenburg unter Hinweis auf Sulzer in seinen *Literarischen Zusätzen zu J. G. Sulzers Allgemeiner Theorie der schönen Künste* (1796-98) erläutert.[38] In seinem großen Essay *Über Gesellschaft und Einsamkeit* (1797) wird Garve die Bedeutung, die das Gespräch für die popularphilosophische Aufklärung besaß, noch einmal zusammenfassend begründen. Gleich eingangs erinnert er daran, daß die lebendige Rede vor der Erfindung der Schreibkunst einziger Lehrmeister der Menschen gewesen sei. "Selbst da, in etwas spätern Zeiten, die eigentliche Wissenschaft oder die Philo--sophie entstand: erschien sie zuerst nur unter der Gestalt einer gesellschaftlichen Unterhaltung. Für die Vernunft hatten die Griechen keinen andern Nahmen, als den der Rede;

---

34 Chr. H. Schmid: Theorie der Poesie nach den neuesten Grundsätzen und Nachricht von den besten Dichtern nach den angenommenen Urteilen. Leipzig 1767. S. 31.

35 M. Mendelssohn: Gesammelte Schriften. Hg. F. Bamberger u. a. Faksimile-Neudr. d. Ausg. von 1929ff. Stuttgart 1971ff. Bd. III. Tl. 1. S. 18.

36 Lindner, Kurzer Inbegriff, Bd. II, S. 160f.

37 J. J. Engel: Der Philosoph für die Welt. 2 Thle. Carlsruhe 1783. Thl. 1. S. 117f.

38 F. v. Blankenburg: Literarische Zusätze zu J. G. Sulzers Allgemeiner Theorie der schönen Künste. 3 Bde. Leipzig 1796-98. Bd. I. S. 642.

wissenschaftliche Untersuchungen anstellen hieß bey ihnen, sich über die Gegenstände derselben unterreden; und zu Folge ihres ältesten Nahmens ist die Logik nichts anders, als die Kunst eines gelehrten Gesprächs".[39] Garve begründet nun die Aktualität des Gesprächs für die Aufklärung mit den "Vorzüge[n] des gesellschaftlichen Unterrichts": "Das was man im Gespräche lernt, hat auch gleich die Form und den Ausdruck, in welchen es sich am leichtesten wieder an andre im Gespräche mittheilen läßt".[40] Das Gespräch ist das wichtigste Medium, mit dem die Gesellschaft "auf Bildung des Verstandes und Herzens" Einfluß nimmt,[41] und es bleibt daher "ewig die Quelle des solidesten, reinsten und größten Vergnügens, welches der menschliche Umgang gewährt".[42] Neben dem Dialog ist folgerichtig der Brief eine der beliebtesten Darstellungsformen. Eschenburg definiert beispielhaft: "Ein Brief ist eigentlich nichts anders, als die schriftliche Rede einer Person an eine andre von ihr abwesende Person gerichtet, und vertritt die Stelle der mündlichen Rede, die man an diese Person richten würde, wenn sie anwesend wäre. Der Briefwechsel ist folglich eine schriftliche Unterredung abwesender Personen".[43] Er wird zu einer Unterredung zwischen Schriftsteller und Leser, wenn diesem die Rolle des Adressaten zufällt, wenn die Antwortbriefe ausgespart werden. Damit wird der Brief, ehemals Dokument und Zeugnis, zum didaktischen Kunstgriff, in dem die Wirkungsabsicht der aufklärerischen popularphilosophischen Prosa besonders deutlich zum Ausdruck kommt: den Leser in ein erhellendes Gespräch zu verwickeln, ihn zum aktiven Mitdenken zu bewegen, ihn derart zum "Selbstdenker" zu machen, wie das Sokrates, auch darin das große Vorbild, bezweckt hatte.

Die literarische Form ist nicht nur Mittel zum erzieherischen Zwecke, sondern die literarische Gestalt des Denkens selber. Daher die häufige Anrede, die Nachahmung des vollständigen Gedankenvollzugs, nicht nur seiner Ergebnisse, die Beispiele, auch Exkurse, die dialektische Struktur der Dialoge, die aus Rede und Widerrede den Gedanken entwickeln, die deutliche, als "Versuche" gekennzeichnete Vorläufigkeit, die den Leser zum eigenen Versuch provozieren, nicht ihn schon mit Geschlossenheit und Systematik einschüchtern will. Das ist auch der Grund, weshalb Lichtenberg die meisten Handbücher als unbrauchbare Grundlagen für die Vorlesung kritisiert: "es fehlt ihnen an der aphoristischen Kürze",[44] und warum er immer wieder die bloße Gelehrsamkeit kritisiert: "Früchte der Philosophie und nicht die Philosophie." "Ich glaube, es ist ein großer Unterschied zwischen *Vernunft lehren* und *vernünftig sein*".[45] Lichtenbergs Sprachkritik liegt in der Überzeugung begründet, daß Aufklärung erst im "vernünftig sein" sich verwirklicht und daß die Sprache, weil sie eine Gestalt des Denkens ist, die der Mensch zumeist ungeprüft übernimmt, erst auf ihre Vernunftgemäßheit hin zu durchleuchten wäre: "Unsere ganze Philosophie [...] ist Be-

[39] Chr. Garve: Über Gesellschaft und Einsamkeit. 2 Bde. Breslau 1800. Bd. I. S. 19.

[40] Garve, Über Gesellschaft, Bd. I, S. 20.

[41] Garve, Über Gesellschaft, Bd. II, S. 341.

[42] Garve, Über Gesellschaft, Bd. II, S. 340.

[43] J. J. Eschenburg: Entwurf einer Theorie und Literatur der schönen Wissenschaften. Nachdr. d. Ausg. Berlin u. Stettin 1783. Hildesheim, New York 1976. S. 234.

[44] G. Ch. Lichtenberg: Sudelbücher. In: Ders.: Schriften und Briefe. Hg. v. W. Promies. 4 Bde. München 1968ff. Bd. 2, Heft H 175, S. 204.

[45] Lichtenberg, Sudelbücher, Bd. 2, G 43, S. 141.

richtigung einer Philosophie und zwar der allgemeinsten".[46] Wie derart der Philosoph sich als Gesprächspartner seines Lesers sieht, nicht als dessen Lehrer im Sinne des alten kommentierenden und auslegenden Unterrichts, wird schon am Format der Bücher deutlich, die er veröffentlicht. Sie wollen nicht mehr daheim auf dem Schreibpult, in der Studierstube gelesen, sondern mitgeführt werden, auf Spaziergängen, zu Freunden, in Gesellschaft und Geselligkeit ebenso wie in die Einsamkeit eines Spazierganges, die dann keine mehr ist, weil der Autor als Gesprächsteilnehmer mitzieht. Schon Thomasius hatte damit begonnen, seine Entwürfe und Versuche in leichten Oktavbänden zu veröffentlichen, die auf so offensichtliche Weise bereits die Opposition zu den dickleibigen und großformatigen Summen und Kommentarbänden der Scholastiker verrieten. Wolff war ihm mit seinen deutschsprachigen Lehrbüchern darin gefolgt (während er mit seinen Werken in lateinischer Sprache wieder zum Pultformat der dickleibigen Quartanten zurückkehrte), und ob Gottsched oder die Schweizer, Engel, Knigge oder Garve und Platner, sie alle zeigen ihr popularphilosophisches Interesse bereits im handlichen Format ihrer Bücher, die leicht mitzunehmen waren und auch im notwendig beschränkten Reisegepäck nicht zuviel Platz wegnahmen - was in diesem reisefreudigen Jahrhundert besonders wichtig schien, führt doch etwa Knigge als gewichtigen Einwand gegen Fußreisen an, man könne "nur wenig Kleidungsstücke, Bücher, Schriften und dergleichen mit sich führen".[47] Gesprächs- und Briefkultur der Aufklärung sind, ebenso übrigens wie die Angewohnheit, Tagebücher zu führen, durchaus praktisch orientiert, Belehrung und Übung in einem, verbunden mit angenehmer Unterhaltung und sittlichem Vergnügen.[48] Noch der extrem subjektbezogene Umgang mit sich selbst ist nicht Ausdruck eines sentimentalen Verhaltens zur eigenen Gefühls- und Erfahrungswelt, sondern dient der "Abrechnung mit sich selber", ob auch alle "Winke zur höheren Vervollkommnung" benutzt wurden.[49] Die pietistische Gesinnung, die sich in solchen Ratschlägen zeigt und die sich trotz der anfänglichen Opposition von Pietismus und Rationalismus, wie sie in der Vertreibung Wolffs aus Halle in Erscheinung trat, in der popularphilosophischen Literatur durchgesetzt hatte, ist dennoch wesentlich auf Tätigkeit ausgerichtet. "Mittel zur Verdopplung der melancholischen Gefühlsschwärmerei"[50] werden diese literarischen Formen erst in einer gesteigerten Kultur der Empfindsamkeit, die in der popularphilosophischen Prosa von Garve und Sulzer bis Wieland und Lichtenberg fast einhellig kritisiert und als "Krankheit der Seele" verzeichnet[51] oder als das "affektierte Gewinsel dieser warmen Seelen" verspottet wird.[52]

Insgesamt bleibt das Ideal der popularphilosophischen Gesprächskultur die ciceronianische urbanitas, welche Feinheit, Umgänglichkeit, Geselligkeit mit Bildung vereint. Shaftes-

---

46 Lichtenberg, Sudelbücher, Bd. 2, H 146, S. 197f.

47 A. v. Knigge: Über den Umgang mit Menschen. Hg. v. G. Ueding. Frankfurt a. M. 1977. S. 274.

48 Vgl. G. Sauder: Empfindsamkeit. Bd. 1. Stuttgart 1974. S. 193ff.

49 Knigge, Umgang, S. 86.

50 W. Lepenies: Melancholie und Gesellschaft. Frankfurt a. M. 1969. S. 103.

51 Ch. M. Wieland: Zusatz des Herausgebers zu den Auszügen aus seiner Vorlesung über die Schwärmerey. In: Der Teutsche Merkur. 4. St. 1775. S. 152.

52 G. Ch. Lichtenberg: Gnädigstes Sendschreiben der Erde an den Mond. In: Ders., Schriften und Briefe, Bd. 3, S. 410.

bury mit seiner Wiedererweckung der antiken Lebensauffassung hat ebenso darauf eingewirkt wie das humanistische Ideal der souveränen Persönlichkeit und die Kultur der Renaissance (die in den von Castiglione nachgebildeten Unterhaltungen am Hofe von Urbino so schön zum Ausdruck kommt) oder die Wertschätzung der menschlichen Redegabe, wie sie durch Luther und Melanchthon überliefert wurden. "Die Sprache ist das Band, wodurch die Weisheit des Schöpfers die menschliche Gesellschaft untereinander verbindet", formulierte Gottsched die aufklärerische Überzeugung,[53] die von Leibniz' Dialog *Über die Worte* bis zu Schillers *Ästhetischen Vorlesungen* das aufklärerische Denken in Deutschland beherrschte.

Sie gilt auch noch im 19. Jahrhundert, lebt fort in seiner Salonkultur, seiner essayistischen Literatur, seinen Konversationsromanen - von Adam Müllers Reden und Vorlesungen bis zu Fontanes *Stechlin* und den Romanen Thomas Manns. Dabei unternehmen Adam Müllers *Zwölf Reden über die Beredsamkeit und deren Verfall in Deutschland* den letzten zusammenfassenden Versuch aus rhetorischer Sicht, wissenschaftliche Reflexion und literarische Darstellung als einen einheitlichen Vollzug zu begreifen und in den Ansprüchen einer bürgerlichen Öffentlichkeit zu begründen. Das Gespräch ist in dieser Konzeption allerdings nicht mehr wesentlich die Praxis des Denkens als ein Widerstreit der Gedanken, aus dem die Überzeugung vom Wahren und Richtigen erst erwächst, weil sie nicht vorgegeben, vorgeschrieben ist, sondern sich in ihm erst herausbildet - es ist für den romantischen Schriftsteller vielmehr Verkündigung und Auslegung eines Geist des Gesprächs, der beschworen wird und "über dem Streite der Glieder thront".[54] Garantiert von der "göttlichen und ewigen Wahrheit", repräsentiert er das "harmonische Grundverhältnis", "das Gesetz der gesellschaftlichen Harmonie" als die Voraussetzung eines jedes Gesprächs.[55] Dies selber wird so zu einem Scheingefecht, das entweder nur noch zur Ausstellung der eigenen richtigen Gesinnung oder aber zur ästhetischen Repräsentation oder (wie bei Müller selbst) zu beidem dient, nicht aber mehr als Medium der gesellschaftlichen Aufklärung zum mündigen Selbstdenken führen soll. Die Ästhetisierung des Gesprächs, vorbereitet schon in der Weimarer Klassik (man denke an Goethes *Unterhaltungen deutscher Ausgewanderter*), wird vollendet im deutschen Gesellschaftsroman des 19. Jahrhunderts.

---

53 Gottsched, Vernünftige Tadlerinnen, Bd. II, S. 12.

54 A. Müller: Zwölf Reden über die Beredsamkeit und deren Verfall in Deutschland. Hg. v. W. Jens. Frankfurt a. M. 1967. S. 60.

55 Müller, Zwölf Reden über die Beredsamkeit, S. 58.

Von der Universalsprache zur Sprache als politischer Handlung

Wer über die Sprache der Aufklärung redet, kann das, was sie sagt und was von ihr bezweckt wird, nicht als Nebensache behandeln, wie es vor allem ihre Kritiker seit der Geniezeit immer wieder getan haben. Sie ist ebenso Instrument aufklärerischer Vernunft wie Medium ihrer Erkenntnisse, ihr Stil der Ausdruck des Willens zur menschlichen Selbstbefreiung und zugleich sein wirkungsvollstes Durchsetzungsmittel. Aufklärend sprechen bedeutet also eine bestimmte Weise des sprachlichen Handelns, das von den dunklen, verworrenen Anschauungen der Sinne und der Einbildungskraft zum Licht des vernünftigen Begriffs vom Zusammenhang der Dinge und des Universums führt. Christian Wolff hat diese Theorie in der für sämtliche Zweige des Wissens folgenreichsten Weise zusammenfassend begründet und eine Hierarchie der Erkenntnisvermögen postuliert, die zugleich eine Stufenfolge, nämlich den wünschbaren, aufklärerisch zu betreibenden Weg des Wissens, beschreibt. Womit sich freilich auch ein weitreichendes Mißverständnis ankündigte, so daß die vernünftige Erkenntnis schließlich nicht mehr die ganze Weite menschlicher Vermögen in sich fassen und darstellen konnte, sondern sich mehr und mehr von den bloß unteren, niederen Erkenntnisweisen ablöste und verselbständigte. Es war dann Alexander Gottlieb Baumgarten, der solcher Schematisierung widersprach und damit erstmals und für lange Zeit mustergültig das ästhetische Problem der Aufklärung auf der Höhe des der Epoche möglichen Begriffs diskutierte. "Der Philosoph bleibt ein Mensch, folglich behält er Sinnlichkeit, und auf dieser Verbesserung muß er auch als Philosoph denken."[1] Oder noch schärfer: Die gänzliche "Ausrottung des Sinnlichen" hieße "die menschliche Natur ablegen".[2] Er geht sogar so weit, ästhetische Begeisterung selbst dann zu rechtfertigen, wenn sie eine Stärke erreicht, "die man bei Rasenden wahrnimmt",[3] weil es ohne sie überhaupt nicht gelingen kann, die Kräfte der Seele "lebendig zu machen".[4] Baumgarten wird nicht müde, davor zu warnen, ästhetische und philosophische Erkenntnis als antagonistisch aufzufassen, wonach die eine der Aufklärung feindlich sei und sie verhindere, die andere ihr förderlich und sie verwirkliche. Er sah darin eine falsche Antithese, versuchte, dem umfassenden Vernunftbegriff, in dem Schönheit, Wahrheit und Gutheit zusammenfallen, erneut zur Geltung zu verhelfen. Er hat freilich nicht verhindern können, daß die Entgegensetzung verschiedener, isolierter Momente aufklärerischer Vernunft in der Folgezeit zu aufreibenden und mißverständlichen Binnenkämpfen führte, die dem Scheine und oftmals sogar dem Bewußtsein der Kontrahenten nach wic cin Widerstreit von Aufklärung und Gegenaufklärung aussahen. Man denke an die Opposition Hamanns gegen Mendelssohn und Lessing, an den Widerstand der Geniebewe-

---

1 A. G. Baumgarten: Ästhetik, nach einer Kolleghandschrift. In: B. Poppe: A. G. Baumgarten. Seine Bedeutung und Stellung in der Leibniz-Wolffischen Philosophie und seine Beziehungen zu Kant. Borna-Leipzig 1907. § 6, S. 76.

2 Baumgarten, Ästhetik, § 12, S. 79.

3 Baumgarten, Ästhetik, § 78, S. 114.

4 Baumgarten, Ästhetik, § 78, S. 113.

gung gegen den schematisch gewordenen Rationalismus, schließlich an die frühromantische Schule und ihre Abrechnung mit der ganzen Epoche.[5]

Der Wolff-Schüler Baumgarten antwortet allerdings auf eine Diskussion, die schon in der Frühaufklärung begonnen hatte. Ich meine die Diskussion über den Nutzen der Poesie, über ihren Status in einer als aufgeklärt gedachten oder jedenfalls gewünschten Wirklichkeit, womit jedesmal auch über eine bestimmte Rede- und Schreibweise verhandelt wird. In seinen berühmten *Höchstnöthige[n] Cautelen / Welche ein Studiosis Juris, / Der sich zur Erlernung / Der Rechts-Gelahrtheit / Auf eine kluge und geschickte Weise vorbereiten will, / Zu beobachten hat* vermerkte Christian Thomasius 1713, was die Kunst zu dichten doch inzwischen für eine verdächtige Sache geworden sei. Ja, bei den Alten, in der Antike, sei noch alles anders gewesen, deren poetische Absicht habe darin gegipfelt, "die *Philosophie* in Gedichten und Fabeln vorzustellen".[6] "Wie nun also die Lesung der Poeten in Ansehen derer Alten nicht ohne Nutzen war, so ist in Ansehen des heutigen Versmachens der Nutzen davon nicht sonderlich und bleibet nichts übrig als eine Belustigung, die sich vor einen Liebhaber der Weisheit nicht wohl schicket."[7] Sollte ein Weiser sich aber doch einmal dazu versteigen, Verse zu schmieden, "so wird er sich [fährt Thomasius fort] doch von verliebten Gedichten, von närrischer Nachahmung und Ausschreibung der Alten, von heidnischen Redensarten, von allzu vielen Figuren und Gekünstele enthalten und vielmehr dahin sehen, daß die Verse nicht ohne Gedanken und *Realien* sein."[8] Die ganze Schrift ist mit Warntafeln durchsetzt: wie man "Torheiten bey denen Erfindungen" vermeidet,[9] sich vor der "Poetischen Raserei" hütet[10] und der satirischen Schreibart enthält, weil "darinnen die Torheit und Laster der menschen deutlich beschrieben und mit lebendigen Farben abgemalet".[11]

---

5 Die neuere Forschung hat die Einheit der Epoche gegenüber älteren Ansätzen (Sommerfeld, Unger, Martini) wieder zu entdecken begonnen, wobei der einheitliche rhetorische Grundzug immer wieder eine wichtige Rolle gespielt hat. So Klaus Dockhorn, (Vgl. K. Dockhorn: Die Rhetorik als Quelle des vorromantischen Irrationalismus. In: Ders.: Macht und Wirkung der Rhetorik. Vier Aufsätze zur Ideengeschichte der Vormoderne. Bad Homburg v. d. H., Berlin, Zürich 1968. S. 46-95.) oder Sven-Aage Jorgensen in seinen Hamann-Studien, die die rhetorische Stilabsicht des prominenten Aufklärungskritikers analysieren, von seiner "strategisch bestimmte[n] Dunkelheit" sprechen und in dem "Zusammenstoß von Genus humile und Genus sublime" das charakteristische Merkmal von Hamanns gelehrter und intellektueller Prosa sehen. (Vgl. S.-A. Jorgensen: Nachwort. In: J. G. Hamann: Sokratische Denkwürdigkeiten für die lange Weile des Publicums, zusammengetragen von einem Liebhaber der langen Weile. Stuttgart 1983. S. 175f.) Auch Jochen Schmidt pointiert den erheblichen Unterschied "zwischen Hamanns Intentionen und der Rezeption durch die Stürmer und Dränger" und sieht seine Eigenart wesentlich in einer "radikalen Frömmigkeit" begründet. (Vgl. J. Schmidt: Die Geschichte des Genie-Gedankens in der deutschen Literatur, Philosophie und Politik 1750-1945. 2 Bde. Darmstadt 1985. Bd. 1. S. 99 u. 101.)

6 Chr. Thomasius: Höchstnöthige Cautelen/ Welche ein Studiosis Juris,/ Der sich zur Erlernung/ Der Rechts-Gelahrtheit/ Auf eine kluge und geschickte Weise vorbereiten will,/ Zu beobachten hat. In: Deutsche Literatur. Sammlung literarischer Kunst- und Kulturdenkmäler in Entwicklungsreihen. Reihe Aufklärung. 15 Bde. Hg. v. F. Brüggemann. Weimar/Leipzig 1928. Bd. 1. S. 122.

7 Thomasius, Höchstnöthige Cautelen, S. 122.

8 Thomasius, Höchstnöthige Cautelen, S. 123.

9 Thomasius, Höchstnöthige Cautelen, S. 124.

10 Thomasius, Höchstnöthige Cautelen, S. 124.

11 Thomasius, Höchstnöthige Cautelen, S. 126.

Das im Zusammenhang mit meinem Thema eigentlich Bemerkenswerte an Thomasius' Position ist mit diesen Hinweisen freilich erst berührt, und die Perspektive, die Ende des Jahrhunderts von der Generation junger Schriftsteller, die die frühromantische Schule bildeten, auf die Aufklärung eingenommen wurde, verzerrt das Bild auch beträchtlich. Was Schlegel oder Tieck als bloß verständige, trockene und pedantische Schreibweise erschien, ist doch das Produkt sehr vielfältiger Reformanstrengungen gewesen, die freilich in einem Punkt konvergierten: in der Opposition gegen die Einbildungskraft und gegen eine Literatur, die sich an phantastischen Wortspielen, manieristischer Formkunst und fabelhafter Theatralik nicht genugtun konnte. Als abschreckendes Beispiel stand den Frühaufklärern die Poesie des Spätbarocks vor Augen. Doch war ihre Skepsis grundsätzlicher Natur und der Kampf gegen alle Poesie, die dem Schwulst-Verdikt verfiel, eigentlich nur ein Nebenschauplatz. Ihr zugrunde liegt die Überzeugung vom Anachronismus der Kunst schlechthin, ja, man kann sagen, daß über die These vom Ende der Kunst, die mehr als ein Jahrhundert später in Hegels Ästhetik philosophische Urständ feiert, für die gesamte erste Phase der Aufklärung, selbst bis zur Mitte des Jahrhunderts, eine grundlegende Übereinkunft bestand. Ein europäisches Phänomen natürlich, und immer wird die Überzeugung von der Vorherrschaft der Vernunft verknüpft mit einem geschichtsphilosophischen Gedanken wie etwa in den *Essays über verschiedene Gegenstände der Literatur und der Moral*, die der Abbé Thublet 1735 in Frankreich erscheinen ließ. Darin heißt es: "Je vollkommener die Vernunft werden wird, um so mehr wird die Urteilskraft der Einbildungskraft vorgezogen werden und um so geringer werden dementsprechend die Dichter geschätzt werden. Die ersten Schriftsteller, so sagt man, sind Dichter gewesen. Das will ich wohl glauben; sie konnten nichts anderes sein. Die letzten werden Philosophen sein."[12]

Diese Hochschätzung der Philosophie, die mit des Thomasius' Worten als Lehre betrachtet wurde, "dadurch wir zu der höchsten Glückseligkeit gelangen / und was uns daran hinderlich ist / vermeiden können",[13] ist für die Sprache der Aufklärung entscheidend geworden. Doch wird Philosophie von einem Vernunftbegriff her bestimmt, der wesentlich mathematisch-geometrischer Natur ist und damit dynamisiert wurde: Sie nimmt ihre Gegenstände nicht als fixe Tatsachen, sondern als ein Gefüge von Teilen, die es bis zu ihren einfachsten Grundformen hin zu analysieren und aufzulösen gilt. Sie ist also kein Denkinhalt, sondern eine bestimmte Denkart, deren Operationen darauf gerichtet sind, alles faktisch Gegebene in letzte einfache Elemente aufzulösen, mit dem Ziel, daraus dann wieder eine neue Totalität selbst zu erzeugen.[14] Diese Vernunft ist destruktiv, um konstruktiv sein zu können, sie will des Einfachen habhaft werden, um daraus eine neue Komplexität erzeugen zu können, die nun allerdings vernünftig ist. Und so begreift man die Wirkung, die von Leibniz' Plan ausging, mit Hilfe einer "characteristica universalis" die Grundbegriffe der Welt zu finden. Metaphorisch spricht er in diesem Zusammenhang auch von einem "Alphabet der

---

12 Abbé Thublet: Essays sur divers sujets de littérature et de morale. Zit. n. W. Promies: Der Bürger und der Narr oder das Risiko der Phantasie. Sechs Kapitel über das Irrationale in der Literatur des Rationalismus. München 1966. S. 189f.

13 Chr. Thomasius: Kurtzer Entwurf der politischen Klugheit, sich selbst und andern in allen menschlichen Gesellschaften wohl zu raten und zu einer gescheiten Conduite zu gelangen. Frankfurt a. M. 1710. S. 10.

14 Vgl. E. Cassirer: Die Philosophie der Aufklärung. Tübingen [3]1973. S. 17.

Gedanken",[15] und wirklich ist der Schritt nun nicht mehr groß, diesem Alphabet der logischen Operationen auch eine Sprache anzumessen, die ihr gleich sei, eine Universalsprache und "lingua Adamica", in der sich eine philosophische Untersuchung dann erst adäquat niederschreiben ließe. Doch auch unabhängig von solchen, nun sehr weitgehenden Lieblingsspekulationen der Zeit mußte die Aufmerksamkeit der frühaufklärerischen Denker der wirklich gesprochenen Sprache und ihrer Verbesserung in einem besonderen Maße gelten, weil sie das Medium ist, in dem die Aufklärung aus Energie und Kraft auch praktisch wirksam werden konnte. Wen wundert es, daß Leibniz auch auf diesem Felde vorangegangen ist, zumal ihm eine andere Gedankenentwicklung seiner Erkenntnistheorie dafür die Grundlage zu liefern vermochte. Wie nämlich jede Form von Erfahrung und Erkenntnis eine mehr oder weniger vollkommene Entwicklung des Gedankens darstellt, also auch die sinnliche Empfindung nur als zwar unvollkommener, aber werdender und der Vervollkommnung fähiger Gedanke aufgefaßt werden muß, so ist ebenfalls die Sprache, wie rudimentär auch immer, auf einen möglichen Verstandesbegriff bezogen, dem sie sich mehr und mehr angemessen zu erweisen hat. Seine ganze *Ermahnung* gipfelt schließlich in der Forderung einer Vereinigung von "Verstand, Gelehrsamkeit und Beredsamkeit".[16] Das ist mit großer Entschiedenheit gesprochen, aber natürlich nicht im Sinne einer publikumsfernen Wissenschaftssprache. Erkenntnis ist das Zu-sich-selbst-Kommen des immer schon - und sei es ansatzweise - vorhandenen Gedankens, und die Sprache fungiert als sein Geburtshelfer, wenn sie ihn zur Klarheit zu bringen vermag. Die klarste, deutlichste, dem Rechenwerk ähnlichste Sprache ist damit zugleich auch die populärste Sprache, weil sie die Entstehung und Entwicklung der Gedanken ermöglicht, sie überhaupt erst praktisch vollziehbar macht. Daß Leibniz zu seinen Überlegungen ausgerechnet durch Schottels *Teutsche Sprachkunst* (1641) und Thomasius angeregt worden war, scheint verwunderlich nur auf den ersten Blick. Denn beide Gewährsmänner hatten es auf eine Vervollkommnung der deutschen Sprache angelegt, um sie in ganz Deutschland - wie es so schön bei Schottel heißt - "gangbar"[17] zu machen, ihr also die größtmögliche Wirkung wenigstens unter Gelehrten zu sichern. Das Bemühen um eine gemeinsame deutsche Hochsprache, welches das ganze 18. Jahrhundert hindurch anhalten wird, bleibt also auf eine durch keine Sprach- und Verständnisgrenzen behinderte Öffentlichkeit bezogen. Das gilt auch für Thomasius, der freilich einen anderen Weg geht, um zum gleichen Ziele zu gelangen. Da er im "Pedantismus" der scholastischen Schulphilosophie einen Hauptgrund für den beklagenswerten Zustand der Wissenschaften und der Bildung sah,[18] galt es ein Gegengewicht zu finden: Das war dann die Hofphilosophie, die nicht nur eine bestimmte weltmännische Vermittlungsweise meinte, sondern auch die Adressaten einbezog. Dies nun freilich unter der ganz pragmatischen Perspektive, für die auch in späteren Zeiten die Hof- und Residenzstädte sogleich als Hauptstätten bürgerlicher Kultur eine ebenso große Rolle spielte wie die Ausstrahlung in sämtliche gesellschaftlichen Berei-

---

15 Vgl. E. Bloch: Zur Frage Logistik (Jena 1951). In: Ders.: Philosophische Aufsätze zur objektiven Phantasie. Gesamtausgabe Bd. 10. Frankfurt a. M. 1969. S. 427.

16 G. W. Leibniz: Politische Schriften. 2 Bde. Hg. v. H. H. Holz. Frankfurt a. M. 1966. Bd. II. S. 80.

17 E. Haas: Rhetorik und Hochsprache. Über die Wirksamkeit der Rhetorik bei der Entstehung der deutschen Hochsprache im 17. und 18. Jahrhundert. Frankfurt a. M., Bern, Cirencester/U. K. 1980. S. 73.

18 M. Wundt: Die deutsche Schulphilosophie im Zeitalter der Aufklärung. Hildesheim 1964. S. 27.

che. Offenheit und Weltläufigkeit gehören zum höfischen Bildungsverständnis seit Castigliones berühmtem *Buch vom Hofmann*[19] und konnten so für die bürgerliche Forderung nach einer Popularisierung des Wissens gleichsam Modell stehen. Hinzu kam die bildungspolitisch ganz nüchterne Überlegung, daß der gesellschaftliche Rang der Wissenschaften und ihrer Institutionen auch vom Stand ihrer Adepten abhängt, was bis heute die Anziehungskraft von Eliteschulen erklärt. Es war sicherlich ein nicht ungeschickter Propagandatrick, wenn Thomasius das Katheder in Hofkleidung und mit dem Degen an der Seite betrat.[20]

Aber ich bin abgeschweift - das allerdings nicht ohne Hintergedanken, denn es gehört zu den bis heute in der Forschung immer wieder mit Unverständnis quittierten Eigenarten bürgerlicher Sprachreform im 18. Jahrhundert, daß sie an die Sprachkonventionen des Hofes gebunden wird. In § 3 der Einleitung zu seiner *Sprachkunst* wird etwa Gottsched einige Jahrzehnte später ganz kategorisch erklären: "Die beste Mundart eines Volkes ist insgemein diejenige, die an dem Hofe, oder in der Hauptstadt eines Landes gesprochen wird."[21] Doch kommt nun ein erläuternder Zusatz, der deutlich macht, daß damit durchaus nicht etwa eine Art sprachlicher Ständeklausel zu Lasten des Bürgertums gemeint ist: "Hat aber ein Volk mehr als einen Hof, wie z. E. Wälschland, oder Deutschland: so ist die Sprache des größten Hofes, der in der Mitte des Landes liegt, für die beste Mundart zu halten. So ist in Griechenland vormals die atheniensische Mundart für die beste gehalten worden; weil Athen mitten unter allen den Staaten lag, die in Asien und Europa griechisch redeten."[22] Der zentral gelegene Hof als Vermittlungsinstanz und Konzentrationsort in einem: darauf bezog sich die Aufklärung bei ihrem Bemühen um die Herstellung einer allgemeinen bürgerlichen Öffentlichkeit. Bevor nun allerdings Gottsched die vielleicht folgenreichsten Konsequenzen für die Sprache der Aufklärung aus solchen, bis in die Antike zurückreichenden Überzeugungen ziehen konnte, bedurfte es einer abermaligen philosophischen Neuorientierung, die nur scheinbar einen Rückschlag für die auf Verbreitung und Öffentlichkeit der Wissenschaften gerichteten Impulse der Aufklärung bedeutete. Sie ging von Christian Wolff aus, der die Leibnizsche Philosophie systematisierte und zu einer neuen Schulphilosophie ausbildete.

Nach diesen Erläuterungen läßt sich genauer angeben, daß die Ausbildung und Befestigung der spezifischen Denkart "Aufklärung", die weniger einen bestimmten Erkenntnisfundus als eine Erkenntnisweise, eine geistige Energie und Praxis darstellt, undenkbar ist (und das wurde bislang generell übersehen) ohne die gleichzeitige Entwicklung, Kräftigung und Verteidigung einer deutschen Rhetorik und ihre Einflußnahme auf die literarische Gestalt des Denkens und damit ebenso auf die Denkart. Man braucht nicht lange zu suchen und findet überall die grundlegenden Kategorien wieder, die seit Cicero und Quintilian das "bene dicere" seiner sprachlich-stilistischen Dimension nach (denn es hat auch eine moralisch-gesellschaftliche) bestimmen. Angemessenheit, Sprachrichtigkeit und Deutlichkeit, der Sprachgebrauch der Gebildeten als Richtschnur und die *auctoritas* der klassischen Schriftsteller als Vorbild - das sind nur einige wenige Stichworte, aber sie tauchen in allen Texten

19 B. Castiglione: Il Libro del Cortegiano (1528).

20 Wundt, Schulphilosophie, S. 28.

21 J. Ch. Gottsched: Vollständigere und Neuerläuterte Deutsche Sprachkunst. Nach den Mustern der besten Schriftsteller des vorigen und itzigen Jahrhunderts. Leipzig [5]1762. S. 3.

22 Gottsched, Deutsche Sprachkunst, S. 3; vgl. auch Haas, Rhetorik und Hochsprache, S. 118.

mit geradezu penetranter Deutlichkeit auf, die sich aus aufklärerischer Sicht kritisch oder konstruktiv mit dem Zustand der deutschen Sprache auseinandersetzen.

Stil und Wirkungsintention gehören zur selben Ordnung. Gottsched hat seine Idealvorstellungen von einer aufklärerischen Schreibweise aus zwei Quellen bezogen: Klarheit der Gedanken und Korrektheit ihrer Wiedergabe waren die Maximen seines Lehrers Wolff gewesen, die sich für den Redetheoretiker ganz zwanglos mit der rhetorischen virtus der perspicuitas verbanden. Ideal ist es, so hatte Cicero geschrieben, wenn der Ausdruck so treffend ist, "daß man nicht recht weiß, ob der Inhalt durch den Ausdruck oder ob die Formulierung durch den Gedanken deutlich wird."[23] Zu dieser Absicht gehörte freilich, daß die Vorbildung des Adressaten bei ihrer Verwirklichung zu berücksichtigen sei: Die rein sachgemäße und intellektuelle Schreibart war daher auf ein kleines gebildetes, gar wissenschaftlich informiertes Publikum eingeschränkt und widersprach prinzipiell rhetorischem und aufklärerischem, auf eine breite bürgerliche Öffentlichkeit gerichteten Wirkungsinteresse. Es galt also, einen Stil zu finden, der den Gebildeten genügt und die Ungebildeten nicht düpiert, der durch Beispiele und anschauliche Vergleiche oder Bilder sowie einen gemäßigten Schmuck das jeweils verhandelte Thema auch dem Ungelehrten nahe zu bringen vermag. Eine solche Schreibweise war in der rhetorischen Tradition im genus medium, der mittleren, sinnreichen, treffenden, doch zugleich unterhaltenden und interessanten Stilart, vorgeprägt und schon bei der soziologischen Umdeutung der Stiltheorie im Mittelalter in ihrer gesellschaftlich vermittelnden Funktion bekräftigt worden. Die Vorzüge dieser Stilebene hat Gottsched immer wieder gepriesen,[24] und selbst ein Philosoph wie Baumgarten, der auf den Spuren Wolffs die Ästhetik zu einer philosophischen Wissenschaft machen und als Logik der unteren Erkenntniskräfte begründen wollte, daher auch in Klarheit und Deutlichkeit einen Maßstab der Wahrheit sah, erkannte doch in der praktischen und folgenreichen Kenntnis einen großen Vorzug vor der "bloße[n] spekulativische[n] Kenntnis",[25] die sich selbst genügt und keine Wirkung auf das Publikum hat.

Für die schönen Künste haben diese Überlegungen natürlich keinen unmittelbar zwingenden Sinn, doch die von mir anfangs aufgeführten Belege zeigen mit großer Entschiedenheit, daß die Poesie von der rationalistischen Norm des aufgeklärten Sprechens durchaus tangiert wurde, ja, damit nicht genug, sogar unter einen besonderen Rechtfertigungsdruck geriet. Nach Gellerts vielzitiertem Reim (aus der Fabel *Die Biene und die Henne*) wurde sie, wo immer möglich, darauf festgelegt: "Dem, der nicht viel Verstand besitzt, / Die Wahrheit durch ein Bild zu sagen."[26] Nicht anders war Gottsched in der *Critischen Dichtkunst* verfahren, wenn er in dem berühmten vierten Hauptstück von den poetischen Nachahmungen eine "nützliche moralische Wahrheit" verlangte,[27] die als Kern "dem ganzen Gedichte zum Grunde liegen soll".[28] Doch diese Zusammenhänge sind viel zu bekannt, als daß ich mich

---

23 M. Tullius Cicero: De oratore. Über den Redner. Lat. u. dt. Übers. u. hg. v. H. Merklin. 2., durchges. u. bibl. erg. Aufl. Stuttgart 1981. II, 56, S. 241.

24 Vgl. J. Ch. Gottsched: Der Patriot. Neue und verbesserte Ausgabe. 3 Bde. Hamburg 1737 f.

25 Baumgarten, Ästhetik, § 556, S. 245.

26 Chr. F. Gellert: Werke. Hg. v. G. Honnefelder. 2 Bde. Frankfurt a. M. 1979. Bd. I. S. 73.

27 J. Ch. Gottsched: Versuch einer Critischen Dichtkunst durchgehends mit den Exempeln unserer besten Dichter erläutert. Leipzig ^{4}1751. S. 150.

28 Gottsched, Critische Dichtkunst, S. 161.

hier noch einmal in sie vertiefen müßte. Ebenso natürlich, daß sie in der zweiten Hälfte des Jahrhunderts zunehmend an Geltung verlieren, ohne freilich - wie die heftige Diskussion über Goethes *Werther* dann noch zeigen sollte - den Anspruch etwa aufzugeben.

Wenn wir hier innehalten und alle die Zeugnisse und Proklamationen vergegenwärtigen, die ich bisher angeführt habe, scheint die Sprache der Aufklärung nicht nur ihrem eigenen Ideal nach, sondern auch in der literarischen Praxis der Epoche wirklich von universaler Geltung zu sein. Gibt es irgendwo überhaupt einen Platz, an dem sich eine Gegenposition entwickeln könnte, und haben nicht alle neueren Untersuchungen überzeugend nachgewiesen, daß selbst Empfindsamkeit und Geniebewegung mit der Aufklärung in allen wesentlichen Überzeugungen übereinstimmen und man weder Goethe noch Lenz oder gar Klinger zu Aposteln einer Gegenaufklärung machen kann, selbst wenn sie sich zeitweise selber dafür gehalten haben? Ist nicht gerade die Entwicklung eines Schriftstellers wie Klinger, der mit kraftmeierisch-anarchischen Dramen debütierte, um bei einem wohlkalkulierten zehnbändigen Zyklus von philosophischen Romanen zu enden, der überall das Vorbild Voltaires verrät, ist nicht gerade diese Schriftstellerkarriere signifikant für den Tatbestand? Und es ist wirklich so, eine Gegenaufklärung, die auch ihre eigene Rede- und Schreibart entwickelt hätte, hat es nicht gegeben - bis zu jenem Zeitpunkt jedenfalls nicht, da die Aufklärung aus der Sphäre der Theorie und der Bildungs- und Kulturreform in die der politischen Praxis eingetreten ist, ich meine das Jahr 1789, den Ausbruch der Französischen Revolution.

Die augenfälligste Veränderung des aufklärerischen Sprechens geschieht zunächst dadurch, daß das politische Interesse sich in einer allgemeinen Verbreitung des politischen Wortschatzes verrät. Ob man vom "Bürgerrecht der Sprache" spricht,[29] von der "Selbständigkeit des Charakters", der nicht in "Unterwürfigkeit unter fremde despotische Formen" übergehen dürfe,[30] ob die Rede von dem "liberalen Verhältnis des Menschen zu dem Weltall" handelt,[31] der Mensch als Gesetzgeber der Natur angesprochen wird[32] oder der "Staat des schönen Scheins" als die "reine[] Republik" bezeichnet wird,[33] in alle Ebenen des Sprachgebrauchs dringt die politische Terminologie und Denkweise. Meine Beispiele habe ich ziemlich willkürlich aus Schillers Briefen *Über die ästhetische Erziehung des Menschen* herausgesucht, die sich, wenn man wollte, insgesamt auf das Alphabet der Revolution hin durchbuchstabieren ließen. Ich habe sie hier eher als Signale hingesetzt, wie man sie ebensogut in den Schriften Campes oder Forsters, Lichtenbergs oder Knigges finden könnte. Indem die Schreibweise der Aufklärung mit politischen Sprach- und damit Denkfiguren durchsetzt wird, verändert sich nicht bloß ihr Wortschatz: Sie verliert ihre universale Orientierung. Gewiß, auch bisher schon besaß sie exklusiven Charakter, grenzte sich ab gegen die als höfisch empfundene Sprache des Spätbarocks am Anfang des Jahrhunderts und verhielt sich an seinem Ende zumindest abwehrend gegen die neue Gefühlssprache einer jungen

---

29 J. Gessinger: Sprache und Bürgertum. Sozialgeschichte sprachlicher Verkehrsformen im Deutschland des 18. Jahrhunderts. Stuttgart 1980. S. 149.

30 F. Schiller: Über die ästhetische Erziehung des Menschen in einer Reihe von Briefen. In: Ders.: Sämtliche Werke. 5 Bde. Hg. v. G. Fricke u. H. G. Göpfert. Bd. 5. 4., durchges. Aufl. München 1967. S. 589.

31 Schiller, Ästhetische Erziehung, S. 651.

32 Schiller, Ästhetische Erziehung, S. 652.

33 Schiller, Ästhetische Erziehung, S. 669.

Schriftstellergeneration. Insofern bedeutete Sprache der Aufklärung auch immer eine Bewertungssprache, die davon beherrscht war, die Welt nach ihrer Nützlichkeit zu katalogisieren. Doch gab es keinen sozialen, kulturellen und geistigen Bereich, der diesem Zugriff entzogen gewesen wäre, auch der Hof gehörte selbstverständlich dazu, und der aufklärerische Rationalismus hat die höfische Gesellschaft schließlich ebenso wie die bürgerliche vollkommen geprägt. Das zeigt nichts so deutlich wie Friedrichs des Großen *Schrift über die deutsche Literatur*, ein Essay aus aufklärerisch-rhetorischem Geist, dem die antike Kultur das unerreichbare Vorbild und die französische Literatur ihr immerhin vollkommenstes Medium in Europa abgibt.

Offensichtlich erfüllte auch die aufklärerische Diktion den zeitgemäßen ideologischen Auftrag, wie ihm auf anderer Ebene die Ideale Freiheit, Menschenwürde, Brüderlichkeit gerade in ihrem allgemeinen, umfassenden Sinn nachkamen. Da sie den enzyklopädischen Zusammenhang der Sachen in ihrer Ordnung zum Vorschein brachte, die Ubiquität der Bildung und die Allgemeingültigkeit der humanistischen Postulate verfocht, so gestattete sie auch keine privilegierten Orte des Sprechens: weder in Wissenschaft noch in Kunst und Politik. Das änderte sich erst mit der Französischen Revolution, die die allgemeinen Menschheitsideale der Aufklärung ebenso wie ihre Sprache mit der sozialen Klasse identifizierte, die sich ihrer im Kampf um die politische Herrschaft bediente. Gerade die Allgemeinheit, Allgemeingültigkeit entpuppte sich nun als ideologisches Kampfmittel, unter der Maske *des* Menschen gedachte der *bürgerliche* Mensch seinen Herrschaftsanspruch durchzusetzen, und wenn die Ideale damit auch nicht erschöpft waren, sondern Wertkategorien blieben, die sich sogar kritisch gegen ihre angeblichen Propagandisten wenden können, wird dieser Überfluß doch nur aus historischem Abstand deutlich und dann auch beerbbar. An Ort und Stelle der Geschichte entdeckte sich die aufklärerische Schreibweise plötzlich als sprachliche Handlung im politischen Interesse, und sie tat es am augenfälligsten durch die umfassende Politisierung ihres Wortschatzes. Damit war nun freilich nicht nur auch sprachlich die Grenze zwischen höfischer und bürgerlicher Gesellschaft gezogen, die politischen Möglichkeiten des Sprachumgangs bestimmen auch das Schema des, wie ich es einmal nennen möchte, taktischen Sprachverhaltens. Damit meine ich eine unterschiedliche Funktionalisierung der aufklärerisch modifizierten Diktion. Und nur auf dieser Ebene kann man im 18. Jahrhundert von einem Widerspiel von aufklärerischem und gegenaufklärerischem Sprechen reden.

Die Sprache der Gegenaufklärung ist die Sprache der Aufklärung mit umgekehrtem Vorzeichen. Ob Johann Heinrich Jung-Stilling den "Revolutionsgeist unserer Zeit" Punkt für Punkt erörtert und in Diskrepanz von Zweck und Mittel einen wesentlichen Kritikpunkt namhaft macht;[34] ob Ernst Platner in einem Brief an den Herzog Friedrich Christian von Augustenburg die politische Aufklärung auf "eine stille Vereinigung denkender Köpfe" begrenzen will[35] oder August Wilhelm Rehberg sehr scharfsinnig, wenn auch in prononcierter Gegnerschaft, die Ursachen der Französischen Revolution untersucht - sie orientieren sich dabei an denselben Stilidealen der Klarheit, des Maßes und der schlichten Nachdrücklichkeit. Wo sie Exempel und Bilder verwenden ("[...] und wird es dann durch solche Revoluti-

---

[34] J. H. Jung-Stilling: Ueber den Revolutionsgeist unserer Zeit. Zur Belehrung der bürgerlichen Stände. In: J. H. Jungs, genannt Stilling , sämmtliche Schriften. Stuttgart 1838. Ergänzungsbd. S. 331-335.

[35] E. Platner: Brief an den Herzog Friedrich Christian. In: Euphorion 17 (1910), S. 299.

onen nach so viel vergossenem Bürgerblut besser werden? Gewiß nicht! Viel lieber will ich mein Leben auf einer wüsten Insel einsam verseufzen, als unter dem wütenden Volksdespotismus keinen Augenblick meines Lebens und meines Eigentums sicher sein"[36]), stammen sie aus dem Reservoir aufklärerischer Weltorientierung, und das revolutionsfeindliche Pathos bedient sich der gleichen Bilder wie die Gegenseite. Das kann auch gar nicht anders sein, rekrutieren sich die Autoren doch alle aus demselben Gewächshaus aufklärerischer Intelligenz, und viele von ihnen, ob Schiller oder Campe, Wieland oder Johannes von Müller, wechselten von anfänglicher Begeisterung über Frankreichs Erneuerung zu Skepsis und Gegnerschaft. Das Scheidewasser der Französischen Revolution hat das Schisma der aufklärerischen Sprache bewirkt, ohne freilich ihre Form zu verändern. Ich möchte das zum Schluß an einem Beispiel klarmachen, das zwar auch skurrile Züge trägt, für die Zeitgenossen aber grundsätzliche Bedeutung besaß: ob Hippel oder Lichtenberg, Spohr oder Joh. Chr. Schmid, ob Deluc, J. H. Meyer oder H. C. Albrecht, sie und noch manch andere haben mehr oder weniger ausführlich dazu Stellung genommen - ich meine den exemplarischen Streit zwischen dem schweizer Publizisten und (zu der hier in Frage stehenden Zeit) hannöverschen Leibarzt Johann Georg Zimmermann und seinem Kontrahenten, dem berühmten Verfasser des Buches *Über den Umgang mit Menschen*, Adolph Freiherr von Knigge. Goethe schildert Zimmermann in *Dichtung und Wahrheit* als einen von Natur heftigen und geraden Charakter, der aber "im Umgang als ein gewandter weltmännischer Arzt erschien".[37] Und es stimmt, dieser Mann, der aus einem Land stammte, das von ganz Europa um seine Staatsverfassung beneidet wurde, besaß eine unwiderstehliche Neigung zur höfischen Gesellschaft, eine Audienz bei Friedrich dem Großen, der vertraute Umgang mit dem Fürsten Orlow und dem Prinzen von Hessen-Kassel, die Verleihung der Ritterwürde durch Katharina II., das waren Stationen seiner Karriere in der großen Welt, die durch seine Konsultation während der letzten Krankheit des preußischen Königs ihren Gipfelpunkt erreichte. Darüber schrieb er auch ein Buch, das nicht nur seine monarchistische Gesinnung bekräftigte, sondern auch mit polemischer Schärfe und harter Invektive gegen seine bisherigen Freunde und Bundesgenossen, die Berliner Aufklärer, zu Felde zog. *Ueber Friedrich den Großen und meine Unterredungen mit ihm kurz vor seinem Tode* lautet der Titel und das Werk enthält die Krankengeschichte aus seiner Sicht. Schlimm aber war das Sittenbild, das Zimmermann vom Treiben der "aufgeklärten Männer" in Berlin zeichnete. Schon am hellen Morgen holten sie sich Freudenmädchen ins Haus, entrüstet er sich, noch dazu unter den Augen ihrer Gattinnen, die sich ihrerseits revanchierten: "Die Weiber krönten dann ihre Männer, nicht etwa nur aus Lust und Liebe zur Sache, sondern aus lauter Freude und Enthusiasmus über das Licht der allgemeinen berlinischen Aufklärung."[38] Von "Weibertausch" und "nackte[n] Tänzen" ist weiterhin die Rede, und der entrüstete Ritter sieht sich gänzlich in die "verdorbensten Zeiten des alten Roms" versetzt.[39] Eine Fülle von kritischen,

---

36 Jung-Stilling, Ueber den Revolutionsgeist, S. 334.

37 J. W. v. Goethe: Dichtung und Wahrheit. In: Goethes Werke. Hamburger Ausg. in 14 Bdn. Hg. v. E. Trunz. Bd. 10. München [7]1981. S. 63.

38 J. G. Zimmermann: Ueber Friedrich den Großen und meine Unterredungen mit ihm kurz vor seinem Tode. Leipzig 1788. S. 261.

39 Zimmermann, Ueber Friedrich den Großen, S. 262f..

satirischen und parodistischen Gegenschriften folgte, unter ihnen gebührt Knigges Parodie wohl der erste Rang, und selbst Lichtenberg fand es "das Beste, was er geschrieben".[40] Der Titel spricht für sich und die Tendenz der Schrift: *Ueber Friedrich Wilhelm den Liebreichen und meine Unterredung mit Ihm; von J. C. Meywerk, Churf.-Hannöverschem Hosenmacher.*[41] Nach einem hier wenig belangvollen Zwischenspiel begann die eigentliche Auseinandersetzung 1792, in dem Jahre, in dem die beiden wichtigsten kleineren politischen Schriften Knigges erschienen sind, also vor allem *Josephs von Wurmbrand politisches Glaubensbekenntniß, mit Hinsicht auf die französische Revolution und deren Folgen* sowie die Satire *Des seligen Herrn Etatsraths Samuel Conrad von Schaafskopf hinterlassene Papiere.* Beide Bücher nahm Zimmermann zum Anlaß, um in der *Wiener Zeitschrift* des Professors für Moraltheologie und Beredsamkeit, Aloysius Hoffmann, gegen seinen Erzgegner Knigge zu Felde zu ziehen. Im sechsten Heft des zweiten Bandes veröffentlichte er das Pamphlet *Adolph Freiherr Knigge dargestellt als deutscher Revolutionsprediger und Demokrat.* Er begnügt sich im wesentlichen mit einer Paraphrase und Zitatanthologie aus dem *Schaafskopf,* versieht sie mit einigen Rahmenreflexionen und Glossen, in denen er Knigge einen der "schlauesten Volksaufwiegler in Deutschland" nennt, wo sonst niemand "das Rebellionssistem emsiger und mit größerer Arglist predigt", die "deutsche Demokratenphilosphie" verbreitet[42] und "das ganze deutsche Volk [vergiftet]".[43] "Alle deutschen *Demokratennester* sind der Wiederhall Kniggischer Grundsätze",[44] lautet die grimmige und für ihren Adressaten höchst ehrenvolle conclusio. In seinem zweiten Pamphlet verfährt Zimmermann nach derselben Methode des entlarvenden Zitierens. *Politisches Glaubensbekenntniß des kaiserlich Abissinischen Exministers, jetzigen Churbraunschweigischen Oberhauptmanns und Notarii caesarii publici in der Reichsstadt Bremen Adolphs, Freiherrn Knigge im Auszuge mitgetheilt,* so lautet der vielsagende Titel, der an Knigges saririschen Roman *Benjamin Noldmanns Geschichte der Aufklärung in Abyssinien* anknüpft, in dessen Motivzusammenhang ja auch der *Wurmbrand* gehört. Einige denunziatorische Kommentare vervollständigen den Aufsatz, in welchem Knigge ein Jakobiner und sein "Libell" eine "Schmähschrift gegen alle deutschen Könige, Churfürsten und Fürsten" genannt wird, darüber hinaus sogar "eine äußerst giftige Schrift gegen seine jeztregierende Königl. Grosbrittannische Majestät [...] und gegen das ganze Braunschweigische Haus".[45] Die weiteren Umstände dieser Kontroverse interessieren in unserem Zusammenhang weniger, nur so viel sei gesagt, daß es zu einem recht aufsehenerregenden vieljährigen Prozeß zwischen Knigge und Zimmermann kam, der mit dem Sieg des von Zimmermann ernannten Abissinischen Exministers endete, und daß

---

40 Ch. Lichtenberg: Brief an F. A. Lichtenberg. Dez. 1788. In: Ders.: Schriften und Briefe. Hg. v. W. Promies. Bd. IV. München 1967. S. 756.

41 A. v. Knigge: Ueber Friedrich Wilhelm den Liebreichen. Frankfurt/Leipzig 1788. In: Ders.: Sämtliche Werke. Hg. v. P. Raabe. 24 Bde. Nendeln/Liechtenstein 1978. Bd. XIX, S. 4f.

42 Zimmermann, Adolph Freiherr Knigge, S. 327f.

43 Zimmermann, Adolph Freiherr Knigge, S. 328.

44 Zimmermann, Adolph Freiherr Knigge, S. 328.

45 J. G. Zimmermann: Politisches Glaubensbekenntniß des kaiserlich Abissinischen Exministers, jetzigen Churbraunschweigischen Oberhauptmanns und Notarii caesarii publici in der Reichsstadt Bremen Adolphs, Freiherrn Knigge im Auszuge mitgetheilt, von dem Hofrath und Ritter Zimmermann in Hannover. In: Wiener Zeitschrift 3, 3 (1792), S. 59.

eine ganze Reihe weiterer Kampfschriften für und gegen Knigge die weitere Publizität sicherten. Wobei für den inzwischen schwerkranken Knigge freilich immer auch die berufliche Existenz auf dem Spiele stand.

Kein Zweifel, daß Zimmermann ebenso wie seine Parteigänger, wie der Professor Hoffmann, der Naturforscher Deluc oder der hannöversche Staatsbeamte und politische Schriftsteller August Wilhelm Rehberg, der Knigges *Wurmbrand* in der *Allgemeinen Literatur-Zeitung* rezensiert und als Revolutionsfibel bezeichnet hatte - kein Zweifel, daß alle diese Männer Feinde der Französischen Revolution und Propagandisten einer konservativen Politik unter monarchischer Verfassung waren. Die Sprache, die sie führen, ist allerdings auch die Sprache ihrer Gegner, es ist diejenige der Aufklärung, entwickelt seit Thomasius und Leibniz und, unter dem Einfluß der Französischen Revolution, mit politischem Vokabular erfüllt. Selbst die Methode des sprachpolitischen Handelns, die rhetorische Strategie, unterscheidet sich bei den Fraktionen nicht. Im entlarvenden, verfremdenden Zitieren ist Knigge, man denke an *Friedrich Wilhelm den Liebreichen* oder an *Schaafskopfs hinterlassene Papiere*, ebenso geübt, freilich kunstfertiger als sein leibärztlicher Gegner, ja selbst die Argumente sind oftmals austauschbar; wenn der eine die Berliner Aufklärungszirkel zu Schauplätzen sittlicher Verworfenheit erklärt, sieht der andere den französischen König "mit Histrionen, Schranzen und geilen Weibern".[46] Der Auftrag und die Wirkungsintention, die jeweils hinter der Schreibweise stehen, unterscheiden sich aber natürlich gravierend von denjenigen des Gegners. Ja, man kann sagen, daß dadurch erst die Sprache der Aufklärung in verschiedene Bewertungssprachen zerfiel, die dieselbe Terminologie und Rhetorik benutzen, doch mit einer anderen ihnen immanenten Bewertung der von ihnen benannten Sachverhalte. Sind für den einen die "natürliche Freiheit" und die "ursprünglichen Rechte" unveräußerliche Prinzipien aller Menschen,[47] unabhängig von ihren bürgerlichen Eigenschaften, ihrer Staatsangehörigkeit, so sieht der andere (Deluc) darin Begriffe, die notwendig von jedem Naturstande ausgeschlossen sind und also nicht als Menschenrechte schlechthin bezeichnet werden können. Selbst die Beweisführung mit Hilfe des geschichtsphilosophischen Modells "Zurück zu den Ursprüngen" findet sich bei allen Fraktionen. "Laßt uns darum in die Zeiten zurückgehen, in welchen der Mensch auf Erden erschien"[48] - so leitet nicht Knigge, sondern diesmal Deluc seine entsprechende Argumentation ein.

Mit diesen knappen Hinweisen muß ich mich begnügen, wenn ich mich nicht gleich in eine ganze Fülle von Belegen vertiefen und verlieren will. Entscheidend ist, daß erst im Zeitalter der Französischen Revolution die einheitliche Sprache der Aufklärung in verschiedene konkurrierende politische Diktionen zerfällt, die sich allein in der Beurteilung der Wirklichkeit, die sie liefern, unterscheiden, nicht aber in den grammatischen und rhetorischen Merkmalen. So kann man von einer differierenden Instrumentalisierung der Aufklärungssprache durch die politischen Funktionen der Zeit reden, nicht aber von zwei Sprachen, die sich nach Lexik, Grammatik oder Stilistik grundsätzlich unterscheiden.

---

46 A. v. Knigge: Josephs von Wurmbrand, kaiserlich abyssinischen Ex-Ministers, jezzigen Notarii caesarii publici in der Reichsstadt Bopfingen, politisches Glaubensbekenntniß, mit Hinsicht auf die französische Revolution und deren Folgen, Frankfurt/Leipzig 1792. In: Ders., Sämtliche Werke, Bd. XV, S. 36.

47 Knigge, Joseph von Wurmbrand, S. 89.

48 J. A. de Luc: De Luc in Windsor an Zimmermann in Hannover. Leipzig 1792. S. 5.

Die Sprache der Dichtung, von der Geniebewegung bis zur Frühromantik in einem Prozeß der psychologischen Verfeinerung und Verinnerlichung begriffen, widerspricht diesem Befund nur auf den ersten Blick. Denn die *licentia poetarum* brachte dem Dichter immer größere Freiräume und gehörte auch im 18. Jahrhundert zu seinen wenig angefochtenen Rechten. Gewiß entdeckte dann vor allem die Frühromantik das Unbewußte im Menschen als *organon* einer wesentlichen Wirklichkeit hinter der Erscheinungswelt, die nur durch Symbole und Allegorien mittelbar bedeutet werden konnte, und die dunklen, verworrenen, eben unbewußten oder halbbewußten Vorstellungen gewinnen poetische Qualität für sich. Doch muß man darin die konsequente Weiterführung poetologischer Gedanken sehen, die von Leibniz bis Baumgarten zum Bestand der ästhetischen Diskussion gehören, und psychologisch setzen sie die Linie fort, die von der Monadologie, der aufklärerischen Affektenlehre hin zu Karl Philipp Moritz' Erfahrungsseelenkunde reicht. Bücher wie Meißners *Kriminalgeschichten* oder Spieß' *Biographien der Wahnsinnigen* sind bezeichnende Zeugnisse des vorromantischen Interesses am Irrationalen. Schriftsteller wie Novalis oder Tieck entdecken in den Nachtseiten des Bewußtseins eine eigene ästhetische Wirkungsqualität, die man gegenaufklärerisch nur deshalb nennen könnte, weil es im literarischen Kunstwerk tatsächlich nicht auf deren Erhellung abgesehen ist. Wie wenig man hier allerdings aus der Perspektive poetischer Wirkungsintentionalität urteilen darf, machen die poetologischen, philosophischen und politischen Schriften derselben Autoren deutlich, die sich durch hellste Bewußtheit, Signifikanz und meist noch dazu republikanische Gesinnung auszeichnen. Im jeweils eigenen Werk bezeugen sie damit sicherlich eine Verselbständigung der Schreibweisen, die in diesem Maße der älteren Generation der Aufklärer undenkbar erschienen wäre.

Im 7. Abschnitt seines *Wurmbrand* erklärt Knigge den Schriftstellerberuf: "Allein nicht nur ist keine Befugniß, es ist auch keine Möglichkeit da, die Aufklärung zurückzuhalten; und wenn sie nun einmal, ohne unser Gebet, ihre Fortschritte macht; so ist es die Pflicht Derer, die über so wichtige Gegenstände reiflicher nachgedacht haben, ihren Mitbürgern den Leitfaden zu bessrer Anordnung ihrer Gedanken zu geben - das ist wahrer Schriftsteller-Beruf."[49] Der Maßstab für die bessere oder schlechtere Anordnung liegt freilich jenseits der Sprache, die nur vorgibt, Beschreibung und Beurteilung einer Sache im selben Wort und mit diesem zu leisten. Spätestens jetzt ist der Traum von einer allgemeingültigen Universalsprache, den Leibniz ein Jahrhundert vorher entwickelt hatte, ausgeträumt, und das wohl endgültig.

---

[49] Knigge, Joseph von Wurmbrand, S. 148.

Rhetorik der Tat

Ludolf Wienbargs *Ästhetische Feldzüge*

Leben auf der Flucht

In der *Romantischen Schule* erwähnt ihn Heinrich Heine nur einmal nebenbei, rechnet Ludolf Wienbarg zwar zu den "Chorführern"[1] des 'Jungen Deutschland', aber das erscheint ihm auch schon genug der Ehre, nachdem er immerhin Laubes und Gutzkows zuvor mit begeisterten Worten gedacht hatte. Man kann darin eine vorausschauende Weitsicht sehen (denn wirklich ist Wienbargs Name mehr verblaßt als der Gutzkows, selbst Laubes) oder auch einfach die Folge davon, daß Heines großer literaturgeschichtlicher Essay zweifellos ein Konkurrenzunternehmen zu Wienbargs Ostern 1834 erschienener Hauptschrift darstellte.

Von allen Jungdeutschen verstand sich der gebürtige Altonaer am besten mit Gutzkow, die gemeinsame soziale Herkunft - der Vater war Schmied - mag zu diesem Einverständnis beigetragen haben. Das Werk, das ihn mit einem Male berühmt machte, erschien bei Hoffmann und Campe in Hamburg, dem Hausverlag der neuen Oppositionsliteratur. *Ästhetische Feldzüge. Dem jungen Deutschland gewidmet von L. Wienbarg* stand auf dem Titelblatt; wenn auch vor dieser Widmung der Name 'Junges Deutschland' bereits unter den befreundeten Schriftstellern geläufig gewesen sein mag (ja, Strodtmann behauptet sogar, Julius Campe habe ihn seinem Autor in den Mund gelegt), zum Kampfruf, zur Chiffre des Aufbruchs und der Zukunft, der Absage an die verkrusteten, erstarrten, lähmenden deutschen Verhältnisse, zur zündenden, aufregenden Parole wurde dieser Name erst durch die *Feldzüge* des jungen Kieler Privatdozenten Ludolf Wienbarg, dessen akademische Karriere von neidischen Kollegen und einer mißtrauischen Universitätsbürokratie schon nach kurzer Zeit beendet worden war. Wie Gutzkow mußte sich Wienbarg sein Geld als Berufsschriftsteller verdienen, gemeinsam versuchten sie es mit der *Deutschen Revue*, aber anders als Gutzkow gelang es ihm auf die Dauer nicht, sich gegen die Übermacht einer feindseligen, verständnislosen Umwelt zu behaupten. "Abends traf ich in Hochheim in dem Gasthause, wo ich übernachten wollte, eine Gesellschaft von Ortsgästen, mit denen ich bald in freundliche Unterhaltung gerieth. Der Gasthalter, ein alter Mann mit silbernem Hauptschmuck, legte mir sein Fremdenbuch vor, mit dem Gesuche, meinen Namen einzuzeichnen. Kaum war diese Herkömmlichkeit abgemacht, als Einer nach dem Andern sich aus dem Zimmer entfernte. Vielleichte entdeckte der Wirth ein Zeichen der Befremdung auf meinem Gesicht, denn der kam auf mich zu und sagte mit herzlichem Händedruck: nehmen Sie ihnen das nicht übel, Herr Doktor! Es sind junge Beamte, die ihre Carriere zu machen haben, und alleweil geht es bei uns in Nassau derartig her, daß die geringste Verdächtigung und die grundloseste Angabe sie unglücklich machen kann. Wir erleben alle Tage, daß Leute wegen

[1] H. Heine: Die Romantische Schule. In: Ders.: Sämtliche Schriften. Hg. v. K. Briegleb. 6 Bde. Bd. 3. Hg. v. K. Pörnbacher. München 1971. S. 469.

eines im Wirtshause gesprochenen Wortes Nachts aus dem Bett geholt und eingesteckt worden sind. Keiner traut mehr dem Andern."[2] Ein Schlüsselerlebnis, die Signatur eines ganzen Lebens in eine kurze Szene gefaßt. Wienbargs Versuche, irgendwo in Deutschland eine Existenz zu gründen, gleichen einem dauernden Spießrutenlauf, einer immerwährenden Flucht vor Polizei und Gerichten, bis ihm schließlich (1836) nur der nördlichste Zipfel Deutschlands, Helgoland, als Zuflucht blieb: "wo Englands stolze Flagge weht".[3] "Man ist so schwach, allein, verlassen, im Dunkeln der Gewalt gegenüber"[4] - es sind anders erschütternde Töne, die ihm nun kommen, sie deuten schon voraus auf das Ende.

Das Exil auf der Nordseeinsel lieferte den Stoff zu dem einzigen bedeutenden Werk, das Wienbarg nach den *Ästhetischen Feldzügen* noch verfaßt hat: Im Jahre 1838 erschien sein *Tagebuch aus Helgoland* in Campes Verlag, da lebte er, halbwegs geduldet, schon zwei Jahre in Hamburg. Doch die Verfolgungen, die wirtschaftliche Not, die zermürbende Unsicherheit seines Schriftstellerdaseins begannen schon bald ihre Wirkung zu tun, Wienbargs geistige und seelische Kräfte verbrauchten sich schnell. Er begann zu trinken, lebte von Almosen, kam herunter. Campes Sohn, Julius junior, hat ihn so beschrieben: "In den fünfziger Jahren, aus denen ich Wienbarg persönlich kannte (eine Hünengestalt mit weiblicher Flüsterstimme und zerrissenen Schuhen), war er schon weit dem Alkoholismus verfallen und führte nur noch ein verfallenes Dasein, welches ihn ab und zu zu uns führte, um meinen Alten anzuschnorren und ihm dann auf seiner Bratsche vorzupeipen, die er die Manie hatte, zu einem Solokonzertinstrument erheben zu wollen - das lag ihm mehr am Herzen wie die Literatur."[5]

Widerrufen hat er - wie mancher seiner Mitstreiter, wie Mundt oder Laube - nie. Als er am 2. Februar 1871 in der Schleswiger Irrenanstalt als gerade 68jähriger stirbt, da war der einst überlegene, kraftvolle Mann nur noch ein lange ausgebrannter Fall, geschwächt von Krankheit und Alkoholismus. In der sorgfältig geführten Krankengeschichte lesen wir von heftiger Angst und Unruhe, er fühlte sich immer noch verfolgt, auf einem Schandkarren und mit einer Schandglocke durch die Straßen gefahren, Mordmaschinen sah er gegen sich gerichtet, eine Bande von Häschern belauerte jede seiner Regungen. Über die Realität seiner Phantasien hat man nicht nachgedacht, ihn nur, wenn es zu arg wurde, in die Zwangsjacke gesteckt und mit hohen Chloraldosen traktiert - bis endlich das Herz darüber stehenblieb.

Jungdeutsche Beredsamkeit

Und wie enthusiastisch hatte es begonnen. "*Dir junges Deutschland, widme ich diese Reden, nicht dem alten.* Ein jeder Schriftsteller sollte nur gleich von vornherein erklären, welchem Deutschland er sein Buch bestimmt und in wessen Hände er dasselbe zu sehen

---

2 L. Wienbarg: Darstellungen aus den schleswig-holsteinischen Feldzügen. 3 Bde. Kiel 1850/51. Bd. 1. S. 257f.

3 L. Wienbarg: Tagebuch von Helgoland. Hamburg 1838. S. X.

4 Wienbarg, Tagebuch, S. IX.

5 J. Campe Jr. Zit. n. W. Dietze: Einleitung zu: L. Wienbarg: Ästhetische Feldzüge. Berlin u. Weimar 1964. S. XLVI.

wünscht [...] Dir, junges Deutschland, widme ich diese Reden, flüchtige Ergüsse wechselnder Aufregung, aber alle aus der Sehnsucht des Gemüts nach einem besseren und schöneren Volksleben entsprungen. Ich hielt sie als Vorlesungen auf einer norddeutschen Akademie, hoffe aber, sie werden den Geruch der vier Fakultäten nicht mit sich bringen, der bekanntlich nicht der frischeste ist."[6] Das Überraschendste an Wienbargs hinreißender Beredsamkeit ist, daß er ihr überall zu widersprechen scheint, wo die Rede aufs Thema Rhetorik kommt. Und wirklich: von antirhetorischem Affekt sind Ludolf Wienbargs Schriften ganz durchdrungen. In dem Meisterwerk seiner Beredsamkeit, den *Ästhetischen Feldzügen*, spricht er der französischen Sprache jeden poetischen Charakter ab, sie sei bloß rhetorischer Natur. "Ich weiß nicht", fährt er fort, "ob die Franzosen ein rein poetisches Produkt zustande gebracht haben, ich wüßte keins, wo nicht der Redner den Poeten überwöge oder wenigstens ihm den Rang abzulaufen versuchte; selbst in der neuesten romantischen Schule, an deren Spitze Victor Hugo steht und die ohne Zweifel an poetischem Gehalt die altfranzösisch-klassische überflügelt, spielt die Rhetorik, die Floskelei, die Tiradensucht die Hauptrolle."[7] Insofern der junge Kieler Privatdozent davon überzeugt ist, daß Deutschland in der Redekunst seinem westeuropäischen Nachbarn nichts Vergleichbares an die Seite zu stellen habe, daß aber Poesie und Rede scharf zu trennen seien und was man auf dem einen Gebiet schuldig bleibe, dafür um so glänzender auf dem anderen wettmache, insofern also - um es nochmals mit Wienbargs Worten zu sagen - die "Kunst der Rednerei, der Witzelei, der Phantasterei" ersetzt werden soll durch "Natur, Wahrheit, Herzlichkeit",[8] können wir sein Werk als ein typisches Zeugnis jener Rhetorik-Verachtung ansehen, die uns aus der Literatur des 19. Jahrhunderts so vertraut ist. Aber nicht darauf will ich hinaus, denn der so lange gültige Gemeinplatz vom Niedergang der Rhetorik hat ja schon einigen begründeten Widerspruch erregt und wirkt inzwischen etwas abgegriffen. Der ganzen antirhetorischen Polemik liegt doch auch im 19. Jahrhundert eine prinzipielle Zweideutigkeit zugrunde, die sich wiederum in Wienbargs Werk mit aller Schärfe ausgeprägt hat: handelt es sich dabei doch um einen Prozeß der Redekunst gegen sich selbst, gleichsam um einen Bürgerkrieg, um es in der Metaphorik Wienbargs zu formulieren. Der Schriftsteller, der alle Literatur unter das Primat der Wirkung stellte, der jeden Satz, den er geschrieben, selbst die Streitschrift gegen die plattdeutsche Sprache, wie er selber sagte, "auf unmittelbare praktische Wirkung [...] berechnet",[9] der überall den Anschluß an das wirkliche Leben forderte, der Heine bewunderte, weil der aus der Prosa eine Waffe gemacht habe,[10] dieser Schriftsteller, der das "Protestieren gegen die Historie" als die "große Erbschaft" ansah, "die Luther uns übermacht hat",[11] und der über nichts so klagt wie darüber, daß der Glaube und das Handeln gehemmt, daß "staatsbürgerliche und politische Thätigkeit" ins Stocken geraten seien;[12] der leidenschaftliche Redner schließlich, der Abrechnung mit der Zeit halten, der

6 L. Wienbarg: Ästhetische Feldzüge. Eingel. v. W. Dietze. Berlin u. Weimar 1964. S. 3.

7 Wienbarg, Feldzüge, S. 144.

8 Wienbarg, Feldzüge, S. 145.

9 Wienbarg. Zit. n. V. Schweizer: Ludolf Wienbarg. Beiträge zu einer Jungdeutschen Ästhetik. Leipzig 1897. S. 42.

10 Wienbarg, Feldzüge, S. 90.

11 Wienbarg, Feldzüge, S. 24.

12 L. Wienbarg: Wanderungen durch den Thierkreis. Hamburg 1835. S. 117.

seine *Ästhetischen Feldzüge* ganz buchstäblich als eine Kriegserklärung an das alte Deutschland aufgefaßt wissen wollte, der eine müde Zeit, eine Zeit der Ruhe und Ordnung, der Restauration und politischen Lethargie allein durch die Kraft seiner Worte aufrühren wollte und den dann das preußische Oberzensurkollegium mit dem Lob bedachte: "Bei dem jetzt vorzüglich aufgeregten Zustande der Jugend halten wir die Stimme eines solchen Volkstribuns für eine gefährliche"[13] - dieser Ludolf Wienbarg plädierte für deutsche Poesie gegen französische Rhetorik, für Goethe und gegen Schiller (den er einer "oft undeutschen und hohlklingenden Paradesprache" zeiht[14]), für das natürliche Leben und gegen Geschichte, Bildung und Wissenschaft!

Ich glaube nicht, daß wir es zur Erklärung dieser und aller anderen Widersprüche mit den Einschätzungen bewenden lassen können, mit denen sich die Forschung einen Reim darauf zu machen suchte, also etwa, daß er kein eigenständiger Denker gewesen, seine Ästhetik eklektischen, ja seine Schriften insgesamt ideologischen Charakters seien und daß er im übrigen hemmungs- und unterschiedslos abgeschrieben habe, bei Hegel und Humboldt über die indische Kunst, bei Schiller über die ästhetische Erziehung, bei Herder über Ursprung und Entwicklung der Sprachen, bei Goethe über das Verhältnis von Literatur und Leben.[15] Das alles ist nicht aus der Luft gegriffen, er zitiert diese Schriftsteller - und es sind noch mehr, als ich hier genannt habe -, er zitiert sie ausführlich und oft ohne weiteren Nachweis, was ihm später sogar den Plagiatsvorwurf eingetragen hat. Wie nun, bemerken wir verblüfft, konnte ein solches Machwerk dann die jederzeit dokumentierbaren Wirkungen entfalten? Theodor Mundt schöpfte daraus die "Hoffnungen des Vaterlandes",[16] für Gustav Kühne wurde er damit zum "Propheten in der Wüste",[17] und kein Geringerer als Karl Gutzkow bescheinigte ihm, "theoretisch am reinsten die Grundzüge einer Literatur gezeichnet [zu haben], welche wir als die eigentlich neue begrüßen sollten."[18] Die Ungereimtheiten gehen noch weiter, denn dieselben Literaturhistoriker, die ihm jede Originalität und Leistung absprechen, halten doch mit Walter Dietze daran fest, ihn als den "bedeutendste[n] Theoretiker des Jungen Deutschland" zu sehen[19] und seine *Ästhetischen Feldzüge* als Programmschrift zu lesen. - Ich glaube, man kann jetzt schon den Satz wagen, daß Ludolf Wienbarg im Positiven wie im Negativen das Opfer seiner eigenen antirhetorischen Polemik wurde, daß er, mit anderen Worten, in das ganz zeittypische Spannungsfeld zwischen theoretischer Rhetorik-Verachtung und ganz selbstverständlicher rhetorischer Pra-

---

13 Zit. n. H. H. Houben: Verbotene Literatur von der klassischen Zeit bis zur Gegenwart. 2 Bde. Berlin 1924. Bd. 1. S. 611.

14 Wienbarg, Feldzüge, S. 145.

15 Alle Urteile bei: G. Burkhardt: Ludolf Wienbarg als Ästhetiker und Kritiker. Seine Entwicklung und seine geistesgeschichtliche Stellung. Phil. Diss. masch.schr. Hamburg 1956. Von ihm hat sie unbesehen übernommen: W. Hömberg: Zeitgeist und Ideenschmuggel. Die Kommunikationsstrategie des Jungen Deutschland. Stuttgart 1975.

16 Th. Mundt (Hg.): Schriften in bunter Reihe. Leipzig 1834. H. 1. S. 141.

17 G. Kühne: Portraits und Silhouetten. 2 Tle. Hannover 1843. Tl. 2. S. 177.

18 K. Gutzkow: Ausgewählte Werke in zwölf Bänden. Hg. v. H. H. Houben. Leipzig o. J. [1908]. Bd. 12. S. 87.

19 W. Dietze: Nachbemerkung zu: Wienbarg, Feldzüge, S. 299.

xis geriet, das noch heute bei der Erforschung des 19. Jahrhunderts aus Unkenntnis zu den merkwürdigsten Schlußfolgerungen Anlaß gibt.

Ludolf Wienbarg gehörte zu denen, die die Aufklärung in das 19. Jahrhundert retteten, eine kämpferische Aufklärung, die sich mit Sturm-und-Drang-Voluntarismus aufgeladen hatte, mit einem anarchischen, sprengenden Freiheitspathos, das sich auf Rousseau berief, das einzige wirkliche Genie, das er den Franzosen zugestand, der einzige, der "eine neue Welt von Gedanken entzündete"[20] und dem er sich selber verwandt fühlte. Die Triebfeder seines Wirkens war nicht die Vergangenheit, sondern die Zukunft, und sein Ziel war, die Gegenwart, diese Übergangszeit, ein Stück näher an den Augenblick der Wende heranzuführen. "Wir sind krank an unserer Historie, und wir werden vielleicht darüber hinsterben, ehe wir uns den Mut fassen, den unheilbaren Sitz unserer Krankheit einzusehen, und uns dem wunderbaren Genius anvertrauen, der verjüngend durch die Welt schreitet. Jedoch steht dem Trübsinnigen, das in dieser Ansicht für uns liegt, der Spruch der Hoffnung gegenüber, daß ein Augenblick alles umgestalten kann, so im Schicksal des einzelnen als im Schicksal der Völker und Nationen."[21] War er der Demagoge und Revolutionär, den Metternichs Spitzel und preußische Zensoren in ihm sahen? Politische Knechtschaft und soziale Unterdrückung haßte er wie Ludwig Börne. "Ich fange an", schrieb, nein predigte er, "den Reichthum für ein großes Unglück, ja in Augenblicken für ein Verbrechen zu halten",[22] und zitierte das Jesus-Wort von dem Reichen, der nur schwer ins Himmelreich komme. Aber sein Grunderlebnis war nicht wie das des Frankfurter Juden: schon mit dem ersten Atemzuge unterdrückt zu sein, sondern die Einschränkungen seiner menschlichen Entfaltungsmöglichkeiten, ein Entfremdungserlebnis eigentlich. Nichts konnte er so wenig ertragen wie "die allgemeine Lethargie und Stagnation"[23], wie das Wintermärchen-Deutschland, wie die Vereisung aller Lebensverhältnisse. Das ist das Grundmotiv seines Kampfes: "Wir selbst sind die Träger der abgestorbenen Zeit, wir selbst sind verhüllt von Kopf bis zu Füßen, sprechen und handeln im Charakter unserer Maske, bewußtlos wie die Menge, mit Bewußtsein wie viele. Nur wenige haben die Aufrichtigkeit, mit dem Finger auf ihre Maske hinzudeuten, noch wenigere den Mut, sie sich und andern vom Antlitz zu reißen."[24] Ja, er war ein Aufklärer und Kämpfer, ein Revolutionär mit prophetischem Gestus; woran die Zeit krankte, das war auch seine Krankheit, und er wollte sie mit biblischer Radikalität ausreißen, ausbrennen, wollte den "Fluch der Zeit"[25] mit seiner gewaltigen Beredsamkeit bannen, Hoffnung säen, wo Furcht herrschte, und sah sich in seinen glücklichsten, seinen kraftvollsten Momenten wohl schon als Sieger in dem "Kampf zwischen dem alten und dem neuen Genius":[26] "Welche Lippe hat aber das Wort ausgesprochen, worin sich der neue Geist inkarnieren will, wo ist der Messias, wo sind die Apostel, wo sind die gemeinsamen Symbole

---

20 Wienbarg, Wanderungen, S. 120.

21 Wienbarg, Feldzüge, S. 27.

22 Wienbarg, Wanderungen, S. 64.

23 H. Heine: Nachlese. Vorrede-Entwurf 1855 (zu: Deutschland. Ein Wintermärchen). In: Ders., Sämtliche Schriften, Bd. 4, München 1971, S. 1046.

24 Wienbarg, Feldzüge, S. 75f.

25 Wienbarg, Feldzüge, S. 76.

26 Wienbarg, Feldzüge, S. 77.

dieses Geistes?"[27] So forscht er und fordert dann seine Hörer auf, gemeinsam mit ihm die Antworten auf die Fragen der Epoche zu suchen: "Sieh auf die Zeit, betrachte die nächste Vergangenheit, erforsche die Gegenwart und beachte, was sich im Kleinen und Großen lebendig regt und den Progressus der Geschichte bildet, beachte vor allen Dingen die Phänomene deines eigenen Geistes, schwärme nicht, aber sei noch weniger stumpfsinnig, reibe dir nur die Augen aus und sieh, was in dir und um dich vorgeht."[28] Er war, sagte ich, Aufklärer und Kämpfer, Revolutionär und Prophet, er war dieses alles zusammen und mehr: ein leidenschaftlicher und überwältigender Redner, der auf praktische Wirkung aus war. Dementsprechend verhielt er sich zu seinem Gegenstand, nicht als Philosoph oder Kunsttheoretiker, und dementsprechend verhielt er sich zu seinem Publikum, nicht als ordentlicher Privatdozent, als er im Sommer 1833 in Kiel jenes öffentliche Kolleg las, das ein Jahr später als Buch erschien. Das Datum markiert den frühen Höhepunkt in Ludolf Wienbargs Lebensgeschichte, es ist zugleich der Umschlagspunkt in eine endlos sich hinziehende Leidens- und Verfolgungsgeschichte. Daß er unbarmherziger und konsequenter verfolgt und geächtet wurde als die meisten seiner Kombattanten, hatte natürlich seinen Grund: in den Worten des preußischen Oberzensurkollegiums klingt er durch. In Wienbargs Rhetorik (und ich meine damit seine Theorie und Praxis der Beredsamkeit) begegnen sich Rede und Tat auf eine neue, eine um so gefährlichere Weise, als ihre Bezugspunkte Volkstümlichkeit und nationale Eigenart sein sollten.

Rede und Tat

"Lassen Sie ein Dichtergenie gleich dem des Shakespeare die Polenrevolution, den Kampf und Untergang der Freiheit, großartig poetisch in ruhiger Zeit auf die Bretter bringen, 'welche nicht die Welt sind, sondern die Welt bedeuten', wie Schiller sagt, dann werden Sie hören, wie alle Urteile sich vereinigen, wie das Parterre klatscht, wie die Fähndriche sich in die Brust werfen, wie die Kritiker ihre Brillen wischen, welcher Enthusiasmus sich in den Logen verbreitet [...] Woher diese Erscheinung? Hat der Dichter Begeisterung und Schmerz der Tat erst hinzugedichtet, oder gehören sie nicht vielmehr der Tat an; hat der Dichter Erhabenes und Schönes aus seinem Hirn geboren, oder ist nicht bereits die Tat erhaben und schön, liegt alles, was so mächtig rührt, nur darin, daß es in Versen ausgesprochen und in fünf Akte verteilt ist, oder hat die Poesie einen tieferen Grund, weswegen sie zum Herzen spricht? Ja, die Poesie hat einen tieferen Grund. Die dramatische Poesie wäre gar keine ohne die Poesie der Tat".[29]. Man kann auch diesmal nicht sagen, es wären eigentlich originelle Gedanken, die Wienbarg hier äußert. Selbst das historische Beispiel, die Polenrevolution, gehört zu den stehenden Anzeigen der jungdeutschen Publizistik. Von Fichte, der an allen Anfang die Tat, nämlich die Tathandlung des sich selbst setzenden Subjekts, gestellt hatte, leitete sich eine ganze "Philosophie der Tat" her,[30] die die Welt verändern wollte,

---

27 Wienbarg, Feldzüge, S. 77f.

28 Wienbarg, Feldzüge, S. 78.

29 Wienbarg, Feldzüge, S. 93.

30 Zu deren Vertretern etwa Bloch, Bauer und Cieszkowski gerechnet werden können.

und Heine sieht denn auch in seiner Vision einer deutschen Revolution "bewaffnete Fichteaner auf den Schauplatz treten".[31] Das Buch freilich, in dem er derart die deutsche Philosophie zum Quellgrund "revolutionäre[r] Kräfte" promovierte[32] und in dem der vielzitierte Satz steht: "Der Gedanke geht der Tat voraus wie der Blitz dem Donner",[33] dies Buch *Zur Geschichte der Religion und Philosophie in Deutschland* erschien erst ein Jahr nach Wienbargs *Feldzügen*. Alle diese Verknüpfungen können hier kaum angedeutet werden und sind auch zweitrangig gegenüber der Frage, welche Folgerungen er daraus für seine Absichten gezogen hat.

Was ich da von Wienbarg zitiert habe, führt ins Zentrum seiner Überzeugung und Interessen. Wie kommt es zu dieser Konfrontation von Poesie und Tat? Was stellte er sich unter der Poesie der Tat vor? Die erste Frage läßt sich leicht beantworten. Er sagt selbst in den berühmt gewordenen "Worte[n] der Zueignung", die beginnen "Dir, junges Deutschland, widme ich diese Reden, nicht dem alten" - er sagt es dort ganz zu Anfang selbst: "Wer aber dem jungen Deutschland schreibt, der erklärt, daß er jenen altdeutschen Adel nicht anerkennt, daß er jene altdeutsche, tote Gelehrsamkeit in die Grabgewölbe ägyptischer Pyramiden verwünscht und daß er allem altdeutschen Philisterium den Krieg erklärt und dasselbe bis unter den Zipfel der wohlbekannten Nachtmütze unerbittlich zu verfolgen willens ist."[34] Wichtiger noch als die Unterscheidung der Alten und der Neuen (wobei wir zur toten Gelehrsamkeit getrost jene Rhetorik rechnen dürfen, die er später als Floskelei und Tiradensucht verspottet), wichtiger ist das Pathos der Kriegserklärung. Es ist Wienbarg durchaus ernst mit seiner kämpferischen Absicht, und wir müssen die zeitlichen Umstände bedenken, unter denen er seine *Feldzüge* eröffnete. Der Rausch der französischen Julirevolution war verflogen, die Freiheitsausbrüche in Deutschland waren noch schneller verhallt, die alte schlechte Ordnung war noch fester als zuvor gefügt. Doch mit der Enttäuschung über das Fanal der Revolution in Frankreich, über die mißglückten Anknüpfungsversuche in Deutschland, mit der Einsicht in die Niederlagen kam auch die Erkenntnis, daß man das eigene nationale Glück nicht von fremden Verhältnissen abhängig machen dürfe. "Die Zeiten für Theorien sind vorüber, die Zeit der Praxis ist gekommen. Ich will nicht schreiben mehr, ich will kämpfen",[35] schrieb zur selben Zeit Börne aus Paris. Auch Wienbarg will kämpfen, aber indem er schreibt. "Wenn die Zeit tanzt, so läßt sich leicht ihr aufspielen",[36] sagt er schon mit einem Rückblick auf seine Kieler Vorlesungen und ihre Wirkung. "Aber wenn die Zeit lahm und mißmutig, überreizt, erschlafft an der alten Gasttafel sitzt, dann muß der gottgesandte Spielmann hereintreten und durch frische, nie gehörte Töne die langweiligen Gesichter, halbgeschlossenen Augen, die hängenden Lippen, die müden Beine der Gäste in neue Thätigkeit setzen."[37] Der Beschwörung der "drückende[n] Zeit" steht die Hoffnung

---

31 H. Heine: Zur Geschichte der Religion und Philosophie in Deutschland. In: Ders., Sämtliche Schriften, Bd. 3, S. 638.

32 Heine, Geschichte der Religion, S. 638.

33 Heine, Geschichte der Religion, S. 639.

34 Wienbarg, Feldzüge, S. 3.

35 Börne. Zit. n. L. Marcuse: Börne. Aus der Frühzeit der deutschen Demokratie. Rothenburg ob der Tauber 1968. S. 255.

36 Wienbarg, Feldzüge, S. 231.

37 Wienbarg, Feldzüge, S. 231.

gegenüber,[38] die berauschende Vision ihrer Sprengung und der Befreiung von allem Masken- und Larvenwesen: "Vergebens aber schminkt sich diese alte Zeit mit Hoffnungen, die Totenfarbe schimmert hindurch; vergebens sucht sie sich an das junge Leben anzuklammern, jeder Pulsschlag drängt sie weiter zurück."[39] Von der Auffassung der Zeit als einer Übergangsepoche, "noch gemischt aus Seufzern der Hoffnung und Seufzern des Schmerzes",[40] wird nun auch die besondere Leidenschaft der Tat verständlich, die Wienbargs Reden beherrscht. Er hat sie auch in anderen späteren Schriften immer wieder begründet. In den *Wanderungen durch den Thierkreis* vor allem; in dem Kapitel 'Das Unvermögen der Zeit zu glauben und zu handeln' wird dann noch ausdrücklich ein weiterer Bezug hergestellt, nämlich zur "Stockung des Glaubens".[41] Auch ein neuer Glaube war nicht mehr aus den Büchern und aus den Köpfen zu erwarten. Die Polenrevolution auf der Bühne würde zwar Zustimmung, Rührung und Mitleid erregen, so daß - wie die von mir zitierte Passage endet - "vielleicht selbst ein erstarrtes Amts- und Ministergesicht am Schluß des Stücks und der Freiheit Tränenwasser und einen Rest von Mitgefühl und Wehmut auf den Wangen hat",[42] aber diese Wirkung gilt ihm nicht nur als Abglanz der Tat selber, sondern als ihr Ersatz. War denn nicht gerade jene Literaturepoche, die die größten Beispiele der dramatischen Poesie auf die Bühne brachte, die Epoche Goethes und Schillers, eine Epoche praktischer Hemmung und Entmutigung gewesen? War es nicht, erkennt Wienbarg, "jene Zeit für Deutschland, in der man durchaus nichts tat, nichts tun wollte, in der die Töchter der Tat oder der Begeistrung für die Tat, die *Dramen* geboren wurden?"[43] Der dramatischen Poesie gehört Wienbargs ganze Sympathie, doch er zwingt sich, sie zu zügeln. Sein historisches Verständnis der Gattungsentwicklung hat ihm den Verdacht unabweisbar gemacht, daß die dramatische Handlung die wirkliche Tat ersetzt, nicht deren stimulierendes Ergebnis ist. Ja, selbst wenn der Dichter "Stoff und Begeisterung aus der Tat" nimmt, wie es sein sollte, so verliert sie doch, sobald er sie "aus dem Leben in eine andere Welt, in die Kunstwelt", verpflanzt, ihre Wirksamkeit und bewegt die Gemüter nur noch "zur passiven Mitempfindung".[44]

Man muß sich klarmachen, was diese Wendung bedeutet. Die Tat als Inspirationsmedium des Genies: das ist ein Affront gegen die Lieblingsidee der Zeit, die aus der Revolution des Geistes und der Philosophie die politische und soziale Erneuerung erwartete: eine "fast irrsinnig verzerrte Einschätzung der Philosophie",[45] wie Dolf Sternberger bemerkte. Ludolf Wienbarg teilte sie nicht, auch wenn er kein konsequenter Denker war. Er suchte nach einem Ausweg, einem Neuansatz, einer Lücke in der Phalanx der Kräfte, die die Gegenwart beherrschten und die Zukunft bedrohten. Er suchte (und folgte auch darin rhetorischem Gebrauch) in der Geschichte und fand das große, das befreiende Exempel: "Rom hat

38 Wienbarg, Feldzüge, S. 76.
39 Wienbarg, Feldzüge, S. 76.
40 Wienbarg, Feldzüge, S. 75.
41 Wienbarg, Wanderungen, S. 117.
42 Wienbarg, Feldzüge, S. 93.
43 Wienbarg, Feldzüge, S. 159.
44 Wienbarg, Feldzüge, S. 94.
45 D. Sternberger: Vexierbilder des Menschen. In: Ders.: Schriften. Bd. 6. Frankfurt a. M. 1981. S. 190.

keine großen Dichter und Künstler erzeugt, noch viel weniger einen Philosophen, aber Roms Redner besaßen eine dämonische Kraft, weil die Beredsamkeit des Forums mit der Richtung ihres Geistes übereinstimmte und einen tatsächlichen Charakter trug: *Männer der Tat* hat kein Volk in so großer Zahl und so ununterbrochener Reihe aufzuweisen."[46] Das ist nun freilich ein anderer Ton, mit dem hier der Rhetorik gedacht wird, aber es ist auch eine andere Rhetorik, die er jetzt im Sinne hat. Der Rede wird von Wienbarg nichts Geringeres zugetraut, als die geschichtlichen Kräfte, die künstlich domestiziert, verfälscht, gefesselt wurden, wieder lebendig und wirksam zu machen. Sein Beispiel vom Polenaufstand dient dabei nicht nur zur bloßen Illustration, sondern ist auch die praktische Erprobung seiner Auffassung, ist eine Demonstration dafür, wie man "die Tat aufs Herz schießt wie ein[en] Blitz, entzündend, begeisternd, zu ähnlichen Taten beflügelnd".[47] Mit anderen, strengeren Worten: die Rede ist ein Werkzeug der Tat, mit der sie sich fortzeugend selbst gebiert, nicht ist die Tat das Mittel, die Intentionen der Rede zu verwirklichen. Die Unterscheidung von zweckfreier Poesie und zweckhafter Rhetorik, Begründung für die Rhetorikabwertung von Kant bis Hegel und darüber hinaus, wird damit aber hinfällig, denn der gesamte Bereich des Ästhetischen, die ganze ästhetische Produktivität wird von Wienbarg zum Medium der Tat erklärt. Nach rhetorischen Kategorien wird man dennoch meist vergeblich suchen, sie müssen aus dem ästhetischen Sprachgebrauch erst erschlossen werden. So spielt es nur eine gleichsam begriffspolitische Rolle, wenn er vom Dichter spricht, da er ihm alle rednerischen Aufgaben für die Gegenwart überträgt, ja ihn eigentlich zum Redner macht. Wie anders sollte man es sonst verstehen, daß die Wirkung vor allen anderen ästhetischen Kategorien rangiert: "Wir verlangen für Poesie und Kunst vor allen Dingen Charaktere mit scharf begrenzter Individualität, sie sollen ihren Geist auf bestimmte Zwecke richten, deren Verwirklichung fordern und anstreben, und nur in dieser Eintracht des Willens mit der Tat sehen wir poetische Lebendigkeit und poetische Wirkung."[48] Wie anders wäre es sonst zu erklären, daß das Großartige und Erhabene dem Schönen übergeordnet und dies mit dem Guten erneut verschmolzen wird, daß Popularität und Nationalbildung, die Beziehung auf die Gegenwart und die Beförderung der Zukunft zu den wichtigsten Programmpunkten der *Feldzüge* gehören? Und wie schließlich wäre sonst die besondere emotionale Verfassung seiner *Feldzüge* zu verstehen? "Behauptung der Rechte des Verstandes und des sinnkräftigen Gemüts, darauf drängt der Geist der neuen Zeit."[49]

Aber das erste war seine Sache nicht, daran hatte er nie Zweifel. Gewiß, räumt er mit dem Blick auf die Aufklärung und die idealistische Philosophie seiner Zeit ein, gewiß muß man dem Verstande dankbar sein "für die in der Befreiungssache geleistete Hilfe",[50] aber eine gehörige Portion Mißtrauen scheint ihm dabei doch immer angebracht. Immerhin hatte Hegel 1831, wenige Monate vor seinem Tode, ganz in der Rolle des preußischen Staatsphilosophen, noch einmal bekräftigt, daß die gewaltigen Umwälzungen des Geistes im

---

46 Wienbarg, Feldzüge, S. 71.

47 Wienbarg, Feldzüge, S. 93.

48 Wienbarg, Feldzüge, S. 62.

49 Wienbarg, Feldzüge, S. 82.

50 Wienbarg, Feldzüge, S. 81.

Königreich Preußen politische Reformbewegungen wie in England unnötig machten.[51] Nein, Wienbarg war keineswegs gesonnen, sich vom Verstande oder von einer auf den bloßen Verstand reduzierten Vernunft "als einem neuen Despoten unter ein neues Joch spannen zu lassen".[52] Dagegen bietet er "alle edlen und großen Leidenschaften und die schöpferische Kraft der Geschichte" auf, sie sei "das bewegende Prinzip", und "eben darum [...], weil noch immer in der zertrümmerten Welt Heroismus, Glaube und Liebe die Wache halten, gibt es eine neue Geschichte, gibt es Märtyrer der Freiheit und des Glaubens, gibt es Enthusiasten und Opfer, gibt es Hochgefühle in unserer Brust, die erhabener und reiner sind als die, welche der verwitterte Glaube und die erkaltete Liebe der Vorzeit zu erregen imstande sind."[53] Praktisch wie auch als Postulat der Ästhetik kulminieren Wienbargs Reden in der Gewalt der Affektsprache.

Ästhetische Weltanschauung

Wie schon einmal ein Jahrhundert zuvor, werden die entscheidenden Vorstöße für eine neue Literatur vom Gebiet des Erhabenen aus geführt. Nur durch das leidenschaftlich bewegte Gemüt scheinen mächtige und dauerhafte Wirkungen möglich, und Gefühl wird nur durch Gefühl, Leidenschaft nur durch Leidenschaft erregt, so daß eine Veränderung der prosaischen, stockenden Wirklichkeit auch allein von jener Poesie zu erwarten ist, die als "heilige Flammenzunge" "aus aller Herzen zu aller Herzen spricht"[54]. "Es muß anders werden, das sollte das Gefühl sein, das sich aller bemächtigte, wir selbst sind dazu berufen, das starke Echo dieses Gefühls. Wieviel dürre Blätter wir dazu aus dem Kranze unseres Lebens herausreißen müssen, wieviel Unschönes wir von uns abtun, wieviel gemeine Prosa wir für ewig in den Schlamm und Schlick der abgestandenen Zeit versenken müssen, welche neue Ansichten der Wissenschaft, der Kunst, der Poesie, der Religion, des Staats, des Lebens wir fassen und zum Eigentum unseres Herzens machen müssen, dies alles muß uns oft und lebhaft beschäftigen, und das Befreundete muß sich verbinden mit dem Befreundeten, um sich gegenseitig auszutauschen und zu befestigen."[55] Nun brauchen wir gar nicht so weit ins 18. Jahrhundert zurückzugreifen, um uns den Angelpunkt von Ludolf Wienbargs "ästhetischer Weltanschauung"[56] - ich gebrauche seinen eigenen Terminus - begreiflich zu machen. In einem seiner *Athenäumsfragmente* hatte Friedrich Schlegel seine zwiespältige Auffassung der Rhetorik dargelegt und dem "sophistischen Mißbrauch der Philosophie, [der] deklamatorische[n] Stylübung, [der] angewandte[n] Poesie, [der] improvisierte[n] Politik, welche man mit demselben Namen zu bezeichnen pflegt", die "materiale enthusiastische Rhetorik"

---

51 Vgl. G. F. W. Hegel: Über die englische Reformbill. In: Ders.: Theorie-Werkausgabe in zwanzig Bänden. Bd. 11. Frankfurt a. M. 1970. S. 83-128.

52 Wienbarg, Feldzüge, S. 81.

53 Wienbarg, Feldzüge, S. 81f.

54 Wienbarg, Feldzüge, S. 151.

55 Wienbarg, Feldzüge, S. 28.

56 Wienbarg, Feldzüge, S. 66.

gegenübergestellt; ihre Bestimmung sei es, "die Philosophie praktisch zu realisieren".[57] Wenn man Wienbargs Rhetorik in diesem Sinne nun auch als enthusiastische Rhetorik bezeichnen kann, so möchte ich doch unverzüglich auf den Unterschied aufmerksam machen, der uns schon in anderem Zusammenhang beschäftigt hat. Dem Autor der *Feldzüge* kam es gar nicht in den Sinn, die Welt der Leidenschaften, der Wünsche, der Erwartungen, des Überschwangs mit der Gedankenwelt derart substantiell zu verknüpfen, daß mit der materialen Bestimmung des movere doch wieder nur das docere gemeint sein konnte. Vielmehr gilt Wienbargs Kritik der bisherigen Ästhetik Kants, Schillers oder Hegels gerade dem Mangel eines zeitgemäßen Inhalts, und in der Philosophie werde man ihn auch deswegen am wenigsten finden, meint er, weil sie selber einer neuen Richtung bedürfe. "Das Gefühl des Schönen muß sich vor allem erst durch das Leben befruchten", fordert er und erkennt, daß jede Begeisterung hohl, leer und wirkungslos bleibt, "die isoliert steht und ihre Quelle nicht aus der Zeit nimmt."[58] "Beantworte ich also die Frage", heißt es ergänzend in einer späteren Vorlesung, "was uns gegenwärtig als Ästhetik noch bleibt, damit, daß ich sage: die alte Ästhetik für die, die ihrer noch nicht überdrüssig geworden sind, für die andern aber das leise ästhetische Gefühl, das im Schoß der Zeit sich regt, das prophetische Gefühl einer neu beginnenden Weltanschauung, das sich von Tage zu Tage bewußter und deutlicher wird, die Einleitung zur künftigen Ästhetik."[59] Wienbargs Ästhetik-Begriff - so viel wird aus dem schon ersichtlich, was ich bisher gesagt habe - macht die philosophischen Einschränkungen wieder rückgängig, wie sie zum Beispiel durch Kant (als Kritik der ästhetischen Urteilskraft) oder Hegel (als Geschichte der sinnlichen Erscheinungsweisen der Idee) sich durchgesetzt hatten. Sein Ideal ist die Ausdehnung der Ästhetik auf alle Lebens- und Wissensbereiche, nichts gibt es, was nicht in ihrem Zuständigkeitsbereich läge: sie wird zur Universalwissenschaft. Nichts anderes besagt die Rede von der ästhetischen Weltanschauung, wenn wir sie genauer untersuchen. Wienbarg meint damit zwar auch die besondere Weise, wie ein Künstler, wie schließlich "jeder handelnde und fühlende Mensch"[60] das Eigentümlichste seiner Gesinnungs- und Denkweise zum Ausdruck bringt, doch eine solche Produktion, ob sie sich nun im Kunstwerk oder einer alltäglichen Handlung äußert, ist keine unabhängige, rein subjektive Leistung. Jedes Volk, jede Kultur, jede Zeit hat ihre eigene ästhetische Grundanschauung, sie liegt als Muster allen individuellen Anschauungen zugrunde, und sie gilt es zuerst herauszufinden, wenn man die einzelnen Kunstwerke, wenn man darüber hinaus die Sitten und Lebensverhältnisse verstehen will, zu denen sie gehören. "Nach diesem denke ich mir den Ästhetiker, wie er den Begriff der Kunst entwickelt, und zwar nach dem weitesten Umfang, in dem nicht nur die Poesie und die bekannten Künste eingehen, sondern auch und vorzüglich die größte und erhabenste Kunst, die Kunst, sein innres und äußeres Leben als einzelner, als Glied der Familie, als Glied des Staats, als Glied der Menschheit zu gestalten, die Kunst also, die sich unser Sittliches und Sinnliches

57 F. Schlegel: Kritische Schriften. Hg. v. W. Rasch. 3., durch ein Namen- u. Begriffsregister erw. Aufl. München 1971. S. 42.

58 Wienbarg, Feldzüge, S. 10f.

59 Wienbarg, Feldzüge, S. 89f.

60 Wienbarg, Feldzüge, S. 58.

selbst zum Stoffe auswählt, um an ihm die Schönheit zu betätigen."[61] Selbstverständlich ist in diesen Sätzen ein ganzes Kulturprogramm enthalten, dessen Tradition weit zurückreicht, mit höfischen Ausprägungen, die Wienbarg, hätte er sie bedacht, wenig angenehm gewesen wären. Es stellt so etwas wie eine Brücke dar von jenen ästhetischen Erziehungsprogrammen der Weimarer Klassik, aber auch der Frühromantik, hinüber zur ästhetischen Weltanschauung Wagners, zu jenem Kulturoptimismus, der 1859 in den Schillergedenkfeiern eine erste Blüte erlebte, und bekräftigt die Bindung jedes Gedankens, jeder menschlichen Lebensäußerung, jeder individuellen und sozialen Handlung, ja der Sittlichkeit selbst an ihre schöne und wirkungsvolle Betätigung. "Eine männlichere und edlere Moral wird sich herbilden aus dem Schoße der Zeit, eine Moral, die dem neuen Zeitalter so innig angehören wird wie die christkatholische dem Mittelalter. Jene hab ich im Sinn, wenn ich behaupte, die echte Moral müsse mitten in das Gebiet der Ästhetik verpflanzt werden [...]; denn aus einem Grundgefühl müssen beide entsprießen, ein Geist muß sie beide beseelen, eine Tat muß sie beide vereinigen. Es gibt vielerlei schöne Künste - die Kunst, sein eignes Leben zu gestalten und ihm eine würdige, zeitentsprechende Form zu geben, die Moral wird eine derselben und zwar die schönste und edelste von allen."[62] Wenn man Wienbarg nun weiter zuhört, sein Loblied des "kernhaften Menschen" hört,[63] der nur auf die Konzentration seiner Kräfte um des Höchsten willen aus ist, der "Selbstkünstler" ist,[64] ein Bildner der eigenen Persönlichkeit, dem als Ideal die ästhetische Organisation der Elemente "zu einem gebildeten Ganzen" vorschwebt,[65] das aber erst "Wert und Würde" gewinne[66] durch "die Stärke und Mächtigkeit des zugrunde liegenden Lebens",[67] wenn wir hier sehen, wie sich die Idee von der Göttlichkeit des Menschen verschwistert mit der Verkündung einer neuen Moral aus der Kraft und Herrlichkeit des Lebens, dann fühlen wir uns vollends zurückversetzt in den gewaltsamen Renaissanceoptimismus - oder doch zumindest in das Sehnsuchtsbild, das ein Späterer, Friedrich Nietzsche, von ihm entworfen hat. Auch schon jene mehr als rhetorische Distinktion der Starken und der Schwachen (im Sinne einer möglichen Überwältigung der Starken durch die Schwachen) ist bei Wienbarg vorgeprägt: "Solche Kraft ist aber ein Erbteil der Geburt und der einzige Adel, der die Probe der Zeit besteht. Sie kann nicht, wo sie fehlt, ersetzt, kann aber, wo sie ist, geschwächt, ja vertilgt werden. Welchem Geschlecht hat die Natur sie ganz versagt, welchem hat sie den Brunnen des Lebenswassers ganz verschlossen. Was wäre die Geschichte, welche armselige Rolle hätte selbst das Christentum auf der Weltbühne gespielt, ohne diese älteste und ewige Offenbarung und Ergießung des Lebensgeistes, welche Gabe des Himmels käme einer schwindsüchtigen und ohnmächtigen Menschheit zugute, welche Engelszunge kann ein mattes, erstorbenes Herz in Begeistrung setzen. In jener geistig-leiblichen Urkraft ruht das Gute und Schöne wie im

61 Wienbarg, Feldzüge, S. 85.
62 Wienbarg, Feldzüge, S. 110.
63 Wienbarg, Feldzüge, S. 111.
64 Wienbarg, Feldzüge, S. 112.
65 Wienbarg, Feldzüge, S. 113.
66 Wienbarg, Feldzüge, S. 113.
67 Wienbarg, Feldzüge, S. 113.

befruchtenden Schoß, ohne sie sind beide welk und unfreundlich und verdienen den Sonnenschein des Himmels nicht."[68]

Poesie und Prosa

Doch ich möchte zum Ausgangspunkt dieser Überlegung zurückkehren. Denn wenn auch die geistig-leibliche Urkraft dem geschichtlichen Wandel entzogen, ja eigentlich dessen Triebkraft ist, so bleibt doch ebenso wie die jeweilige Moral auch die jeweilige Kunst an jene vergängliche Weltanschauung gebunden, die jeder Zeit eigen ist. Der Schluß, daß auch die Ästhetik zu den geschichtlichen Wissenschaften gehört, ist somit zwingend, denn sie erfindet nicht, sondern entdeckt, gibt nicht eigentlich Gesetze, sondern gibt sie nur zurück. Allein, so kontemplativ, wie das jetzt klingt, hat sich Wienbarg historisches Vorgehen nicht gedacht. Geschichte ist ihm, ich deutete es schon an, nicht nur die penible Geschichtserzählung, die "unleidliche, leblose Ansicht"[69] dessen, was geschehen ist, sondern die historischen Tatsachen in ihrer lebendigen Entfaltung selber. "Geschichte ist nicht das Resultat gelehrter Forschungen" - so seine überschwengliche Formulierung -, "sie springt nackt und schön wie Aphrodite aus dem Schaum der Wellen, wie Minerva in unmittelbarer Vollendung aus dem Haupte der kreißenden Zeit."[70] Geschichte als lebendige Erfahrung geht ihm über alle Geschichte als bloß antiquarische Erkenntnis. "Ich fühle es, was ich geschichtliche Wahrheit nenne", und sie hat, heißt es wörtlich weiter, "für mich etwas Unmittelbares und Zuversichtliches, etwas, was allen kleinlichen Zweifel niederschlägt, was meinen Geist mit süßem Verständnis in seine Kreise zieht."[71] Insofern sich die Geschichte nach Wienbargs Ansicht "einen ihrer Lieblinge unter den Sterblichen zur Verzeichnung ihrer großen Tatengedanken" wählt,[72] um durch Begriffe und Worte auf das Gefühl zu wirken, gehört auch sie unter die Botmäßigkeit der Rhetorik, und Wienbarg spricht von ihr als "Kunst, Kunst auf ihrem höchsten Gipfel", dem nur durch "den wahren ästhetischen Begriff der Geschichte"[73] auch wissenschaftlich nahezukommen sei.

Wenn wir genau hinsehen, stoßen wir in diesen *Ästhetischen Feldzügen* immer wieder auf dieselbe Strategie, nämlich Kunst und Moral, Philosophie und Ästhetik, Geschichte und Politik der verderbten, stockenden, modernden Zeit zuzuschlagen und ästhetisch verwandelt zum Werkzeug der Zukunft zu machen, wo sie sich dann gleichsam in einem zeitenthobenen Heilszustand auflösen, den er "Leben" nennt. Manche terminologische Unklarheit in Wienbargs Schriften klärt sich auf, wenn wir die unterschiedlichen Bezugspunkte bedenken, wenn wir bedenken, daß Tendenzpoesie und Zeitroman ihre überragende Bedeutung aus dem Mangel der Gegenwart beziehen, ebenso wie ästhetische Erziehung und nationale Bildung, wie Rede und Tat. Auch die schwankende Bewertung von Poesie und Prosa hat sol-

---

68 Wienbarg, Feldzüge, S. 113.
69 Wienbarg, Feldzüge, S. 29.
70 Wienbarg, Feldzüge, S. 31.
71 Wienbarg, Feldzüge, S. 31.
72 Wienbarg, Feldzüge, S. 32.
73 Wienbarg, Feldzüge, S. 33.

chen Hintergrund. So ist es nicht von vornherein beklagenswert, "daß bisher die deutsche Poesie die Prosa hinter sich ließ",[74] einfach weil die Prosa in seiner Gattungshierarchie hinter der Poesie rangiert. Daß sich diese Rangfolge umkehrt, daß er es dann doch ein gutes Zeichen nennt, wenn "die sogenannte Prosa, die ungebundene Rede wirklich ungebundener und poetischer zu strömen anfängt als bisher",[75] wenn sie, die bisher ein Spiegel der "miserabeln bürgerlichen und gesellschaftlichen Zustände der Deutschen" war,[76] nun zur Waffe avanciert, die man schärfen muß,[77] so erklärt sich das eben daraus, daß sie für den "Kampf mit der Wirklichkeit"[78] besser gerüstet ist, "weil Prosa unsere gewöhnliche Sprache und gleichsam unser tägliches Brot ist, weil unsere Landstände in Prosa sprechen, weil wir unsere Person und Rechte nachdrücklicher in Prosa verteidigen können als in Versen."[79] So kann die Prosa schließlich gar zum zeitgemäßen Ausdruck der Poesie werden,[80] wobei Poesie nun in jenem Herderschen Verständnis als die universale und überzeitliche Quelle aufgefaßt wird, in der jede besondere historisch variable poetische Tätigkeit wurzelt. Die neue Prosa nun, als deren exemplarischer Vertreter ihm Heine gilt, wird als vulgär, lebendig, volkstümlich auf der einen, als kühn, kriegerisch, kämpfend auf der anderen Seite bestimmt. Aber einen Wegbereiter des Realismus[81] kann man ihn dennoch nicht nennen. Er war ein unbedingter Anhänger der "Literatur von Wollenden"[82], und wenn die modernen Prosaisten auch von der Höhe des Parnaß herabgestiegen sind, wenn sie auch selber einen Teil des Publikums ausmachen, "mitten im Strom der Welt" schwimmen,[83] wenn es auch der Geist der Zeit selber ist, der des Schriftstellers Hand ergreift, und sie nicht im Dienste der Musen, sondern im Dienst des Vaterlandes stehen, verbündet "allen mächtigen Zeitbestrebungen",[84] so sind sie es doch als "Vorschwimmer", wie Wienbarg wörtlich sagt, die den "Gestaden der Zukunft entgegeneilen" und ihre ganze Kraft brauchen, um mit der Wirklichkeit zu ringen, "bis das Wirkliche nicht mehr das Gemeine, das dem Ideellen feindlich Entgegengesetzte ist",[85] bis, so können wir ergänzen, die Verhältnisse nicht mehr so sind, daß sie Prosa erfordern.

Eine zweite bedeutsame Unterscheidung betrifft in diesem Zusammenhang die Aufteilung der Literatur in Gattungen, die Wienbarg ähnliche Schwierigkeiten bereitet, weil die Logik der Sache seinen eigenen Sympathien widerspricht. Zur Lyrik, bekennt er auch selber im Helgoländer Tagebuch, hat er keine Beziehung, so begnügt er sich in den *Feldzügen* auch nur mit einigen Bemerkungen zum politischen Gedicht: "Revolutionär ist die Lyrik der

74 Wienbarg, Feldzüge, S. 144.

75 Wienbarg, Feldzüge, S. 87.

76 Wienbarg, Feldzüge, S. 145

77 Wienbarg, Feldzüge, S. 90.

78 Wienbarg, Feldzüge, S. 189.

79 Wienbarg, Feldzüge, S. 87.

80 Vgl. Wienbarg, Feldzüge, S. 179.

81 Vgl. dazu Hömberg, Zeitgeist und Ideenschmuggel, S. 38f., sowie: H. Koopmann: Das Junge Deutschland. Analyse seines Selbstverständnisses. Stuttgart 1970.

82 Marcuse, Börne, S. 273.

83 Wienbarg, Feldzüge, S. 188.

84 Wienbarg, Feldzüge, S. 188.

85 Wienbarg, Feldzüge, S. 188.

neuen Zeit", sie spreche "das Herz und den Geist der Zeit" aus,[86] sei eine Zweckkunst im Kampf um die Zukunft. Der junge Goethe und Byron sind seine Paradebeispiele, und es ist also nicht schwer, die Gefühlslage herauszufinden, die seiner Meinung nach zu dieser Lyrik gehört: sie stammt "aus der Gewitterregion, welche aus dem Innersten und Tiefsten der Leidenschaft Blitze in die Welt schleudert".[87]

Als die beiden wichtigen Gattungen gelten ihm Drama und Roman, wobei - ich sagte es schon vorhin - dem Drama zwar seine größte Sympathie gehört, aber die Gegenwart, die "kreißende Zeit",[88] nach seiner Einsicht zuerst des Romans bedarf. Eine Theorie des Romans soll daher seine *Feldzüge* abschließen, er verspricht sie seinen Zuhörern auch immer wieder, bleibt sie dann aber schuldig und trägt sie erst am Schluß seiner Essay-Sammlung *Wanderungen durch den Thierkreis* nach, die 1835 erschien. 'Faule und frische Romane' ist das Kapitel überschrieben, und es enthält nun auch ausdrücklich die Begründung für die zeitgemäße Rangfolge der Gattungen: "Romane sind die Hauptspeise des Publikums."[89] Der Roman also verspricht die größte literarische Wirkung, weil er das größte Publikum hat, so daß, was ihm bislang meist als Nachteil angerechnet wurde, jetzt seinen Vorrang ausmacht. Dabei verschlägt es nichts, daß die bisherige Romanproduktion eher abschreckende Exempel liefert: die historischen Romane Walter Scotts und seiner zahllosen Nachahmer sind für Wienbarg eben die faulen Fische im Schlammteich des Historismus. Doch hat er erkannt, daß das Massenpublikum ihnen nicht allein deshalb zuströmt, weil es hier mit trivialer, minderwertiger Ware bedient wird, sondern weil der Roman als Gattung seinen Bedürfnissen am vollkommensten entspricht. Wenn er nun den "zeitgeschichtlichen Sittenroman" propagiert,[90] ja verspricht, selber einen solchen zu schreiben, wenn er die neuen Dichter ermuntert "Greift in die Zeit, greift in euren eigenen Busen",[91] wenn er sie zur "Abrechnung mit der Zeit" auffordert[92] und schließlich an der historischen Romanschule moniert: "Sie hob nicht, wärmte nicht, begeisterte nicht",[93] so denkt er dabei nicht an die Alternative einer realistisch-pragmatischen Schilderung. In Wienbargs Vorstellung tendiert auch der "Roman der lebendigen Geschichte" zur Gefühlsrede,[94] die sich der Geschichtserzählung zum Zwecke der Leidenschaftserregung bedient.

"Ich wollte nämlich meinen Helden immer im Wasser halten, wie einen Fisch", erläutert er seine Absichten. "Ich meine nicht im salzigen der Nordsee, ich verstehe im großen Fahrwasser des Lebens, das mich, dich, uns alle trägt."[95] Wienbarg will nicht nur seine Romanhelden, er will den Menschen überhaupt in das Leben zurückstellen, wobei er hier unter "Leben" nicht die aktuellen Zeitverhältnisse versteht, sondern das Prinzip, aus dem heraus

86 Wienbarg, Feldzüge, S. 174
87 Wienbarg, Feldzüge, S. 173.
88 Wienbarg, Feldzüge, S. 158.
89 Wienbarg, Wanderungen, S. 240.
90 Wienbarg, Wanderungen, S. 257.
91 Wienbarg, Wanderungen, S. 255.
92 Wienbarg, Wanderungen, S. 256.
93 Wienbarg, Wanderungen, S. 248.
94 Wienbarg, Wanderungen, S. 249.
95 Wienbarg, Wanderungen, S. 239.

alles ist, die lebendige Kraft in allen Wesen und Erscheinungen. Man hat eine solche Anschauung Lebensphilosophie genannt und in ihr den antirationalistischen Affekt, das Gefühls- und Instinkthafte, kurz: den Irrationalismus hervorgehoben. Ohne nun Wienbarg nachträglich noch zum Philosophen zu machen, dürfen wir doch seine *Ästhetischen Feldzüge* als ein wichtiges Bindeglied in der Tradition jener Gefühlskultur betrachten, die Empfindsamkeit, Sturm und Drang mit Schelling, Novalis und Schlegel (der 1827 seine *Vorlesungen über die Philosophie des Lebens* hielt), schließlich mit Schopenhauer und Nietzsche zusammenschließt. Daß das Bindeglied aus der Rhetorik stammt, verdeutlicht noch einmal von überraschender Seite, wie falsch es wäre, die Geschichte der Rhetorik nur als die Geschichte ihrer Systematik zu schreiben.

Rhetorik des Lebens

Doch kann ich hier nur mehr versuchsweise in dieses bedeutende Thema eintreten, das in Wienbargs Lebensbegriff erneut und nicht zum letzten Male zusammengefaßt wird. "Leben, was ist Leben? Kein Wort ist schwerer oder vielmehr weniger zu definieren. Leben ist ein Hauch, ein wehender Atem, eine Seele, die Körper baut, ein frisches, wonnigliches, tatkräftiges Prinzip, und wenn es jemand nicht wüßte oder fühlte, er erinnere sich einer Stunde, wo sein Herz voll aufging, wo seine Muskeln sich spannten, seine Augen glänzten und ein männlicher Entschluß allen Hindernissen zum Trotz in seiner Seele aufstieg; auch schlage er nur das Buch des Lebens auf, die Geschichte, und frage nach den Griechen, nach den Römern, den Römern, die soviel Tatenfülle auf einen kleinen Punkt der Welt, zwischen sieben armselige Hügel zusammendrängten, daß sie damit das ganze Erdenrund überschnellten. Die haben gelebt, und darum sind sie unsterblich."[96] Wenn wir von Wienbarg auch diesmal keine Definition erwarten dürfen, so erlauben seine Behauptungen doch die Formulierung: Leben ist keine empirische Tatsache der Natur, und die vielen organischen Metaphern, mit denen er seine Auffassung erläutert, also etwa das Gleichnis von der kleinen Alpenrose, die uns beschämt, weil sie mehr über das Leben weiß als mancher Gelehrte, zeigen das deutlich.[97]

Auch die Natur ist Ausdruck des Lebens, und es übersteigt sie zugleich, wie uns das Buch des Lebens: die Geschichte, lehrt. "Das Leben ist des Lebens höchster Zweck",[98] in diesem prägnanten Richterspruch kulminiert dann Wienbargs emphatischer Lebensbegriff. Der Satz ist nur in einem eingeschränkten Sinne tautologisch, und es widerspricht ihm nicht, wenn Wienbarg an anderer Stelle darlegt, daß das Leben immer auf praktische Zwecke und Handlungen aus ist. Er spricht von der "geheimnisvollen Werkstatt des Lebens"[99] und enthüllt sie doch sofort, wenn er sie mit der "selbsteigene[n] schöpferische[n] Tätigkeit" des Menschen identifiziert und in Freude, Genuß und im "Spiel seiner Kräfte", im kämpferischen Streit für Recht und Wahrheit, für Unschuld und Tugend, aber gegen

96 Wienbarg, Feldzüge, S. 46f.
97 Vgl. Wienbarg, Feldzüge, S. 49f.
98 Wienbarg, Feldzüge, S. 50.
99 Wienbarg, Feldzüge, S. 99.

Lüge, Bosheit und Frevel die mächtigsten Äußerungen des Lebens sieht. "Um das Denken und die humane Bildung", fügt er hinzu, "ist es eine schöne Sache, aber fehlt ihr der Mittelpunkt, fehlt ihr das Herz, das Leben, der ungebrochene starke Wille, so ist das Denken nur ein Spiel und die Bildung ohne Gehalt. Denke dir den Blitz und fühle ihn [...] und das Wort ist selbst ein Blitz, das man denkend fühlt."[100]

Erweist sich hier die Kraft, die dem Wort Wirksamkeit verleiht, als Lebenskraft, so ist Rhetorik der Name für die besondere Wirkungsweise, die Wienbarg meint, wenn er die Formulierung vom "denkend fühlen" wählt. Beredsamkeit und Leben treten unter diesem Aspekt in eine enge Beziehung. Denn das Leben, das Wienbarg mit seinem emphatischen Begriff faßt, und das Leben in jenem pragmatischen Verständnis, wie es ihm in der Gegenwart gegenübertritt und das er ein stockendes, verdorbenes Leben nennt, widerstreiten einander ebenso wie tote Historie und lebendige Geschichte, wie unfruchtbare Wissensanhäufung und subjektive Erfahrung, wie Gegenwart und Zukunft, wie Schulphilosophie und Selbstdenken,[101] ja es ist dieser eine, grundlegende Antagonismus, diese heillose Selbstentzweiung des Lebens, die allen anderen unversöhnlichen Gegensätzen zugrunde liegt. Dialektiker im Sinne Hegels ist dieser Wienbarg gewiß nicht, denn aufheben lassen sich diese Widersprüche alle nicht, das Schlechte, Hemmende, Stockende, Unfruchtbare läßt sich nur durch Kampf, durch Krieg, durch Feldzüge überwinden. Kein Zweifel, hier wie in so vielen anderen Denk- und Stilfiguren kommt die theologische Erbschaft, kommt der verhinderte Prediger zum Vorschein, der das Licht gegen die Dunkelheit, der "heilige Flammenzungen",[102] ja: "das heilige hochgebenedeite Wort der Freiheit" aufbietet gegen den "Bund der alten Mächte".[103] "Sollen wir" - nur die Akustik des Kirchenraums scheint diesem Ton angemessen - "sollen wir wie die Juden den Messias erwarten als eine Person, oder sollen wir einer innern Ahnung Glauben schenken, die uns zuflüstert, vorüber sind die messianischen Zeiten, wo die Offenbarung ausging von einem einzigen, die Zeit selbst ist forthin der gebenedeite Schoß der Jungfrau, der vom Geist befruchtet wird, und das ist die Erfüllung der alten Weissagung von einer Zeit, wo alle Jünglinge und Jungfrauen sich dem Zuge der Begeisterung überlassen?"[104]

Nun, man kann es wohl nicht deutlicher sagen, nicht optimistischer den Sieg des Neuen über das Alte vorausschauen, nicht klarer die Wirksamkeit der Rhetorik in diesem Prozeß bestimmen. Die Gedankenfigur findet sich bereits in der Einleitung: Von den "geborene[n] Tribunen des Volks" ist dort die Rede,[105] von Fichte, Schelling, Niebuhr, Schleiermacher, und von den Gründen ihres Scheiterns. "Fichtes 'Reden an die deutsche Nation' verhallten nicht bloß deswegen in den Wind, weil die Nation taub war, sondern weil zwischen ihr und ihm eine Scheidewand aufgerichtet war, die selbst Fichtes eherne Stimme nicht zu durchdringen vermochte."[106] Die Mauer ist eine eindringliche Metapher für die verkrusteten und

100 Wienbarg, Feldzüge, S. 53.
101 Vgl. Wienbarg, Feldzüge, S. 34ff.
102 Wienbarg, Wanderungen, S. 107.
103 Wienbarg, Feldzüge, S. 77.
104 Wienbarg, Feldzüge, S. 78.
105 Wienbarg, Feldzüge, S. 5.
106 Wienbarg, Feldzüge, S. 5.

versteinerten Verhältnisse, die das Leben von der Gegenwart, die Geschichte und Historie, alte und neue Moral trennt. Durch sie hindurch sprechen Geschichte, Moral, spricht das Leben selbst, und es bedarf nicht nur der richtigen Erkenntnis, es bedarf aller rhetorischen Kunstfertigkeit, es bedarf besonders der emotionalen Überzeugungsmittel, um das Wahre und das Richtige, um das neue Leben aus dem "Verpuppungszustande" zu befreien[107] und praktisch durchzusetzen. Zuletzt wird damit das Leben selber von Wienbarg zum größten und wirkungsmächtigsten Redner erklärt, und wenn es auch nichts anderes als sich selber verkündet, sei es unmittelbar in der heroischen Tat, sei es mittelbar im ästhetischen "Kampf mit der Wirklichkeit",[108] so versprechen nur die Machtmittel der Rhetorik den Sieg über die mannigfaltigen Widerstände. Wenn wir uns jetzt an die vielzitierte Sentenz nochmals erinnern: "Der Zweck des Lebens ist das Leben selbst", können wir sie auch richtig deuten. Keine Zweckmäßigkeit ohne Zweck, keine selbstgenügsame Objektivität ist damit gemeint, sondern Verwirklichung, Durchsetzung der eigenen Ansprüche oder, mit Wienbargs Wort: die "Wiedergebärung" des Lebens.[109]

---

107 Wienbarg, Feldzüge, S. 75.
108 Wienbarg, Feldzüge, S. 189.
109 Wienbarg, Feldzüge, S. 113.

Rhetorik des Kitsches

Problem Kitsch

Studiert man heute die geisteswissenschaftlichen Bücherverzeichnisse, wird man dem Kitsch-Thema nur selten noch begegnen. Die theoretischen Diskussionen darüber hatten ihren Höhepunkt in den sechziger und Anfang der siebziger Jahre, mein eigener "Versuch über Kitsch und Kolportage" erschien 1973.[1] Theoriegeschichtliche Flauten und Konjunktionen haben ihre Gründe. Daß der Kitsch in Literatur, bildender Kunst und Musik zum anerkannten Forschungsgegenstand avancieren konnte, ist ohne die gesellschaftlichen Veränderungen undenkbar, die sich nach dem Ende der Adenauer-Ära, dem Ende der Nachkriegszeit also, in der Bundesrepublik bemerkbar machten und die eine Nivellierung der sozialen Unterschiede bewirkten, wie sie in keiner Epoche bisher zu verzeichnen war. Ausgehend von ökonomischer Prosperität manifestierte sich diese Angleichung in Lebensweise und kulturellem Gepräge, in alltäglichen Haltungen und Ansprüchen, in dem Funktionswechsel von Freizeit und Arbeit. In dem Bereich kulturwissenschaftlichen Interesses rückten damit ästhetische Gestaltungsweisen und Tätigkeiten, die bislang nicht mit der Sphäre von Kunst und belangvoller Literatur assoziiert und damit assoziierbar waren. Das Problem des Kitsches erwies sich als Kehrseite des Kunstproblems, oder genauer: die Diskussion über den Kitsch reflektierte das Problematischwerden des bisherigen Begriffs oder Verständnisses von Kunst. Bezeichnend dafür, daß bei den Vertretern eines emphatischen Kunstbegriffs die kritische Perspektive vorherrschte ("Kitsch ist nicht, wie der Bildungsglaube es möchte, bloßes Abfallprodukt der Kunst [...], sondern lauert in ihr auf die stets wiederkehrenden Gelegenheiten, aus der Kunst hervorzuspringen."[2]) oder die Verantwortung für die ästhetische Entgleisung dem Rezipienten, dem "Kitschmenschen"[3] (Hermann Broch, Ludwig Griesz) aufgebürdet wurde. Auffallend bei fast allen Theoretikern: der Verzicht auf die historische Genealogie des Phänomens. Daß es inzwischen fast ganz aus der kulturkritischen und ästhetischen Debatte verschwunden ist, hängt damit zusammen, daß die Theorie in eine aporetische Kitsch-Kunst-Alternative gemündet ist, daß die kulturhistorischen und mentalitätsgeschichtlichen Ansätze nicht aufgenommen wurden - und daß vor allem der Kunstbegriff selber in eine Krise geraten ist. Das Phänomen hat sich dadurch nicht aufgelöst und feiert seine Triumphe in Riesenauflagen der wöchentlichen Heftchenliteratur, in den Bestsellern von Simmel und Konsalik und natürlich in den populären Familienserien des Fernsehens, die (wie etwa die *Schwarzwaldklinik*) nur eine filmische Umsetzung geläufiger Erzählmuster der Massenliteratur darstellen. Immer noch meldet sich im Bedürfnis nach Kitsch die Unzufriedenheit mit dem gewohnten Leben, nun freilich nicht mehr so sehr als Kompensa-

---

1 Vgl. G. Ueding: Glanzvolles Elend. Versuch über Kitsch und Kolportage. Frankfurt a. M. 1973.

2 Th. W. Adorno: Ästhetische Theorie. In: Ders.: Gesammelte Schriften. Bd. 7. Frankfurt a. M. 1970. S. 355.

3 Vgl. H. Broch: Einige Bemerkungen zum Problem des Kitsches. In: G. Dorfles: Der Kitsch. Tübingen 1969. S. 49-66 sowie L. Giesz: Der Kitschmensch als Tourist. In: Dorfles, Kitsch, S. 136-174.

tion einer als drückend empfundenen Arbeitsexistenz, sondern zur Ausgestaltung, um nicht zu sagen zur Dekoration eines immer größer werdenden von der Arbeit entlasteten Lebensraumes. Er ist, nach dem Rückzug der großen Kirchen aufs Altenteil der Bevölkerung, nach der Lähmung der überlieferten kulturellen Institutionen wie des Theaters und nach der Preisgabe des allgemeinen Bildungsauftrags der modernen Massenmedien, sich selbst, und das heißt der kommerziellen Ausbeutung überlassen. Der Kitsch spielt hier nach wie vor eine dominierende Rolle, ob in Werbefilm, Fernsehserie oder der immer noch massenhaft produzierten Literatur, weil er eine ästhetische, das heißt vornehmlich sinnliche Kommunikationsform darstellt, die persuasive Intentionen verfolgt (und sei es als persuasion pour la persuasion, als Überredung zu sich selber, zur fortdauerenden Rezeption der gleichen Produkte) und festen Regeln gehorcht, die ihren Ursprung in der Rhetorik haben.

Das läßt sich besonders gut im 18. Jahrhundert aufzeigen, als die literarische Massenproduktion im modernen Verständnis einsetzte und zugleich die Rhetorik aus dem Kunstverständnis des Bildungsbürgertums ausgeschlossen wurde, weil sie, wie Hegel bestimmte, "ihren Begriff statt in der freien poetischen Organisation des Kunstwerks vielmehr in der bloßen Zweckmäßigkeit zu suchen [hat]."[4] Eben diese Zweckmäßigkeit, "die auf lebendige, praktische Wirkung abgesehen ist",[5] teilt die Massenliteratur mit der Beredsamkeit, ja sie ist eine Form der Beredsamkeit, die nicht einmal immer auf die rationale Überzeugungsherstellung, auf Argumentation (nach Aristoteles das Kernstück der Rhetorik), verzichten will. Denken wir an die politische Lyrik der Achtundvierziger, an utopische Romane wie Schnabels *Insel Felsenburg* oder heute an Äußerungen von Autoren wie Johannes Mario Simmel, der mit seinen Romanen seine Überzeugungen und seine Gesinnung möglichst massenwirksam zur Geltung bringen möchte.

Das rhetorische Wesen der Massenliteratur findet so zuletzt seinen Grund in der Konkurrenz. Auch die Produkte der literarischen Massenproduktion müssen sich auf einem immer größer und unübersichtlicher, durch andere Medien ebenfalls beanspruchten Markt behaupten, und wie in der Verkaufs- und Verhandlungsrhetorik die Theorie der Redekunst auf bestimmte, den modernen ökonomischen Interessen angepaßte persuasive Methoden und Techniken reduziert wird, so macht sich auch die Massenliteratur auf ihre Weise und mit demselben Ziel den rhetorischen Fundus zunutze. Dauernde Variation bereits erprobter wirkungsvoller Motive und Handlungskonstellationen oder deren Wiederholung bis in die sprachliche Formulierung hinein; Verwendung feststehender Bilder und Vergleiche, rhythmischer Konstruktionen und lautmalender Wörter oder Wortverbindungen zum Zwecke emotionaler Beeinflussung; klare, übersichtliche Charakterdarstellung; fein kalkulierte Spannungsbögen; Darstellung eines Haupthelden und dessen dauernde Reproduktion, sofern er beim Publikum Erfolg hat - anhand nur eines exemplarischen Romans wäre es möglich, eine Rhetorik dieser verachteten Literatur zu schreiben, die oft bis ins Detail mit der überlieferten Schulrhetorik übereinstimmen würde. "Der Kitsch ist eine Kunst, die festgesetzten Regeln folgt, und das gerade in einer Zeit, in der alle künstlerischen Regeln von jedem Künstler in Frage gestellt werden."[6] So kann man den Befund ausdrücken, und

---

4 G. W. F. Hegel: Ästhetik. Hg. v. F. Bassenge. 2 Bde. Frankfurt a. M. o. J. Bd. 2. S. 358.

5 Hegel, Ästhetik, Bd. 2, S. 358.

6 H. Rosenberg: The Tradition of the New. Zit. n. Dorfles, Kitsch, S. 9.

er braucht nicht von vornherein schon ein negatives (Geschmacks-)Urteil einzuschließen. Eine Kunst, die Regeln, auch rhetorischen Regeln, folgt, braucht nicht unbedingt Kitsch zu sein, sie kann klassizistisch, epigonal oder virtuos sein, sie kann, mit einem Vergleich Nietzsches, in Ketten tanzen oder schlürfen. Gewiß sind diese Regeln weder abstrakt gesetzt noch auch mechanisch von der Schulrhetorik übernommen; weil sie sich zur Ablenkung von gesellschaftlichen Konflikten und damit zu deren Verschleierung tauglich erwiesen haben, werden sie immer wieder reproduziert oder dem Stand des gesellschaftlichen Bewußtseins angepaßt. "[...] die Mittel des Effektes sind immer 'erprobt', sie lassen sich kaum vermehren",[7] kritisierte Hermann Broch - als sei allein die Tatsache der auf Wirkung berechneten schriftstellerischen Technik von Übel. Entscheidend bleibt die ideologische Mitteilung, die zwar nicht von der Form, in der sie geschieht, getrennt werden kann, aber auch durch deren Kritik allein nicht erledigt wird. Vor dem "objektiven Geist der Manipulation" (Adorno) rettet nicht die Regellosigkeit oder der Verzicht auf Wirkung. Eine Kritik des Kitsches, die sich damit begnügt, dessen Technik des Effekts als reaktionär zu diffamieren, bleibt an ein idealistisch verstiegenes Kunstverständnis gebunden.

Nun dürfen diese Überlegungen nicht dazu führen, den Kitsch weiterhin als Begriffspendant zu Kunst auszugeben, als Sammelbezeichnung für alle ästhetischen Phänomene, die dem Kunstvorbehalt der Kritik unterliegen sollen. In dem riesigen Bereich der Massenproduktion von bildender Kunst, Literatur und Musik, die allgemein mit dem Adjektiv 'trivial' versehen wird, bildet der Kitsch eine Möglichkeit der - fast ausschließlich emotionalen - Art der Persuasion. Er entsteht aus der Akkumulation ganz bestimmter rhetorisch vorgeformter Inhalte, Darstellungs- und Überzeugungstechniken. Aus dem ubiquitären Schatz der rhetorischen Topik bedient er sich ausgewählter Muster wie dem des betrogenen Ehemannes (der betrogenen Ehefrau), der schönen, doch skrupellosen Geliebten, der Mesalliance, der Kindlichkeit (Ursprünglichkeit), der Natur (Natürlichkeit versus Künstlichkeit) oder der Leidensfähigkeit, um nur einige Beispiele zu nehmen. Bilder- und Vergleichstechnik herrscht vor, weil sie besonders gefühlsstimulierend ist, und auch von den Figuren werden vor allem diejenigen bevorzugt, die auf emotionale Wirkung berechnet sind, besonders Figuren des Kontrasts, der Steigerung oder Wiederholung. Jedes einzelne Moment aus diesem hier nur angedeuteten Katalog hat für sich natürlich nichts mit Kitsch zu tun, ihre Kombination erst kann zu dem führen, was spezifisch als Kitsch bezeichnet wird. Das Vorbild dieser Kombination ist freilich außerhalb der Rhetorik zu suchen, auch wenn es in ihrem System schon immer seinen Ort gehabt hat.

Die bürgerliche Familie als der soziale Ursprungsort des Kitsches

"Zweierlei gibt es [...], was, wenn der Redner es gut anwendet, der Beredsamkeit Bewunderung erwirbt. Das eine ist das, was die Griechen das Ethische (ethos) nennen; das schmiegt sich den verschiedenen Naturen und Charakteren und der ganzen Lebensgewohnheit an; das andere ist das Pathetische (pathos) nach der griechischen Bezeichnung, was die Gemüter leidenschaftlich bewegt und aufregt und worin die Rede vorzugsweise ihre Macht

---

7 Broch, Bemerkungen zum Problem des Kitsches, S. 70.

beweist."[8] Cicero und Quintilian haben neben den rationalen auch den emotionalen Überzeugungsgründen den angemessenen Rang in der Rhetorik zugewiesen. Die Darstellung des Charakters, wie sie sich in Leben, Sitten und Gewohnheiten zeigt, bringt jene Gefühlswirkungen hervor, die "mild, ansprechend [sind], geeignet, Wohlwollen zu erwecken."[9] Mit anderen Worten: vita et mores, die res humanae, gaben die Fundstätten für Stoffe, Themen, Argumente ab, mit denen Schriftsteller und Redner seither die Sympathie des Publikums anzuregen und auf sich und ihr Werk zu richten suchen. Quintilian präzisiert diese Züge noch mehr. Er bestimmt, wie es Klaus Dockhorn als erster herausgestellt hat, "das Ethos als das Schmeichelnd-Menschliche, Liebenswert-Angenehme, Ruhig-Gelassene, läßt es aus den menschlich-elementaren und gewöhnlichen Situationen fließen und im Raum der charakteristischen Beziehungen der Geselligkeit und menschlichen Zuneigungen sich bewegen".[10] Ohne der längst fälligen Spezialuntersuchung über die neuzeitliche Geschichte dieses Topik-Bereichs vorgreifen zu wollen, kann doch soviel hier schon gesagt werden: Er ist der Ort, aus dem heraus die Rhetorik jene Gefühlsreaktionen entwickelte, die das enge soziale Zusammenleben voraussetzen, aber auch erzeugen und fördern - in der Neuzeit wurde die bürgerliche Familie zu der ihm korrespondierenden gesellschaftlichen Institution.

"Die ersten glückberauschten Tage im eigenen Nestchen sind vorüber [...] Der junge Gatte kehrt zu seinen gewohnten Geschäften zurück und mit dem entzückenden Gefühl: 'daheim ist allezeit ein reizender Jemand, dessen einziger Gedanke und dessen einzige Sehnsucht du bist', - welches Bewußtsein ihn jedoch nicht hindert, seine Geschäftsbriefe in gehöriger Fassung zu schreiben, oder seinem sonstigen Berufe völlig gesammelt nachzugehen. Ja, man erzählt sogar, daß er trotz dieses Bewußtseins auf dem Heimwege mit einem Freunde ein wenig zu plaudern vermag, sogar sich Zeit nimmt, ein schönes Pferd anzusehen und vor sich auf- und abreiten zu lassen. - Freilich beflügelt er nachher doppelt seine Schritte und schaut schon von weitem sehnsüchtig aus nach einem gewissen Fenster, allwo hinter einem Gitter von Efeu und Blumen jener reizende Jemand sich aufzuhalten pflegt."[11] Das schöne Beispiel stammt aus einem Kitschklassiker des 19. Jahrhunderts. Doch Familie und Familienproblematik avancierten schon zum zentralen Gestaltungsthema, seit sich die literarische Massenproduktion im 18. Jahrhundert mehr und mehr dem Unterhaltungsbedürfnis eines breiten bürgerlichen, mittelständischen Publikums anzupassen begann. Machten sämtliche Romane im Zeitraum von 1700 bis etwa 1720 noch nicht mehr als ein Prozent der gesamten Buchproduktion aus, so ist deren spätere Umstrukturierung und thematische Verlagerung Folge einer gesellschaftlichen Entwicklung, welche wiederum die Gestaltung der Familienbeziehungen entscheidend beeinflußt hat. "Für die Menschen der 'bonne compagnie'

---

8 M. Tullius Cicero: Der Redner. Orator. Übers. v. J. Sommerbrodt u. W. Binder. Eingel. u. erl. v. M. Müller. München o. J. XXXVII, 128, S. 62.

9 Cicero, Redner, XXXVII, 128, S. 62.

10 K. Dockhorn: Die Rhetorik als Quelle des vorromantischen Irrationalismus in der Literatur- und Geistesgeschichte. In: Ders.: Macht und Wirkung der Rhetorik. Bad Homburg v. d. H., Berlin, Zürich 1968. S. 65.

11 E. Polko: Unsere Pilgerfahrt von der Kinderstube bis zum eigenen Herd. Leipzig o. J. S. 208. Elise Polko (1823-99) gehört zu den beliebtesten Vertreterinnen des unterhaltenden Frauenromans ihrer Zeit, die *Pilgerfahrt* ist besonders charakteristisch für die wesentlichen Tendenzen dieser Literatur, die aber im übrigen an jedem beliebigen Beispiel dieses Romangenres demonstriert werden könnten.

des ancien régime waren die geschmackvolle Anlage von Haus und Park, die je nach Mode mehr elegante oder mehr intime Ausschmückung ihrer Zimmer im Sinne der gesellschaftlichen Konvention oder etwa die Differenzierung und Durchführung der Beziehungen zwischen Mann und Frau bis in alle Einzelheiten nicht nur gern geübte Vergnügungen einzelner Menschen, sondern lebenswichtige Erfordernisse des gesellschaftlichen Verkehrs. Ihre Beherrschung war Voraussetzung für die gesellschaftliche Achtung, für den die Stelle unseres Berufserfolges einnehmenden gesellschaftlichen Erfolg."[12] Der bürgerliche Typus der Familie hat dagegen aufgrund seiner anderen gesellschaftlichen Funktion Verhaltens- und Organisationsweisen ausgebildet, die sich nur zeitweise, wie in den kaufmännischen Patrizierhäusern des Mittelalters, an der höfischen Gesellschaft und ihrer Lebensführung orientiert haben. Es fehlte dafür auch eine wichtige Voraussetzung, der consensus omnium über das Schickliche und Rechte, das Cicero das decorum genannt hatte und das als Konsens wenigstens der gebildeten und führenden Schichten eine normative, regulierende Funktion besaß, die abweichende Haltungen neutralisierte. Die bürgerliche Gesellschaft dagegen (um die historischen Positionen an dieser Stelle etwas modellhaft zu kontrastieren) bildete sich als eine Gesellschaft von Privatleuten aus. Während das Erwerbsleben von den Gesetzen des Produktions- oder Zirkulationsprozesses bestimmt wird, denen sich der beruflich Tätige bei Strafe seines Untergangs zu fügen hat, wird das Familienleben zum Residuum des Heim-Kehrenden, zum Heim schlechthin, das ihm Entlastung, Entspannung, auch Genugtuung für den ihm angetanen Zwang im Erwerbsleben bietet. Die Gesetze des Berufslebens, die sich nach den ökonomischen des Marktes richten, unterwerfen die Äußerungen und Verhaltensweisen der Individuen ihren Erfordernissen und schließen die mit ihren Zwecken nicht identischen aus ihrem Bereich aus, verweisen sie in den des Privatlebens, der Familie. Die Trennung des Lebens in eine Berufs- und Familiensphäre, womit letztere einer unmittelbaren sozialen Kontrolle entzogen und zum Refugium von individuellen Bedürfnissen wird, die in der Berufssphäre keinen Platz haben, hat Folgen für die künstlerischen Äußerungen der bürgerlichen Gesellschaft nach sich gezogen, die noch längst nicht genügend beachtet wurden. "Die Menschen dieser [der höfischen] Gesellschaft standen nicht zehn oder zwölf Stunden am Tage unmittelbar im Lichte und unter der Kontrolle der Öffentlichkeit, um sich dann in eine mehr private Sphäre zurückzuziehen, in der das Verhalten allenfalls durch die Rücksicht auf die öffentliche Berufstätigkeit, im übrigen aber weniger durch eine fast alles erfassende Gesellschaft und Geselligkeit und mehr durch das unpersönliche Gesetzbuch und durch das, was von dem primär auf Berufserfolg und Berufsarbeit hin geprägten Gewissen in die Privatzeit einmündete, geformt wurde."[13]

Mit der familiären Privatsphäre hat sich das Bürgertum einen Raum geschaffen, der vor allem Entlastungszwecke hat und daher sorgfältig nach außen abgeschirmt wird und nur sehr indirekt von einem sozialen oder kulturellen Konsens abhängt. Der Frau fällt die Rolle der Bewahrerin dieses Raumes zu, sie haftet für seine Unversehrtheit, für sein Funktionieren und widmet sich ganz der Aufgabe, Haus und Heim zu einer Schutz-und-Trutz-Burg gegen die Widerwärtigkeiten der äußeren Welt auszubauen. "Der gemeinsame Zug aller puritanischen Moral des 17. und 18. Jahrhunderts ist der strenge Dualismus von Haus und

[12] N. Elias: Die höfische Gesellschaft. Neuwied 1969. S. 174.

[13] Elias, Höfische Gesellschaft, S. 175.

Welt."[14] Zwar wird auch die häusliche Kleinwelt von einer der Frau übergeordneten Autorität, vom Familienvater, bestimmt, der das Einkommen der Familie sichert und damit über ihr materielles Schicksal entscheidet, doch deren kulturelle Möblierung bleibt weitgehend der Bürgersfrau überlassen. Bewußt gestaltet sie die häusliche Enklave im Gegensatz zur Totalität der Gesellschaft, die den Gesetzen des Marktes ausgeliefert ist, und schafft einen Raum der Intimität, in dem unmittelbare, persönliche Beziehungen das Miteinander der Familienangehörigen bestimmen, nicht aber - oder nur unmittelbar über die Autorität des Vaters - die ökonomische Ordnung. Wenn der Mann von seinen Berufsarbeiten nach Hause kommt, so erwartet ihn "dann sehnsuchtsvoll die treue Gattin, die indes ihrem Hauswesen vorgestanden. Sie empfängt ihn liebreich und freundlich; die Abendstunden gehen unter frohen Gesprächen, bei Verabredungen, die das Wohl ihrer Familie zum Gegenstande haben, im häuslichen Zirkel vorüber, und man wird sich einander nie überdrüssig."[15] Die Beschränkung auf häusliche Aktivität geht bei der vorbildlichen Bürgersfrau sogar so weit, daß sie auch nicht versucht, "die Grenzen des Hauses durch selbstgewählten geselligen Umgang, durch Bildungseifer und Bücherlesen zu transzendieren". Denn: "Sie empfindet die Grenzen des Heimes nicht als Schranke, sondern als räumlichen Schutz gegen die Außenwelt."[16] Das Lob des Hauses, wie es das ganze 19. Jahrhundert hindurch forttönen wird - vorzüglich in der massenhaft verbreiteten Literatur, für die Haus und Häuslichkeit auch heute noch unverzichtbare Bestandteile ihres Themenreservoirs und damit Mittel zur Gefühlsstimulierung sind -, findet hier seine ökonomische und gesellschaftliche Begründung. Die Familiensphäre wird als eigentlich menschlicher Wirkungsraum begriffen und damit eine Mentalität produziert, wie sie sich in dem Lektürestoff und seinen Leitbildern niederschlägt. Die ängstliche Abwehr äußeren Einflusses und die freiwillige Isolation in einer 'Welt im Kleinen' dient ja nicht nur der Verschleierung des Drucks und autoritären Zwangs, dem sich die Familienmitglieder unterwerfen müssen, wollen sie nicht Vergeltungsmaßnahmen des Familienoberhauptes provozieren, sondern sie sollen gleichzeitig die Bedingungen schaffen, unter denen sich Humanität und 'brüderliche' Gemeinsamkeit herstellen lassen. Vom Innenraum des bürgerlichen Lebens geht ein Gestaltungszwang aus, der das Bewußtsein der Individuen ebenfalls verhäuslicht. Ist zunächst vor allem die Frau dessen Opfer, so kann sich auch der Mann diesem (und ihrem) Einfluß auf die Dauer nicht entziehen; er wird in dem historischen Augenblick (in der Restaurationsepoche) schließlich zum beherrschenden, als die Enttäuschung an der äußeren Wirklichkeit und die Resignation aufgrund verlorener oder vorenthaltener politischer Machtausübung den Ausbau von Fluchträumen begünstigt.

Was immer wieder als die Verlogenheit und Falschheit des Kitsches gegeißelt wird: Verniedlichung, klischeehafte Typisierung, Simplifizierung und Zwangsharmonisierung, entspringt nicht nur dem Wunsch, der Realität zu entfliehen, sondern ebensosehr dem - wie-

---

14 E. Manheim: Beiträge zu einer Geschichte der autoritären Familie. In: Studien über Autorität und Familie. Forschungsberichte aus dem Institut für Sozialforschung. Repr. Nachdr. d. Ausg. Paris 1936. Lüneburg ²1987. S. 573.

15 A. Freiherr v. Knigge: Über den Umgang mit Menschen. Hg. v. G. Ueding. Frankfurt a. M. 1977. S. 158.

16 Manheim, Beiträge, S. 573.

wohl inadäquaten - Bemühen, Realität zu verarbeiten, sie auf die Maße der eigenen Privat-Welt zu bringen und derart beherrschbar zu machen. Denn "das Verkleinerte im Raum zieht [...] freundlich zusammen, bildet seine Welt liebenswürdig",[17] und eben darin besteht seine zunehmende ideologische Bedeutung. Wie die "Dinge als Spielzeug sonderbar erträglich [werden]",[18] so verringern sich im gleichen Maßstab dem subjektiven Empfinden auch die Schwierigkeit des Lebens und die eigene problematische Natur. Der Bürger wird sich selber als Miniatur erträglich, sein Dasein kommt ihm verkleinert menschlicher vor, als es seinen realen Dimensionen nach ist. So erscheint gerade die dem Kitsch immer so zentral negativ angelastete Verniedlichung als ein ambivalenter Prozeß, der dem Bedürfnis entspricht, zu bilden, was freundlich, liebenswürdig, anmutig, Wohlwollen erregend, auch kindlich, eben lebenswert wäre. Das Heim als Nest mit all seinen Eigenschaften der Geborgenheit, des "Behaustseins" ist dann die Mitte, von der aus die übrige Welt sich übersichtlich erweist und die sie als ihren Kern anerkennt. "Das Gebiet der Frau [...] ist das scheinbar enge und einförmige des innern häuslichen Lebens, die Domäne des Mannes ist die weite Welt da draußen, die Wissenschaft, die Rechtsordnung, der Staat. Aber wer sieht es nicht täglich vor Augen, daß jener beschränkte Wirkungskreis der Frau alle starken und reinen Gefühle der Menschenbrust, daß er die tiefsten Genüsse, die schwersten Opfer und die wunderbarsten Leistungen in sich schließt. In unscheinbar unablässiger Arbeit reiht hier die Hausfrau That an That, deren sittlicher Gehalt alle Leistungen des Mannes hinter sich zurückläßt, und legt hier den Grund zu all dem glänzenden Wirken, mit welchem dereinst der Sohn die Welt erfüllen und beherrschen wird."[19] Der realen Entwertung der Institution Familie, die für die Entwicklung des einzelnen eine immer geringere Rolle spielt, nachdem sie bereits als Grundlage der wirtschaftlichen Existenz an Bedeutung verloren hat, folgt paradoxerweise und doch kompensatorisch die Entwertung der 'Welt da draußen'. Im Genuß des Kitsches, der ständig die Welt im Kleinen reproduziert, ertränken die einzelnen ihre Angst. Sie tauchen ein in die Schilderung der res humanae als familiärer Gemeinsamkeit. Das zum Ideal erhobene Schrebergartendasein (die Schrebergärtenbewegung beginnt Anfang des 19. Jahrhunderts) stellt nur eine weitere Variante bürgerlicher Fluchtbewegung in die Familie dar: Der Kleingarten ist das in die Natur verlegte Haus, die Natur als Heim mit ihrem scheinbar Unabhängigkeit und Freiheit garantierenden Nutzungsraum.

Zur Affektenlehre des Kitsches

Für die Menschen in der höfischen Gesellschaft entschied sich Erfolg oder Mißerfolg ihres Verhaltens nicht in einer Berufssphäre und wirkte sich dann auch im Privatleben aus, "sondern für ihre Stellung in der Gesellschaft konnte ihr Verhalten zu jeder Zeit und an allen Tagen entscheidend sein, konnte gesellschaftlichen Erfolg oder Mißerfolg bedeuten. Und in diesem Sinne erstreckten sich also mit der sozialen Kontrolle auch die Formungstendenzen der Gesellschaft auf alle Sphären des menschlichen Verhaltens gleich unmittel-

---

17 E. Bloch: Literarische Aufsätze. Frankfurt a. M. 1961. S. 139.

18 Bloch, Literarische Aufsätze, S. 545.

19 Polko, Pilgerfahrt, S. 232.

bar."[20] Elias betont die ungeheure Bedeutung der vom Bürgertum vollzogenen Trennung des gesellschaftlichen Lebens in einen Berufs- und einen Privatbereich "für das Gepräge der späteren Menschen und für die Verarbeitung des Erbes, das ihnen aus den vorangehenden Jahrhunderten zufiel."[21] Die differenzierte Beobachtung der eigenen Psyche folgt sowohl den allgemeinen bürgerlichen Verinnerlichungstendenzen, wie sie auch der Notwendigkeit psychischer Selbstkontrolle im Berufsleben entspricht. Man konzentriert sich auf die Regungen des eigenen Gemütes, der eigenen Seele und versucht, sie nuanciert festzuhalten, um den Anforderungen der Gesellschaft im Berufsleben nachzukommen, da "unkontrollierte emotionale Handlungsweisen für die derart Handelnden selbst immer gefährlicher werden".[22] So erzwingt das Berufsleben eine "hohe Routinisierung der Affekte",[23] wogegen das von den gesellschaftlichen Formierungstendenzen nicht direkt betroffene Privatleben größere Verhaltensfreiheiten gestattet, in denen nun die im politischen Bereich verweigerte emotionale Selbstlegitimation gesucht wird.

Die dem privaten Rezeptionsraum einzig angemessene Affektlage ist weder die heroisch-pathetische oder entsetzende der Tragödien und Trauerspiele, der Haupt- und Staatsaktionen noch die rebellisch-pathetische der Stürmer und Dränger, sondern die anmutige, Vergnügen und sanfte Gefühlsschwärmerei gewährende Emotion, wie sie nach der rhetorischen Affektenlehre durch die Darstellung des Charakters, durch das Ethos, hervorgebracht wird. Gewiß läßt sich der Affekthaushalt des deutschen Bürgertums im 18. und 19. Jahrhundert insgesamt nicht auf diese mittlere Affektlage reduzieren, doch tritt sie mehr und mehr im 18. Jahrhundert, gefördert durch die puritanische Moral, in den Vordergrund; der empfindsame Roman ist ihre durchdringendste Erscheinung in der Literaturgeschichte. Wo immer vom Zweck des Romans gesprochen wird, bestimmt man ihn als Belehrung und Unterhaltung, selten nur in Analogie zur dramatischen Wirkungsabsicht als Darstellung und Erregung von Leidenschaften. Die noch durchaus traditionell in der rhetorischen Überlieferung stehende *Theorie der schönen Wissenschaften* Eschenburgs definiert als doppelten Zweck des Romans, "zu gefallen und zu unterrichten".[24] Dem Roman werden das docere und das delectare zugeordnet und damit nicht die hohe Stilart, sondern eine niedrige Schreibart. Gerade die schrankenlos subjektivistische Emotionalität Werthers schreckte ja die Zeitgenossen und provozierte ihre Kritik wie auch die dämpfenden Bearbeitungen des Themas. Entscheidend für die Entwicklung der Romanproduktion, die von den Theoretikern zunächst nur mit Mißtrauen betrachtet wurde, erscheint seine Tauglichkeit dafür, das durch die Entstehung eines weitgehend entlasteten Privatbereichs bedingte Bedürfnis nach Unterhaltung und zeitvertreibender Belehrung zu befriedigen. Unter den dem Roman zur Verfügung stehenden Möglichkeiten, ein breites Publikum zu unterhalten, nimmt der Kitsch einen bedeutenden Rang ein. Vertreibt er ja nicht nur die Zeit auf eine angenehme Weise, sondern schafft er doch erst den familiär-menschlichen Stimmungsraum, in dem es sich wohl sein läßt.

---

20 Elias, Höfische Gesellschaft, S. 176.

21 Elias, Höfische Gesellschaft, S. 174.

22 Elias, Höfische Gesellschaft, S. 335.

23 Elias, Höfische Gesellschaft, S. 174.

24 J. J. Eschenburg: Theorie der schönen Wissenschaften. o. O. 1783. S. 338.

Die allgemein beklagte Sentimentalität des Kitsches ist Ausdruck des bürgerlichen Verlangens nach Sättigung der emotionalen Bedürfnisse, gleichzeitig aber Zeichen eines von gesellschaftlicher Durchformung weitgehend unberührt scheinenden Bereiches. Dem Außenstehenden kommt die sentimentale Reaktion oder Darstellung vor als ein im Vergleich zu dem Anlaß oder den Motiven unangemessen großer Gefühls- und Empfindungsaufwand. Das schwärmerische Moment, das Sentimentalität immer enthält (nicht mit ihr identisch ist), weist aber auf ein Reservoir von ungenutzter Vitalität und Emotionalität, d. h., was der Außenstehende als Anlaß für Sentimentalität feststellt, ist nur vorgeschoben: Die wirklichen Motive bleiben verborgen, gerade dem Sentimentalen selber, der im aufwendigen Gefühlserlebnis gesellschaftliche Unterlegenheit und Affektverbot lustvoll kompensiert. Die Gefühlslage des bürgerlichen Menschen im 18. Jahrhundert, Folge einer langen politischen Ohnmacht auf der einen und der Trennung von Privat- und Berufsleben auf der anderen Seite, war die vollkommene Voraussetzung für ein Bildungsideal, dem es vor allem auf die Formung und Weiterentwicklung der geistig-seelischen Kräfte ankommt, auf die Bildung des inneren Menschen also, der sich eigentlich erst durch Distanzierung von allem Äußeren verwirklichen kann. Im "Gegensatz zu den Parolen des aufsteigenden Bürgertums in Frankreich und England"[25] gewinnt das Innenleben für das deutsche Bürgertum eine besondere Bedeutung. Der pietistische Protest, anfangs gegen die Produktion und Handel hemmende Feudalordnung und die Erstarrung des Luthertums gerichtet, manifestierte sich später aber nicht in politischem und sozialem Handeln, sondern in dessen Denunzierung als unwesentlich und in dem Rückzug aus der Gesellschaft. Rationale Kommunikation wird durch Gefühlskommunikation ersetzt: "Als das Ziel der Mitteilung wird nicht der Verstand des Hörers, sondern seine Seele genannt. [...] Die Verbindung soll von Herz zu Herz hergestellt werden ohne die Zwischeninstanz der Vernunft."[26] In säkularisierter Form erreicht die pietistisch angestrebte Kultivierung des individuellen Gefühlslebens in der Empfindsamkeit ihren Höhepunkt; deren konsequenter Ausdruck sind Gefühlsseligkeit und Sentimentalität, wie sie die breite literarische Produktion der Zeit beherrschen. Die Verfeinerung des Gefühls, die differenzierte Beobachtung der eigenen Gefühlsregungen (die Empfindsamkeit also), schaffte erst die Voraussetzung dafür, daß Affekte selbst erzeugt werden konnten und so stets zur Verfügung des einzelnen standen. Die komplizierte Tastatur der Gemütsbewegungen zu spielen und an ihnen sich zu berauschen, vermag nur derjenige, der mit ihnen umzugehen gelernt hat. Viel zu wenig wurde bisher die Rolle der Rhetorik bei der Entstehung dieser spezifisch bürgerlichen Affektlage berücksichtigt. Zwar beruht die rhetorische Affektenlehre ihrer Intention nach auf einer Kollektivpsychologie (emotionale Beeinflussung des Publikums), doch mit ihrer Lehre von der Erzeugung der Gemütsbewegungen im Redner selber enthält sie bereits entscheidende Momente einer Individualpsychologie, die genau zu dem Zeitpunkt wirksam werden konnten, als die empirische Erforschung des Subjekts gesellschaftlich notwendig wurde.

Im 18. und immer mehr dann im 19. Jahrhundert bildet sich als machtvoller gesellschaftlicher Auftrag an die Literatur heraus, die fiktiven Stoffe zur Erzeugung der gewünschten

---

25 N. Elias: Über den Prozeß der Zivilisation. 2 Bde. München 1969. Bd. 1. S. 32.

26 M. Windfuhr: Die barocke Bildlichkeit und ihre Kritiker. Stilhaltungen in der deutschen Literatur des 17. und 18. Jahrhunderts. Stuttgart 1966. S. 440.

Affekte bereitzustellen. Die Literatur entspricht diesem Auftrag, indem sie Untersuchung und Darstellung der Affekte verbindet, bis sie schließlich über ein Arsenal von Mitteln und Methoden verfügt, den jeweilig gewünschten Affekt zu erzeugen. Das gewollt Kunstlose und Natürliche der pietistischen Seelensprache wie ihrer literarisch-empfindsamen Adaptionen kann daher die rhetorische Wirkungsabsicht nicht verleugnen. Die aufklärerische Kultur der Vernunft - die vor allem die rationalen Aspekte der Rhetorik betont - und die pietistisch-sentimentale Kultur der Empfindung stehen damit in einem engen Wirkungs-Zusammenhang: Erstere spiegelt die öffentlich-politischen Intentionen des sich emanzipierenden Bürgertums wider, letztere entspricht den privaten Bedürfnissen, die erst durch die ökonomisch-gesellschaftliche Entwicklung und - speziell in Deutschland - die politische Enttäuschung des Bürgertums entstanden. Ohne Schwierigkeiten konnte die Seelensprache des Pietismus aus dem religiösen in einen weltlichen Bereich übertragen werden, stellte sie doch den Versuch dar, sämtliche gesellschaftlichen Vermittlungsinstanzen zu umgehen, um das nach innen gekehrte private Individuum zu erreichen. "Alles, was den momentanen und freien Ausdruck beeinträchtigt und auf eine distanzierte und objektivierte Sprechweise hinzielt, wird daher abgelehnt."[27] Die derart geforderte Spontaneität im sprachlichen Ausdruck - nach pietistischer Überzeugung Manifestation göttlicher Inspiration - vermag sich zwar von der rationalistischen Regelrhetorik zu lösen, setzt an ihre Stelle aber nur eine andere rhetorische Konvention. Die Sprachauffassung des Pietismus und der Empfindsamkeit basiert auf der fehlenden Einsicht in die gesellschaftliche Vermitteltheit jeder individuellen Äußerung: als sei das Spontane auch das distanzlos Unvermittelte und Natürliche. Windfuhrs Feststellung: "Die Pietisten können sich die Innenwelt nicht anders vorstellen als mit den Maßen und Gegenständen der Außenwelt",[28] ist Ausdruck dieses Dilemmas, für das Walter Benjamin die präzise Metapher vom "möblierten Menschen"[29] parat hatte. Gerade ja der unreflektierte Wunsch, ungekünstelt zu sein, identifiziert das unmittelbar Vorfindbare, doch historisch Gewordene, mit dem Echten und Wahren, ohne der Elemente des Falschen, jeder historischen Erfahrung qua Ideologie immanent, auch nur gewahr zu werden. Bilder aus "Arbeitswelt und Ehe- und Familiensphäre"[30] sollen das Unbeschreibbare beschreiben, Metaphern wie 'Erbauung' und 'Erweckung' einen Vorgang nachvollziehen, der doch angeblich rein emotional begründet ist. Schillers Klage: "Spricht die Seele, so spricht, ach, schon die Seele nicht mehr", begleitet unausgesprochen sämtliche sprachliche Artikulation pietistischer Herkunft. Die Inadäquanz von Innen- und Außenwelt, literarisches Thema des Jahrhunderts, läßt die Forderung des Von-Herz-zu-Herz-Redens zur abstrakten Formel erstarren, die bis ins späte 19. Jahrhundert hinein immer wieder wie eine magische Beschwörung in der Literatur auftaucht: "In der Notwendigkeit einer so baldigen Auflage der vorliegenden 'losen Blätter' habe ich die Bestätigung jenes alten lieben Wortes gefunden: 'Was vom Herzen kommt, geht wieder zum Herzen.' - Man hat diesem kleinen Buche gleichsam jenen warmen Herzschlag angefühlt [sic!], den man jedem Worte einer Frau anfühlen müß-

27 Windfuhr, Barocke Bildlichkeit, S. 440.

28 Windfuhr, Barocke Bildlichkeit, S. 451.

29 W. Benjamin: Traumkitsch. In: Ders.: Ausgewählte Schriften II: Angelus Novus. Frankfurt a. M. 1966. S. 160.

30 Windfuhr, Barocke Bildlichkeit, S. 451.

te. Denn unsere Welt ist eben nur die Welt des Herzens, in ihr allein sind wir glücklich und wahrhaft zu Hause, sie ist, wenn auch nicht unser unbestrittenes, so doch unser eigentliches Reich."[31] Direkte emotionale Wirkung verspricht man sich von der Familiarisierung und Sentimentalisierung der aus der historischen, gesellschaftlichen Wirklichkeit entlehnten Bilder - eine Stilisierung, die jede Natürlichkeitsforderung ihres ideologischen Charakters überführt und sich in der Kultivierung des mittleren, delectatio erregenden Stils manifestiert. Die "Umwandlung des barocken Affekts in die gefühlshafte Emphase",[32] von der Windfuhr spricht, ist die Konsequenz eines derartigen, nicht auf Erregung der Leidenschaften, der starken Affekte, auch nicht auf nüchterne Argumentation, sondern auf Erregung der sanften, milden Affekte zielenden Ausdruckswillens.

Der Idolatrie von Herz, Gefühl und Empfindung - Kennzeichen des Kitsches bis hin zur Heftchenliteratur des Bastei-Verlages - entspricht die Preisgabe von Affekten, die zur Verinnerlichung untauglich waren. Gefühl heißt nicht Leidenschaft, heftige emotionale Erregung, sondern die bereits dem Regulierungszwang unterworfenen, verfeinerten, gedämpften Empfindungen, die mit Begriffen wie sanft, angenehm, gefällig, süß und zärtlich umschrieben werden. Nicht der *erhabene Charakter* und dessen pathetisches Leiden, immer noch Signum einer wenn auch "tragischen" Auseinandersetzung mit den Widerständen der Gesellschaft, sondern die *schöne Seele* entspricht als Persönlichkeitskonzeption dieser privaten Gefühlslage des bürgerlichen Menschen. "In die Kultur der Seele sind - in falscher Form - diejenigen Kräfte und Bedürfnisse eingegangen, welche im alltäglichen Dasein keine Stätte finden konnten."[33] Gegen die zivilisatorischen Zwänge, die aus der gesellschaftlich notwendigen Berechenbarkeit sämtlicher menschlicher Beziehungen folgten, glaubte der enttäuschte Bürger mit der Ästhetisierung des privaten Bereichs das Zaubermittel gefunden zu haben, das, wenn nicht seine physische, so doch seine psychische Existenz unverletzbar machte. "Heiter und frei wird das Auge strahlen, und Empfindung wird in demselben glänzen. Von der Sanftmut des Herzens wird der Mund eine Grazie erhalten, die keine Verstellung erkünsteln kann. Keine Spannung wird in den Mienen, kein Zwang in den willkürlichen Bewegungen zu bemerken sein, denn die Seele weiß von keinem."[34] Blackall hat die Epitheta solcher Verfeinerung der Seele zusammengestellt; neben kühl, sanft, rein und lieblich sind es vor allem "artig, froh, fröhlich, vergnügt, verliebt, anmutsvoll, zart, schamhaft, zärtlich, mild, leise, hold, heiter, still, heimlich, gelinde."[35] Sie alle kehren im Kitsch in topischer Regelmäßigkeit wieder, ob anläßlich der Beschreibung von Personen, Landschaften oder Situationen. Die schöne Seele strahlt aus Lebewesen wie Dingen, die von ihr beseelt wurden; aus ihr spricht, in sublimierter Form zwar, das rhetorische Ethos als die ge-

---

31 Polko, Pilgerfahrt, S. VII.

32 Windfuhr, Barocke Bildlichkeit, S. 455.

33 H. Marcuse: Kultur und Gesellschaft I. Frankfurt a. M. 1967. S. 82. - Über den Zusammenhang des rhetorischen delectare mit dem Persönlichkeitsideal der schönen Seele vgl. meine Untersuchung über "Schillers Rhetorik. Idealistische Wirkungsästhetik und rhetorische Tradition" (Tübingen 1971), S. 53ff. Dort findet sich auch der Nachweis, daß sich in der Kultur der schönen Seele Formen der höfischen Kultur erhalten haben.

34 F. Schiller: Über Anmut und Würde. In: Ders.: Sämtliche Werke. Hg. v. H. G. Göpfert u. G. Fricke. Bd. 5. 4., durchges. Aufl. München 1967. S. 469.

35 E. A. Blackall: Die Entwicklung des Deutschen zur Literatursprache. 1700-1775. Stuttgart 1966. S. 302.

sellschaftlich verlangte Affektregulierung, indem auch die Leidenschaften besänftigt und auf die maßvolle Empfindung heruntergeschraubt werden. Nur scheinbar gewährt sie demnach Erholung von den immer differenzierter und mächtiger werdenden Herrschafts- und Selbstzwängen - Beweis dafür, daß Gesellschaft und ökonomischer Zwang sich selbst dort noch auswirken, wo man sich von ihren Fesseln ledig glaubt. Dieser prekäre Widerspruch konstituiert Erholung als Freizeitideal, er ist mit den Bedingungen der bürgerlichen Gesellschaft selber schon gegeben und nicht erst Produkt des 20. Jahrhunderts.

Die Unfähigkeit, den privaten und den öffentlichen Bereich sinnvoll aufeinander zu beziehen, hält das Bedürfnis nach einer Literatur (deren Funktion in der Gegenwart auch von den übrigen Massenmedien übernommen wurde) wach, die solche Vermittlung als real möglich darstellt. Gesellschaftliche Konflikte, soweit sie der Kitsch thematisiert, werden in privater Harmonisierung aufgelöst: Der reiche Gutsbesitzer heiratet das arme Kindermädchen, der verarmte Adlige verbindet sich mit der begüterten Bankierstochter, die berufliche Unbill des tätigen Mannes vergilt ihm zu Hause die seelenvolle Frau. Wenn das arme Mädchen sein Glück zunächst auch nicht glauben mag und in dieser Ungläubigkeit gesellschaftliche Widersprüche ahnbar werden, so wird sie doch bald eines Besseren belehrt: In der Harmonie zweier Seelen lösen sich selbst die antagonistischen Widersprüche auf. Daß diese selber immer nur empfunden werden, schlägt sich in der Überzeugung nieder, sie seien auch mit der "richtigen" Empfindung aufhebbar. Liebe ist eine Himmelsmacht, der einzige Schutz vor einer individualistischen Gesellschaft, deren Existenzform: Vereinzelung, auch hinter allen literarischen Liebesszenen droht. Offener und unverstellter als die Romane, die in Literaturgeschichten überdauerten, spricht der Kitsch die Sehnsüchte aus, denen der Liebesroman seine unveränderte Popularität verdankt. "In die Idee der Liebe wurde die Sehnsucht nach der Ständigkeit irdischen Glücks, nach dem Segen der Unbedingtheit, nach der Überwindung des Endes aufgenommen."[36] Vom Abglanz solcher Utopie zehrt auch noch der Kitsch. Die Anziehungskraft seiner Liebesbilder, so tränenselig wie unrealistisch, wäre ohne dies Utopische, das Liebe in der bürgerlichen Gesellschaft adeln läßt, nicht vorstellbar. Wie vollkommen auch immer die Liebesszene im späten 19. und vor allem dann im 20. Jahrhundert zum genormten Industrieprodukt wird, immer ist noch ein Rest von Hoffnung darin eingeschlossen.

Das Kitsch-Schöne

"[...] in der Shakespeare-Zeit wird die Rhetorik als bloße Technik des Überzeugens und Belehrens von einer spezifischen Technik des Unterhaltens unterschieden, die sich rhetorischer Figuren zwar bedienen kann, aber in einem ganz anderen, weil weniger zweckhaften Sinn. 'Unterhalten' [...] allgemein wird noch - traditioneller Diktion folgend - 'delectare' gesagt."[37] Auf die Funktion des delectare, das die mittlere Position im triadischen Wirkungsschema der Rhetorik einnimmt, bei der Ausbildung einer den Bedürfnissen eines großen bürgerlichen Publikums entsprechenden Literaturproduktion wurde bereits hingewie-

---

36 Marcuse, Kultur und Gesellschaft, S. 79.

37 G. R. Hocke: Manierismus in der Literatur. Hamburg 1963. S. 133.

sen, ebenso darauf, daß das Streben nach delectare - ganz im Gegensatz zu Hockes Ausführungen - den Versuch bedeutet, in ganz zweckhaftem Sinne Wirkung auszuüben. Entscheidend kommt nun noch hinzu, daß die Rhetorik von ihrer Unterscheidung der beiden Möglichkeiten, Überzeugung auf emotionalem Wege herzustellen, "die Ausgangspunkte für die ästhetische Scheidung des Erhabenen und Schönen, von Würde und Anmut"[38] lieferte. Ethos als Mittel und Gegenstand emotionaler Glaubwürdigkeit gebiert das Schöne, das "primär den Sinn des Menschlich-Charakteristischen [hat], das [...] als Gemein-Menschliches und Familiär-Nahes, eben als 'Anmutendes' wahrgenommen wird."[39] In der klassischen idealistischen Ästhetik wird die Konstituierung des Schönen weitgehend dieser rhetorischen Konzeption folgend durchgeführt - von Kant/Schiller bis Hegel läßt sich der Prozeß gegenseitiger Durchdringung von rhetorischer Theorie und 'unrhetorischer' Ästhetik verfolgen. Dockhorn hat in diesem Zusammenhang auf die Bindung des ethos an das humanum hingewiesen, das seine "Bedeutung aus dem Gegensatz zur 'elatio animi', der mit dem Pathos verbundenen Erhabenheit nimmt, also grundsätzlich den Sinn des 'Menschlichen' aus seinem Gegensatz zum Heroisch-Übermenschlichen [...] bestimmt."[40] Im ästhetisch-ethischen Ideal der schönen Seele ist diese humanistische Bedeutung des Schönen aufgehoben. "In der ästhetischen Welt ist jedes Naturwesen ein freier Bürger, der mit dem Edelsten gleiche Rechte hat, und *nicht einmal um des Ganzen willen* darf *gezwungen* werden, sondern zu allem schlechterdings *konsentieren* muß."[41] Die ästhetische Welt vertritt, was in der gesellschaftlichen Wirklichkeit noch aussteht. Der Abstand also ist die Bedingung für die Möglichkeit einer Antizipation noch verborgener Möglichkeiten: Schiller bestand zu Recht auf ihm. Wird nämlich dieser Abstand eingezogen in dem so trügerischen wie trügenden Bewußtsein, Schönheit lasse sich schon hier und jetzt und unter gewaltsamer Ausschaltung aller ihr entgegenstehenden Bedingungen sozial verwirklichen, so entsteht als bloße Verschönerung das Kitsch-Schöne.

Manifestierte sich für die klassische Rhetorik das Schöne im Ethos als Darstellung des menschlichen Charakters in der Weise, daß die einwandfreie Charakterbildung des Redners in Erscheinung treten sollte, damit in der Realität selber sich seine menschliche Vollkommenheit in Form politisch-gesellschaftlicher Aktivität zeige, so wird von den bürgerlichen Theoretikern des 18. Jahrhunderts das aktive Moment aus dem Schönen entfernt und ihm in der Darstellung nur imaginäre Existenz zugesprochen. Dieser Verzicht bedeutet Verlust der Nachprüfbarkeit, ob überhaupt die schöne Darstellung eines Menschen oder Gegenstandes seiner sozialen Funktion und seinem humanen Rang nach berechtigt sei oder nicht. Eine vitia-Doktrin für die mittlere, schöne und daher delectatio erregende Sprechweise würde damit letztlich wieder auf den Maßstab des äußeren aptum zurückführen, gerade die Unstimmigkeit zwischen ihr und den sozialen Umständen ist für die Erscheinung des Schönen konstitutiv, eine Unstimmigkeit, die daher auch nicht aktiv auf ihre eigene Aufhebung hin tendiert, sondern mit der Darstellung von Menschlichkeit als einer schönen diese selber schon erreicht glaubt. Alles hat nur Wert, sofern es zur Verschönerung tauglich ist - und damit ist

38 Dockhorn, Rhetorik als Quelle, S. 68.

39 Dockhorn, Rhetorik als Quelle, S. 68.

40 Dockhorn, Rhetorik als Quelle, S. 66.

41 F. Schiller: Kallias oder Über die Schönheit. In: Ders., Sämtliche Werke, Bd 5, S. 421.

alles gleich wertvoll. Es gibt wohl kaum einen Bereich menschlichen und gesellschaftlichen Lebens, der nicht zur Verwandlung im Kitsch-Schönen tauglich wäre. Geburt und Tod, Krieg und Revolution, Krankheit und Verbrechen bilden von ihrem Stoffbereich her nicht gerade Motive des Schönen, können aber ebenso schön vorgestellt werden wie die für den Kitsch bedeutenderen Sujets Liebe, Heirat, Freundschaft und harmonisches Familienglück.

Der Wunsch, den Lebensraum zu verschönern, dessen Gestaltung in den eigenen Händen liegt, wächst um so mehr, je weniger die gesellschaftliche Wirklichkeit den individuellen Formungstendenzen zugänglich ist. Die Parole 'Schöner leben' verdrängt gegen Ende des 18. Jahrhunderts in Deutschland die politische Forderung, besser, gerechter, demokratischer zu leben und an der Macht beteiligt zu werden. Das deutsche Bürgertum richtet sich unter Verhältnissen, die es ablehnt, aber dennoch nicht durchbrechen kann, so wohnlich wie möglich ein. Die Verschönerung der Welt geht in der bürgerlichen Kultur des 18. und 19. Jahrhunderts vom eigenen 'kleinen' Haus aus und erfaßt zunächst die ja noch den eigenen Formungsmöglichkeiten offenstehende Umgebung des Hauses, den Garten. "Um endlich der kümmerlichen Natur, wenigstens in nächster Nähe, mehr Reize abzunötigen, hatte der Hausherr sein einsames Gehöft mit einem weiten Park umschlossen [...]. Dort hatte er - meine Mutter zu überraschen - auf künstlichem Hügel eine steinerne Urne errichtet, mit der Inschrift 'Maria'. Junge Tannen standen darum herum. Da saß die Mutter oft mit mir in schöner Jahreszeit, sich der Aussicht auf weite Wiesen und fernen Wald erfreuend."[42] Nicht in die wilde, unbeherrschte, die dynamisch-erhabene Natur Kants zieht sich das bürgerliche Individuum zurück, sondern in einen domestizierten Naturraum, in eine Landschaft, die in die Sphäre häuslich-familiärer Erfahrung übersetzt wurde. Die Natur erscheint im Sonntagsstaat, und zwar um so lieblicher herausgeputzt, je näher man dem Zentrum häuslicher Naturschilderung kommt: dem Familien- und Heimatroman.

Der Verschönerungszwang, der vom Hause ausgeht, um wieder zu ihm hinzuführen, ergreift sämtliche Bereiche des menschlichen und 'natürlichen' Lebens, Geschichte wie Gegenwart unterschiedslos. Die ganze Welt wird in ein häusliches Leben verwandelt und so zum Anlaß einer erfreuenden, ergötzenden, gelassen-sanften Gemütsemotion, deren Charakter Friedrich Schiller in seiner Besprechung des Gartenkalenders auf das Jahr 1795 bewundernd schildert: "Ländliche Simplizität und versunkene städtische Herrlichkeit, die zwei äußersten Zustände der Gesellschaft, grenzen auf eine rührende Art aneinander, und das ernste Gefühl der Vergänglichkeit verliert sich wunderbar schön in dem Gefühl des siegenden Lebens. Diese glückliche Mischung gießt durch die ganze Landschaft einen tiefen elegischen Ton aus, der den empfindenden Betrachter zwischen Ruhe und Bewegung, Nachdenken und Genuß schwankend erhält und noch lange nachhallet, wenn schon alles verschwunden ist."[43] Der Wunsch, verschönern zu wollen, was einen umgibt, ist ja nicht als solcher bereits verwerflich. Er drückt das legitime Interesse nach einer des Menschen würdigen Umwelt aus, in der die Fülle seiner Anlagen nicht verkümmert, sondern verwirklicht werden kann, was erst eine wirkliche Vermenschlichung der Welt bedeutete. Kitsch erweist sich zuletzt also als der Name für das entgleiste, vernutzte und industriell ausgebeutete Streben des Menschen nach einfacher Geselligkeit und unheroischer Freundlichkeit.

---

[42] W. v. Kügelgen: Jugenderinnerungen eines alten Mannes. Hg. v. A. Stern. Leipzig o. J. S. 4f.

[43] F. Schiller: Über den Gartenkalender auf das Jahr 1795. In: Ders., Sämtliche Werke, Bd. 5, S. 889.

Rhetorische Konstellationen im Umgang mit Menschen

Über Erziehung schreiben, heißt beinahe über alles auf einmal schreiben, da sie die Entwicklungen einer ganzen, obwohl verkleinerten Welt im kleinen (eines Mikrokosmos des Mikrokosmos) zu besorgen und zu bewahren hat.

Jean Paul

Kein Tier ist höflich.

Otto Gildemeister

1. Das Material, dem sich der Literaturhistoriker gegenübersieht, ist immer noch zu einem großen Teil dunkel, verstreut, fragmentarisch, und seine Aufgabe ist es, nach dem schönen Vergleich Siegfried Kracauers, durch diese noch unerkundeten Räume "einen Kurs zu halten", natürlich nicht einen beliebigen, sondern den, der in die Sachen selber eingeschrieben ist, der ihre Wegrichtung, ihr Ziel und ihre Entwicklungszeit angibt. Es gilt also, einen Fahrplan zu entziffern, der aber noch gar nicht gesetzt ist, sondern nur durch Position, Bedeutung, durch Konstellationen und Wirkungszusammenhänge viel eher als durch die zeitliche Reihenfolge allein in seinen Umrissen erscheint. Angesichts der damit gegebenen und immer nur annähernd zu lösenden Schwierigkeiten gewinnen jene kulturellen Erfahrungen einen herausragenden Wert, die sich mit einer denkwürdigen Konsistenz durch die Epochen der Geschichte durchhalten und trotz jeweils kritischer Prüfung, Neuinterpretation, Erweiterung, gar Verkehrung die Kontinuität von Geschichte sinnfällig machen. Sie sind gewissermaßen die Fixpunkte, mit deren Hilfe Kracauers Historiker seinen Kurs hält.

Eine besondere Rolle in dem jeweils erreichten historischen Stadium, für dessen Durchsetzung, Festigung und schließlich Tradierung, spielen diejenigen Ideale, mit deren Hilfe eine Klasse sich vorbildlich entwirft: Sie strukturieren nicht nur die im engeren Sinne kulturellen Äußerungen dieser Klasse, sondern bilden schließlich die Modi der Alltagserfahrung sämtlicher Individuen aus, die ihr zugehören. Diese Ideale haben also einen eminent praktischen Wert vor allem im Bildungsprozeß, dem sie Ziel und Methode vorschreiben: ob es sich um allgemein gesellschaftliche, familiäre, schulische oder literarische, ästhetische Bildung handelt. Das Ideal des vir bonus bezeichnet einen Knotenpunkt des europäischen Denkens, wo immer es von dem Ziel beherrscht wird, Bildungsprojektionen zu entwickeln, die in einem umfassenden Sinn das Bewußtsein in gewünschter Weise prägen sollen. Eine Sozialgeschichte dieses Bildungsideals hätte alle seine Bedeutungen, Verwandlungen und Entfaltungen zu verfolgen - im kleinen eine Sozialgeschichte der europäischen Kultur. Hier können nur einige der für die Entwicklung der deutschen Literatur wichtigen Phasen nach ihrer ideengeschichtlichen Seite hin verfolgt werden, deren Konfiguration durch die Werke Ciceros, Quintilians, Castigliones, Gottscheds und Knigges angegeben werden kann.

2. Immer ist mit der Frage nach dem Ursprung einer Sache die Absicht verbunden gewesen, mit der Antwort auch eine Legitimationsgrundlage zu finden, die ihren Gebrauch, ihre ideologische Verwendung, ihren sozialen Sinn fraglos macht. Ciceros geschichtsphilosophische Konstruktion eines Naturzustandes, in dem die Menschen wie Tiere unzivilisiert und barbarisch gegeneinander lebten, entspringt keineswegs dem historischen Interesse an der Entwicklung des Menschengeschlechts, sondern soll Sinn, Bedeutung, auch Zweck einer gesellschaftlichen Praxis offensichtlich machen, die in der Überwindung dieses Naturzustandes ihren Ursprung hat und ohne welche auch das zeitgenössische Leben nicht wäre, ja dessen fortwährende Wirkung den abermaligen Rückfall in die Barbarei verhindert. "Denn gerade darin besteht unser größter Vorzug vor den rohen Tieren, daß wir uns mit einander unterreden und unsere Empfindungen durch Worte ausdrücken können."[1] Dem 19. Jahrhundert erstarrte die europäische Kultur der Rhetorik in einem toten Regelsystem zur Verfertigung akademisch-klassizistischer Poesie und Prosa, weil die Sprache unter dem Einfluß der auf neue ökonomische Bedürfnisse antwortenden Naturwissenschaften und der durch sie entstehenden neuen Medien der Kommunikation nicht mehr als Manifestation und Zeichen von Wahrheit galt. Auch Cicero, und das zeigt seine ausführliche Erörterung, konnte offenbar nicht damit rechnen, daß solche Ansicht von Sprache selbstverständlich war, sie war aus politischen und bildungspolitischen Gründen nicht auf der Tagesordnung seiner Zeit[2] und bedurfte einer erneuten Begründung. Cicero, sein eigenes Interesse verfolgend, erklärt den Redner zum Sachwalter der Sprache und damit, als Konsequenz seiner geschichtsphilosophischen Konstruktion, zum Vorbild menschlicher Bildung überhaupt. "Um nun aber auf das Wichtigste zu kommen, welche andere Macht konnte die zerstreuten Menschen an einem Ort zusammenscharen oder von der wilden und rohen Lebensweise zu der jetzigen menschlichen und bürgerlichen Bildung leiten oder nach Gründung der Staaten Gesetze, Gerichte und Rechte anordnen?"[3] Das ist keine nun selber erst der praktischen Beredsamkeit Ciceros entstammende Übertreibung zum augenblicklichen Zwecke,[4] sondern garantiert für ihn und ganz allgemein für den rhetorischen Diskurs als letztes und entscheidendes Prinzip die universale Geltung der Rhetorik. Die Sprache ist nicht nur Voraussetzung der geselligen Bildung, garantiert nicht nur die Ordnung des Denkens, sondern auch die der gesamten menschlichen Lebensweise bis hinauf zur bürgerlichen Ordnung des Staates, seiner Rechte und Gesetze, darin besteht die Legitimationsgrundlage des Redners und seiner ars bene dicendi. Gut zu reden bedeutet dann aber nicht mehr eine bloß technische Fertigkeit, sondern diese Fertigkeit beruht selber auf der Anerkennung der eigenen Würde und sozialen Bedeutung des Redners, die wiederum seinen sozialen und politischen Anspruch begründet. Diese Argumentation bedeutet viel mehr als bloß eine Phase in der seit Platon unaufhörlich geführten Auseinandersetzung zwischen Philosophie und Rhetorik, die vielmehr nur eine ka-

---

[1] M. Tullius Cicero: Vom Redner. De oratore. Übers., eingel. u. erl. v. R. Kühner. München o. J. 1, VIII, 32, S. 56.

[2] Vgl. P. L. Schmidt: Cicero und die republikanische Kunstprosa. In: Neues Handbuch der Literaturwissenschaft. Hg. v. M. Fuhrmann. Bd. 3: Römische Literatur. Frankfurt a. M. o. J. S. 147ff.

[3] Cicero, De oratore, 1, VIII, 33, S. 56.

[4] Vgl. auch: M. Tullius Cicero: Rhetorik oder von der rhetorischen Erfindungskunst. De inventione rhetorica. Übers. v. W. Binder. Stuttgart o. J. I, 2. S. 8.

talysatorische Bedeutung für einen sehr viel weiter reichenden und wirkungsmächtigeren Prozeß besaß, in dem es um nichts Geringeres ging als um die erneute Festigung der in der griechischen Geschichte begründeten europäischen Kultur. Auch in der Folgezeit bis hin zu Mercier, Gottsched, Schiller begegnet diese Begründung der Kultur als einer rednerisch geselligen, in der dem Redner und Dichter eine ausgezeichnete Stellung zukam. Die Forderung Ciceros, der Redner müsse ein sittlich vollkommener Mensch sein, ist daher keine der Rhetorik a posteriori (und weil sie spätestens durch Platon ins Zwielicht gesetzt worden war) aufgepfropfte Verpflichtung, sondern folgt direkt aus der Legitimationsüberzeugung der Rhetorik, wonach menschliche Rede menschliche Ordnung begründet habe, allein dazu imstande war und fortlaufend immer wieder zu erzeugen und erhalten verpflichtet sei. Damit faßt die Rhetorik ihre Beziehung zur sozialen Wirklichkeit nicht primär funktional, sondern wesentlich konstitutiv. Cicero hat dieser Überzeugung mit dem Begriff des decorum zu entsprechen gesucht, er faßt die Beziehung der Rede zur Ordnung der Welt als strukturelle Übereinstimmung, der sich der Redner immer bewußt bleiben muß, will er nicht den Zweck seiner Rede verfehlen. So ist es eine nicht nur aus den besonderen Entstehungsbedingungen des Buches *Vom Redner* (*De oratore*) folgende Denkfigur, wenn sich Cicero zu Anfang des ersten Buches der alten Zeiten erinnert und sie sich zu vergegenwärtigen sucht, sondern demonstriert, was der Redner schon während seiner Ausbildung, vor allem durch die Lektüre, und dann später während seiner rhetorischen Praxis als Selbstvergewisserung zu betreiben hat. Denn die strukturelle Übereinstimmung zwischen rhetorischer Ordnung und Ordnung der Welt liegt darin begründet, daß erst durch die Sprache aus der lex naturae die Gesetze einer vernünftigen menschlichen Lebensordnung sich historisch entwickeln konnten. Die Aufgabe des Redners, wie jedes Menschen, besteht darin, sich in Übereinstimmung (convenientia) mit der allgemein gültigen Naturordnung zu setzen, sich in dieser Übereinstimmung zu zeigen und sie, falls sie gestört, verhindert oder verzögert wird, erst herbeizuführen und aufs neue zu bekräftigen. Cicero gebraucht die convenientia-Lehre also in stoischem Verständnis, das gerade nicht auf eine konventionelle Regelung der Dinge nach unserem Verständnis hinausläuft.[5] In der universalen Konvenienz aller Dinge und Lebewesen wird der vir bonus tendenziell bereits zum mikrokosmischen Abbild der Weltordnung. Das begründet die alles überragende soziale Stellung des Redners, seine Bedeutung für das politische und kulturell-gesellige Leben und die Sitten, seine Aufgabe, alle Kenntnisse und Fertigkeiten sich anzueignen, schließlich seinen Wert als Musterbild gesellschaftlicher Erziehung, in dem alle Bildungstendenzen der Zeit zu ihrer Blüte aufgehen.[6]

Quintilian blieb es vorbehalten, dem Rednerideal der antiken Rhetorik die endgültige Prägung zu verleihen. Der vir bonus dicendi peritus, wie er, Cato folgend, das Musterbild rhetorischer Kultur bestimmt, vereinigt in sich alle die Züge, die ihm bereits Cicero verlie-

---

[5] K. Borinski: Die Antike in Poetik und Kunsttheorie. Von Ausgang des klassischen Altertums bis auf Goethe und Wilhelm von Humboldt. 2 Bde. Bd. 1: Mittelalter. Renaissance. Barock. Reprograf. Nachdr. d. Ausg. Leipzig 1914. Darmstadt 1965. S. 148.

[6] Das Ideal des perfectus orator, wie Cicero es entwirft, ist die Zusammenfassung und gültige Formulierung der von ihm bereits überlieferten Entwürfe und Vorstellungen, wie sie seit Platon und Aristoteles in einem Prozeß der Selbstvergewisserung die Geschichte der Rhetorik bestimmen und in die auch philosophische Konzeptionen, etwa der Sophistik und der Stoa, eingegangen sind.

hen hatte. Indem die *Institutio Oratoria* genau jene Lücke in Ciceros Konzeption füllt, die seine Entfaltung des Redners zum mustergültigen Menschen noch gelassen hatte, und die Frage zu beantworten unternimmt, wie denn der vir bonus in Wirklichkeit gebildet werden könne, gibt Quintilian zwar den politischen Zwängen der Kaiserzeit nach, ohne aber den rhetorischen Anspruch selbst aufzugeben. Er rettet ihn gerade durch seine Überführung in einen pädagogischen Diskurs, der die rhetorische Praxis ciceronianischer Prägung, die Einheit von Philosophie und Politik, nur scheinbar zurücknimmt, ihr in Wahrheit aber vorauseilt. Die rhetorische Erziehung rückt Ideal und Wirklichkeit so aneinander, wie sie die Trennung beider Bereiche auch wieder bekräftigt. Die sorgfältige Ausbildung des Redners vom frühen Kindesalter an, sein möglichst frühzeitiger Eintritt in die Rhetorenschule,[7] Beobachtung und Anleitung in allen Fragen des Lebens dienen nur dazu, einen Erziehungsprozeß in Gang zu setzen, der im Verhältnis zu seinem Ziel zwar unendlich ist, für seinen Träger aber die Entfaltung sämtlicher Anlagen und Möglichkeiten einschließt, die ihm von Natur zukommen, durch eine Kunst, die erlernbar und immer zu verbessern ist. Der rhetorische Erziehungsprozeß bezieht also seine Dynamik aus der Spannung zwischen Ideal und Wirklichkeit, sein Ziel kann nicht die Identifikation beider, sondern allein Herstellung einer größtmöglichen Ähnlichkeit zwischen beiden sein. Als diese Ähnlichkeit erscheint das Ethos des Redners seinem Publikum.

Die Entfaltung aller Naturanlagen bezieht sich nicht allein auf die Mannigfaltigkeit der Kenntnisse, die vom Redner verlangt werden, sondern ebenso auf seine charakterlichen Eigenschaften, damit auch auf die Darstellung des Charakters, seine Wirkung, die im rhetorischen Wirkungsschema ethos heißt. Ist es Aufgabe des Redners, sein Publikum, seine politischen Gegner oder den Richter von der Wahrheit der von ihm vertretenen Sache zu überzeugen,[8] nicht also durch Verstellung zu überreden, so spielt - im Wortsinne - die an seine Person gekoppelte Glaubwürdigkeit eine entscheidende Rolle. Die Wahrheit muß auch im Redner als Person, in seinem Auftreten, Sprechen, Tonfall, in den Gebärden und Handlungen, die in ihrer Gesamtheit den persönlichen Ausdruck bilden, zum Vorschein kommen. In der Persönlichkeitsdarstellung gipfelt so eigentlich erst das Ideal rhetorischer Bildung; menschlicher Rede verdankt sie zwar ihren Ursprung und ihr Ziel, diese selber jedoch ist ein Moment in der Gesamtheit von Beziehungen, die der Wahrheit durch sinnliche Erscheinung zum Durchbruch verhelfen. So ist es durchaus keine Pedanterie, wenn Quintilian nicht nur Regeln für Gestik, Mienenspiel und Körperhaltung, sondern ebenso für Bekleidung, Reinlichkeit und gesellschaftlichen Umgang gibt. Gerade in solcher Sorgfalt ja spiegelt sich die Überzeugung, daß allein die rhetorische Organisation des Lebens in allen seinen Bereichen die wahre, wenn vielleicht auch verborgene Ordnung der Welt durchzusetzen vermag: Eben darin besteht ihre Wirkung. Körperhaltung oder Faltenwurf des Kleides können dann nicht als bloß äußerlicher Firnis gelten, sondern sind Attribute des Redners, Merkmale, die als sichtbare Zeichen genommen werden, aus denen sich das Verhältnis des Redners zu dem großen und vernünftigen Lebenszusammenhang manchmal sogar besser erschließen läßt als

7 Vgl. M. Fabius Quintilianus: Institutio oratoria. Die Ausbildung des Redners. Lat. u. dt. Hg. u. übers. v. H. Rahn. 2 Bde. 2. durchges. Aufl. Darmstadt 1988. Bd. 1. I, 1, 1ff. S. 15ff.

8 Vgl. B. Steinbrink: Die Begründung der Rhetorik in der Antike. In: G. Ueding/B. Steinbrink: Grundriß der Rhetorik. Geschichte, Technik, Methode. Stuttgart 1986. S. 44.

aus narratio oder argumentatio. Darin wurzelt die rhetorische Doktrin von der Einheit der Darstellung mit dem Dargestellten, die scharfe Ablehnung allen Vorspiegelns und aller bloßen Schauspielerei und schließlich die Wichtigkeit der Affektenlehre, deren Ziel es ist, den Redner die Wege und Mittel zu lehren, wie er nicht allein die in der Vernunft gegründete Übereinstimmung, sondern auch den auf Sympathie beruhenden kosmischen Zusammenhang im Vollzug der Rede realisiere.

Die rhetorische Anthropologie, derzufolge der Mensch zwar in einer vernünftigen Natur- und Weltordnung steht, ohne Unterschied seiner Person und der gesellschaftlichen Stellung an ihr teilhat, dennoch aber seine Anlagen erst zur Vollkommenheit mit Hilfe der rhetorischen Erziehung entwickeln kann, wobei das Ziel jene durchaus nicht mit unserem Begriff der Konvenienz, der gesellschaftlichen Konventionen, identische convenientia, die vernünftige Übereinstimmung des Menschen mit sich selbst und einer vernünftig geregelten Weltordnung, ist - eine, wie die Folgezeit zeigen wird, auch revolutionär brauchbare Doktrin -, diese rhetorische Lehre sollte in der europäischen Geschichte eine noch immer kaum abzuschätzende Wirkung entfalten. Castigliones Buch vom Hofmann repräsentiert in dieser Geschichte diejenige Wirksamkeit der Rhetorik, die darin besteht, die Kohärenz einer bestimmten und schon nicht mehr unangefochtenen gesellschaftlichen Organisation zu garantieren. Die bürgerlichen, in der Aufklärung kulminierenden Erziehlehren, in ihrer Mitte Knigges berühmte Abhandlung, beerben eine andere, obgleich in derselben Tradition aufgehobene rhetorische Doktrin: die Verpflichtung zur Wiederherstellung und erneuten Konstitution eines verlorengegangenen oder noch nie in bisheriger Geschichte realisierten Vernunftzusammenhangs.

3. Das Grundbuch bürgerlichen Lebens und Strebens hat ein Adliger geschrieben: Adolph Freiherr von Knigge, oder wie er sich, demonstrativ seine Adelsbezeichnung bei ihrer ursprünglichen Bedeutung nehmend, nannte: der freie Herr Knigge. Ins Bewußtsein des breiten bürgerlichen Publikums ist er als Autor eines "Benimmbuches" eingegangen, das im Jahre 1788, ein Jahr vor der Französischen Revolution, erschien, in zahlreichen Auflagen, mit Seitenstücken und Ergänzungen auf dem Buchmarkt des ganzen 19. Jahrhunderts seinen festen Platz hatte und eine so große Popularität genoß, daß der Autor schließlich mit seinem Werk identifiziert wurde: "der Knigge", damit meinte man das Buch des Anstands und der Höflichkeit, nicht mehr "diese[n] tiefe[n] Kenner der Menschen und Bestien",[9] wie Heine den Freiherrn genannt hat. Tatsächlich dürfen die späteren Auflagen meist nicht mehr mit der ursprünglichen Abhandlung *Über den Umgang mit Menschen* verwechselt werden, und was heute noch mit Knigges Namen im Titel Absatz findet, zeugt nur noch sehr entfernt von der Wirkungskraft dieses bürgerlichen Grundbuchs.

Nicht zufällig aber machten sich besonders Adlige - wie später etwa noch Friedrich von Rumohr mit seiner *Schule der Höflichkeit* (1834) - darum verdient, den Bürger das ethisch und sozial richtige Handeln und Verhalten in einer bürgerlich geprägten Gesellschaft zu lehren. Hatte doch die europäische Adelskultur vor allem unter dem Einfluß humanistischer Bildung eine Gesellschaftsethik entwickeln können, die zwar in toto nicht bürgerlichem In-

---

9 H. Heine: Briefe aus Berlin. In: Ders.: Sämtliche Schriften. 6 Bde. Hg. v. K. Briegleb. Bd. 2. Hg. v. G. Häntzschel. München 1969. S. 65.

teresse entsprach, aber mit ihrer Orientierung an der gesellschaftlich-rednerisch bestimmten Kultur der Antike, wie sie besonders durch Ciceros Schriften vermittelt wurde, doch sehr viele die höfische Gesellschaft transzendierende, weil nicht an sie gebundene Elemente enthielt, das selbst noch dort, wo der absolute Vorrang des Geburtsadels vor allen anderen Ständen restituiert wurde wie im *Buch vom Hofmann* (1528) des Grafen Baldassare Castiglione, jenem Muster und Vorbild einer ganzen höfischen Literaturgattung, in der das "Bündnis von Hofideal und humanistisch-rhetorischer Bildung"[10] vollendet erscheint. Auch die Adelserziehung in Deutschland ist seit Anfang des 17. Jahrhunderts - die ersten Übersetzungen romanischer Hofliteratur erscheinen Ende des 16. Jahrhunderts - ohne das höfische Bildungsideal des "Cortegiano",[11] der sowohl Hofmann wie Weltmann sein sollte, kaum vorstellbar. Denn daß Sitte und Lebensart den Menschen machen, diese humanistische Überzeugung[12] verteidigt auch Castiglione ausdrücklich. Dummheit nennt er es, wenn der Hofmann seine Vorzüge verbirgt,[13] während er sie doch nur durch Kunst zu ihrer glänzenden Erscheinung zu bringen habe. "Und wenn ihr einen Edelstein habt, der sich ungefasst als schön erweist und in die Hände eines guten Goldschmiedes kommt, der ihn durch richtige Fassung noch sehr viel schöner erscheinen läßt, dann werdet ihr nicht sagen, daß jener Goldschmied die Augen dessen, der ihn sieht, betrügt!"[14] Und wenn Messer Federico in derselben Unterredung auch etwas salopp den Vorwurf der Täuschung für solche Veredlung wenigstens scheinbar akzeptiert,[15] so betont er doch wenig später, daß der Hofmann nicht "den Namen eines Lügners oder Eitlen" erwerben dürfe und in allen Gesprächen darauf zu achten habe, "nicht das Wahrscheinliche zu verlassen und auch nicht zu oft jene Wahrheiten zu sagen, die das Aussehen von Lügen haben"[16] - eine zutiefst rhetorische Lehre, die gerade der Wahrheitsfindung verpflichtet ist. Denn eine Wahrheit, die nicht auch als solche erscheinen kann, etwa weil das äußere aptum nicht herstellbar ist, ist nicht überzeugungskräftig und kann daher gerade für das Gegenteil ihrer selber genommen werden - was der Wahrheit einer Sprache nicht dient.

Der vollkommene Hofmann ist ganz nach dem Modell des vir bonus der Rhetorik entworfen, auch wenn weder Volksversammlung noch Gericht, sondern die höfische Geselligkeit den Ort seiner praktischen Bewährung definiert. Universale Bildung, die sich nie in bloße trockene Fachgelehrsamkeit versteigen darf, eine Konversation, die alles Gekünstelte und Gezierte vermeiden muß, schließlich in allem Verhalten, allen Handlungen und Tätig-

---

10 W. Barner: Barockrhetorik. Untersuchungen zu ihren geschichtlichen Grundlagen. Tübingen 1970. S. 369.

11 Castigliones "Il libro del Cortegiano" erlebte schon im 16. Jahrhundert 40 Auflagen und blieb mindestens "zwei Jahrhunderte lang das gültige Sitten- und Anstandsbuch für die vornehme Gesellschaft Europas." Vgl. G. Prezzolini: Das Erbe der italienischen Kultur. Übers. v. L. Rüdiger. Bremen 1960. S. 124.

12 Vgl. H. O. Burger: Renaissance, Humanismus, Reformation. Deutsche Literatur im europäischen Kontext. Bad Homburg v. d. H. 1969. S. 409ff.

13 B. Castiglione: Das Buch vom Hofmann. Übers., eingel. u. erl. v. F. Baumgart. Bremen o. J. II, 39. S. 163.

14 Castiglione, Buch vom Hofmann, II, 40, S. 164.

15 Castiglione, Buch vom Hofmann, II, 40, S. 164: "Wir dürfen also nicht sagen, daß Kunst oder Täuschung, wenn Ihr sie schon so nennen wollt, irgendeinen Tadel verdienen."

16 Castiglione, Buch vom Hofmann, II, 41, S. 165.

keiten Leichtigkeit (sprezzatura) und Anmut (grazia) zeigen muß. Die urbanitas des ciceronianischen vir bonus entfaltet in den fiktiven Gesprächen am Hof von Urbino ihre glänzendsten Seiten. Das souveräne Auftreten, die Feinheit im geselligen Umgang, das gut abgemessene und wohl angemessene Verhalten (decoro), das sich in keine Extrempositionen mitreißen läßt, die allseitige Bildung und vornehme Gesprächsführung, schließlich die Identifikation von Tugendhaftigkeit mit wahrem Adel,[17] verbunden mit bis ins Detail gehenden Erörterungen von Bekleidungsfragen, Problemen des Spiels und der Unterhaltung, selber unterhaltend mit vielen kulturhistorisch interessanten Beispielen erläutert, verbinden sich zu einem Bildungsideal, in dem zwar die "demokratisch nivellierende Ideologie der 'humanitas'"[18] zugunsten einer Restitution adliger Prärogative in den Hintergrund tritt, das aber doch alle wesentlichen Inhalte humanistischer Kultur in sich aufnimmt und zu einer höfischen Form integriert, die von allgemein europäischer Wirkung werden sollte. Die Überzeugung, daß Sprache wirkungsbezogenes Mittel der Verständigung und Medium aller kulturellen Tätigkeiten sei, daß aber der Sprechende in allen seinen Äußerungen und seiner ganzen Erscheinung seine eigene Wahrheit darstelle und er sich daher ihr angemessen zu verhalten habe, die Überzeugung schließlich, die für die soziale Organisation strukturbildend bleiben sollte, daß nämlich die Verfügung über die Form auch die Verfügung über den Inhalt bedeute, ob gentilhomme oder honnête homme, ob der Gebildete oder der Gentleman - sie alle sind ohne diese Überzeugung nicht denkbar, die selbst in der Verfallsfigur des Dandy noch bis zur Farce übertrieben weiterlebte. In allen diesen Musterbildern wurde der vir bonus, wenn auch den jeweiligen Repräsentationsbedürfnissen der auf sie zugeschnittenen Individuen angepaßt, zu einer merkwürdig konsistent bleibenden Idealfigur. Er widersteht nicht dem historischen Wandel, sondern hält sich durch ihn durch: als Verpflichtung und Orientierungsgestalt in einem historischen Prozeß, in dem der humanistische Auftrag dieses Bildes bislang nur ästhetisch verwirklicht werden konnte, nicht aber in sozialer Realität aufging. Jede Erfüllung wirkte auch hier noch als Schändung, und der Abstand zwischen Ideal und Wirklichkeit garantierte immer die historische Kontinuität des Idealbildes.[19] Insofern gerade auch der vir bonus Zeichen seiner eigenen Wahrheit und des Falschen ist,[20] konnte er immer wieder die entscheidende Bedeutung als Legitimationsideal in der Geschichte der sozialen Veränderungen in Europa gewinnen.

Erst die humanistische Konstruktion des Cortegiano macht auch sichtbar, welche Folgen es haben mußte, wenn ein Adliger die wirkungsmächtigste Darstellung des bürgerlichen Bildungsideals geben sollte - orientierten sich doch die dem Bürgertum allein eigenen Wertvorstellungen zunächst fast gänzlich an den ökonomisch notwendigen Tugenden des Kaufmanns oder Handwerkers. Knigges *Über den Umgang mit Menschen*, ein Buch, das bereits im Titel programmatisch das humanistische Ideal der Gleichheit führt, ist daher nicht nur seiner

---

17 Diese geht so weit, daß Castiglione vom wirklichen Hofmann auch wieder die adlige Abstammung verlangt; vgl. Castiglione, Buch vom Hofmann, I, 15f., S. 37ff.

18 A. v. Martin: Soziologie der Renaissance. Stuttgart 1932. S. 42.

19 Vgl. E. Bloch: Philosophische Aufsätze zur objektiven Phantasie. Frankfurt a. M. 1969. S. 30. "Wo das unbedingt Gute, das intendiert Vollkommenste den Richtpunkt abgab, wurde, trotz der Füllung des Guten mit Hofkategorien, auch der Sonnenkönig bankrott."

20 Vgl. Bloch, Philosophische Aufsätze zur objektiven Phantasie, S. 30.

sozialen Wirksamkeit nach mit dem Werk Castigliones zu vergleichen, vielmehr rücken beide durch die Invarianz ihrer Idealinhalte nahe aneinander, welche sich in beider Erbe rhetorisch-humanistischer Bildung zeigt. Deren Vermittlung geschieht nun gewiß nicht allein über den hannöverschen Freiherrn. Obwohl der "Anteil des Adels bei der Mitarbeit an Moralischen Wochenschriften" gering blieb, darf er doch auch nicht unterschätzt werden,[21] wie überhaupt gewisse Aristokratisierungstendenzen im Bürgertum, auch die traditionelle Nähe von höherem Bürgertum und Landadel mit dazu beigetragen haben, das humanistische Bildungsideal höfischer Prägung in bürgerliches Denken zu überführen. "Die Väter der Aufklärung", schreibt Eugenio Garin und meint Locke, Hume und Shaftesbury ebenso wie die französischen Enzyklopädisten, "blieben in ihren Idealen die Söhne des Humanismus und riefen noch immer Sokrates und Platon, Cicero und Cato als Heilige an."[22] Verbindungsglieder zwischen adliger und bürgerlicher Kultur gab es viele und verschiedene - des Freiherrn Knigge Summe bürgerlicher Lebensklugheit ist eines der für die deutschen Verhältnisse wichtigsten.

Zwei Aufgaben erfüllte die ideologische Anerkennung des vir-bonus-Ideals durch das Bürgertum: Es diente der Kritik am Adel, dessen Wirklichkeit mit der Berufung auf das Ideal - das eben auch seines zumindest gewesen war - der Prozeß gemacht wurde, und es half dem Bürger, eine kulturelle Identität zu finden, die dann auch wieder seine politischen Aspirationen legitimieren helfen konnte. Knigges Bemühungen sind ohne Vorgänger nicht denkbar. Die Autoren der *Moralischen Wochenschriften* oder Schriftsteller wie Gellert und Campe[23] gehören ebenso dazu wie die französischen Moralisten, dann die Enzyklopädisten oder Locke und die englische Prägung des vir bonus als Gentleman,[24] es gehören dazu die "politische Bewegung"[25] und schließlich die sogenannten Popularphilosophen der deutschen Aufklärung, die selber sehr verschiedene Einflüsse aufnahmen und besonders die im engeren Sinne rhetorische Tradition des humanistischen Bildungsideals aufgriffen.

4. Knigges Konzeption ist bereits eine Synthese aus aristokratisch-höfischen und bürgerlichen Lebensauffassungen und Umgangsformen, die zwar heftige polemisch-antifeudalistische Tendenzen enthält, im ganzen aber ein bürgerliches Selbstbewußtsein vorstellt, das es sich leisten kann, den Umgang mit Hofleuten als ein Kapitel unter sehr viel anderen abzuhandeln. Knigges Abhandlung repräsentiert eben damit und mit der so wirkungsvollen Unbefangenheit, mit der Hofmanns- und Citoyen-Ideal in Einklang gebracht werden, eine schon fortgeschrittene Stufe der bürgerlichen Entwicklung. Ganz anders noch hatte der

21 Vgl. W. Martens: Die Botschaft der Tugend. Die Aufklärung im Spiegel der deutschen Moralischen Wochenschriften. Stuttgart 1968. S. 129f.

22 E. Garin: Geschichte und Dokumente der abendländischen Pädagogik. 3 Bde. Bd. 3. Reinbek b. Hamburg 1967. S. 55.

23 Vgl. B. Zaehle: Knigges Umgang mit Menschen und seine Vorläufer. Heidelberg 1933. S. 163f.

24 Diese hatte zwar eine stark utilitaristische Ausrichtung, aber doch Weisheit, allgemeine Bildung und angemessenes Betragen sowie gesellige Vergnügungen gleichfalls als notwendig erachtet. Vgl. J. Locke: Gedanken über Erziehung. Übers. v. M. Schuster. Leipzig o. J.

25 Vgl. Barner, Barockrhetorik, S. 135ff., der die von Chr. Weise 1677 mit seinem "Politischen Redner" initiierte Entwicklung so nennt, die eine Fülle von Literatur hervorgebracht hat und mit der Gracián-Rezeption einherging.

fünfzig Jahre ältere Johann Christoph Gottsched argumentieren müssen, sehr viel rigoroser schließt er sich wieder an die antike Tradition an, um so in einem großen Rückgriff ein Bildungsideal formulieren zu können, das den bürgerlichen Bestrebungen seiner Zeit entsprach, d. h. gerade ihrer Unreife und ihren geringen Erfolgsaussichten auf politischem Gebiet, jedenfalls in Deutschland. Die sprachpflegerischen Bemühungen, die nicht nur Gottscheds Tätigkeit, sondern auch die fast der gesamten bürgerlichen Intelligenz im 18. Jahrhundert kennzeichnen, bedeuten ja nicht nur ein Ausweichen vor den historisch in Deutschland noch nicht auf der Tagesordnung stehenden politisch-revolutionären Auseinandersetzungen, eine Flucht aus Handlungshemmung und Kompensation politischer Machtlosigkeit, wie es sich dem historischen Blick nur von sehr weit oben darstellt, sondern ebenso die Erkenntnis, daß die Konstituierung einer bürgerlichen Lebensform für die Verwirklichung der eigenen historischen Möglichkeiten von konstitutiver Wichtigkeit sein würde. Sprache aber ist nicht nur deren Medium, sondern ebenso die Bedingung ihrer Möglichkeit: Sprache als nationale, bürgerliche, allgemeine und gleiche Verkehrsform von Menschen. Wollte sich das Bürgertum als politisch konkurrenzfähig erweisen, so mußte es sich auch seinen eigenen Verhältnissen, Bedürfnissen und Hoffnungen angemessene Kommunikationssysteme schaffen; dazu gehört vorzüglich das eine kulturelle Legitimation, den Zusammenhalt nach innen wie die Repräsentation nach außen als bürgerliche Identität stiftende System des gesellschaftlichen, geselligen Umgangs, in dem die Sprache nicht nur den Vorrang hat, sondern das die Sprache voraussetzt und von ihr abgeleitet ist. Der Autor der *Ausführlichen Redekunst* oder des *Grundrisses einer Deutschen Sprachkunst* sah sich denn auch zuallererst vor die Aufgabe gestellt, die humanistisch-rhetorische Tradition den zeitgenössischen Bedürfnissen, den bürgerlichen Interessen in einem Lande anzupassen, das in feudal regierte Kleinstaaten zerfiel.

Ganz der traditionellen Bestimmung folgend, definiert Gottsched die Beredsamkeit als "eine Geschicklichkeit [...], seine Zuhörer von allem, was man will, zu überreden und zu allem was man will zu bewegen".[26] Er verstand darunter sowohl die große Rede vor einer Versammlung wie aber auch die Briefstellerei und das Gespräch im täglichen Umgang. Alles, was die Zwecke der Rede befördert, ist gut und vernünftig - mit einer wichtigen Ausnahme. Gottsched schränkt die Allgemeinheit seiner Definition durch eine ethische Erörterung ein, wie er sie schon bei seinen antiken Gewährsmännern vorgefunden hatte.

Der Wirkungszweck der Rede, so argumentiert der Schüler der Leibniz-Wolffschen Philosophie ganz aus dem Geiste der Rhetorik, kann auf zweierlei Weise erreicht werden: durch die argumentative, rationale Überzeugung des Publikums im philosophischen Sinne, also durch eine Kette unumstößlicher Vernunftschlüsse, durch "Gründe und Ursachen",[27] oder durch die emotionale Beeinflussung, durch "Beweggründe", durch die "Vorstellungen des Guten und Bösen".[28] Beweise und Beweggründe aber, so unterscheidet Gottsched, sind entweder "wohl gegründet, und aus guten Quellen geleitet, wie die Vernunftlehre es fordert [...] Oder es sind blosse Scheingründe, die nur dem ersten Ansehen nach gut zu seyn schei-

26 J. Ch. Gottsched: Ausführliche Redekunst, nach Anleitung der alten Griechen und Römer. Leipzig 1736. S. 34.

27 Gottsched, Ausführliche Redekunst, S. 36.

28 Gottsched, Ausführliche Redekunst, S. 36.

nen".[29] Im ersten Fall handelt es sich um die wahre, im zweiten um die falsche Beredsamkeit. Gottsched nimmt hier die überlieferte strenge Scheidung von Überreden und Überzeugen auf, indem er die rationale Komponente der Rhetorik betont. Der Wille, die Wahrheit zu verkünden und damit auch Vernunft und Tugend zu befördern, beherrscht ihn völlig und verträgt sich sehr wohl mit dem überlieferten Selbstverständnis der Rhetorik, "mit den Mitteln der schlichten Lehre und rationalen Unterweisung aufklärerisch zu wirken".[30] Die "wahre Beredsamkeit", schreibt Gottsched, "[ist] gleichsam ein Zusammenfluß aller ernsthafften und anmuthigen Wissenschaften, ja der höchste Gipfel der Gelehrsamkeit".[31] Aus dieser Auffassung von der Rhetorik folgt zwangsläufig wie in der antiken Redekunst, der Gottsched bis ins Detail verpflichtet ist, seine Konzeption vom vollkommenen Redner: "Durch einen Redner verstehe ich einen gelehrten und rechtschaffenen Mann, der die wahre Beredsamkeit besitzet."[32] Da der Redner die Wahrheit wirkungsvoll verkünden soll, muß er einmal die Sache selbst, über die er redet, gründlich kennen, zum anderen (um Verstand und Willen seiner Zuhörer nach den ethischen Grundsätzen lenken zu können) auch die Vernunft- und Sittenlehre wie schließlich die Psychologie, die Lehre von den Affekten und Gemütskräften des Menschen beherrschen. Ein Ungelehrter kann also gar kein guter Redner sein, gibt es doch keine freie Kunst, keine Wissenschaft, die für die vollkommene Beherrschung der Beredsamkeit unnötig oder nutzlos wäre.

Entsprechend der ethischen Fundierung der Beredsamkeit muß der Redner Gottscheds auch ein rechtschaffener Mann sein - in seiner *Akademischen Rede, daß ein Redner ein ehrlicher Mann sein muß*, begründet er ausführlich diese Auffassung vom Redner mit dem Hinweis auf Quintilian. Denn ein zwar beredter, aber böser Mensch schadet der Gesellschaft, und nur "ein aufrichtiger Menschenfreund" sieht auch darauf, "wie er [...] das gemeine Beste befördern, [...] ja die ganze Welt glücklich machen" kann.[33]

Für den Rationalisten Gottsched sind Vernunft und Moral untrennbar, und wie er der Meinung ist, daß "die wahre Beredsamkeit allezeit die Wahrheit und Tugend zu Gefährten habe",[34] wie er ein neues Mitglied in der "Vertrauten Rednergesellschaft" darauf hinwies, daß nur Männer von "altem Schrote und Korne", von "alter deutscher Redlichkeit"[35] der Gesellschaft angehörten, so wollte er jeden Redner zum guten Manne in jenem umfassenden Sinne der vir-bonus-Lehre ausbilden. Wie Cicero und vor allem Quintilian betont auch Gottsched Rhetorik als eine pädagogische Theorie mit universalem Anspruch und befindet sich damit völlig im Einklang mit den vorherrschenden sozialen Tendenzen seiner Zeit.

Das Ziel des menschlichen Strebens sahen die Theoretiker des 18. Jahrhunderts in der Ausbildung der Persönlichkeit, deren schöpferische Kräfte sich natürlich und vernünftig entfalten sollten. Sie leiteten die noch vorherrschende Unmündigkeit des bürgerlichen Men-

---

29 Gottsched, Ausführliche Redekunst, S. 37.

30 W. Jens: Rhetorik. In: Reallexikon der deutschen Literaturgeschichte. Begr. v. P. Merker u. W. Stammler. Neu bearb. u. hg. v. W. Kohlschmidt u. W. Mohr. Bd. 3. Berlin, New York ²1977. S. 436.

31 J. Ch. Gottsched: Grundriß zu einer vernunfftmäßigen Redekunst. Hannover 1729. S. 4.

32 Gottsched, Ausführliche Redekunst, S. 46.

33 J. Ch. Gottsched: Gesammelte Reden. Leipzig 1749. S. 587.

34 Gottsched, Reden, S. 579.

35 Gottsched, Reden, S. 583.

schen in seinen sozialen Verhältnissen aus Mangel an Wissen, Verstand und Charakterbildung ab. Mit Rousseau waren sie der Meinung, daß der Mensch von Natur aus zur Vergesellschaftung fähig und berufen (sociable) sei und daß es darum ginge, die sozialen Tugenden, die jeder Mensch potentiell besitzt, durch eine entsprechende Sozialisation zu entwickeln.[36] Die aufklärerische Erziehung ist politische Erziehung, selbst wo sie sich im rein ästhetischen Raum zu absentieren scheint. Der neue Mensch, den die neuen Erzieher endlich zur Entfaltung zu bringen glaubten, sollte auf allen Gebieten den Kampf gegen die noch bestehende feudale Ordnung siegreich zu Ende führen. Der Spezialist ist ihnen nur als Rest- oder fragmentarischer Mensch erschienen, der eigentlichen Menschlichkeit entfremdet, wie der Autor der *Ästhetischen Erziehung* kritisiert. So artikulierte sich das gesellschaftliche Bedürfnis nach brauchbaren Erziehungsmodellen nicht nur in der pädagogischen Literatur im engeren Sinne. Da auch schöne Literatur und Kunst als wirksame erzieherische Faktoren betrachtet wurden, galt es auch für sie Modelle zu finden, die den politisch-sozialen Auftrag der "Emancipation" realisieren helfen konnten und die somit in Opposition zu höfischer Kultur stehen mußten. Gottscheds Angriff auf die falsche Beredsamkeit, auf "bloße Wohlredenheit", ist ein Angriff auf die höfische Rhetorik und deren Schein- und Lügenhaftigkeit, seine Verurteilung aller zusammengerafften Belesenheit bedeutet scharfe Distanzierung von der höfischen Konversation, die nur noch oberflächliche Bildung verlangte, und sein Stilideal der schmucklosen Klarheit, der einfachen Natürlichkeit und des streng vernunftgemäßen Zusammenhangs richtet sich gegen die allein schmuckbetonte Wohlredenheit um des Formspiels willen und ist keineswegs antirhetorisch überhaupt. Und wenn er auch bei der Beschreibung der spezifischen Eigenschaften des Redners ganz innerhalb rhetorischen Gebrauchs bleibt, so verhilft er doch dem einfachen Ideal der Redlichkeit zu neuer und unangefochtener Würde. Alles, was Gottsched an Eigenschaften aufzählt, wird von ihm überragt, auf dies Ideal hin geordnet. Ein gutes Gedächtnis gehört zu diesen Eigenschaften, aber auch die Unerschrockenheit des Gemüts, "Scharfsinnigkeit" muß sich mit starker Einbildungskraft und lebhaftem Witz paaren - worunter Gottsched die Fähigkeit versteht, Gleichnisse und "verblümte Redensarten", überhaupt "gute Einfälle" zu erfinden.[37] Doch nicht allein seine geistig-emotionalen Vermögen, auch die äußere Erscheinung des Redners entscheidet über die erwünschte Wirkung, ob er ein redlicher oder unredlicher Mann sei, ist auch an seinen äußeren Merkmalen ablesbar. Gottsched vermeidet auch bei seiner Wiederbelebung der römischen Theorie der körperlichen Beredsamkeit sorgsam jedes Extrem. Die Charakterdarstellung und die Umgangsformen des Redners werden für ihn genauso durch Redlichkeit und Vernünftigkeit bestimmt wie die stilistische Realisierung der Rede. Das gilt besonders für den Gebrauch von Figuren und die Darstellung und Erregung von Gemütsbewegungen, Tränen sind dem Redner nur gelegentlich erlaubt.[38] Solche menschliche Ordnung aber ist erst Ergebnis einer sorgfältigen guten "Auferziehung". Der Professor für Logik und Metaphysik an der Universität Leipzig verstand sich durchaus nicht nur als Theore-

---

36 Vgl. Ch. M. Wieland: Ueber die von J. J. Rousseau vorgeschlagenen Versuche, den wahren Stand der Natur des Menschen zu entdecken (1770). In: Ders.: Sämmtliche Werke. 53 Bde. Hg. v. J. G. Gruber. Bd. 31. Leipzig 1825. S. 80f.

37 Vgl. J. Ch. Gottsched: Versuch einer Critischen Dichtkunst vor die Deutschen. Leipzig 1730. S. 79ff.

38 Vgl. Gottsched, Critische Redekunst, S. 158.

tiker, seine praktischen Bemühungen um eine Realisierung des rhetorischen Bildungsideals in bürgerlicher Absicht ergänzten und korrigierten seine Redekunst. Unter seiner Leitung diente seit 1727/28 die "nachmittägliche Rednergesellschaft" an der Leipziger Universität der praktischen Ausbildung in der Beredsamkeit. Theorie und Praxis bildeten auch für ihn die in der Tradition immer wieder geforderte Einheit und weiteten sich bereits aus zu einer allgemeinen Lehre vom Umgang mit Menschen; denn das rhetorische Idealbild - Gottsched betont es immer wieder - läßt sich nicht auf einen einzelnen Berufsstand oder eine einzelne Sphäre bürgerlichen Lebens abziehen, sondern formuliert den Anspruch, daß der Mensch seine Bestimmung als soziales, freies und gleiches Wesen in einer vernünftig geordneten Welt nur auf eine Weise umfassend erfüllen könne: als jener vir bonus, den schon Cicero und Quintilian gepriesen hatten.

5. Gottsched und Knigge - beider Werke bezeichnen verschiedene Stadien der Rhetorikrezeption im aufgeklärten Deutschland. Der Autor des sprichwörtlich gewordenen und zu Unrecht so verrufenen Buches *Über den Umgang mit Menschen* hat die für die bürgerliche Entwicklung, für die Herausbildung einer spezifisch bürgerlichen Lebensart und sozialen Verhaltensweise folgenreichste Konsequenz aus dem von Gottsched schon mit ähnlichen Intentionen wieder aufgegriffenen rhetorischen Ideal der Menschenbildung gezogen. Knigges Werk war im 19. Jahrhundert in jeder gebildeten Familie anzutreffen und wurde auch in den Schulen als vorbildliches Lesebuch benutzt, leider mit fortschreitendem Jahrhundert in immer fragwürdiger werdenden Bearbeitungen. Dieser Freiherr aus alter Adelsfamilie hat dem Bildungsideal des trotz aller politischen Frustrationen zu kulturellem Selbstbewußtsein gefundenen Bürgers seiner Epoche zusammenfassend und ordnend Ausdruck gegeben, er hat anhand von Beispielen und begründeten Anweisungen wie durch die Konstruktion eines normativen Idealtyps die sittliche Vervollkommnung des Bürgers zum wahrhaft vorbildlichen Menschen befördern helfen wollen - wie sehr er sich mit seinen ganzen Bemühungen als Schriftsteller mit dem Humanitätsideal der deutschen Klassik eins weiß, ist ebenso unverkennbar wie meist unbeachtet, erschien er doch bisheriger Literaturgeschichtsschreibung allzusehr als "bloß" politischer Tagesschriftsteller ohne bleibende Wirkung. Knigge wollte ein Erziehungsbuch schreiben, das, den Moral- und Tugendbegriffen des Bürgertums und damit auch seinen sozialen und politischen Vorstellungen verpflichtet, die Ausbildung des bürgerlichen Individuums organisieren sollte. Der Titel ist sehr bewußt gewählt und programmatisch gemeint, wie schon im Vergleich mit Castigliones Werk sichtbar wird. Das *Buch vom Hofmann* war für den Hofmann geschrieben.[39] Knigge betont dagegen ausdrücklich: "Der Gegenstand dieses Buchs kommt mir groß und wichtig vor, und irre ich nicht, so ist der Gedanke, in einem eignen Werke Vorschriften für den Umgang mit allen Klassen von Menschen zu geben, noch neu."[40] Gerade aber in seiner demokratischen, von Knigge für neu erachteten Begründung ist der *Umgang mit Menschen* der rhetorischen Überlieferung verpflichtet, die nicht allein den Gemeinplatz von der Rhetorik als Tochter der Republik bis ins 19. Jahrhundert trägt,[41] sondern die mit ihrer auf universelle Wirkung

39 Vgl. Castiglione, Das Buch vom Hofmann, I, 16, S. 38.

40 A. Freiherr v. Knigge: Über den Umgang mit Menschen. Hg. v. G. Ueding. Frankfurt a. M. 1977. S. 12.

41 Vgl. A. Müller: Zwölf Reden über die Beredsamkeit und deren Verfall in Deutschland. Hg. v. W. Jens. Frankfurt a. M. 1967. S. 75.

hin angelegten aptum-Doktrin eine Auffassung vom Menschen entwickelt hat, die zwar die besonderen Bedingungen (soziale Umstände der Rede, was auch eine besondere Beachtung der ständischen Ordnung erfordern kann) berücksichtigt, durch diese hindurch aber auf diejenigen Eigenschaften und Merkmale des Adressaten zielt, die die Wirkung der Rede garantieren, weil sie allen Menschen kraft ihres natürlichen Ursprungs zukommen. Der Redner hatte schon bei der Abfassung seiner Rede in deren ersten Stadien intellectio und inventio nicht nur die innere Stimmigkeit seiner Argumentation, später in der elocutio die angemessene Beziehung zwischen res und verba zu wahren, sondern ebenso deren angemessenrichtige, geziemende Position in der sozialen Konfiguration der Rede zu bestimmen. Diese Forderung schloß sowohl die Berechnung der Rede auf ein selten homogenes Publikum ein wie auch eine sorgfältige Abstimmung im Verhalten des Redners; in der Praxis bedeutete es die Einübung von Verhaltensweisen, die vor jedem Publikum Aussicht auf Erfolg versprechen konnten, weil sie generell menschlicher Konstitution entsprechen. Die bürgerliche Reaktivierung rhetorischer Theorie richtete sich natürlich auf diese demokratisch interpretierbaren Elemente - und die Frage, die Knigge zu beantworten sucht, wie der bürgerliche Mensch am besten das Leben zu meistern imstande sei, führt beinahe zwangsläufig zur humanistisch-rhetorischen Bildungstradition zurück, da sie vor allem den Menschen als erziehbares, der Erziehung bedürftiges Wesen bestimmt und damit einen Weg gewiesen hatte, wie der nach Herkunft und sozialer Stellung Benachteiligte seinen Rückstand aufzuholen vermag. Es versteht sich von selbst und ist gerade auch Folge der sozialen Bindungen, mit denen die Rhetorik in die feudale Gesellschaftsordnung eingefügt war, daß die rhetorische Überlieferung nicht in scholastischer Manier lediglich reproduziert werden durfte, sollte sie bürgerlichen Interessen dienstbar werden. War ihm in der Neuinterpretation des rhetorischen Stil- und Bildungsideals Gottsched bereits vorausgegangen, so aktiviert Knigge nun unter dem Einfluß der seit der Renaissance und besonders von Bacon entwickelten bürgerlich-empirischen Denkweise die Rhetorik als eine aus Erfahrung und Beobachtung methodisch erschlossene Wissenschaft. Bacons *natura parendo vincitur* schließlich ist selber - so umwälzend neu sie auf die Zeitgenossen wirkte - eine ganz aus rhetorischem Geist formulierte Einsicht. "Wenn aber die Beobachtungen", so Cicero, "die man in der Erfahrung und Ausübung der Rede macht, von einsichtsvollen und erfahrenen Männern bemerkt und aufgezeichnet, durch Worte bestimmt, nach den Gattungen erläutert und in gewisse Abteilungen gebracht worden sind [...], so sehe ich nicht ein, warum man dieses nicht, wenn auch nicht nach jener strengen Begriffsbestimmung, so doch nach unserer gewöhnlichen Ansicht für Wissenschaft halten dürfe."[42] Das Prinzip des Beherrschens durchs scheinbare Gegenteil, wie es Bacon formulierte, verallgemeinert das Verhältnis, das der Redner zu den Dingen (res) und seiner Umwelt einnahm, und überträgt es auf das Verhältnis des Menschen zur Natur: In Zukunft erschließt sich der Mensch die Natur nicht mehr deduktiv, sondern nach Weise des Redners induktiv und sorgsam das Prinzip der Angemessenheit seiner Erkenntnisse an die Erfahrung der Natur beachtend. Sich angemessen zur Natur zu verhalten, auf sie einzugehen, wird Voraussetzung einer optimalen Einwirkung auf die Natur: in Gestalt der neuen Naturwissenschaften. Im Essay über *Komplimente und Ehrenbezeigungen* richtet Bacon die empirische Denkweise selber auch auf das gesellschaftliche Verhalten: "Es

---

42 Cicero, De oratore, I, 23, 109, S. 78.

trägt daher viel zu dem Ruf eines Mannes bei, [...] wenn man der Formen des Anstandes mächtig ist. Um diese sich anzueignen, bedarf es fast nichts weiter, als daß man sie nicht verachte; dann wird man sie an Andern beobachten, und ein gewisses Selbstvertrauen thut das Übrige."[43]

Der *Umgang mit Menschen* beruht, wie er dauernd betont, auf Knigges eigener Erfahrung: "Ich bin von je her ein sehr geselliges Geschöpf gewesen, habe mich gern unter Menschen von allerley Ständen gemischt. Das ist das Mittel, die allgemeine Sprache des Umgangs zu lernen und eine gewisse Geschmeidigkeit zu erlangen, wodurch wir uns und Andern dies Erden-Leben sehr erleichtern. [...] Ich speise daher gerne an großen Wirthstafeln und höre mit Vergnügen heute den Staatsmann, morgen den Handwerker über dieselben großen Weltbegebenheiten plaudern."[44] Und in der Einleitung zum ersten Teil seines *Umgangs mit Menschen* ergänzt er: "Wir sehen die klügsten verständigsten Menschen im gemeinen Leben Schritte tun, wozu wir den Kopf schütteln müssen. Wir sehen die feinsten theoretischen Menschenkenner das Opfer des gröbsten Betrugs werden. Wir sehen die erfahrensten, geschicktesten Männer bei alltäglichen Vorfällen unzweckmäßige Mittel wählen [...] Wir sehen manchen Redlichen fast allgemein verkannt. Wir sehen die witzigsten, hellsten Köpfe in Gesellschaften [...] eine nicht vorteilhafte Rolle spielen [...] Wir sehen, daß die glänzendsten Schönheiten nicht allenthalben gefallen, indes Personen, mit weniger äußern Annehmlichkeiten ausgerüstet, allgemein interessieren."[45] Knigges Vorgehen, aus eigenen Beobachtungen die Grundsätze des Richtigen und Falschen im menschlichen Verhalten zu erschließen, zeigt deutlich deren inneren Zusammenhang mit der neuen Naturforschung: An die Stelle einer vorgegebenen, überlieferten Systematik tritt die Beobachtung der Wirklichkeit, die freilich nach Gesetzen und Regeln geordnet ist, die es zu erfahren gilt. "Man muß die Gemüthsarten der Menschen studieren, in so fern man im Umgange mit ihnen auf sie würken will."[46] Dennoch ist Knigges Erfahrungskunst natürlich nicht voraussetzungslos, der Maßstab des richtigen und falschen Verhaltens wird nicht allein ganz empirisch und pragmatisch nach der gesellschaftlichen Wirkung geeicht. Schon seine grundlegende Überzeugung vom menschlichen Charakter als eines wirkenden, geselligen verdankt er der Überlieferung, die die Prinzipien seiner eigenen Erziehung hergegeben hatte, die durch Vermittlung Castigliones und Graciáns den Begriff höfischer Geselligkeit auch in Deutschland geprägt hatte und die von den bürgerlichen Schriftstellern von Thomasius bis hin zu Jean Paul und Friedrich Schiller dem Bürgertum als Korrektiv ungeselliger Lebensart empfohlen wurde. "Der Mensch hat keinen andern Wert als seine Wirkungen", heißt der programmatische Satz aus Schillers *Gespräch aus dem Geisterseher*.[47] Das Bildungsideal der Klassik hat viel mehr, als bisher allgemein angenommen, diese aktive, nach außen gerichtete Tendenz; es bedeutet Erfahrung mit der Wirklichkeit, sich abarbeiten an ihr, verän-

---

43 F. Bacon: Versuche moralischen, ökonomischen und politischen Inhalts. Übers. v. A. G. Bruschius. Leipzig 1836. S. 237.

44 A. Freiherr Knigge: Das Zauberschloß oder Geschichte des Grafen Tunger. Hannover 1791. S. 13f.

45 Knigge, Über den Umgang mit Menschen, S. 19.

46 A. Freiherr Knigge: Ueber den Umgang mit Menschen. Hannover 1796. Tl. 1, S. 141f.

47 F. Schiller: Das philosophische Gespräch aus dem Geisterseher. In: Ders.: Sämtliche Werke. 5 Bde. Hg. v. G. Fricke u. H. G. Göpfert. Bd. 5. 4., durchges. Aufl. 1967. S. 167.

dernd in sie eingreifen und selber verändert aus diesem Prozeß hervorgehen. Diese Konzeption bestimmt bis in Einzelheiten Knigges Abhandlung, in allen Kapiteln kehrt das Prinzip der Beobachtung, der Beschreibung menschlichen Verhaltens, der anschließenden Analyse, Interpretation und Wertung wieder.[48] "Und wenn ich sage, daß oft auch die weisesten und klügsten Menschen in aller Welt, im Umgange und in Erlangung äußerer Achtung, bürgerlicher und andrer Vorteile ihres Zwecks verfehlen [...], so bringe ich hier weder in Anschlag, daß ein widriges Geschick zuweilen den Besten verfolgt, noch daß eine unglückliche [...] Gemütsart bei manchem die vorzüglichsten, edelsten Eigenschaften verdunkelt. [...] Was ist es, das diesen fehlt und andre haben [...] - eine Kunst, die oft der schwache Kopf, ohne darauf zu studieren, viel besser erlauert als der verständige, weise, witzreiche; die Kunst, sich bemerkbar, geltend, geachtet zu machen, ohne beneidet zu werden".[49] Nur scheinbar hebt Knigge an dieser Stelle bereits die in der Konzeption des vir bonus gedachte Einheit von tugendhaften, gebildeten und sich wirkungsvoll darstellenden Menschen auf. Die Betonung allerdings des Studiums der Menschen, nicht der Bücher, die Hervorhebung der natura, nicht der ars, durchaus noch, wie ersichtlich, von den antiken Gewährsmännern Knigges gedeckt, ist Zeichen eines bürgerlichen Wirklichkeitsverständnisses, das in dieser Form dem aristokratischen Bildungsideal fehlt. Immer noch aber ist es Knigges Ziel, daß der Wert eines Menschen nicht durch dessen falsche Vorstellung unerkannt und wirkungslos bleibt, nicht aber, den "schwachen Kopf" als neuen vir bonus auszurufen. Und wenn er die von ihm gelehrte Umgangskunst scharf von der Kunst des lügnerischen Scheins abgrenzt, so ist damit schon nicht mehr allein die höfische Kultur gemeint; mit der "schändlichen, niedrigen Gefälligkeit des verworfenen Sklaven, der sich von jedem mißbrauchen läßt, sich jedem preisgibt; um eine Mahlzeit zu gewinnen, dem Schurken huldigt, und um eine Bedienung zu erhalten, zum Unrechte schweigt, zum Betruge die Hände bietet und die Dummheit vergöttert",[50] wird ein spezifisch bürgerliches Verhalten der freiwilligen Unterordnung kritisiert, ein sozialpsychologisches Syndrom vor allem des deutschen Bürgertums. Solchem Verhalten entgegen stellt Knigge Biederkeit, Bürgerlichkeit und Rechtschaffenheit, sie sind ihm - und hier tritt er das Erbe Gottscheds, der Popularphilosophie und der *Moralischen Wochenschriften* an - Leittugenden und Bildungsziele, die letztlich auch die Unterscheidung des falschen vom richtigen Umgang möglich und nochmals den dezidiert bürgerlichen Standort sichtbar machen, den dieser Adlige in den Auseinandersetzungen seiner Zeit einnahm. Mehrmals betont Knigge, daß er für Menschen "mittleren Standes" schreibe, und viele seiner Leitbegriffe und Vorstellungen sind in dieser bürgerlichen Schicht verankert. So auch sein Ideal der häuslichen Geselligkeit, der Kontrapunkt adliger Erziehung.

Die Verwandlung des vir bonus in den rechtschaffenen Familienvater hatte für Europa muster- und vorbildhaft Diderot mit seinem bürgerlichen Drama (drame bourgeois) *Le Père de famille* vollendet. Der vir bonus, für Cicero selbstverständlich die Vereinigung von Politiker, Philosoph und Orator, wird zur Privatperson, deren Angelegenheiten zwar vom gesellschaftlichen Kontext nicht zu isolieren sind - man würde Diderots Absicht zweifellos

---

48 Vgl. Zaehle, Knigges Umgang mit Menschen und seine Vorläufer, S. 172ff.

49 Knigge, Über den Umgang mit Menschen, S. 23.

50 Knigge, Über den Umgang mit Menschen, S. 24.

verkennen, unterstellte man ihm solchen Zweck -,[51] deren Zentrum aber in Haus und Familie liegt. Das Schlußtableau des *Hausvaters*: "Indem sie aus dem Saale gehet, führet der Hausvater seine zwey Töchter; Saint Albin hat die Arme um seinen Freund Germeuil geschlagen; Herr Le Bon giebt der Frau Hebert die Hand; die andern folgen, wie sie kommen, und alle sind vor Freuden ausser sich"[52] - dieses Familiengemälde zeigt nicht allein die bürgerliche Familie in ihrer Ordnung, sondern auch eine ihr kongruente Denkstruktur, die es gestattet, Dinge und Ereignisse wie auch Lebewesen musterhaft vernünftig zu ordnen: "Seht ihr, daß ihr euch von mir nicht entfernen können [!], ohne euch zu verirren?" bemerkt triumphierend zum guten Schluß der zeitweilig so arg verkannte Hausvater.[53]

Die Folgen von Diderots Drama in Deutschland: mehrfach, darunter von Lessing, übersetzt, hoch gelobt und zwischen 1767 und 1776 von allen deutschen Schauspielgruppen gespielt, mannigfach kopiert und variiert, ein Hauptgegenstand der ästhetischen Kritik und Praxis und des intellektuellen Gesprächs[54] - dieser, an der französischen Reaktion gemessen, unglaublich große Erfolg jenes bürgerlichen Schauspiels zeigt, wie sehr das deutsche Publikum seine Wünsche und Bedürfnisse in der Konfiguration dieses Dramas Gestalt angenommen sah. Die innerliche Glückseligkeit, die schon Heumann am wahren Politicus pries,[55] ist jetzt erst, wirklich repräsentativ, zum äußeren Ereignis geworden.

Knigge seinerseits preist den "Sinn für häusliche Freuden" und das "Familienband",[56] und die "häusliche Glückseligkeit"[57] ist ihm alle Aufmerksamkeit wert, die ehemals der überirdischen, dann, säkularisiert, der sozial zu verwirklichenden galt, wobei er sie immer wieder polemisch gegen die höfischen Verhältnisse wendet, denen es eben an freundschaftlichen, menschlichen, familiären Bindungen ebenso wie an seelischer Anteilnahme und natürlicher Bildung fehle; statt gründlicher Kenntnisse nur Entfernung von der Natur, statt Würde allein Rang- und Titelsucht, statt Wahrheit bloß Prunk und Verstellung. "Glückliche Unwissenheit!" ruft Knigge angesichts des unverdorbenen Bürgers in der Provinz aus, "Glückliche Unwissenheit! nicht zu vertauschen mit dem Ekel, welcher den Mann anwandelt, der in seinem Leben so gar viel allerorten erlebt, erfahren, gesehn, bauen und zerstören gesehn hat und zuletzt an nichts mehr Freude finden, nichts mehr bewundern kann".[58] Rousseaus Maßstab der Kritik war zum Allgemeinplatz der Zeit geworden, allenthalben Lobreden auf die glückliche Unwissenheit, die Naivität des natürlichen Menschen, ob in ländlicher oder insularischer Idylle, und als Pendant dazu die Tadelreden auf die Verdorbenheit der Zivilisation, der höfischen Kultur, der Depravation der Sitten. Doch ist diese Polemik gegen En-

---

51 Denn daß der Sohn vermeintlicherweise adlige, höfische Verhaltensweisen angenommen hat und dem familiären Glück entflieht, also 'liederlich' geworden ist, beschwört den Konflikt herauf, dessen verkappte politische Bedeutung auch später in den Auseinandersetzungen zwischen Vater und Sohn immer wieder zum Vorschein kommt.

52 D. Diderot: Das Theater des Herrn Diderot. 2 Bde. Übers. v. G. E. Lessing. Bd. 1. Berlin 1760. S. 228.

53 Diderot, Das Theater, Bd. 1, S. 216.

54 Auch Knigge beteiligte sich 1788/89 mit "Dramaturgischen Blättern" an der Diskussion.

55 Ch. A. Heumann: Der politische Philosophus, das ist vernunftmässige Anweisung zur Klugheit im gemeinen Leben. Faksimiledr. d. Ausg. Frankfurt u. Leipzig ^{3}1724. Frankfurt a. M. 1972. S. 2.

56 Knigge, Über den Umgang mit Menschen, S. 148.

57 Knigge, Über den Umgang mit Menschen, S. 153.

58 Knigge, Über den Umgang mit Menschen, S. 27.

de des 18. Jahrhunderts auch schon gegen die oberen Schichten der Bourgeoisie gerichtet, der "vornehme Bankerottierer" ist eines der Beispiele, die Knigge anführt.[59] Und ebenso kritisiert er schon das mittelständische Bürgertum, dessen veränderlichen, leichtfertigen Geschmack.[60] Doch trotz der mit dieser Polemik einhergehenden Idolatrie der Natürlichkeit und Unverdorbenheit fordert Knigge kein "Zurück zur Natur" im Umgang mit Menschen; was er lehrt, bezeichnet er selber als eine Kunst, die man sich aneignen kann, wenn man sich zusätzlich zu den von ihm induzierten Regeln durch Beobachtung und Erfahrung anleiten läßt. Wie die rhetorische Menschenbildung ihr ethisches Fundament hat, so ist auch Knigge um eine solche Grundlegung seines Werks bemüht. "Wenn die Regeln des Umgangs nicht bloß Vorschriften einer konventionellen Höflichkeit oder gar einer gefährlichen Politik sein sollen", erklärt er in der Vorrede zur dritten Auflage, "so müssen sie auf die Lehren von den Pflichten gegründet sein, die wir allen Arten von Menschen schuldig sind [...]. Das heißt: ein System, dessen Grundpfeiler Moral und Weltklugheit sind, muß dabei zum Grunde liegen."[61] Der Ursprung dieses Ideals der Weltklugheit ist das politische Lebensideal, wie es sich in der zweiten Hälfte des 16. Jahrhunderts bereits herauszubilden begann und das nicht bloß dem staatlichen und diplomatischen Leben regulativ vorstand, sondern das sich bald schon - in Opposition gegen den konservativ gewordenen Humanismus - auch im zivilen Leben verbreitete. "'Politisch' handelt, wer in 'kluger', auch skrupelloser Weise, unter konsequenter Ausnutzung sich bietender Gelegenheiten seinen individuellen Erfolg, sein irdisches 'Glück' sucht."[62] Unter kritischer Abgrenzung gegen derart skrupellos gefaßte Klugheit wirkt dieses Bildungsideal auch noch in Knigges Abhandlung nach, wenn er auch gleich in der Einleitung einräumt, daß "der theoretische Unterricht in wahrer Weltklugheit bei der Jugend teils selten mit Erfolge, teils nicht immer ohne Gefahr zu erteilen" sei,[63] und verhindert, daß der Umgang mit Menschen, wie erst durch spätere Bearbeiter geschehen, ganz auf den häuslich-familiären Umgang beschränkt wurde. Denn der Zweck dieses Buches ist es, wie Knigge betont, "*Vorschriften zu einem glücklichen, ruhigen und nützlichen Leben in der Welt und unter Menschen*" zu geben.[64]

"Jeder Mensch gilt in dieser Welt nur so viel, als wozu er sich selbst macht"[65] - so der erste Satz des ersten Kapitels im *Umgang mit Menschen*. Bezeichnend für Knigges System ist die Verbindung eines solchen Pathos der Selbsterzeugung des Menschen mit einer streng moralischen Erörterung, die zunächst alle negativen Folgen betrachtet, welche aus der konsequenten Verwirklichung dieser Maxime entstehen können, um dann erst deren Berechtigung für alle diejenigen nachzuweisen, die im "strahlenden Bewußtsein der Wahrheit und Redlichkeit" leben.[66] Nochmals und unmißverständlich bekräftigt Knigge gegen Schluß seines Werks dessen Absicht: "Ich habe aber in diesem Werke nicht die Kunst lehren wollen, die Menschen zu seinen Endzwecken zu mißbrauchen, über alle nach Gefallen zu herr-

59 Knigge, Über den Umgang mit Menschen, S. 38.

60 Vgl. Knigge, Über den Umgang mit Menschen, S. 313.

61 Knigge, Über den Umgang mit Menschen, S. 10.

62 Barner, Barockrhetorik, S. 142.

63 Knigge, Über den Umgang mit Menschen, S. 33.

64 Knigge, Über den Umgang mit Menschen, S. 274.

65 Knigge, Über den Umgang mit Menschen, S. 37.

66 Knigge, Über den Umgang mit Menschen, S. 39.

schen, jeden nach Belieben für unsre eigennützigen Absichten in Bewegung zu setzen. Ich verachte den Satz, daß man aus den Menschen machen könne, was man wolle, wenn man sie bei ihren schwachen Seiten zu fassen verstünde. Nur ein Schurke kann das und will das, weil nur ihm die Mittel zu seinem Zwecke zu gelangen, gleichgültig sind; der ehrliche Mann kann nicht aus allen Menschen alles machen und will das auch nicht".[67] Mit dieser Argumentationskette belegte schon die antike Rhetorik den Gegensatz zwischen Überreden und Überzeugen, auf ihr fußt die Formulierung des Rednerideals vom vir bonus, und sie konstituiert auch manch kritischen Widerspruch im *Umgang mit Menschen*, in der Erörterung der einzelnen bürgerlichen Tugenden und ihrer gesellschaftlich-geselligen Darstellung. So vertritt Knigge nicht die krasse Nützlichkeitsmoral, wie sie vor allem die *Moralischen Wochenschriften* verbreiten, in Gestalt des fleißigen und nützlichen Bürgers,[68] der seiner Arbeit nachgeht, nicht weil er dazu verdammt ist - die biblische Arbeitsauffassung, die auch das ganze Mittelalter beherrschte -, sondern weil er sie für sinnvoll und segensreich erachtet: Sie festigt und fördert seine soziale Stellung und dient dem Allgemeinwohl. Wie wenige Jahre später Friedrich Schiller, der den Nutzen als das große Idol, als Trugbild seiner Zeit charakterisieren sollte, so arbeitet auch Knigge an einer Bildungskonzeption, die im kritischen Widerspruch zu den herrschenden und immer offenbarer werdenden Tendenzen der bürgerlichen Gesellschaft steht. Pflege und Veredlung des Individuums ist sein Ziel, und allein solche Vervollkommnung ist Voraussetzung für einen vollkommenen gesellschaftlichen Umgang. "Strebe nach Vollkommenheit, aber nicht nach dem Scheine der Vollkommenheit und Unfehlbarkeit", heißt einer der Zentralsätze der Abhandlung.[69] Zu dieser Vollkommenheit gehört sowohl die Entwicklung der Tugend - die scharf gegen die "äußere Tugend", den Schein der Tugend also, abgegrenzt wird - wie auch eine möglichst umfassende wissenschaftlich-künstlerische Ausbildung. Zwar verurteilt Knigge die seichte Vielwisserei: "mich ekelt vor den herumwandelnden enzyklopädischen Wörterbüchern; mich ekelt vor den allwissenden, rezitierenden jungen Herrn", ruft er aus und verlangt statt dessen gründliche und tiefe Kenntnis eines Faches.[70] Allein, trotz dieser nur scheinbar den zeitgenössischen Tendenzen nach einer einseitigen Ausbildung Tribut leistenden Aufforderung macht er wenig später unmißverständlich klar, daß ihm als eigentlich vorbildlich nur der Umgang mit einem gebildeten Manne gilt, "der philosophischen Geist, Gelehrsamkeit und Witz mit seiner Kunst verbindet. Es ist ein Glück, an der Seite eines solchen Künstlers zu leben, dessen Geist durch Kenntnisse gebildet, dessen Blick durch Studium der Natur und der Menschen geschärft, bei dem durch die milden Einwirkungen der Musen das Herz zu Liebe, Freundschaft und Wohlwollen gestimmt und die Sitten sind gereinigt worden".[71] Zur Kultivierung des bürgerlichen Individuums zählt Knigge sowohl die Beförderung der leiblichen Gesundheit, die Veredlung der Gemütskräfte und der Leidenschaften wie schließlich die Entwicklung der "Fakultäten seines Verstandes und Gedächtnisses".[72] Die Verfei-

---

67 Knigge, Über den Umgang mit Menschen, S. 407.

68 Vgl. Martens, Botschaft der Tugend, S. 319ff.

69 Knigge, Über den Umgang mit Menschen, S. 39.

70 Knigge, Über den Umgang mit Menschen, S. 342.

71 Knigge, Über den Umgang mit Menschen, S. 354.

72 Knigge, Über den Umgang mit Menschen, S. 83.

nerung der inneren "Fähigkeiten [und] Anlagen"[73] geht einher mit "äußern Anstand"[74], mit "schickliche[n] Manieren und [...] Höflichkeit im äussern Betragen",[75] ohne Rücksicht auf die Situation, in der sich der Mensch befindet: "Selbst in Deinem Äußern, in Deiner Kleidung sieh Dir nicht nach, wenn Du allein bist."[76] Obwohl Knigge als seine vorzügliche Aufgabe schildert, dem Bürger zu zeigen, wie er auf tugendhafte und vernünftige Weise "den höchsten Grad von Glückseligkeit und alle Vortheile zu erlangen" imstande ist,[77] so bemüht er sich gleichfalls, als Voraussetzung dazu die bürgerlichen Untugenden im Umgang: Steifheit und Grobheit, "Blödigkeit und Schüchternheit",[78] seinen Landsleuten auszureden und durch jene leichten, zwanglosen und höflichen Umgangsformen zu ersetzen, die von Castiglione bis Gracián als die eigentlichen Tugenden geselligen Verkehrs gepriesen wurden. "Eine gewisse Leichtigkeit im Umgange also, die Gabe, sich gleich bei der ersten Bekanntschaft vorteilhaft darzustellen, mit Menschen aller Art zwanglos sich in Gesprächen einzulassen [...], das sind Eigenschaften, die man zu erwerben und auszubauen trachten soll."[79] Nichts anderes - eben Leichtigkeit (sprezzatura), Anmut, Grazie, Zwanglosigkeit - hatte Castiglione vom vollkommenen Hofmann erwartet. Einerseits rät Knigge, wer immer dazu in der Lage sei, solle den Höfen fernbleiben, "diesem Schauplatze des glänzenden Elends",[80] um dann nur wenige Seiten später seiner Kritik am zeitgenössischen Hofleben nicht bürgerliche Maßstäbe, sondern das Ideal des Hofmanns zugrunde zu legen: "Übrigens gestehe ich [...] daß der Ton, welcher jetzt [...] in der feinen Welt eingeschlichen ist, mir gar nicht so gefallen will, wie der, welcher vor etwa zwanzig Jahren herrschte. Viele von ihnen [den Hofleuten] kommen mir äußerst ungeschliffen und plump vor; es scheint mir, als suchten sie etwas darin, Bescheidenheit, Höflichkeit und Delikatesse zu beleidigen [...], selbst ihren Körper zu vernachlässigen, ohne alle Grazie beim Tanze herumzuspringen, krumm und schief und gebückt zu gehn, keine Kunst, keine Wissenschaft gründlich zu lernen [...] Es gibt freilich einen Bocksbeutel, einen Zwang und eine Steifigkeit im Umgange, die in vorigen Zeiten in Deutschland herrschend waren, und wovon es ein Glück ist, daß wir anfangen, sie abzulegen; aber edler Anstand ist nicht Steifigkeit, verbindliche Höflichkeit und Aufmerksamkeit nicht Bocksbeutel, Grazie nicht Zwang, und echtes Talent, wahre Geschicklichkeit nicht Pedanterie."[81] Beinah unmerklich geht die Tadelrede auf gegenwärtiges Hofleben über in die Lobrede auf ein allgemeingültiges Bildungsideal, das aus jener Kritik gewonnen wurde.

Bis in Einzelheiten ließe sich Knigges Gesellschaftsbuch auf das ihm zugrunde liegende rhetorisch-humanistische Muster hin dechiffrieren. Die ganze Gesellschaftskunst, die es lehrt, steht unter dem Primat der angemessenen Wirkung der Person, angemessen nach außen, an die äußeren Lebensumstände, und angemessen nach innen, an die moralische Ver-

73 Knigge, Über den Umgang mit Menschen, S. 86.
74 Knigge, Über den Umgang mit Menschen, S. 65.
75 Knigge, Ueber den Umgang mit Menschen (s. Anm. 46), Tl. 1, S. 103.
76 Knigge, Über den Umgang mit Menschen, S. 84.
77 A. Freiherr Knigge: Geschichte des armen Herrn von Mildenburg. Tl. 3. Hannover 1790. Vorrede, o. P.
78 Vgl. O. Gildemeister: Von Höflichkeit. In: Ders.: Essays. 2 Bde. Bd. 1. Berlin 1896. S. 62.
79 Knigge, Über den Umgang mit Menschen, S. 62.
80 Knigge, Über den Umgang mit Menschen, S. 314.
81 Knigge, Über den Umgang mit Menschen, S. 321.

fassung des Menschen; beides in Einklang zu bringen macht wahre Bildung aus: Feinheit in "Sitten und Geberden", eine feinere Bildung in den Wissenschaften, die Angemessenheit des eigenen Verhaltens zu den sozialen Verhältnissen, in denen man sich befindet, zu Ort, Zeit und Gelegenheit. Natürlichkeit und Schicklichkeit im Umgang sind dem Menschen nicht schon von Natur garantiert, Leichtigkeit und Zwanglosigkeit im Gespräch lassen sich lernen. "Ein großes Talent, und das durch Studium und Achtsamkeit erlangt werden kann, ist die Kunst, sich bestimmt, fein, richtig, [...] nicht weitschweifig auszudrücken, lebhaft im Vortrage zu sein, sich dabei nach den Fähigkeiten der Menschen zu richten, mit denen man redet, sie nicht zu ermüden, [...] nach den Umständen trocken oder lustig, ernsthaft oder komisch seinen Gegenstand darzustellen und mit natürlichen Farben zu malen. Dabei soll man sein Äußeres studieren, sein Gesicht in seiner Gewalt haben, nicht grimassieren [...] Der Anstand und die Gebärdensprache sollen edel sein; man soll nicht bei unbedeutenden und affektlosen Unterredungen [...] mit Kopf, Armen und andern Gliedern herumfahren und um sich schlagen [...] Kurz, alles was eine feine Erziehung, was Aufmerksamkeit auf sich selbst und andre verrät, das gehört notwendig dazu, den Umgang angenehm zu machen".[82] So gibt es zwei Tendenzen in Knigges gesellschaftlichem Aufklärungsbuch, trotz des einheitlichen Musters, auf das es sich bezieht und das immer noch das Ideal der gesellschaftlich-rednerisch bestimmten Kultur ist.

6. Die Wirkung, die das erfolgreichste Buch des ins bürgerliche Lager übergelaufenen Freiherrn Knigge auf seine Zeitgenossen wie das ganze 19. Jahrhundert ausgeübt hat, ist noch einige ausführliche Untersuchungen wert, und sie beschränkt sich nicht nur auf die Durchdringung adlig-humanistischer Bildungsvorstellungen und pragmatischer Bedürfnisse des aufsteigenden Bürgertums. Indem Knigge einen Schwerpunkt seiner Bemühungen in der Veredlung des häuslichen Lebens sieht und die familiäre, häusliche Glückseligkeit als die höchste der Freuden preist, zieht er bereits sehr weitreichende und auch zu anderen Zwekken brauchbare Konsequenzen aus der berufsbürgerlichen Trennung des Lebens in einen öffentlichen und einen Privatbereich. Zwar hatten auch schon die *Moralischen Wochenschriften*, hatten Schriftsteller wie Diderot oder Gellert den "Sinn für häusliche Freuden und das Familienband" geweckt und ausgebildet, doch erweist sich Knigge auch hier als der geniale Kompilator, der die verschiedenen Tendenzen der ganzen Gesellschaft seiner Zeit höchst wirkungsvoll zusammenfaßt und in einen einheitlichen bürgerlichen Bildungsplan integriert. Mit der Übernahme bürgerlicher Idolatrie des häuslichen Lebens hat er dann selber den Grundstein zu der unangemessenen Rezeption seines Werkes im 19. Jahrhundert gelegt, die vor allem im Aussparen der rhetorisch-humanistischen Elemente seines Bildungsideals bestand und damit auch die Eliminierung aller auf politische Verwirklichung des Bürgers zielenden Akzente bedeutete. Auf sie aber war es Knigge angekommen, selbst wo er Tischregeln abfragt und neue Kleiderordnungen gibt. Statt dessen betonte man seine Anweisungen zur privaten Glückseligkeitsbeförderung, weit ab vom feilen Treiben der großen Welt; seine Lobreden auf die harmonische Gemeinschaft der Familie, auf die Freundschaftsbande, auf die gesellige Vertraulichkeit im kleinen Kreise dienten dann zur Legitimation einer bürgerli-

---

82 Knigge, Über den Umgang mit Menschen, S. 62f.

chen Haltung in Deutschland, wie sie schon Norbert Elias eindringlich als Ausdruck politischer Machtlosigkeit und Resignation beschrieben hat.[83]

Es ist gewiß müßig, den Anwalt der bürgerlichen Revolution in Deutschland vor seinen falschen Erben in Schutz zu nehmen. Er sah seine Aufgabe selber darin, die Hindernisse zu beseitigen, "die auch oft den verständigsten Menschen abhalten, früh genug, zu seinen und Andrer Glücke diesen Grad von Bildung, diese, allein des Namens der Aufklärung würdige Vervollkommung [!] zu erlangen";[84] daß diese Aufgabe durch Erziehung allein nicht lösbar ist, blieb zu erkennen einer späteren Generation von Schriftstellern vorbehalten. Doch ist es eben dieses Selbstverständnis, das Knigge zu einem politischen Schriftsteller ohne Misere hat werden lassen - es führte ihn ganz natürlich zu der rhetorischen Auffassung seines Berufs, wie er sie ausführlich in seinem Buch *Über Schriftsteller und Schriftstellerey* formuliert: "Schriftstellerey ist also öffentliche Mittheilung der Gedanken; gedruckte Unterhaltung; laute Rede, an Jeden im Publico gerichtet, der sie hören will; Gespräch mit der Lesewelt; und aus diesem Gesichtspuncte betrachtet, können wir die Rechte und Pflichten der Schriftsteller bestimmen."[85] Es ist kennzeichnend für die gewiß nicht einheitliche Rezeption der Rhetorik in der deutschen Literatur, daß unter ihrem Einfluß die enge Verbindung des Schriftstellers mit den Interessen und Bedürfnissen des "Volkes", also der bürgerlichen Mittelschichten vor allem, aber auch der plebejischen und - denken wir an Büchners *Hessischen Landboten* - bäuerlichen Schichten, zustande kam. Gottsched, der Begründer einer nationalen Kulturpolitik und Literaturdiskussion, eignete sich die gesamte Tradition an, wobei sein Hauptinteresse der Rhetorik als der Theorie der Beredsamkeit galt: Das Ergebnis der von ihm systematisch betriebenen Pflege von Sprache und Literatur sollte die gebildete Nation sein. Die Lehre vom vollkommenen Redner dient wie in der Tradition der ethischen Fundierung seiner Absichten. Dagegen konzentrierte Knigge sich für seine Abhandlung über gesellschaftlichen Umgang im wesentlichen auf diejenigen Aspekte der Rhetorik, die sich von der Theorie der Beredsamkeit im engeren Sinne ablösen lassen und die ihm für eine Ausgestaltung der bürgerlichen Lebensverhältnisse brauchbar erschienen. Das Ergebnis sollte der gut erzogene Bürger sein, ein Ideal, das erst später zum Spießerspruch herunterkam. Der Orator Ciceros, wenn auch schon als Idealmensch entworfen, war doch Träger einer genau bestimmten Rolle im Staat, seine auctoritas gründet sich auf seine überragende Stellung im politischen Leben, die aber nicht von seiner Tätigkeit als Redner ablösbar ist. Castiglione wie auch Knigge sehen von dieser Wirksamkeit ab, verallgemeinern die zunächst in der Rhetorik doch vor allem auf die Redesituation als einen ganz bestimmten Wirkungszusammenhang bezogenen Maximen und Regeln. Da Rhetorik immer schon nicht allein die Kunst der richtigen und wahren Wirkung der Rede, sondern auch der des Redners in einem gesellschaftlichen Bereich gewesen ist, konnte die Kunst des Redners, mit seinem Publikum "umzugehen", zu einer allgemeinen Kunst des "Umgangs mit Menschen" erweitert werden. In einem sehr umfassenden Sinne - das jedenfalls lehrt die Konstellation, in der Knigges Abhandlung steht - stellt die Rhetorik das Zentrum aller bürgerlichen Bemühungen im 18. Jahrhundert dar, die auf die Herstellung einer öffentlichen Meinung, Ausdruck bür-

83 N. Elias: Über den Prozeß der Zivilisation. 2 Bde. Bern u. München 1969.

84 Knigge, Geschichte des armen Herrn von Mildenburg, Vorrede, o. P.

85 A. Freiherr Knigge: Über Schriftsteller und Schriftstellerey. Hannover 1793. S. 9.

gerlicher Mündigkeit und sozialer Emanzipation zielten. Auch Kants Verdikt über die Beredsamkeit als einer Lügen- und Schmeichelkunst, die "keiner Achtung würdig sei", trifft nur die höfische Rhetorik (wie schon die Wortwahl zeigt), nicht, wie allzu pauschal später interpretiert, jene Redekunst, in der sich auch Kant selber als Meister zeigte. Schillers Konzeption einer ästhetischen Erziehung, seine Bildungsideale "schöne Seele und erhabener Charakter" sind ebenso bisher zu wenig beachtete Zeugnisse rhetorischer Tradition wie auch Jean Pauls Geniedoktrin oder seine Vorstellung vom Idealmenschen als der regulativen Idee seiner Erziehlehre: "Sollte man übrigens den Preis- und Ideal-Menschen in Worte übersetzen: so könnte man etwa sagen, er sei das harmonische Maximum aller individuellen Anlagen zusammengenommen".[86] Die für die Geschichte der Aufklärung in Deutschland konstitutive rhetorische Überlieferung erschließt überhaupt erst die besondere Konstellation der Werke; von der philosophischen Kritik bis hin zum Unterhaltungsroman der Wilhelmine Karoline von Wobeser (*Elisa, oder das Weib, wie es sein sollte*) gibt sie die Gestalt der Erziehung wieder, die die Humanisierung des Bürgers vollenden sollte. Daß sie über den Anfang nicht hinauskam, macht die Betroffenheit erklärlich, die der Verballhornung Knigges im 19. Jahrhundert vorausgegangen sein muß. "Hier wäre dann wohl der Ort, einen eigenen, nicht unbedeutenden Abschnitt den Bemerkungen über den Umgang mit verstorbenen großen und edeln Männern zu widmen [...]. Man träumt sich in jene Zeiten hinein, wird beseelt von dem Geiste, der aus den Thaten und Reden jener erhabnen Menschen hervorgeht; und in diesem Sinne hat der Umgang mit verstorbenen sehr oft größere Würkung auf Köpfe, Herzen, und durch diese auf große Weltbegebenheiten, geäussert, als der Umgang mit den Zeitgenossen."[87]

Auch hier spricht Knigge aus Erfahrung, denn er pflegte einen gewiß sehr lebendigen Umgang mit den verstorbenen Großen - es ist an der Zeit, auch mit ihm selber wieder ein, natürlich geselliges und unterhaltendes, Gespräch zu beginnen.

86 J. Paul: Levana oder Erziehlehre. In: Ders.: Werke. Hg. v. N. Miller. Bd. 5. München 1963. S. 566.
87 Knigge, Ueber den Umgang mit Menschen (s. Anm. 46), Tl. 3, S. 219.

Gesprächsgesellschaft in Utopia

Goethes *Unterhaltungen deutscher Ausgewanderten*

1. In Goethes auch an Mißerfolgen so reicher Lebensgeschichte bilden die *Unterhaltungen deutscher Ausgewanderten* noch ein besonderes Kapitel: ihre Geringschätzung hat kontinuierlich und länger angehalten als bei jedem anderen seiner Werke und wirkt heute noch nach. Nur das *Märchen* hat man von Anfang an ausgenommen und es daher möglichst von seinem Kontext abgetrennt. Sein Autor ist freilich daran nicht ganz unschuldig. Auf Schillers Bitte um Mitarbeit an den *Horen* hatte er am 24. Juni 1794 geantwortet: "Sollte unter meinen ungedruckten Sachen sich etwas finden, das zu einer solchen Sammlung zweckmäßig wäre, so theile ich es gerne mit; gewiß aber wird eine nähere Verbindung mit so wakkern Männern, als die Unternehmer sind, manches, das bey mir ins Stocken gerathen ist, wieder in einen lebhaften Gang bringen."[1] Später (am 27. November 1794) schreibt er sogar davon, die "kleinen Erzählungen" bereiteten ihm "große Lust, nach der Last die einem so ein pseudo epos als der Roman ist auflegt".[2] Im Vergleich zum *Wilhelm Meister* erscheint Goethe die Arbeit an den *Unterhaltungen* eher geringfügig und von fast erholsamer Wirkung, ein Zwischenprodukt seines Genies gleichsam, bloß durch äußeren Anstoß überhaupt entstanden, wie er gegen Ende seines Lebens nochmals bekräftigt: "Hätt es ihm [Schiller] nicht an Manuscript zu den Horen [...] gefehlt, ich hätte die Unterhaltungen der Ausgewanderten nicht geschrieben".[3] Doch spielt der Erzählzyklus in den ersten Monaten des Briefwechsels mit Schiller eine nicht geringe Rolle, und er war, wie daraus hervorgeht, auch Thema der mündlichen Gespräche zwischen ihnen. Die Rahmenerzählung wird erörtert (im Brief vom 2. Dezember 1794 nennt er sie den "Prologus"[4]), die Behandlung des politischen Themas, der Französischen Revolution, darin geprüft und im Verhältnis zum Publikum durchdacht ("Weil ich mich in meiner Annonce an das Publikum auf unsere Keuschheit in politischen Urtheilen berufen werde, so gebe ich Ihnen zu bedenken", schreibt Schiller am 29. November 1794, "ob an dem, was sie dem Geh*eim*rath in den Mund legen, eine Parthey des Publikums, und nicht die am wenigsten zahlreiche, nicht vielleicht Anstoß nehmen dürfte?"[5]), schließlich auch ganz pragmatische Fragen der Stoffüberlieferung geklärt: "Schreiben Sie mir", bittet Goethe am 5. Dezember 1794, "nur durch den rückkehrenden Boten: ob Ihnen etwas von einer *Gespenstermäßigen Mystifications Geschichte* bekannt sey, welche vor vielen Jahren Mdlle. *Clairon* begegnet seyn soll? und ob vielleicht in irgend einem Journal das Mährchen schon gedruckt ist? wäre das nicht so lieferte ich sie

---

1 Goethes Werke. Hg. im Auftrage der Großherzogin Sophie von Sachsen. Weimarer Ausgabe 1887-1919. Bd. 103: Abt. 4, Bd. 10: Goethes Briefe. 9.August 1792-31.December 1795. Weimar 1892. S.166.

2 Goethes Werke, Bd. 103: Abt. 4, Bd. 10, S. 207.

3 Goethes Werke, Bd. 138: Abt. 4, Bd. 45: October 1828-Juni 1829. Weimar 1908. S. 118.

4 Goethes Werke, Bd. 103: Abt. 4, Bd. 10, S. 208.

5 Schillers Werke. Nationalausgabe. Hg. v. J. Petersen u. H. Schneider. Bd. 27: Schillers Briefe 1794-1795. Hg. v. G. Schulz. Weimar 1958. S. 94.

noch und wir fingen so recht vom *unglaublichen* an, welches uns sogleich ein unendliches Zutrauen erwerben würde."[6]

Dies Zutrauen allerdings blieb aus, ja gerade der Aspekt der Publikumswirksamkeit war es, der manch abschätziges Urteil veranlaßte. Im Januar 1795 erschien der Beginn der Rahmenerzählung im ersten Stück der *Horen*, einen Monat später folgten im zweiten Stück die ersten vier Geschichten bis zum Ende der Abendunterhaltung. Frau von Stein, konsterniert über dergleichen Nichtigkeiten, schrieb sofort an Charlotte Schiller am 19. Februar: "Dem Goethe scheint's gar nicht mehr Ernst um's Schreiben zu sein, daß er die bekannte Geschichte der Mlle. Clairon, die er nach Italien transportiert, die vom Klopfen, welche mir vor drei Jahren Herr von Pannewitz erzählte, daß sie sich in seiner Eltern Haus zugetragen, und die aus des Bassompierre sehr bekannten mémoires, die er doch wahrhaftig nicht wird für eine Geistergeschichte wollte passieren lassen, indem sie sehr körperlich war, gut genug zum Inhalt eines so respektabeln Journals wie die Horen hält."[7] So dachten viele. Körner berichtete aus Dresden: "Von allen Seiten hör' ich Klagen über diese Aufsätze".[8] Und Humboldt, aus Berlin: "Die Unterhaltungen misfallen durchaus und total".[9] Ganz ersichtlich war das deutsche Lesepublikum auf "Erzählungen im Geschmack des Decameron des Boccaz"[10] nicht vorbereitet oder jedenfalls nicht in der literarischen Sphäre Goethes, Schillers und der Weimarer Klassik. Es gab vereinzelt auch andere Stimmen. August Wilhelm Schlegel rezensierte den ersten Jahrgang der *Horen* in der Jenaer *Allg. Literatur-Zeitung* durchaus wohlwollend, bezeichnete die *Unterhaltungen* insgesamt aber auch als "leichte, angenehme Erholung",[11] die erst zum größten Vergnügen gesteigert werde durch "das lieblichste Märchen [...], das je von ihrem [der Phantasie] Himmel auf die dürre Erde herabgefallen ist."[12] Diese Ausnahmestellung genießt das *Märchen* bei den meisten kritischen Lesern von Anfang an, das Entzücken ist ebenso allgemein wie die Lust an der Deutung der rätselvollen Dichtung. Goethe beobachtete das Treiben seiner Zeitgenossen halb amüsiert und halb bedachtsam, legte eigens eine Mappe für die Interpretationen an, die ihm zugeschickt wurden, und ließ es sich doch nicht nehmen, ihre Vergeblichkeit in den *Xenien* nachsichtig zu kommentieren: "Mehr als zwanzig Personen sind in dem Märchen geschäftig. 'Nun, und was machen sie denn alle?' Das Märchen, mein Freund."[13]

2. Schiller hat mit seinem Hinweis auf das italienische Vorbild der *Unterhaltungen* nicht so sehr den Charakter der Novellen selber kennzeichnen wollen, die sich von denen des *Decameron* auch wirklich bedeutend unterscheiden, sondern damit eher die geistige Struktur

---

6 Goethes Werke, Bd. 103: Abt. 4, Bd. 10, S. 210f.

7 Ch. v. Schiller und ihre Freunde. Hg. v. L. Urlichs. 3 Bde. in 2 Teilbdn. Stuttgart 1860-1865. Bd. 2. S. 299.

8 Schillers Werke. Nationalausgabe. Begr. v. J. Petersen, hg. v. L. Blumenthal u. B. v. Wiese. Bd. 35: Briefe an Schiller 25.5.1794-31.10.1795. Hg. v. G. Schulz. Weimar 1964. S. 200.

9 Schillers Werke, Nationalausgabe, Bd. 35, S. 250.

10 Schillers Werke, Nationalausgabe, Bd. 27, S. 80.

11 A. W. Schlegel: Kritische Schriften. Hg. v. E. Staiger. Zürich u. Stuttgart 1962. S. 217.

12 A. W. Schlegel, Kritische Schriften, 219.

13 J. W. v. Goethe: Xenien. In: Goethes Werke. Hamburger Ausg. in 14 Bdn. Hg. v. E. Trunz. Bd. 1. 12., neubearb. Aufl. München 1981. S. 213.

gemeint, die sich in der Rahmenhandlung und in ihrem Verhältnis zu den Binnenerzählungen ausdrückt. Boccaccio läßt zehn vornehme adlige Florentiner Bürger vor der Pest (1348) aus der Stadt fliehen und sich auf einem Landsitz zusammenfinden, wo sie sich nun jene Geschichten erzählen, die den Hauptinhalt des Buches ausmachen. Allein, sie werden nicht zum bloßen Zeitvertreib erzählt. Boccaccio wählt das besonders spektakuläre Beispiel der todbringenden Epidemie, um seine Auffassung von der Heilwirkung der Dichtung recht zur Geltung zu bringen: das Geschichtenerzählen "als verdienstliches, Lebenswirren lösendes Werk", ja sogar als "medizinisch wirksames",[14] wie Karl Borinski die Beweggründe und Ziele der italienischen Renaissancenovellistik beschrieb. Das Schwergewicht in der das Buch eröffnenden "Darlegung des Autors, warum die später auftretenden Personen zusammenkamen, um einander Geschichten zu erzählen", liegt auf den gesellschaftlichen Wirkungen der Pestepidemie: Familien- und Freundschaftsbande zerfallen, die öffentliche Ordnung löst sich auf, die egoistischen Triebe herrschen - kurz: der Zustand einer "allgemeinen Entfremdung"[15] ist die Folge des tödlichen Pestübels. Dem Chaos stellen die edlen Damen und Jünglinge nun ihre "schöne Gesellschaft" gegenüber,[16] und sie bewährt sich nicht nur in der gesellschaftlichen Barbarei, denn während alle anderen Rettungsversuche nur von zweifelhafter Wirkung sind ("Obgleich [...] nicht alle starben, so kamen sie doch auch nicht alle davon"[17]), kehren sie nach Ablauf der Frist gesund wieder in ihre Häuser zurück.

Diesem Modell folgte Goethe, paßte es aber seinen eigenen Absichten rigoros an. Die schlimmen Zeitverhältnisse des Jahres 1793 bilden den Hintergrund der *Unterhaltungen*: die französische Revolutionsarmee auf deutschem Boden, Kriegs- und Flüchtlingselend bilden den dauernd gegenwärtigen Hintergrund: "In jenen unglücklichen Tagen, welche für Deutschland, für Europa, ja für die übrige Welt die traurigsten Folgen hatten, als das Heer der Franken durch eine übelverwahrte Lücke in unser Vaterland einbrach, verließ eine edle Familie ihre Besitzungen in jenen Gegenden und entfloh über den Rhein".[18] Der Verlobte der Tochter Luise ist "bei der alliierten Armee in täglicher Gefahr",[19] sein Schicksal ungewiß bis zuletzt und die Bedrohung auch sinnlich stets gegenwärtig "durch den Donner der Kanonen [...], den man, je nachdem der Wind sich drehte, aus der Ferne deutlicher oder undeutlicher vernahm".[20] Wie in den *Wahlverwandtschaften* hat Goethe Zug um Zug gleichsam eine Experimentieranordnung geschaffen, ihn interessieren vor allem die Reaktionen der Individuen in der Grenzsituation, mit der sie konfrontiert werden, und die Erforschung der Bedingungen, unter denen der Zusammenhalt und die Existenz des gesellschaftlichen Verbands der Familie dennoch gewahrt bleiben kann. "Eines Tages machte die Baronesse die Bemerkung, daß man nicht deutlicher sehen könne, wie ungebildet in jedem

---

14 K. Borinski: Die Antike in Poetik und Kunsttheorie. Von Ausgang des klassischen Altertums bis auf Goethe und Wilhelm von Humboldt. 2 Bde. Bd. 1: Mittelalter. Renaissance. Barock. Reprograf. Nachdr. d. Ausg. Leipzig 1914. Darmstadt 1965. S. 112.

15 G. Boccaccio: Das Dekameron. München o.J. S. 18.

16 Boccaccio, Das Dekameron, S. 29.

17 Boccaccio, Das Dekameron, S. 17.

18 J. W. v. Goethe: Unterhaltungen deutscher Ausgewanderten. In: Goethes Werke, Hamburger Ausg., Bd. 6, 10., neubearb. Aufl. München 1981, S. 125.

19 Goethe , Unterhaltungen deutscher Ausgewanderten, S. 126.

20 Goethe , Unterhaltungen deutscher Ausgewanderten, S. 130.

Sinne die Menschen seien, als in solchen Augenblicken allgemeiner Verwirrung und Not. 'Die bürgerliche Verfassung', sagte sie, 'scheint wie ein Schiff zu sein, das eine große Anzahl Menschen, alte und junge, gesunde und kranke, über ein gefährliches Wasser auch selbst zu Zeiten des Sturms hinüberbringt; nur in dem Augenblicke, wenn das Schiff scheitert, sieht man, wer schwimmen kann, und selbst gute Schwimmer gehen unter solchen Umständen zugrunde.'"[21]

Von diesem allegorischen Bilde her erschließen sich die *Unterhaltungen der Ausgewanderten*, es faßt prägnant alle wesentlichen Bestrebungen der Weimarer Klassik zusammen. Die bürgerliche Verfassung erscheint als bloß unvollkommene Sicherung des menschlichen Daseins nach außen hin und berührt oberflächlich nur jenen Bereich, in dem auch die sittlichen Kräfte und das soziale Verantwortungsbewußtsein nichts mehr vermögen. Wichtige Stichworte dafür sind in Goethes Werk die Begriffe Verwirrung, Verworrenheit und die danach gebildeten Adjektive. "Viel verwirrtes Zeug"[22] stelle er an, klagt Werther, beschreibt die "Verwirrung und Finsternis"[23] seiner Seele; "Du scheinst verworren",[24] verdächtigt Pylades die in dem Konflikt zwischen Göttergebot und Bruderliebe zerrissene Iphigenie, Orest gar befindet sich längst auf den "verwornnen Pfade[n], die nach der schwarzen Nacht zu führen scheinen",[25] und aus dem Faustprolog wissen wir, wie der Herr Fausts Streben einschätzt: "Wenn er mir jetzt auch nur verworren dient, so werd' ich ihn bald in die Klarheit führen."[26] Die wenigen Beispiele genügen. Für den Autor des *Werther* und der *Wahlverwandtschaften*, des *Faust* und des *Wilhelm Meister* ist das alles kein zufälliger oder konventioneller Sprachgebrauch, dahinter steckt eine besondere Vorstellung von der menschlichen Verfassung, von den Bedingungen, Gefährdungen und Möglichkeiten der Selbstverwirklichung. "Lieber Wilhelm", wendet sich Werther an den Freund, "ich bin in einem Zustande, in dem jene Unglücklichen gewesen sein müssen, von denen man glaubte, sie würden von einem bösen Geiste umhergetrieben. Manchmal ergreift mich's; es ist nicht Angst, nicht Begier - es ist ein inneres, unbekanntes Toben, das meine Brust zu zerreißen droht, das mir die Gurgel zupreßt! Wehe! wehe! und dann schweife ich umher in den furchtbaren nächtlichen Szenen dieser menschenfeindlichen Jahreszeit."[27] Das "Innere eines kranken jugendlichen Wahns"[28] habe er in diesem Roman darstellen wollen, deutet Goethe selber später seine Absicht, sie ist nicht auf dies Jugendwerk beschränkt geblieben. Kein bedeutendes Drama, kein Roman, kaum eine Erzählung oder Novelle, die von diesem Thema unberührt geblieben wären. So finden wir noch den Helden einer in die *Wanderjahre* eingefügten Novelle wie einst den jungen Werther "mitten in der sittlich-bürgerlichen

21 Goethe , Unterhaltungen deutscher Ausgewanderten. S. 128.

22 J. W. v. Goethe: Die Leiden des jungen Werther. In: Goethes Werke, Hamburger Ausg., Bd. 6, S. 43.

23 Goethe, Die Leiden des jungen Werther, S. 100.

24 J. W. v. Goethe: Iphigenie auf Tauris. In: Goethes Werke, Hamburger Ausg., Bd. 5, 9., neubearb. Aufl. München 1981, S. 50.

25 Goethe, Iphigenie auf Tauris, S. 23.

26 J. W. v. Goethe: Faust. Eine Tragödie. In: Goethes Werke, Hamburger Ausg., Bd. 3, 11., neubearb. Aufl. München 1981, S. 17.

27 Goethe, Die Leiden des jungen Werther, S. 98.

28 J. W. v. Goethe: Aus meinem Leben. Dichtung und Wahrheit. In: Goethes Werke, Hamburger Ausg., Bd. 9, 9., neubearb. Aufl. München 1981, S. 583.

Gesellschaft in solcher Verworrenheit befangen, die sich wogenhaft um ihn, in ihm hin und her schlug. Sein vergangenes Dasein kämpfte mit dem gegenwärtigen, es war ein greulicher Anblick."[29] Geschichtliches Dasein ist verworrenes Dasein, ist Wirrwarr, Irrung, Finsternis, weil es keine klare, abgegrenzte Stufenfolge verschiedener Zustände und Begebenheiten gibt, die einander zwanglos ablösen, sondern ein dauernder Wirbel von Verschlingungen. Goethes Psychologie ist immer historisch begründet und sein Geschichtsverständnis das Ergebnis lebensgeschichtlicher Erfahrung. Das ist nicht erst in *Dichtung und Wahrheit* so, wenn auch dort erst in der klarsten, reflektiertesten Form, sondern bereits im Jugendwerk, Lebensgeschichte und allgemeine, überindividuelle Historie fallen im Wirrwarr zusammen, für beide gibt es nur einen gemeinsamen Ausgang aus ihrem heillosen Zustand.

Gegen Ende von *Dichtung und Wahrheit* kommt Goethe noch einmal auf einen wichtigen Grundzug seines Lebens zu sprechen. "Er [nämlich er, Goethe, selber] glaubte in der Natur, der belebten und unbelebten, der beseelten und unbeseelten, etwas zu entdecken, das sich nur in Widersprüchen manifestierte und deshalb unter keinen Begriff, noch viel weniger unter ein Wort gefaßt werden könnte. [...] Dieses Wesen, das zwischen alle übrigen hineinzutreten, sie zu sondern, sie zu verbinden schien, nannte ich dämonisch, nach dem Beispiel der Alten und derer, die etwas Ähnliches gewahrt hatten."[30] Man lasse sich nicht durch den gebändigten Altersstil täuschen, der nur scheinbar jenseits von dem Dämonischen ist, das er beschreibt; in solchen Passagen wird alles in Frage gestellt, was doch erst die Nachwelt "ihrem" jeweiligen Goethe angetan hat: der Gips, die marmorne Klassizität, das geheimrätliche, hofmännische Wesen, die Repräsentation, die einseitige Betonung des Jugendwerks wie die Bevorzugung der klassischen Werke. "Ich suchte mich vor diesem furchtbaren Wesen zu retten", fährt die Erinnerung fort, "indem ich mich, nach meiner Gewohnheit, hinter ein Bild flüchtete."[31] Wie Egmont, auf den diese Passage gemünzt ist, war schon Werther ein solches Bild - Faust, Orest, Tasso, um nur einige zu nennen, schließen sich an. Bilder und zugleich Verstecke, in denen sich, genau besehen, dann wieder neue Bilder und Verstecke auftun. An Iphigenie sei erinnert, die sich wirklich hinter einem Bild verbirgt, dem der Göttin, das aber auch nur ein Gleichnis ist für das Bild der Götter in ihrer Brust, oder an Faust, an die mannigfachen Gaukelbilder, die ihn narren, bis eines davon schließlich ihn aufnimmt, so daß er aufgeht im selbsterzeugten Traumschein des Helena-Idylls. Und Weimar natürlich gehört dazu, das kleine absolutistische Fürstentum mit seinen -überschaubaren Verhältnissen, die Freundschaft mit dem Herzog, die Liebe zu Charlotte von Stein, der Freundschafts- und Werkbund mit Schiller. Nicht ohne Grund gehört ja die Berufungsgeschichte nach Weimar zu den dramatischsten Kapiteln seiner Selbstlebensbeschreibung, mit einem kräftigen Schuß Kolportage darin - sollte sie doch "durch Zufälligkeiten [...] verwickelt, durch Leidenschaftlichkeit verwirrt und nahezu völlig vernichtet werden".[32] Ein kleiner Roman, bis ihn dann der reitende Bote kurz vor Toresschluß in Heidelberg einholt, um ihn auf den rechten Weg nach Weimar zu bringen.

29 J. W. Goethe: Wilhelm Meisters Wanderjahre. In: Goethes Werke, Hamburger Ausg., Bd. 8, 10., neubearb. Aufl. München 1981, S. 106.

30 J. W. v. Goethe: Aus meinem Leben. Dichtung und Wahrheit. In: Goethes Werke, Hamburger Ausg., Bd. 10, 7., neubearb. Aufl. München 1981, S. 175f.

31 Goethe, Dichtung und Wahrheit, Bd. 10, S. 176.

32 Goethe, Dichtung und Wahrheit, Bd. 10, S. 180.

Die Abwehr- und Schutzkraft all dieser selbstgeschaffenen artistischen Freistätten wirkte allerdings nicht ununterbrochen, auch nicht unbegrenzt. Immer kam der Zeitpunkt, wo erneut das "furchtbare[ ] Wesen"[33] durchbrach, ihn zu überwältigen drohte und in "die Verworrenheit, Leidenschaft, von seinem rastlosen Treiben und Streben" stürzte.[34] Die italienische Reise, in aller Heimlichkeit vorbereitet und geplant, war ein Abschied, keine Flucht, weil wieder eine Gestalt seiner Lebensbildergalerie alt, eine erprobte Ordnung brüchig geworden war und eine neue, bessere gefunden werden mußte. Vielen Zeitgenossen erschien der literarische Niederschlag der Reise enttäuschend, weil sie ihr eigentliches Ziel, ihren Sinn nicht sahen: sie galt nur indirekt der antiken Kultur, Archäologie auch im übertragenen Sinne war nirgendwo gemeint. Ihr Ziel war die Produktion eines neuen Bildes, zu dem zwar Augenschein und Erfahrung gehörten, dessen Struktur aber schon feststand, als Goethe am 3. September 1786 aufbrach. Das Ergebnis war dann gewiß noch mehr als ein Bild, war wirklich ein Raum, geordnet, ausgewogen, geistig durchdrungen und verfeinert: Weimarer Klassik, aber kein Fluchtraum im Sinne der Goethe-Philister und -Verächter, die ja nur zwei Seiten derselben banalen Rezeptionsweise darstellen. Die klassische Ordnung Goethes, sicherlich das höchste und wirkungsmächtigste Stadium im Prozeß von der Verworrenheit zur Klarheit, hat nichts gemein mit Einförmigkeit oder Erstarrung, Pedanterie oder Leblosigkeit, sie ist eine aktive, kämpferische Ordnung, sie ist es deshalb, weil sie immer zur Disposition steht, nie sicherer Besitz ist, in jedem Augenblick erneut dem Chaos, dem Dämonischen, dem Wirrwarr (oder wie immer die Bezeichnungen lauten) abgewonnen werden muß. "Verwirrungen und Mißverständnisse sind die Quellen des tätigen Lebens und der Unterhaltung",[35] lautet dann auch die mit Anstrengung erworbene Überzeugung und Lebensmaxime der Ausgewanderten; wobei Unterhaltung jenes Gesprächskunstwerk meint, in dem Geselligkeit, Sittlichkeit und Schönheit zugleich tätig-lebendig werden, eine Kulturleistung, den höchsten Beispielen der Renaissance, der Höfe von Urbino oder Ferrara würdig. "Bietet alle eure Kräfte auf", mahnt die Baronesse ihre Mitemigranten, "lehrreich, nützlich und besonders gesellig zu sein! Und das alles werden wir - und noch weit mehr als jetzt - benötigt sein, wenn auch alles völlig drunter oder drüber gehen sollte."[36] Den Anforderungen der Baronesse beugen sich die übrigen, sie formuliert diese Charta noch verbliebener gemeinsamer Interessen, nachdem die Familie beinahe auseinandergebrochen wäre. Zu Anfang des Jahres der Französischen Revolution, am 22. Januar 1789, hatte Schiller im Brief an Körner mit anderen Worten denselben Gedanken ausgedrückt, und man muß darin wohl den Kern der alles Trennende überbrückenden gemeinsamen Gesinnung der beiden Schriftsteller und ihres gemeinschaftlich entworfenen Modells Weimarer Klassik sehen: "Was ist das Leben der Menschen, wenn ihr ihm nehmt, was die Kunst ihm gegeben hat? Ein ewiger aufgedeckter Anblick der Zerstörung. Ich finde diesen Gedanken sogar *tief*, denn wenn man aus unserm Leben herausnimmt, was der Schönheit dient, so bleibt nur das *Bedürfniß*, und was ist das Bedürfniß anders, als eine Verwahrung vor dem immer drohenden Untergang?"[37]

33 Goethe, Dichtung und Wahrheit, Bd. 10, S. 176.

34 Goethe, Die Leiden des jungen Werther, S. 98.

35 Goethe, Unterhaltungen deutscher Ausgewanderten, S. 186.

36 Goethe, Unterhaltungen deutscher Ausgewanderten, S. 139.

37 Schillers Werke. Nationalausgabe. Begr. v. J. Petersen, hg. v. L. Blumenthal u. B. von Wiese. Bd. 25: Schillers Briefe 1788-1790. Hg. v. E. Haufe. Weimar 1979. S. 186f.

3. Goethe hat bewußt als erzählerisches Paradigma für sein Ideal der Gesprächsgesellschaft eine Adelsfamilie gewählt, die dem niederen Landadel zugerechnet werden muß. Dessen Nähe zum Bürgertum hat eine lange Tradition und drückte sich in einer Übernahme bürgerlicher Verhaltensweisen und Wertvorstellung aus bei gleichzeitiger Kultivierung der Lebensart und ästhetischen Erfahrung. Programmatisch spricht Goethe daher bereits im ersten Satz der *Unterhaltungen* von der "edle[n] Familie",[38] was in seinem Sprachgebrauch (und dem seiner Zeit) keine Einschränkung auf den Stand bedeutete: die edle Familie ist die beispielhafte Familie, die Gefährdungen und Vorzüge auf vorbildliche Weise verkörpert. Sie besitzt auch die bürgerlichen Tugenden (und, denkt man an den hitzköpfigen Karl, auch Untugenden), die Baronesse von C. wird "eine treffliche Hausmutter" genannt,[39] der Sohn Friedrich erledigt alle Verrichtungen "mit Ordnung und Genauigkeit";[40] darüber hinaus aber hat sie Anteil an der aufs feinste ausgebildeten ästhetischen Kultur des Adels, und gerade sie wird es dann sein, die die Familie vor dem drohenden Zerfall von innen her bewahrt.

Nachdem Karl und der Geheimrat unversöhnlich auseinandergegangen sind, das Gastrecht aufs schwerste verletzt, die Freunde beleidigt sind und die Baronesse ihre Jugendfreundin wieder verloren hat, gelingt die Rettung der Gemeinsamkeit nur noch durch die gegenseitige Verpflichtung auf die Grundsätze einer die historischen Widersprüche suspendierenden Gesprächskultur. Die Baronesse formuliert sie unmißverständlich: gegenseitige Schonung, Anerkennung eines gemeinschaftlichen Sinnes, Aufhebung aller ungeselligen Eigenheiten, Verzicht auf "alle Unterhaltung über das Interesse des Tages"[41] und Beförderung jener "gesellige[n] Bildung",[42] die das Zusammenleben der Menschen über den bloßen Notverbund hinausführt und doch als einzige Not und Zerstörung überstehen hilft. Man darf das Programm der Baronesse natürlich nicht als eskapistische Standesideologie verkennen.Es führt im Gegenteil zurück auf die alle Standesunterschiede nivellierende Idee der humanitas, die als antikes Erbe in der Renaissance wiederaufgenommen wurde und weiterwirkt in Aufklärung und vor allem der deutschen Klassik. Der menschliche Gemeinsinn als Grundlage aller Kultur; die Sprache als Bedingung dafür, daß "die zerstreuten Menschen von der wilden und rohen Lebensweise zu der jetzigen menschlichen und bürgerlichen Bildung" gelangen konnten;[43] lebendige Rede und Unterhaltung als Voraussetzung, ausgezeichnete Form und Garantie für die gesellschaftliche Verfassung des Menschen - das sind die wesentlichen Momente eines humanistischen Ideals, das Goethe aufs höchste durch die revolutionären Zeitereignisse gefährdet schien, dessen fortdauernde Geltung er aber bekräftigen wollte. Die Bemerkung seines temperamentvollen Widerparts Luise: "Hätten Sie sich eigentlicher ausgedrückt, so hätten wir nicht gestritten", beantwortet der Alte: "Aber auch nicht gesprochen."[44] Sprechen, der Streit der Meinungen geschieht nur, um das Richtige und Rechte zu finden, das noch nicht ausgemacht ist. Literatur und Kunst als mehrdeutige,

---

[38] Goethe, Unterhaltungen deutscher Ausgewanderten, S. 125.

[39] Goethe, Unterhaltungen deutscher Ausgewanderten, S. 125.

[40] Goethe, Unterhaltungen deutscher Ausgewanderten, S. 126.

[41] Goethe, Unterhaltungen deutscher Ausgewanderten, S. 139.

[42] Goethe, Unterhaltungen deutscher Ausgewanderten, S. 137.

[43] M. Tullius Cicero: Vom Redner. De oratore. Übers. u. hg. v. R. Kühner. München o. J. 1, 8, 33. S. 61.

[44] Goethe, Unterhaltungen deutscher Ausgewanderten, S. 186.

uneigentliche Gesprächsgegenstände sind eben deshalb die besten Medien zur Herstellung eines gemeinschaftlichen Wissens um das Wahre und Gute: Im *Märchen* hat dieses Programm seine dauerhafteste und weiterwirkende Gestalt gewonnen. Was nicht zu einer prinzipiellen Ablehnung der politischen Sphäre des Lebens führt, sondern ihrer Suspension auf Zeit. Denn gerade das, was die Baronesse so strikt verlangt, befolgt der Autor der *Unterhaltungen* ja gerade nicht, und die Interessen des Tages finden sowohl auf direkte (wie im *Märchen*) als auch höchst verschlüsselte Weise im Buch ihren Ausdruck. Es wird von Goethe ersichtlich als eine Frage der ästhetischen Kultur betrachtet, ob, inwieweit und in welcher Gestalt das Politische zum Gegenstand der Unterhaltung werden kann: als Gesprächsinhalt untersteht es damit demselben Urteil wie als historische Realität. Goethes (auch Schillers) Bestreben zielte im Rahmen der Weimarer Klassik auf die Überwindung des Politischen im Sinne der Aufhebung seiner entfremdenden, zerstörerischen Wirksamkeit.

Der wichtigste Vermittler dieser Überzeugung in der kleinen Gesprächsgesellschaft ist der alte Geistliche, eine Spiegelfigur des Abbés der Turmgesellschaft im *Wilhelm Meister*, Erzieher auch er, obwohl vor allem durch das Medium seiner Erzählungen und nur im kleinen Kreise der Emigrantenfamilie. Im Gespräch mit der Baronesse entwickelt er die Poetik seiner Geschichten in ihrem Geiste: "Zur Übersicht der großen Geschichte fühl ich weder Kraft noch Mut, und die einzelnen Weltbegebenheiten verwirren mich".[45] So hat er "Privatgeschichten" gesammelt,[46] "die mir nur irgendeinen Charakter zu haben schienen, die meinen Verstand, die mein Gemüt berührten und beschäftigten und die mir, wenn ich wieder daran dachte, einen Augenblick reiner und ruhiger Heiterkeit gewährten."[47] Später wird die Baronesse dieses Erzählideal etwas modifizieren und eine Geschichte verlangen, "die gut erfunden und gedacht ist, wahr, natürlich und nicht gemein [...]. Ihre Geschichte sei unterhaltend, solange wir sie hören, befriedigend, wenn sie zu Ende ist, und hinterlasse uns einen stillen Reiz, weiter nachzudenken."[48] Vor allem der Forderung nach Befriedigung, "wenn sie zu Ende ist", haben die bisherigen Geschichten wenig entsprochen; die moralischen Geschichten vom Prokurator und von Ferdinands Schuld, Verirrung und Reifung dagegen befriedigen vor allem die sittlichen, das *Märchen* dagegen die ästhetischen Bedürfnisse des Publikums.

4. Die vermeintliche Heterogenität der beiden Erzählreihen, derjenigen des ersten Abends und derjenigen des zweiten Tages, die am Abend mit dem Märchen ihren Abschluß findet, hat von Anfang an die Aufmerksamkeit der Leser und Interpreten erregt, wurde aber fast allgemein als tadelnswertes Mißverhältnis empfunden. Joachim Müller war einer der wenigen, der darin eine Hierarchie ausgeprägt fand, so daß die fiktiven Zuhörer durch sie "vom Tiefpunkt der Zerstreuung emporgeführt werden zu einer Aufgeschlossenheit, in der die erzieherische Funktion der Erzählung bejaht, der moraldidaktischen Intention zugestimmt und die Gattung Novelle als lehrreiches, nützliches und geselligkeitsstiftendes Gefäß für ein unerhörtes Ereignis, den merkwürdigen Fall, die seltsame Begebenheit und die wunderbare

45 Goethe, Unterhaltungen deutscher Ausgewanderten, S. 142.
46 Goethe, Unterhaltungen deutscher Ausgewanderten, S. 142.
47 Goethe, Unterhaltungen deutscher Ausgewanderten, S. 143.
48 Goethe, Unterhaltungen deutscher Ausgewanderten, S. 167.

Geschichte kreiert wurde."[49] Das ist plausibel, und die kritische Erörterung der Neuheit, des Klatschs und der Zerstreuung, die der alte Geistliche zu Beginn seiner ersten Erzählreihe gibt, könnte diese Deutung nahelegen - wenn nicht der Erzähler selber mit den nun folgenden Geschichten durchaus anderes im Sinne hätte. Auf Luises Vermutung, er wolle ihnen nun Probestücke aus einer "skandalöse[n] Chronik" zum besten geben, entgegnet der Alte: "Sie irren sich",[50] und fügt später hinzu: "Sie behandeln, ich will es nicht leugnen, gewöhnlich die Empfindungen, wodurch Männer und Frauen verbunden oder entzweiet, glücklich oder unglücklich gemacht, öfter aber verwirrt als aufgeklärt werden."[51] Und nun folgen sie der Reihe nach, Goethe hat sie verschiedenen Quellen nacherzählt: die Geschichte von der Sängerin Antonelli, welcher der verstoßene Liebhaber auch nach dem Tode noch nachstellt; die Geschichte vom rätselhaften Klopfen, das jeden Schritt eines jungen hübschen Mädchens begleitet (der Sohn Fritz erzählt sie); die Geschichte von der schönen Krämerin nach den Memoiren des Marschalls von Basompière, die Karl überliefert und auf welche er auch selber antwortet, und zwar nach derselben Quelle: mit der Geschichte von der diskreten Ehefrau, die ihren Mann und seine Geliebte im Schlaf überrascht. Überblickt man sie alle, diese Gespenster- und Liebesgeschichten, so verwirren sie in der Tat mehr als sie aufklären, und auch die anschließenden Gespräche können nur Vermutungen, keine Gewißheiten bringen. Sie gehören durchaus schon zu jenem Genre, über das die Baronesse erst später, nach der Anhörung der Novelle vom Prokuratur, bemerkt: "Ich liebe mir sehr Parallelgeschichten. Eine deutet auf die andere hin und erklärt ihren Sinn besser als viele trokkene Worte."[52] Die ersten Parallelgeschichten behandeln allesamt unerklärliche, unheimliche, mindestens vieldeutige Begebenheiten, die Unbehagen erregen, auch furchterregend sein können und Ängste widerspiegeln. Geschichten aus dem verworrenen Leben, wo Wirklichkeit und Phantasmagorie ineinander übergehen, die Anteile der Einbildungskraft und des objektiven Geschehens nicht mehr säuberlich voneinander zu trennen sind, sie spiegeln eine unsichere, unbestimmbare, ja launenhafte Welt wider, in der die Schulweisheit sich nicht zurechtfindet, und entsprechen somit sehr genau der tatsächlichen Situation, aber vor allem der psychischen Realität der Flüchtlinge, die aus allen Sicherheiten vertrieben wurden, denen nicht nur ihre Güter, sondern auch die soziale und kulturelle Identität, das historische Selbstverständnis bestritten werden. Goethe hat auf diesen Sinn der ersten vier Erzählungen unübersehbar hingewiesen - wiederum durch eine Geschichte, die nahtlos zu ihnen paßt, doch diesmal von keinem der Beteiligten berichtet, sondern von ihnen erfahren wird: Fritz hat die Geschichte vom geheimnisvollen Klopfen erzählt, Luise, Karl geben Kommentare, zum Schluß auch der Alte. "Kaum hatte er ausgeredet, als in der Ecke des Zimmers auf einmal ein sehr starker Knall sich hören ließ. Alle fuhren auf, und Karl sagte scherzend: 'Es wird sich doch kein sterbender Liebhaber hören lassen?'" Rahmen- und

---

49 J. Müller: Zur Entstehung der deutschen Novelle: Die Rahmenhandlung in Goethes "Unterhaltungen deutscher Ausgewanderten" und die Thematik der Französischen Revolution. In: Gestaltungsgeschichte und Gesellschaftsgeschichte: literatur-, kunst- und musikwissenschaftliche Studien. In Zsarb. mit K. Hamburger hg. v. H. Kreuzer. Stuttgart 1969. S. 173.

50 Goethe, Unterhaltungen deutscher Ausgewanderten, S. 142.

51 Goethe, Unterhaltungen deutscher Ausgewanderten, S. 143.

52 Goethe, Unterhaltungen deutscher Ausgewanderten, S. 187.

Binnenerzählung verschränken sich an dieser Stelle so, daß die Ebenen sich nicht mehr auseinanderhalten lassen: die eine schlägt gleichsam in die andere ein, aus dem ästhetisch distanzierten Spiel wird in nächster Nähe ernst; auch der Bann des Angsterregenden durch die Abstand schaffende Erzählung wird unwirksam, und Karls Scherz hat folgerichtig eine ganz andere als die beabsichtigte Wirkung, "denn Luise ward bleich und gestand, daß sie für das Leben ihres Bräutigams zittere".[53] Die Platte eines Schreibtischs ist gerissen, obwohl dieser, das "Muster einer vortrefflichen und dauerhaften Tischlerarbeit",[54] bisher keinerlei Grund zur Beanstandung gegeben hat. Später stellt sich heraus, daß das Pendant des Tisches, aus demselben Holz von derselben Hand gefertigt, auf dem Gut der Tante just gleichzeitig durch einen Brand zerstört worden war, dessen Widerschein man am Horizont hatte sehen können. Die Gesprächsgesellschaft spekuliert über den merkwürdigen Vorfall, kommt auch auf "manche unleugbare Sympathien zu sprechen",[55] beläßt ihn aber zuletzt im Unerklärlichen. Doch erweist er auf seine Art, daß weit entfernte Geschehnisse ganz in der Nähe ihre unvermutete Wirkung entfalten können - wie schließlich auch Revolution und Krieg in der Verfassung dieser Familie ihren Widerhall finden und untergründig ihr Sein und Bewußtsein so bestimmen, daß noch ihre Gespenster- und Liebesgeschichten als chiffrierte Botschaften des Unheils gelesen werden müssen.

5. "Sie haben mich in diese Schule durch Irrtum und Hoffnung geführt",[56] gesteht die Frau des Handelsmannes ihrem klugen Lehrer und faßt damit prägnant das fabula docet der beiden moralischen Erzählungen zusammen, die nun eine neue Phase im Bildungsgang der Ausgewanderten eröffnen. Goethe hat den Stoff zur ersten, der Geschichte vom Prokurator, einer Novellensammlung des 15. Jahrhunderts, den *Cent Nouvelles nouvelles*, entnommen; für die zweite, die Geschichte von Ferdinands Verirrung und Umkehr, ist keine Quelle nachgewiesen. Bewährungsgeschichten sind beide, Klugheit und Tatkraft, Einsicht und Lernfähigkeit, Selbsterkenntnis und Entsagungsvermögen siegen schließlich über die Verwirrungen, Täuschungen und Verführungen des menschlichen Lebens, der Weg, den sie beschreiben, führt aus dem Zustand einer ungefestigten, irritierbaren Moral heraus zur Lösung der inneren Konflikte und zu sittlicher Bildung. Sie stellen Modelle der Lebensmeisterung vor und zeigen, "daß der Mensch in sich eine Kraft habe, aus Überzeugung eines Bessern selbst gegen seine Neigung zu handeln".[57] Weil "keine moralische Geschichte [...] etwas anderes lehren [kann]"[58] - so der alte Geistliche im Gespräch über die Prokurator-Novelle -, sind sie einander so ähnlich, "daß man immer nur dieselbe zu erzählen scheint",[59] und nur auf den ausdrücklichen Wunsch der Baronesse ("aber Schöneres ist nichts in der Welt als Neigung, durch Vernunft und Gewissen geleitet"[60]) erzählt er noch eine Parallelgeschichte, die sich auch wirklich von der ersten dadurch unterscheidet, daß sie

53 Goethe, Unterhaltungen deutscher Ausgewanderten, S. 159.
54 Goethe, Unterhaltungen deutscher Ausgewanderten, S. 159.
55 Goethe, Unterhaltungen deutscher Ausgewanderten, S. 161.
56 Goethe, Unterhaltungen deutscher Ausgewanderten, S. 185.
57 Goethe, Unterhaltungen deutscher Ausgewanderten, S. 186.
58 Goethe, Unterhaltungen deutscher Ausgewanderten, S. 186.
59 Goethe, Unterhaltungen deutscher Ausgewanderten, S. 185.
60 Goethe, Unterhaltungen deutscher Ausgewanderten, S. 187.

den moralischen Konflikt im Rahmen eines "Familiengemäldes"[61] zeigt. Beide Geschichten beschreiben auf exemplarische Weise den Bildungsweg, den im Großen die ganze Kette der Erzählungen und Unterhaltungen darstellt, denn in ihrem Nacheinander erscheinen sie nun, vom Ende her gesehen, als Stationen in einem Selbstverständigungs- und Selbsterziehungsprozeß der Ausgewanderten, als außerordentlich dynamisches Gemälde *ihrer* Familie also, das in der Vergewisserung der gemeinsamen Kultur und Sprache, in Wohlwollen, Zuneigung und Duldung, ja im stillschweigenden Bekenntnis zur *humanitas* gipfelt, worin menschliche Vernunft und Emotionalität, das Schöne und Wahre zwanglos zusammenfinden. Ein Ideal zwar, dem es aber "durch sanfte Anleitung und durch Beispiel",[62] durch Fleiß und Tatkraft stets aufs neue Geltung zu verschaffen gilt.

Das Vertrauen auf die Lebenskrisen überwindende Kraft schöpferischer praktischer Tätigkeit, die Ferdinands Biographie vorführt, ist, denken wir an *Faust* oder *Wilhelm Meister*, ein Grundmotiv in Goethes Werk und Leben, es wird in den *Unterhaltungen deutscher Ausgewanderten* zusammengeführt mit dem einer anderen Tradition, auch wohl zunächst einer anderen gesellschaftlichen Klasse angehörenden Kulturideal des Gesprächs. Diese Synthese erst macht den Begriff der Klassik in Goethes und Schillers Verständnis aus, bewahrt ihn vor falscher und abstrakter Harmonie. Daß es dennoch ein utopischer Gedanke bleibt, war Goethe bewußt. Die anhaltende Gefährdung der Emigrantenfamilie, der Donner der Kanonen bleiben wichtige Momente in der Konstellation dieses Buches und werden ja auch im Gespräch nicht etwa aufgehoben. So darf man den Bildungsprozeß (wie den klassischen Bildungsbegriff überhaupt) auch nicht mit falschen Erwartungen überfrachten. Sein Ziel ist zunächst einmal individuelle Lebensmeisterung, das Beherrschen jener Schwimmkunst, von der die Baronesse im allegorischen Bilde anfangs sprach, wodurch zwar nicht das gefährliche sturmerregte Wasser beeinflußt, es aber immerhin überwindbar wird. Eine eminent praktische Zielsetzung, die beim Nahen, in der Sphäre des täglichen Lebens einsetzt und in deren höchster Kultivierung allein die Rettung sieht. Die historischen Krisen, die soziale Frage, die politischen Konflikte bestehen weiter, und Goethe hat von seinem skeptisch-realistischen Grundsatz aus (hier gibt es wirklich eine prinzipielle Differenz zu Schiller) ihre Aufhebung nie ernsthaft in Erwägung gezogen: auch diese Bedeutung hat das *Märchen*, und sie liegt noch seiner Benennung zugrunde. Das Gattungswort als Titel: Inbegriff, Summe und höchste Erscheinung aller Märchen zugleich ist diese Märchenutopie von der Erlösung des Menschen und der Welt. Der Anspruch auf Wirklichkeit wird ausdrücklich abgewehrt und - mit Anspielung auf die Zeitereignisse - als eine Quelle des Unheils namhaft gemacht: "Die Einbildungskraft ist ein schönes Vermögen, nur mag ich nicht gern, wenn sie das, was wirklich geschehen ist, verarbeiten will. Die luftigen Gestalten, die sie erschafft, sind uns als Wesen einer eigenen Gattung sehr willkommen, verbunden mit der Wahrheit bringt sie meist nur Ungeheuer hervor und scheint mir alsdann gewöhnlich mit dem Verstand und der Vernunft im Widerspruche zu stehen."[63] Die Ironie Goethes will, daß ausgerechnet Karl, der sich doch dieser Verwechslung mehr als alle anderen schuldig machte, solche Maximen von sich gibt, Zeichen auch der Veränderungen, die mit ihm vorgegangen sind.

---

61 Goethe, Unterhaltungen deutscher Ausgewanderten, S. 187.

62 Goethe, Unterhaltungen deutscher Ausgewanderten, S. 185.

63 Goethe, Unterhaltungen deutscher Ausgewanderten, S. 208f.

Deutlich hat Goethe das *Märchen* von der Erzählkette abgehoben: die Verbindung zum Gesprächskontext ist gelockert durch seine zeitliche Distanz zur Erzählung, als einziges Beispiel trägt es einen Titel, der noch dazu der reine Gattungsname ist, die Erzählweise ist völlig neuartig, eine Komposition aus Märchen- und Sagenstoffen, Allegorien und Symbolen, und derart vieldeutig, daß keine Interpretation es erschöpft. Nur konsequent, daß die Gesprächsgesellschaft sich ihm eigens nach der Erzählung nicht mehr widmet, sondern sich gleichsam öffnet auf die inzwischen so zahlreiche Gesellschaft der Interpreten, ja in ihr eigentlich aufgeht, wie jene Xenien-Verse über die zwanzig geschäftigen Deutungskünstler sagen.[64] Das *Märchen* ist ein Paradebeispiel für die Benjamin-Blochsche Allegorie- und Symbolauffassung. Allegorisch ist es seinen mehrdeutig umkreisenden Bildern, den "quer sich hindurchschickenden Entsprechungen" nach,[65] die doch niemals eindeutig zu fixieren sind. Symbolisch ist es als Ganzes gesehen, seiner Intention nach, die das "Eine, als Ontos On, bedeutet",[66] also das utopische Totum letzter Identität und Versöhnung aller Gegensätze. Hier berührt das *Märchen* die religiöse Sphäre auch ausdrücklich mit der Prophezeiung des alten Fährmanns: "Sage ihr", der verzauberten Prinzessin Lilie, trägt er der Frau auf, "sie solle nicht trauern, ihre Erlösung sei nahe, das größte Unglück könne sie als das größte Glück betrachten, denn es sei an der Zeit."[67] Ein Erlösungsmärchen, in dem mythologische und religiöse Motive zusammenkommen, in dem die Deutung der Gegenwart als einer historischen Krise, als Zeit der Erschütterung und Umwälzung (wie sie in den Unterhaltungen zuvor schon begründet wurde) wiederaufgenommen und mit der ins Religiöse, Metaphysische gewendeten Hoffnung verknüpft wird, daß es sich dabei um eine Heilkrise handelt, die schließlich doch die Erlösung bringen könnte: "'Es kommen viele Zeichen zusammen', sagte sie [die schöne Lilie], 'die mir einige Hoffnung einflößen; aber ach! ist es nicht bloß ein Wahn unsrer Natur, daß wir dann, wenn vieles Unglück zusammentrifft, uns vorbilden, das Beste sei nah?'"[68] Aus der Krise wird eine Heilkrise erst durch tätige Bewährung, durch Entsagung und Selbstopfer ("'Mich aufzuopfern, ehe ich aufgeopfert werde'",[69] hat die Schlange beschlossen); der utopische Idealstaat steigt aus der Vergangenheit alter Sagen und religiöser Hoffnungen herauf in die Gegenwart wie die Halle der Könige aus den Tiefen der Erde. Weisheit, schöner Schein und Wehrhaftigkeit sind, zusammen mit der Liebe, die Insignien und wesentlichen Bestimmungen dieses Reiches der Freiheit, nachdem alle unreinen Mischungen sich aufgelöst haben (der vierte König), der unmenschliche, verheerende und zerstörerische Riese, diese Verkörperung des negativen Prinzips der Geschichte, nur noch Denkmal vergangener Leiden ist und der Jüngling, spätestens seit Augustus' Zeiten ein Bild des Heilbringers auch in der Geschichtsschreibung, zusammen mit der schönen Lilie die Herrschaft angetreten hat. "Der König, die Königin und

64 Goethe, Xenien, S. 213.

65 E. Bloch: Experimentum mundi. Frage, Kategorien des Herausbringens, Praxis. In: Ders.: Gesamtausgabe. Bd. 15. Frankfurt a. M. 1975. S. 202.

66 E. Bloch: Tübinger Einleitung in die Philosophie. In: Ders., Gesamtausgabe, Bd. 13. Erw. Ausg. Frankfurt a. M. 1970, S. 339.

67 Goethe, Unterhaltungen deutscher Ausgewanderten, S. 218.

68 Goethe, Unterhaltungen deutscher Ausgewanderten, S. 225.

69 Goethe, Unterhaltungen deutscher Ausgewanderten, S. 233.

ihre Begleiter erschienen in dem dämmernden Gewölbe des Tempels von einem himmlischen Glanze erleuchtet, und das Volk fiel auf sein Angesicht."[70] Das *Märchen* ist ein prächtiger, in allen Farben leuchtender Schlußstein der *Unterhaltungen* und Gegenstand fortwirkender Gesprächsgesellschaft: "eine erzählte Oper" hat Novalis es genannt.[71]

---

70 Goethe, Unterhaltungen deutscher Ausgewanderten, S. 240f.

71 Novalis: Poësie. In: Ders.: Schriften. Die Werke Friedrich von Hardenbergs. Hg. v. P. Kluckhohn u. R. Samuel. Bd. 2: Das philosophische Werk I. Hg. v. H.-J. Mähl u. G. Schulz. 2., nach d. Hs. erg., erw. u. verb. Aufl. Darmstadt 1965. S. 535.

Von der Rhetorik zur Ästhetik

Winckelmanns Begriff des Schönen

Man kann nicht von Winckelmann reden, ohne sich sogleich an Goethes große Würdigung zu erinnern, die unter dem Titel *Winckelmann und sein Jahrhundert* 1805 in der Cottaschen Buchhandlung zu Tübingen erschienen ist. Für Goethe und die Weimarer Kunstfreunde wie Meyer und Fernow galt Winckelmann vor allem als Kronzeuge in ihrem Kampf gegen die romantischen Kunstansichten, doch sein Charakterbild entsprach dieser Ansicht keineswegs. Goethe verschweigt das auch nicht, schildert die innere Unruhe und Unbehaglichkeit,[1] die nie gestillte Sehnsucht seines Lebens. Auch in seinem wissenschaftlichen Gepräge fehlte Winckelmann jene Kontinuität und Gelassenheit, die das Zeichen der sicheren Übereinstimmung mit seiner Epoche gewesen wäre. Er war ein Mann des Übergangs, ein Gelehrter, in vielen Gebieten bewandert, aber niemals ganz in einem behaust. Auch diese Beobachtung ist Goethe natürlich nicht entgangen: "Schon als W[inckelmann] zuerst in Dresden der Kunst und den Künstlern sich näherte, und in diesem Fach als Anfänger erschien, war er als Literator ein gemachter Mann. Er übersah die Vorzeit, so wie die Wissenschaften in manchem Sinne. Er fühlte und kannte das Altertum, so wie das Würdige der Gegenwart, des Lebens und des Charakters, selbst in seinem tiefgedrücktem Zustande. Er hatte sich einen Stil gebildet. In der neuen Schule, die er betrat, horchte er nicht nur als ein gelehriger, sondern als ein gelehrter Jünger seinen Meistern zu, er horchte ihnen ihre bestimmten Kenntnisse leicht ab, und fing sogleich an alles zu nutzen und zu verbrauchen."[2] Übergang als Verschmelzung des Verschiedenen, als Kombination des Getrennten und zeitlich Auseinanderliegenden - diese eigentümliche Denkart Winckelmanns, der er seine Erfolge verdankt und die jedem systematischen Kopf und erst recht allen Schulfüchsen zuwider ist, war aber schon das Ergebnis früherer Bildung. Aus Carl Justis monumentaler Biographie, dieser Synthese aus literaturwissenschaftlicher Akribie und Begeisterung, sind wir auch sehr gut über Winckelmanns Studienzeit unterrichtet. Im Frühjahr 1738 kam er in Halle an, um Theologie und Alte Literatur zu studieren, doch ging er dabei durchaus nicht schulgerecht vor. Er "suchte sich Lehrer und Vorlesungen aus", schreibt Justi durchaus nicht mißbilligend, "die nach seinem Geschmacke waren und ihm zu seiner Förderung in der Literaturgeschichte und in den Sprachen dienlich schienen. Er hielt fast kein Kolleg ganz aus und gesteht selbst, daß ihm 'die akademische Speise zwischen den Zähnen hängen blieb'."[3] Dennoch gab es einige Ausnahmen. Dazu gehörte der Professor für Eloquenz und Altertümer Johann Heinrich Schulz, der sich übrigens auch in der Medizin auskannte (dem

---

1 J. W. Goethe: Winckelmann und sein Jahrhundert. In: Ders.: Sämtl. Werke nach Epochen seines Schaffens. Münchner Ausgabe. Hg. v. K. Richter u. a. Bd. 6.2.: Weimarer Klassik 1798-1806. Hg. v. V. Lange u. a. München 1988. S. 379.

2 Goethe, Winckelmann und sein Jahrhundert, S. 369.

3 C. Justi: Winckelmann und seine Zeitgenossen. Bd. I: Winckelmann in Deutschland. Leipzig ^{3}1923. S. 52.

eigentlichen Berufswunsch des jungen Winckelmann) und, bevor er nach Halle berufen wurde, Anatomie und Physiologie gelehrt hatte. Er war ein gründlicher und begabter Wissenschaftler und hat seinen Studenten jene rhetorische Bildung vermittelt, die für jeden Intellektuellen der Zeit und natürlich erst recht für jeden Gelehrten Voraussetzung, Basis und Strukturmoment seines Denkens und seiner Tätigkeit war. Weit mehr aber noch als alle seine ordentlichen akademischen Lehrer hat ein junger Dozent ihn begeistert, der nur drei Jahre älter war als er selber, aber schon das Haupt eines Zirkels von Dichtern und Literaten wie Hagedorn, Uz, Gleim oder Pyra, die sich um ihn versammelt hatten: ich meine Johann Gottlieb Baumgarten. "Keinen hallischen Professor hat Winckelmann fleißiger gehört",[4] bemerkt Justi. Er saß in Baumgartens Kollegien über Logik, Geschichte der alten Philosophie, der Metaphysik und vor allem der philosophischen Enzyklopädie, in welcher er die Anfangsgründe einer neuen philosophischen Disziplin kennenlernte. "Die Gründung der Wissenschaft des Schönen", so resümiert es Carl Justi, "hatte sich unter Winckelmanns Augen in Halle vollzogen. Der erste Band der Ästhetik Baumgartens erschien zwar erst 1750; aber sie war in seinem Kopfe schon längst fertig und acht Jahre vorher aufs Katheder gebracht worden. Ja, ein Zuhörer Baumgartens erzählt, daß er die ersten Linien dieser von ihm erneuten platonischen Wissenschaft schon in Halle zog, ein Jahr vor seiner Berufung nach Frankfurt a. O."[5] An dieser Stelle ist noch interessant, daß der Biograph die Begründung der Ästhetik mit der platonischen Philosophie in Zusammenhang bringt und damit einer historiographischen Fehldeutung Vorschub leistet, die bis heute nachwirkt, auch wenn bereits entscheidende Schritte zu ihrer Korrektur getan wurden. In erster Linie sind hier die Anregungen Klaus Dockhorns zu nennen, die in der These gipfeln, "daß sich die moderne Ästhetik weitgehend als eine Interpretationsübung an rhetorischen Texten, also als eine endogene Bildungsgeschichte entwickelt" hat.[6]

Wir Heutigen können kaum noch ermessen, wie ungebrochen die Bildungsmacht der Rhetorik zumindest in der ersten Hälfte des 18. Jahrhunderts noch war, und wir können auf jeden Fall davon ausgehen, daß Winckelmann sich schon früh gute Kenntnisse aller wichtigen antiken Autoren von Platon und Aristoteles bis Cicero, Quintilian, Horaz und Pseudo-Longinos erworben hatte. Goethe, um ihn noch einmal zu zitieren, sieht auch einen Kerngedanken Winckelmanns, nämlich die geschichtliche Betrachtung der Kunst, in der rhetorischen Tradition vorweggenommen. Wie die "alten Beobachter schon manches entdeckt" hätten,[7] was die modernen nur wiederaufzugreifen und zu vollenden brauchten, so sei auch Quintilians historische Parallelisierung der Redner und Künstler im 12. Buch seiner *Institutio oratoria* der Beginn einer Geschichte der Kunst.[8] Man braucht gar nicht so weit zurückzugreifen, die Entwicklung des historischen Sinns in Europa hatte eine erste Konjunktur in der Renaissance erreicht und war auch dort unter dem Patronat rhetorischen Den-

4 Justi, Winckelmann und seine Zeitgenossen, Bd. I, S. 83.

5 Justi, Winckelmann und seine Zeitgenossen, Bd. I, S. 84.

6 K. Dockhorn: Die Rhetorik als Quelle des vorromantischen Irrationalismus in der Literatur- und Geistesgeschichte. In: Ders.: Macht und Wirkung der Rhetorik. Vier Aufsätze zur Ideengeschichte der Vormoderne. Bad Homburg v.d.H., Berlin, Zürich 1968. S. 94.

7 Goethe, Winckelmann und sein Jahrhundert, S. 362.

8 Goethe, Winckelmann und sein Jahrhundert, S. 364.

kens entwickelt worden. Humanisten wie Boccaccio und Salutati waren vorangegangen und wollten gerade die Fremdartigkeit der antiken Texte als Voraussetzung ihrer Aneignung erhalten wissen. Denn nur aus dem Kontext ihrer Entstehungszeit seien sie zu verstehen und zu beurteilen.[9]

Zu der historischen Rekonstruktion der Texte in der philosophischen Arbeit war das rhetorische Verständnis der Geschichte unter moralisch-pädagogischer Perspektive getreten. Das historische Beispiel gehört seit Aristoteles zu den besonders überzeugungskräftigen, auf induktivem Wege gewonnenen Argumenten, und man braucht nur an Petrarcas Exempel-Sammlung *De viris illustribus* zu denken, um sich die rhetorische Wirkungsabsicht des humanistischen Geschichtsinteresses klarzumachen. Die Rekonstruktion des Vergangenen um seiner selbst willen lag diesem Denken so fern wie nur möglich, ihm ging es um moralische Belehrung, und wenn auch von seiten der Philosophie immer wieder der Wahrheitsgehalt der Geschichte bezweifelt wurde, Bodin ihre Schilderungen "incerta[ ] & confusa[ ]" nennt[10] oder Descartes selbst im "Gespräch mit den rechtschaffensten Männern der verflossenen Jahrhunderte"[11] die Gefahr der Entfremdung von der Gegenwart erblickt, in Poesie und Beredsamkeit blieb die Geschichte fest verankert. Winckelmanns epochemachendes Frühwerk von 1754, die *Gedanken über die Nachahmung der griechischen Werke in der Malerei und Bildhauerkunst*, fügt sich also derart nahtlos in diese Überlieferung ein, daß ihre Nichtwahrnehmung wie eine Verdrängung wirkt. Wobei schon der Terminus "Nachahmung", imitatio, Signalwirkung hat, denn Winckelmann gebraucht ihn nicht etwa in jenem späteren ästhetischen Verständnis, dem sich damit wie mit dem Mimesis-Begriff das Wahrheits- und Wirklichkeitsproblem verbindet. Das ist mitnichten hier gemeint, und die terminologische Verbindung mit den "griechischen Werken" verrät dem Kundigen genug. Imitatio und exempla gehören zusammen, und Winckelmanns Titel pointiert die "imitatorische Bindung" an die Muster,[12] das Prinzip rhetorischer Ausbildungspraxis. Die Fundierung der neuzeitlichen Kunst auf die Nachahmung der Alten bedeutet also die Übertragung einer dem Kanon der exempla verpflichteten Literaturauffassung auf die Werke der bildenden Kunst (auch das geschieht übrigens in direkter Nachfolge entsprechender Vorleistungen der Renaissance, wie beispielsweise Albertis *Descriptio Urbis Romae* oder seines Malerei-Traktats), und Winckelmann beruft sich zur Rechtfertigung seines Vorgehens auch ständig auf das literarisch-poetologisch längst legitimierte Paradigma. "Der einzige Weg für uns, groß, ja, wenn es möglich ist, unnachahmlich zu werden, ist die Nachahmung der Alten, und was jemand vom Homer gesagt, daß derjenige ihn bewundern lernet, der ihn wohl verstehen gelernet, gilt auch von den Kunstwerken der Alten, sonderlich der Griechen. Man muß mit ihnen, wie mit seinem Freunde, bekannt geworden seyn, um den Laocoon eben so

9 J. Lindhardt: Rhetor, Poeta, Historicus. Studien über rhetorische Erkenntnis und Lebensanschauung im italienischen Renaissancehumanismus. Leiden 1979. S. 120.

10 J. Bodin: Methodus ad facilem historiarum cognitionem (1566). In: Oeuvres philosophiques de Jean Bodin. Hg. v. P. Mesnard. Paris 1951. S. 116.

11 R. Descartes: Discours de la Méthode. Von der Methode des richtigen Vernunftgebrauchs und der wissenschaftlichen Forschung. Übers. u. hg. v. L. Gäbe. Hamburg 1960. I,7, S. 9.

12 W. Barner: Barockrhetorik. Untersuchungen zu ihren geschichtlichen Grundlagen. Tübingen 1970. S. 61.

unnachahmlich als den Homer zu finden."[13] Das Paradox von dem unnachahmlichen Gewinn durch Nachahmung löst sich natürlich auf, sobald man es im Kontext rhetorischer exercitatio und der kontaminierenden Methode rhetorisch geprägter Literatur versteht. Unterrichten wir uns darüber gleich an der Quelle, also beispielsweise bei Quintilian. "Denn es kann ja keinen Zweifel darüber geben", sagt der römische Redelehrer, "daß ein großer Teil der Kunst auf Nachahmung [imitatio] beruht."[14] Doch fügt er sogleich hinzu: "turpe etiam illud est, contentum esse id consequi, quod imiteris." - "Schimpflich ist es geradezu, sich damit zu begnügen, nur das zu erreichen, was man nachmacht. Denn noch einmal: was wäre geschehen, wenn niemand mehr zustande gebracht hätte als sein Vorgänger?" ("Nam rursus quid erat futurum, si nemo plus effecisset eo, quem sequebatur?"[15])

Noch einmal gesagt: Wer nachahmt, soll auch übertreffen, und wenn ihm das nicht gelingt, so hat er wenigstens die Chance, sein Vorbild zu erreichen. Das ist, nebenbei bemerkt, ein Vorzug, der die Literatur- und Kunstgeschichte Jahrhunderte lang vor den Dilettantismen und Laienanstrengungen bewahrt hat, die im Gefolge jeder Genie- und Originalitätsästhetik notwendig auftauchen. Die Gefahr eines blassen, wiewohl regel- und exempel-gerechten Akademismus ist freilich das andere Extrem in diesem Gleichgewicht des Schlimmen. Der rhetorische Terminus für eine das Vorbild übertreffende Nachahmung lautet aemulatio, und das Begriffspaar imitatio/aemulatio hat seit der Antike das Verhältnis zwischen dem klassischen Muster und seiner Fortbildung, einem weitertreibenden Abbilden, charakterisiert, das sich nicht mimetisch an der Wirklichkeit, sondern an den bereits modifizierten Artefakten orientiert, "'Aemulatio' taucht als theoretischer Begriff im Unterschied zu 'imitatio' in den Rhetorik- und Stillehrbüchern sowie in Literaturgeschichten auf, sobald deren Autoren ein Interesse daran hatten, eine gute *imitatio*, die Aemulatio immer schon voraussetze, von einer unselbständigen, pedantischen Nachahmung zu unterscheiden, die sich im Kopieren von Äußerlichkeiten oder Einzelheiten erschöpfte."[16]

Aber zurück zum Hauptpunkt. Die Denunziation der imitatio als bloßes Nachäffen entbehrt von ihrer theoretischen Begründung ebenso wie vom Übungszweck her jeder wirklichen Basis. Auch Winckelmann gibt sich als kompromißloser Verfechter der Nachahmung beispielhafter Muster zu erkennen, und sein Zweck ist ebenso unmißverständlich: nämlich der zeitgenössischen Kunst einen Weg zu eigenen Meisterwerken zu eröffnen, die ebenso unnachahmlich groß sein sollen, wie es seiner Meinung nach in der Literatur die Epen Homers und in der bildenden Kunst die Statuen der hellenistischen Künstler waren (die er mit den klassischen identifizierte). Offensichtlich bedurfte es aber in dem Jahrhundert, in dem er schrieb, auch schon einer besonderen Rechtfertigung dieser produktionsästhetischen

---

13 J. J. Winckelmann: Kunsttheoretische Schriften. Bd. I: Gedanken über die Nachahmung der griechischen Werke in der Malerei und Bildhauerkunst. Mit Sendschreiben und Erläuterung. Faksimile-Neudr. der 2. verm. Aufl. Dresden 1756. Baden-Baden, Strasbourg 1962. S. 3.

14 M. Fabius Quintilianus: Institutio Oratoria. Ausbildung des Redners. Lat. u. dt. Hg. u. übers. v. H. Rahn. 2 Bde., 2., durchges. Aufl. Darmstadt 1988. Bd. 2. X, 2, 1. S. 487.

15 Quintilian, Ausbildung des Redners, Bd. 2, X, 2, 7, S. 488f.

16 B. Bauer: Artikel "Aemulatio". In: Historisches Wörterbuch der Rhetorik. Bd. 1: A-Bib. Tübingen 1992. Sp. 144f.

Zurückführung der Kunst auf das Prinzip von imitatio und exempla, das tatsächlich seit Ende des 17. Jahrhunderts als antiquarisch und unmodern kritisiert worden war, weil es sich vielfach in der ornamentalen Wiederholung einzelner Bilder und Motive erschöpft hatte und in ihrem Wesen nichts Klassisches mehr besaß. In seinem *Versuch einer Allegorie* bildet die Unterscheidung zwischen einer bloß oberflächlichen, äußerlichen Nachahmung (die er "ungereimt" nennt[17]) und einer auf Gebräuchen, Sitten und Geschichte des Altertums beruhenden Weiterbildung allegorischer Vorstellungen durch den neuen Künstler den kritischen Maßstab, der ihm auch die Korrektur geläufiger Allegoresen erlaubt. Und dies von einem Standpunkt aus, der sich wiederum in der Auseinandersetzung mit der Antike gebildet hatte. Batteux war dabei der wohl auch für Winckelmann wichtigste Gewährsmann einer Nachahmungstheorie, die in der imitatio naturae das gemeinsame Prinzip aller Künste entdeckt zu haben glaubte. Damit hatten zwar die Regeln der Alten nicht ausgespielt, denn auch Batteux betonte die Wichtigkeit der Schulung an den Werken jener antiker Meister, denen die vollkommene Naturnachahmung schließlich schon gelungen war. Aber das Ziel war ein anderes geworden, und die nachahmende Übung sollte nur die Fertigkeit der reinen, direkten, umweg- und musterlosen Naturimitation schulen.[18] Winckelmanns Erstlingsarbeit erscheint so bei näherer Betrachtung als Antwort auf Batteux und gleichzeitige Absage an sein ästhetisches "Zurück-zur-Natur".

Denn es war eine neue und folgenreiche Erwägung, die er anstellte. "Die Begriffe des Ganzen, des Vollkommenen in der Natur des Alterthums" stehen dem "Begriffe des Getheilten in unserer Natur"[19] wie These und Antithese gegenüber. Die Konfrontation eines heilen, harmonischen Verhältnisses zur Natur, wie es die Antike auszeichnete, mit der entfremdeten Entfernung von ihr, die das Geschick der Moderne ist, mag zwar keine neue Entdeckung und in der Renaissancepoetik, etwa in Scaligers Begriff einer "anderen Natur",[20] vorgeprägt sein, doch erst Winckelmann hat in der deutschen Diskussion diesen Gedanken mit großer Entschiedenheit zum System erhoben. Von da aus hat er Karriere gemacht, und Schillers Erörterungen in dem berühmten Essay *Über naive und sentimentalische Dichtung* lesen sich manchmal wie eine zum Teil sogar wortgetreue Paraphrase auf Winckelmann, der dem Losungswort dieser Schrift: "Unser Gefühl für Natur gleicht der Empfindung des Kranken für die Gesundheit",[21] nichts mehr hinzuzufügen gehabt hätte.

Nach diesen anfänglichen Erklärungen lassen sich jetzt auch Herkunft, Zusammensetzung und vor allem die Funktion von Winckelmanns Schönheitsbegriff genauer angeben.

---

17 J. J. Winckelmann: Kunsttheoretische Schriften. Bd. IV: Versuch einer Allegorie, besonders für die Kunst. Faksimile-Neudr. der 1. Aufl. Dresden 1766. Baden-Baden, Strasbourg 1964. S. 25.

18 K. Borinski: Die Antike in Poetik und Kunsttheorie. Von Ausgang des klassischen Altertums bis auf Goethe und Wilhelm von Humboldt. Unveränd. reprograf. Nachdr. der Ausg. Leipzig 1914 u. 1924. 2 Bde. Darmstadt 1965. Bd. II. S. 199ff.

19 Winckelmann, Gedanken über die Nachahmung der griechischen Werke, S. 14.

20 Vgl. Borinski, Antike in Poetik und Kunsttheorie, Bd. II, S. 204.

21 F. Schiller: Über naive und sentimentalische Dichtung. In: Ders.: Sämtl. Werke in 5 Bdn. Hg. v. G. Fricke u. H. G. Göpfert. Bd. 5: Erzählungen, Theoret. Schriften. 4., durchges. Aufl. München 1967. S. 711.

Höchste Schönheit kommt in seinen Überlegungen den Meisterwerken der Alten zu, sie ist eine Qualität der exempla, wodurch die Meisterwerke überhaupt erst Vorbild-Charakter für die imitatio gewinnen - und dies gerade deshalb, weil sie nicht bloß Abbild der sowieso schon schönen ungeteilten Natur, sondern mehr als Natur sind. "Die Kenner und Nachahmer der griechischen Werke", das ist die These, "finden in ihren Meisterstücken nicht allein die schönste Natur, sondern noch mehr als Natur, das ist, gewisse idealische Schönheiten derselben".[22] Zu deren Erläuterung beruft sich Winckelmann auf die Timaios-Auslegung des Neuplatonikers Proklos, wonach diese Schönheiten "von Bildern bloß im Verstande entworfen, gemacht sind."[23] Bleibt zu fragen, wie er sich das Verhältnis von Natur und dem Schönen vorstellt. Tatsächlich folgt er zunächst sehr weitgehend der Platonischen Metaphysik, in welcher die Naturgegenstände als freilich unvollkommener Widerschein der Ideen aufgefaßt sind und die Idee des Schönen gegenüber etwa den Ideen des Wahren und Guten den Vorzug besitzt, auf Erden mit sichtbaren Abbildern gegenwärtig zu sein. Nicht diese Abbilder allein hat nun der antike Künstler zur Darstellung gebracht, sondern die in ihnen zwar zur Erscheinung gelangende, doch nur dem Verstande vollkommen zugängliche Idee des Schönen, und das kann gar nicht durch eine Kopie der Natur geschehen, sondern durch eine vervollkommnende Nachahmung (perfectio), deren Maßstab nicht die Natur selber, sondern nur ihr geistiges, der Idee sehr viel näheres Urbild sein kann.

Ich denke, daß wir hier den Punkt erreicht haben, an dem Platonische Metaphysik und pragmatische rhetorische Kunsttheorie zusammentreffen können (also nicht etwa die eine die andere ablöst) und aus ihrer Verbindung die neuzeitliche Ästhetik entsteht. Denn eben diese perfectio naturae kann zuverlässig nur durch ars, durch eine planvoll, methodisch verfolgte Tätigkeit gelingen, deren Maßstab sich zwar einerseits in der "im Verstande entworfene[n] geistige[n] Natur" findet,[24] diesen aber andererseits nicht als Selbstzweck verfolgt, sondern auch um der Bildung derer willen, die mit dem Kunstwerk umgehen. In seiner Frühschrift geht es Winckelmann zwar zunächst um die Erkenntnisbedeutung des Schönen, doch vernachlässigt er ihren pragmatischen Zweck nicht. Er untersucht die Erkenntnisfunktion der Kunst in der Stufenfolge des Schönen, gelangt dabei zu der berühmt gewordenen Formel von der edlen Einfalt und stillen Größe, weil sich in ihr die Idee ebenso in ihrer Einheit, Einfachheit und Ursprünglichkeit wie in ihrer ruhigen, harmonischen Großheit darstellt, welcher die Ataraxie als Seelenzustand entspricht. Doch hat der Umgang mit Werken dieser Qualität auch eine Wirkung, die ihnen nicht zufällig wie den Naturprodukten eignet, sondern absichtsvoll herbeigeführt wird. "Der Ausdruck einer so grossen Seele gehet weit über die Bildung der schönen Natur",[25] heißt es, und vorher berichtet Winckelmann von Berninis Bekenntnis, das Studium der Mediceischen Venus habe ihn auf die Schönheiten der Natur geführt. "Also ist es die Venus gewesen", so resümiert er, "welche ihn [Bernini] Schönheiten in der Natur entdecken gelehret, die er vorher allein in jener zu finden geglaubet hat, und die er ohne der [sic!] Venus nicht würde in der Natur gesuchet haben. Folget nicht da-

22 Winckelmann, Gedanken über die Nachahmung der griechischen Werke, S. 4.

23 Winckelmann, Gedanken über die Nachahmung der griechischen Werke, S. 4.

24 Winckelmann, Gedanken über die Nachahmung der griechischen Werke, S. 10.

25 Winckelmann, Gedanken über die Nachahmung der griechischen Werke, S. 22.

raus, daß die Schönheit der griechischen Statuen eher zu entdecken ist, als die Schönheit in der Natur, und daß also jene rührender, nicht so sehr zerstreuet, sondern mehr in eins vereiniget, als es diese ist?"[26] Die idealische Schönheit als Erkenntnisziel der Kunst ist auch die Voraussetzung für die Entdeckung der natürlichen Schönheit, weil sie weniger verworren, weil sie klarer ist und zugleich emotional wirkungsvoller, nämlich rührender.

Hier bringt Winckelmann einen weiteren Gedanken ins Spiel, dessen Herkunft man wohl direkt bei seinem Lehrer Baumgarten vermuten darf, der die "claritas extensive major", die extensive Klarheit oder - paradox formuliert - die klar-verworrene Vorstellung, als der ästhetischen Erkenntnis gemäß bestimmt und im Grade jener extensiven Klarheit auch den Grad der Vollkommenheit gefunden hatte, nach dem die cognitio sensitiva, die ästhetische Erkenntnis, zu beurteilen sei.[27] In dieser Vorstellung kommt aber nicht bloß der Gedanke einer ästhetischen Disposition und Organisation der ästhetischen Gegenstände zum Ausdruck, sondern zugleich auch der Grund ihrer Wirkung auf die entsprechenden menschlichen Erkenntnisvermögen, die in der Terminologie des Jahrhunderts Gedächtnis und Einbildungskraft heißen. Sie sind die Vermögen, an die das Schöne adressiert ist und die es - qua Disposition und Organisation - in einem mehr oder weniger hohen Grade befriedigt. Mit Winckelmanns Worten, die den letzten Gedankengang seiner Schrift *Über die Nachahmung* zusammenfassen: "Alle Künste haben einen gedoppelten Endzweck: sie sollen vergnügen und zugleich unterrichten".[28] Das Zitat des alten rhetorisch-poetologischen Wirkungsschemas an herausragender Stelle, in der peroratio nämlich, hat wieder Signalfunktion. Winckelmann fusioniert platonische Philosophie und Leibniz-Wolffsche Erkenntnistheorie mit Rhetorik.

Ich möchte diesen Prozeß der Verschmelzung unterschiedlicher Überlieferungen in Winckelmanns Ästhetik an ihren wichtigsten Prinzipien noch etwas genauer untersuchen und damit auch die Lektüre seiner Schriften über das Erstlingswerk hinaus ausdehnen. In einem kleinen Aufsatz *Erinnerung über die Betrachtung der Werke der Kunst* (1759), der im wesentlichen die bisherigen Gedanken über die Nachahmung und Wirkung des Schönen zusammenfaßt, findet sich unter den sparsamen Zusätzen auch eine in der ästhetischen Diskussion des 18. Jahrhunderts besonders gängige Formel: "Das Schöne bestehet in der Mannigfaltigkeit im Einfachen: dieses ist der Stein der Weisen, den die Künstler zu suchen haben, und welchen wenige finden".[29] Ein, ich deutete es an, zur Zeit seiner Präsentation schon etwas abgegriffener Stein. Wir begegnen ihm selbstverständlich bei Baumgarten ebenso wie bei seinem Schüler Georg Friedrich Meier und tatsächlich fast allen Vertretern der zeitgenössischen Philosophie. Er ist so etwas wie ein Allgemeinplatz der ästhetischen Argumentation bis hin zu Georg Lukács geworden - um so erklärungsbedürftiger erscheint er mir. Baumgarten spricht im 1. Kapitel seiner *Aesthetica* von der Vollkommenheit der sensitiven

---

26 Winckelmann, Gedanken über die Nachahmung der griechischen Werke, S. 13.

27 Vgl. A. G. Baumgarten: Philosophische Betrachtungen über einige Bedingungen des Gedichtes. Lat. u. dt. Übers. u. mit e. Einl. hg. v. H. Paetzold. Hamburg 1983. §§ 12-17, S. 13-17.

28 Winckelmann, Gedanken über die Nachahmung der griechischen Werke, S. 44.

29 J. J. Winckelmann: Erinnerung über die Betrachtung der Werke der Kunst. In: Ders.: Kunsttheoretische Schriften. Bd. X: Kleinere Schriften. Faksimiledrucke der Erstausgaben. Baden-Baden 1971. S. 6.

Erkenntnis als der Harmonie in der Vielfalt, und wir erkennen darin natürlich zunächst den Leibnizschen Begriff der perfectio wieder, der die Einheit in der Mannigfaltigkeit meint und bestimmt, daß eine Vielzahl von besonderen Elementen sich zu einem harmonischen, ausgewogenen Ganzen zusammenfügen müssen. Je vollkommener diese Einheitsforderung erfüllt wird, um so schöner erscheint der Gegenstand. Ich will mit diesen Hinweisen zunächst nichts weiter sagen, als daß sich Winckelmann mit der Formel von der Einheit in der Vielheit in einer gesicherten Tradition befindet, die natürlich ihrerseits bis in die antike Philosophie zurückreicht, aber in Leibniz den für das 18. Jahrhundert wichtigsten Mittelsmann gefunden hat. In seiner uns nun schon vertrauten Weise übernimmt Winckelmann diesen Gedanken zur erkenntnistheoretischen Begründung seines Vorgehens, reichert ihn gegebenenfalls mit einigen weiteren Sentenzen an (hier zum Beispiel mit dem Satz: "Die Form der wahren Schönheit hat nicht unterbrochene Theile",[30] einer Umformulierung der Leibnizschen lex continua zur Begründung der wellenförmigen Schönheitslinie), um dann aber bei der konkreten Kunstbeschreibung mit der ausdrücklichen Bemerkung, "kein System der Schönheit, wenn ich auch könnte, schreiben" zu wollen,[31] in eine andere Methode zu verfallen. Auch später bringt der Autor der *Geschichte der Kunst des Altertums*, dem Hauptwerk von 1764, grundsätzliche Zweifel an Möglichkeit, Sinn und Nutzen einer systematischen Deduktion des Schönheitsbegriffs vor. Diesem Gegenstand gegenüber, so verwahrt er sich entschieden, könne man "nicht nach Art der Geometrie verfahren",[32] sondern nur seiner eigenen Methode entsprechend "aus lauter einzelnen Stücken wahrscheinliche Schlüsse [...] ziehen."[33] Welches Verfahren hier gemeint ist, braucht kaum noch ausgesprochen zu werden; seit Platon und Aristoteles unterscheiden sich Rhetorik und Dialektik prinzipiell darin, daß die eine mit Hilfe topisch begründeter Schlüsse zu wahrscheinlichen, die andere mit syllogistischer Methode zu wahren Ergebnissen gelangen könne und derart das bloße Meinungswissen in Wahrheitswissen überführt werde. Doch nicht genug, daß Winckelmann sich hier ausdrücklich als Redner bekennt, der philosophiekritische Ton bleibt unüberhörbar. Denn die Affinität der ästhetischen Diskussion in den vierziger und fünfziger Jahren zur zeitgenössischen Logik war dem Baumgarten-Schüler natürlich vertraut, sie kulminierte in den Versuchen einer Logik der unteren Erkenntniskräfte, wie sie etwa Bodmer und Breitinger in ihren frühen Schriften unternommen hatten.[34] Winckelmann aber beruft sich zur erkenntnistheoretischen Absicherung seiner Position nur sehr allgemein auf philosophische Erörterungen, erklärt sie später sogar für unbrauchbar, weil viel zu unbestimmt, und will seinen Begriff von Schönheit auf induktivem Wege, durch Sammlung von Beispielen, erlangen.[35] Auch der philosophische Begriff der Einheit im Mannigfaltigen wird zum konkreten

---

30 Winckelmann, Erinnerung über die Betrachtung der Werke der Kunst, S. 7.

31 Winckelmann, Erinnerung über die Betrachtung der Werke der Kunst, S. 8.

32 J. J. Winckelmann. Kunsttheoretische Schriften. Bd. V: Geschichte der Kunst des Altertums. Erster und zweiter Teil. Faksimile-Neudr. der Ausg. Dresden 1764. Baden-Baden, Strasbourg 1966. S. 148.

33 Winckelmann, Geschichte der Kunst des Altertums, S. 149.

34 Vgl. W. Bender: Rhetorische Tradition und Ästhetik im 18. Jahrhundert: Baumgarten, Meier und Breitinger. In: Zeitschrift für Deutsche Philologie 99 (1990), H. 4. S. 486f.

35 Vgl. Winckelmann, Geschichte der Kunst des Altertums, S. 148f.

Instrument der Deutung erst nach seiner rhetorischen Präzisierung. Denken wir nur an die berühmte Beschreibung des "Laokoon", die sich längst als eine durchaus eigenwillige Deutung herausgestellt hat, deren Stichhaltigkeit hier aber nicht zur Debatte stehen soll. Winckelmann schildert den Aufbau der Statue so, daß die einzelnen Teile derselben, so unterschiedlich sie für sich genommen auch sind, zu einem einzigen, seiner Meinung nach sogar hier harmonischen Eindruck zusammenstimmen, der es ihm erlaubt, ausgerechnet diese Figurengruppe als Exempel für seine Schönheitsformel von der edlen Einfalt und stillen Größe zu machen. Als wichtigste Bedingung der Schönheit nämlich sieht der Interpret des Werkes die innere Stimmigkeit der Teile oder, rhetorisch formuliert, den consensus internus, das innere aptum, der Stadien, Bearbeitungsphasen, Überzeugungsgründe und Stilmittel, der zu den wichtigsten übergeordneten Forderungen an jeden Redner gehört.[36] "Der Schmerz des Körpers und die Grösse der Seele", so lautet ein Kernsatz, "sind durch den ganzen Bau der Figur mit gleicher Stärke ausgetheilet, und gleichsam abgewogen."[37] Solchen Ausgleich darf man sich nicht wirkungslos vorstellen, er teilt sich dem Betrachter als eine Emotion mit, deren Merkmale Winckelmann nicht müde wird immer wieder aufzuzählen. An der hohen Schönheit eines Faunskopfs begeistert ihn "eine unaussprechliche Süßigkeit" und "sanfte[ ] Entzückung",[38] die Gliederformen eines Bacchus erscheinen dem entzückten Betrachter "sanft und flüßig", die Züge "voller Süßigkeit", und im Gesicht deutet sich eine "fröliche Seele" an.[39]

Die wenigen Beispiele mögen genügen, sie erscheinen immer wieder mit fast stereotyper Gleichförmigkeit, was nicht etwa schriftstellerisches Unvermögen, sondern die Gleichartigkeit des Affekts bedeutet, der von solcher Schönheit hervorgerufen wird. Dieser Affekt zeichnet sich durch einen sanften Reiz und ungezwungene Natürlichkeit aus, Winckelmann hat ihm mehrfach seine Aufmerksamkeit und auch eine eigene Schrift gewidmet. *Von der Grazie in Werken der Kunst* ist sie überschrieben und schon 1759 entstanden. "Die Grazie ist das vernünftig gefällige"[40] heißt gleich der Eingangssatz und pointiert somit die anmutige Emotion als eine mittlere, Vernunft und Gefühl ausgleichende Gemütslage. Doch das ist nicht alles, zugleich nämlich erscheint sie als eine Fähigkeit, die durch Erziehung und Überlegung zur Natur werden kann und durch Leichtigkeit besticht. "In der Einfalt und in der Stille der Seele wirket sie, und wird durch ein wildes Feuer und in aufgebrachten Neigungen verdunkelt. Aller Menschen Thun und Handeln wird durch dieselbe angenehm, und in einem schönen Körper herrschet sie mit großer Gewalt."[41] Der Ursprung des Gedankens von der anmutigen Schönheit liegt in der Konzeption des oratorischen ethos als ei-

---

36 Vgl. Bender, Rhetorische Tradition und Ästhetik im 18. Jhd., S. 492.

37 Winckelmann, Gedanken über die Nachahmung der griechischen Werke, S. 22.

38 J. J. Winckelmann: Kunsttheoretische Schriften. Bd. VI: Anmerkungen über die Geschichte der Kunst des Altertums. Erster und zweiter Teil. Faksimile-Neudr. der 1. Aufl. Dresden 1767. Baden-Baden, Strasbourg 1966. S. 46f.

39 Winckelmann, Geschichte der Kunst des Altertums, S. 161.

40 J. J. Winckelmann: Von der Grazie in Werken der Kunst. In: Ders., Kunsttheoretische Schriften, Bd. X, S. 13.

41 Winckelmann, Von der Grazie in Werken der Kunst, S. 14.

ner zentralen virtus der Rede. Sie wäre gewiß nicht ohne die durch Platon und seine Auseinandersetzung mit der sophistischen Aufklärung initiierte Ethik-Diskussion zustande gekommen, wurde aber in ihrer besonderen Gestalt für die europäische Geistesgeschichte von der römischen Rhetorik überliefert. Als Tugend der Rede ist die Grazie mit dem mittleren Stil, genus medium, verbunden, der sowohl von seiner Stellung zu den beiden anderen Stilarten (humilis und grandis) als auch von seiner Wirkungsfunktion her eine vermittelnde Position im rhetorischen System vertritt. Da "alle Rede eine zugleich erregende und beschwichtigende Wirkung" haben muß, Beschwichtigungen aber "grundsätzlich nicht als eine Zurückführung der Erregung zur Vernunft und Geistesmächtigkeit angesehen werden kann, sondern als eine Temperierung und Erzielung eines emotionalen Gleichgewichtszustandes",[42] so kommt dem mittleren Stil eben diese spannunglösende Aufgabe zu. Vergleicht man die entsprechenden Angaben der Lehrbücher über die beschwichtigende, anmutend-menschliche Redewirkung mit Winckelmanns Schönheitsideal, springt die Verwandtschaft unmittelbar ins Auge. Das vielzitierte, von ihm selber stets wiederholte oder modifizierte Meeres-Gleichnis meint nichts anderes: "So wie die Tiefe des Meers allezeit ruhig bleibt, die Oberfläche mag noch so wüten, eben so zeiget der Ausdruck in den Figuren der Griechen bey allen Leidenschaften eine grosse und gesetzte Seele."[43] Auch ein anderes Bild hat er in diesem Zusammenhang viel strapaziert: "Nach diesem Begriff", heißt es in der *Geschichte der Kunst des Altertums*, "soll die Schönheit seyn, wie das vollkommenste Wasser aus dem Schooße der Quelle geschöpfet, welches, je weniger Geschmack es hat, desto gesunder geachtet wird, weil es von allen fremden Theilen geläutert ist."[44]

Gemeinsam ist allen Gleichnissen, mit denen Winckelmann arbeitet, daß sie die Schönheit nicht als einen emotionslosen Zustand beschreiben, sondern ihr eine ausgleichende Wirkung, Sänftigung und Beschwichtigung zuerkennen. Grazie und Anmut werden derart als Ausdruck bestimmter emotionaler Wirkungen aufgefaßt, den man freilich nur am Menschen findet. "Die Grazie in Werken der Kunst geht nur die menschliche Figur an, und lieget nicht allein in deren Wesentlichen, dem Stande und Gebährden; sondern auch in dem Zufälligen; dem Schmucke und der Kleidung. Ihre Eigenschaft ist das eigenthümliche Verhältniß der handelnden Person zur Handlung: denn sie ist wie Wasser, welches desto vollkommener ist, je weniger es Geschmack hat."[45] Die Bindung der anmutigen Schönheit, mit deren Hilfe der Zuhörer gewonnen werden soll, an die Person entspricht der Bindung der conciliare oder delectare genannten Wirkungsfunktion an das ethos des Redners, das sich in der Darstellung seines Charakters sowie aller auch äußerlichen Anzeichen desselben (wie Kleidung und Umgangsformen) äußert.

Winckelmann kennt auch das andere Extrem rhetorischer Wirkungsfunktionen, die Leidenschaftsdarstellung, die eine vehemente, erschütternde, entsetzende Wirkung zur Folge hat, er nennt sie freilich nicht Pathos, sondern Ausdruck: "Der Ausdruck ist eine Nachahmung des wirkenden und leidenden Zustandes unserer Seele, und unsers Körpers, und der

42 Dockhorn, Rhetorik als Quelle, S. 66f.

43 Winckelmann, Gedanken über die Nachahmung der griechischen Werke, S. 21.

44 Winckelmann, Geschichte der Kunst des Altertums, S. 150f.

45 Winckelmann, Von der Grazie in Werken der Kunst, S. 15.

Leidenschaften so wohl, als der Handlungen."[46] "Das Wort Ausdruck kann in weitläuftigen Verstande die Action mit in sich begreifen, in engeren Verstande aber scheinet die Bedeutung desselben auf dasjenige, was durch Minen und Gebährden des Gesichts bezeichnet wird, eingeschrenket, und Action oder Handlung, wodurch der Ausdruck erhalten wird, beziehet sich mehr auf dasjenige, was durch Bewegung der Glieder und des ganzen Körpers geschiehet."[47] Die Entgegensetzung von Pathos und Ethos, Schönheit und Erhabenheit, Anmut und Würde oder, mit Winckelmann gesprochen, von Grazie bzw. Schönheit und Ausdruck hält sich zunächst noch völlig in den Grenzen rhetorischer Überlieferung, die "[u]nter dem Einfluß der stoischen Tugendlehre"[48] aber einen Wertgegensatz postuliert hatte. Ihm zufolge stellt das Bewunderungswürdige der in Leidenssituationen sich bewährenden Erhabenheit gegenüber dem bloß Menschlichen, Unheroischen das eigentliche Ideal des menschlichen Verhaltens und der Kunst dar. Noch Schiller wird, wie übrigens auch Kant, ganz diesen Denkbahnen folgen und von der schönen Seele verlangen, daß sie sich im Affekt in eine erhabene verwandle[49] und Würde zeige, deren verschiedene Grade er vom Edlen über das Furchtbare bis zur Hoheit reichen sieht.[50] Daß ihm in seiner Abhandlung *Über das Pathetische* aber Winckelmanns Laokoon-Beschreibung als Beispiel für die eigene Konzeption des Erhabenen dient und er darin den Sieg unserer vernünftig-moralischen Natur über die Sinnlichkeit erläutert findet, ja sogar dem Vorgänger attestiert, "diesem Leiden den Übergang zum Gefühl seiner herrlichsten Kraftwirkung" abgesehen zu haben,[51] das erscheint jetzt doch weniger als kongeniale Erfahrung denn als ein produktives Mißverständnis. Der eigentlichste Zustand der Schönheit, betont Winckelmann aber immer wieder, ist wie der des Meeres, die Stille, "und die Erfahrung zeiget, daß die schönsten Menschen von stillem gesitteten Wesen sind."[52] Gegenüber dem von der Renaissance erneuerten Werteschema, das der magnitudo animi den Vorrang vor dem Anmutigen und Graziös-Schönen einräumt, die admiratio vor der iucunditas rangieren läßt, bedeutet Winckelmanns Position also eine Umkehrung, in welcher das Gesellig-Menschliche, die Schönheit der humanitas alle anderen Erscheinungsweisen des Schönen überstrahlt - oder vielmehr sogar den Grad der Schönheit eines schönen Gegenstands abgibt. In dem Maße, so kann man seinen Gedanken zusammenfassen, in dem ein Gegenstand ethos hat und vita et mores umweglos zur Darstellung bringt, in dem Maße besitzt er Schönheit.

Das Ergebnis läßt Aufgabe und Funktion des ornatus nicht unberührt. Der Schmuck wird als unmittelbarer Ausdruck einer Art aemulatio naturae aufgefaßt, nicht als Zutat und Ornament um den Gegenstand und ihn derart zum schönen machend, sondern als seine schöne Erscheinung, die ihrerseits wieder das Gefühl des Schönen stimuliert. Das ist nicht unrhetorisch gedacht. In seinen Überlegungen zur Allegorie hat Winckelmann die drei wichtigsten

---

46 Winckelmann, Geschichte der Kunst des Altertums, S. 167.

47 Winckelmann, Anmerkungen über die Geschichte der Kunst des Altertums, S. 58.

48 Dockhorn, Rhetorik als Quelle, S. 63.

49 F. Schiller: Über Anmut und Würde. In: Ders., Sämtliche Werke, Bd. 5, S. 474.

50 Schiller, Über Anmut und Würde, S. 486.

51 F. Schiller: Über das Pathetische. In: Ders., Sämtliche Werke, Bd. 5, S. 526.

52 Winckelmann, Geschichte der Kunst des Altertums, S. 167.

Kennzeichen des Schmucks durch Bilder genannt, und man darf sie als exemplarisch für den seiner Meinung nach richtigen Gebrauch des ornatus überhaupt verallgemeinern. Das erste Merkmal ist dem der Schönheit überhaupt entsprechend die Einfalt, und sie besteht "in Entwerfung eines Bildes, welches mit so wenig Zeichen als möglich ist, die zu bedeutende Sache ausdrücke".[53] Das zweite Merkmal, die Deutlichkeit, ist eine Folge der Einfalt und damit auch der "nahe[n] Beziehung [des Bildes] auf das Abzubildende."[54] Das dritte Kennzeichen nennt Winckelmann "Lieblichkeit", "dem Entzwecke der Kunst gemäß, welche zu ergötzen und zu belustigen suchet."[55] Die klassischen Tugenden des oratorischen Ausdrucks, brevitas (Einfalt), perspicuitas und aptum (Deutlichkeit und angemessenes Verhältnis zwischen Bild und Abzubildendem), schließlich ornatus, der Redeschmuck im stilistischen Sinne (Lieblichkeit), scheinen hier ebenso durch wie ihre Wirkungsfunktion (delectare), die ein ausgewogenes Maß der Bilder und Figuren angibt. Betrachtet man die ästhetische Gegenposition, die Winckelmann bei allen seinen Überlegungen immer gegenwärtig hat und die er auch ausdrücklich nennt, wenn er etwa Rubens tadelt,[56] Raffael lobt[57] und die Figuren Zuccaris "mit allen ihren verdrehten Wendungen" für ausdruckslos erklärt,[58] so entdecken wir eine neue Spielart der alten Opposition zwischen Asianismus und Attizismus, und Winckelmann führt die Waffen klassischer Rhetorik gegen die corrupta eloquentia des 17. Jahrhunderts mit ihrem ornamentalen Bild- und Schmuckverständnis ins Feld. Der ornatus wird als klassische oder besser klassizistische virtus an den Ausdruck der Sache selber gebunden, der er zur schönen Wirkung verhelfen soll. Der Künstler muß daher lernen, "seine Gedanken in Allegorien nicht zu verstecken, sondern einzukleiden",[59] verlangt Winckelmann und benutzt bezeichnenderweise eine Metapher, die in der Geschichte der Rhetorik einen festen Stellenwert hat: schon Cicero spricht von "vestire", wenn er das Einkleiden der in der inventio gefundenen und in der dispositio wirksam angeordneten Gegenstände beschreibt: die genaue Entsprechung von Wort und Sache, Bild und Bedeutung ist das rhetorisch angestrebte Ziel. Das gilt auch für das genus demonstrativum und seine Zurschaustellung artistischer Virtuosität, doch liegt in ihr eine Tendenz zur Verselbständigung des ornatus zum Ornament, die sich besonders in Zeiten fehlender politischer Verbindlichkeit durchsetzte, als sich die Rhetorik in die Schulen zurückzog (römische Kaiserzeit), zum Bestandteil höfischer Repräsentation wurde (Manierismus, Barock) oder allgemein durch "Poietisierung bzw. Artifizialisierung der Rhetorik"[60] sich ein Paradigmenwechsel vollzog, der von der Forschung entweder schon in der Renaissance oder erst gegen Ende des 18. Jahrhunderts konstatiert wird. Winckelmanns Ästhetik jedenfalls ist der Versuch, eine an der Kunstpraxis orientierte

53 Winckelmann, Versuch einer Allegorie, S. 30.

54 Winckelmann, Versuch einer Allegorie, S. 30.

55 Winckelmann, Versuch einer Allegorie, S. 30.

56 Winckelmann, Versuch einer Allegorie, S. 20.

57 Winckelmann, Versuch einer Allegorie, S 25.

58 Winckelmann, Erinnerung über die Betrachtung der Werke der Kunst, S. 2.

59 Winckelmann, Gedanken über die Nachahmung der griechischen Werke, S. 44.

60 L. Bornscheuer: Rhetorische Paradoxien im anthropologiegeschichtlichen Paradigmenwechsel. In: Rhetorik 8 (1989), S. 25.

Vorstellung des Schönen zu finden, die den ornatus bindet und ihn zum gleichsam enganliegenden Ausdruck einer ideal fortgebildeten Natur macht.

Man kann schon aus dieser allgemeinen These heraushören, daß der Schönheit damit eine eminent erzieherische Bedeutung zugemutet wird. In der kleinen *Abhandlung von der Fähigkeit der Empfindung des Schönen in der Kunst und dem Unterrichte in derselben* (1763) bemerkt ihr Autor gleich zu Anfang, daß die Schönheit "die höchste Absicht der Kunst" sei und deshalb zur "Bildung" gehöre.[61] Der Gedanke einer ästhetischen Erziehung, der hier gemeint ist, wird von Winckelmann noch sehr viel klarer aus der humanisierenden Wirkung ethischer Charakterdarstellung abgeleitet, als das bei den späteren Theoretikern erkennbar ist. Die Bilder, die er findet, sprechen eine deutliche Sprache: "Das wahre Gefühl des Schönen gleichet einem flüßigen Gipse, welcher über den Kopf des Apollo gegossen wird, und denselben in allen Theilen berühret und umgiebt."[62] Das Gleichnis hebt die allseitig bildende Kraft des Schönen hervor, das im Menschen durch sympathetische Berührung, durch Angleichung erweckt wird. Das musterhaft Schöne ist derart von bildnerischer Kraft, weil es durch die äußeren Sinne, als den Instrumenten, auf den inneren Sinn, nämlich die Empfindung, einwirkt, die wie ein "zweyter Spiegel"[63] das Wesentliche der äußeren Eindrücke auffaßt. Die Anlage dazu ist von Natur gegeben, bedarf aber der Verfeinerung und des Unterrichts, um wirklich vervollkommnet zu werden.

Mit solchen Überlegungen befindet sich Winckelmann noch ganz in Übereinstimmung mit Baumgartens Entwurf, dem es ebenfalls auf eine Vervollkommnung der cognitio sensitiva angekommen war und der, wie es sein Schüler Meier erläuterte, gerade darin die erzieherische Funktion gesehen hatte: "Die schönen Wissenschaften beleben den ganzen Menschen. Sie hindern die Gelehrsamkeit nicht, sondern machen sie menschlicher. Sie durchweichen das Herz, und machen den Geist beugsamer, gelenker und reizender."[64] Die Überzeugung von der Vermenschlichung des Wissens durch das Schöne und die Beschäftigung mit ihm steht auf dieser ersten Stufe der Entwicklung der Ästhetik - wir haben es bereits in früherem Zusammenhang gesehen - durchaus noch in Verbindung mit der Vorstellung von der logischen gesetzmäßigen perfectio der sinnlichen Erkenntnis. Um dazu noch einmal Meier zu Worte kommen zu lassen: "Diese beyden Wissenschaften [Logik und Ästhetik] kommen darin mit einander überein, daß sie beyde Regeln vorschreiben, wie wir eine Erkentnis erlangen und volkommen machen sollen. Sie sind aber darin von einander unterschieden, daß die eine die Volkommenheiten der vernünftigen, und die andere die Schönheiten der sinlichen Erkentnis zum Zwecke hat."[65]

Wichtig ist die Vergegenwärtigung dieser frühen Position deswegen, weil nur vor ihrem Hintergrund Winckelmanns Beitrag wirklich deutlich wird. In dem Unterschied zwischen ihm und den Schulphilosophen machen sich zunehmend verschiedene Phasen in der Rezep-

---

61 J. J. Winckelmann: Abhandlung von der Fähigkeit der Empfindung des Schönen in der Kunst und dem Unterrichte in derselben. In: Ders., Kunsttheoretische Schriften, Bd. X, S. 4.

62 Winckelmann, Abhandlung von der Fähigkeit der Empfindung des Schönen in der Kunst, S. 9f.

63 Winckelmann, Abhandlung von der Fähigkeit der Empfindung des Schönen in der Kunst, S. 12.

64 G. F. Meier: Anfangsgründe aller schönen Wissenschaften. Bd. I. Halle 1748. § 15, S. 25.

65 Meier, Anfangsgründe aller schönen Wissenschaften, § 5, S. 8.

tion der Rhetorik für die Grundlegung der Ästhetik bemerkbar. Am Anfang stand die Einbeziehung von doctrina und praecepta, und man hat schon längst bemerkt, daß Baumgartens Systematik von rednerischen Dispositionskategorien abgeleitet ist und er auch beispielsweise den dreifachen Gegenstand der Schönheitserkenntnis, nämlich die "Schönheit der Gedanken, der Ordnung und des Ausdrucks",[66] dem rhetorischen inventio-dispositio-elocutio-Schema nachformuliert hat. Diese frühere Entwicklung zu analysieren gehört nicht mehr zum hier erörterten Thema, doch habe ich schon im Zusammenhang mit dem imitatio-Problem als Winckelmanns eigentliche Leistung die Bevorzugung der Übung (exercitatio) durch imitatorische Beschäftigung mit den einzelnen Werken (exempla) hervorgehoben - sie macht sich auf dem Felde ästhetischer Erziehung ebenso bemerkbar. Auch diese ist nicht nach Regeln, sondern nur durch den Umgang mit einzelnen Beispielen möglich. Ja man kann sagen, daß das Konzept einer ästhetischen Erkenntnis im Sinne der cognitio sensitiva von Winckelmann durch die ästhetische Erziehung ersetzt wird, die den einzigen Weg zu ihr hin und zugleich ihren einzig möglichen status darstellt. Erkenntnis des Schönen ist nur durch Erfahrung möglich, die Winckelmann als ein Zusammenspiel von äußerem und innerem Sinn, von den Sinnen und der Empfindung, begreift, also auf induktivem Wege, mit bloß wahrscheinlichen Ergebnissen, nicht mit Hilfe syllogistischer Operationen und Deduktionen.

Jetzt erst, vom Konzept einer konkreten ästhetischen Erziehung aus, das an die Stelle des Konzepts der cognitio sensitiva oder aesthetica tritt, begreifen wir auch, daß die Bilder und Gleichnisse, die Beispiele und Kunstbeschreibungen, die Winckelmanns Werk durchziehen oder genauer: die sein Werk sind, nicht etwa bloß eine illustrative Rolle spielen. Sie sind die einzig mögliche, nämlich konkret-einzelne, individuelle Darstellung ästhetischer Erfahrung und zugleich der zuverlässigste Wegweiser zu ihr hin, also Ergebnis und Anleitung, Gegenstand und Methode der ästhetischen Erziehung zugleich. Auf dem Grund dieser Überzeugung gewinnt auch die Wiederbelebung eines Kunstmittels neue Bedeutung, das durch den manchmal exzessiven Gebrauch in den vorausgegangenen Kunstperioden (Manierismus und Barock) dem 18. Jahrhundert eigentlich verdächtig geworden war.

Und so hat man sich denn auch gelegentlich über die doch längst obsolete Theorie der Allegorie mokiert, die Winckelmann schon in seiner Dresdner Frühschrift angekündigt und 1766 in dem umfangreichen Werk *Versuch einer Allegorie, besonders für die Kunst*", ausgeführt hat. Und wirklich findet sich darin auf den ersten Blick nichts Neues. Er versteht unter Allegorien "Bilder, die allgemeine Begriffe bedeuten",[67] und entwickelt schon 1754 das Programm des späteren Buches, wenn er das Desiderat eines Werkes beschreibt, welches aus Mythologie und Dichtung der Völker "diejenige[n] sinnliche[n] Figuren und Bilder enthält, wodurch allgemeine Begriffe dichterisch gebildet worden."[68] Die alte, auf Simonides (500 v.Chr.) zurückgehende Doktrin von der Malerei als einer stummen Poesie, dem Gegenstück der ut-pictura-poesis-Lehre, feiert hier fröhliche Urständ, und wenn Winckel-

---

66 A. G. Baumgarten: Ästhetik, nach einer Kolleghandschrift. In: B. Poppe: Alexander Gottlieb Baumgarten. Seine Bedeutung und Stellung in der Leibniz-Wolffischen Philosophie und seine Beziehungen zu Kant. Borna-Leipzig 1907. § 18. S. 81.

67 Winckelmann, Gedanken über die Nachahmung der griechischen Werke, S. 40.

68 Winckelmann, Gedanken über die Nachahmung der griechischen Werke, S. 42.

mann sich auch bemüht, seine eigene Auffassung von der barocken Allegorie zu trennen, Willkür, verschwenderische Kombinatorik, Darstellung des Fürchterlichen und Häßlichen ablehnt und auch von der allegorischen Malerei Einfalt, Deutlichkeit und Lieblichkeit verlangt, so bleiben das eher periphere Unterscheidungen. "Die Allegorie ist, im weitläuftigsten Verstande genommen, eine Andeutung der Begriffe durch Bilder, und also eine allgemeine Sprache, vornehmlich der Künstler, für welche ich schreibe."[69] So beginnt das erste Kapitel des Buches, das diese durch Konvention verständliche Sprache nun wie in einem Lexikon zur Verfügung stellen soll, dafür den Wortgebrauch allerdings erweitert und unter Allegorie alles verstehen will, "was durch Bilder und Zeichen angedeutet und gemahlet wird."[70] Winckelmann schlägt deshalb auch den Terminus Ikonologie als alternative Bezeichnung vor. Mit dem Buch liegt tatsächlich eine Sammlung von Allegorien ebenso wie von Emblemen, Rätselfiguren und typisierten Einzelbildern wie dem des Huts als einem Freiheitssymbol vor uns. Sie sind alle für den Autor in gleicher Weise tauglich als angemessenes Instrument und Medium der anschaulichen Erkenntnis.

Denn erinnern wir uns noch einmal an unsere anfänglichen Überlegungen. Den Grad der ästhetischen Vollkommenheit hatte auch Winckelmann in dem Maß erblickt, wie es dem Künstler gelingt, harmonische Einheit in die Mannigfaltigkeit zu bringen und extensive Klarheit zu erreichen. Die Fülle der Merkmale und Bestimmungen, die ihre Individualität ausmachen, sind also die eine Bedingung der Schönheit, ihre harmonische Disposition die andere. In der Allegorie findet er diese doppelte Forderung verwirklicht, da diese "erdichtete[n] Bilder [...] die Gedanken persönlich machen in Figuren" und derart "die unterscheidenden Eigenschaften der bedeuteten Sache in sich enthalten."[71] Schönheit also im Winckelmannschen Sinn entsteht als allegorische Anschaulichkeit, in der sich individuelles Bild und allgemeiner Begriff, Vielheit und Einheit in einem harmonischen Entsprechungsverhältnis befinden. Beide Momente konstituieren die besondere Sprache, die der Künstler in seinem Werk spricht, von der sein Rezipient ergriffen wird und die er zu verstehen hat. Das kann er wieder nicht allein mit dem Verstande, sondern nur mit seiner ganzen Person, zu welcher Sinnlichkeit und Empfindung ebenso dazugehören.

Aber es gibt noch einen weiteren Gedanken, der für Winckelmanns 'Ästhetik aus der Erfahrung' bedeutsam ist. Da er "die Schwierigkeit einer allgemeinen und deutlichen Erklärung"[72] der Schönheit für unüberwindlich hielt und in ihrem sinnlich-individuellen Wesen begründet ansah, stieg er entschlossen aus der unfruchtbaren philosophisch-ästhetischen Diskussion aus und hielt sich wieder an die pragmatischen, faßbaren Wirkungen der Bildwerke Zusammenfassend heißt es in der *Geschichte der Kunst des Altertums*: "die Schönheit würde ohne Ausdruck unbedeutend heißen können, und dieser ohne Schönheit unangenehm, aber durch die Wirkung der einen in den anderen, und durch die Vermählung zwoer widrigen Eigenschaften erwächset das rührende, das beredte, und das überzeugende Schöne."[73]

---

69 Winckelmann, Versuch einer Allegorie, S. 2.

70 Winckelmann, Versuch einer Allegorie, S. 2.

71 Winckelmann, Versuch einer Allegorie, S. 2.

72 Winckelmann, Geschichte der Kunst des Altertums, S. 149.

73 J. J. Winckelmann: Johann Winckelmanns sämtliche Werke. Bd. I-XII. Hg. v. J. Eiselein. Bd. IV: Geschichte der Kunst des Altertums 1763-1768. Donauöschingen 1825. S. 193.

Das sind in ihrer Deutlichkeit erstaunliche Sätze, denn sie erklären die vielen Spekulationen über Ursprung und Begriff des Schönen, über seine Herkunft und seine Wahrheit für unwesentlich. Nicht eine Erklärung des Begriffs, sondern das Bekenntnis zum persuasiven Charakter des Schönen steht am Anfang eines Buches, das eine Kunstgeschichte ist und die Kunstgeschichte (als disciplina) begründet hat. Wenn wir an dieser Stelle nach dem wohl wesentlichsten Beitrag der Rhetorik zur ästhetischen Diskussion der Zeit fragen, so besteht er in der historischen Konkretisierung und Individualisierung des Begriffs der Schönheit als eines rhetorischen, persuasiven Phänomens.

Betrachten wir die Folgen, so sind es zwei Wege, die, ausgehend von Baumgartens Grundlegung, ins 18. und 19. Jahrhundert führen. Die eine nimmt den Ausgang vom immer noch rationalistischen Kern, von dem Anteil an Leibniz-Wolffscher Logik der unteren Erkenntniskräfte und gipfelt in Kants *Kritik der Urteilskraft*. Der andere führt über Winckelmann (und partiell Schiller) zu Hegel. Denn wenn die Schönheit nur aus dem einzelnen Kunstwerk überzeugend redet, also niemals in Begriffen außer ihm faßbar ist, dann bleiben allgemeine Regeln immer nur unzureichende Annäherungen, die durch die konkrete Kommunikation mit dem individuellen Werk zumindest ergänzt werden müssen. Das ist der Grund dafür, daß Winckelmann jeden Ausgang ästhetischer Reflexion beim konkreten Bildwerk nimmt, daß er die Schulung des äußeren und inneren Sinnes nur von dem dauernden imitatorischen Umgang mit den Musterwerken erwartet und konsequenterweise etwa seinem Essay *Von der Empfindung des Schönen* einen Katalog der hervorragendsten französischen, spanischen, englischen und deutschen Kunstdenkmäler anschließt. Der Grund auch dafür, daß seine *Geschichte der Kunst des Altertums* eine Kunstgeschichte in Einzelanalysen und Einzeldeutungen darstellt; daß er die Allegorie als Produktionsmittel und zugleich hermeneutisches Instrument seiner Ästhetik reklamiert und schließlich selber in Metaphern, Gleichnissen und Allegorien den angemessenen literarischen Ausdruck seiner Kunsterfahrungen und Gedanken gefunden hat.

Rhetorik und Ästhetik in Schillers theoretischen Abhandlungen

Der Rhetoriker Friedrich Schiller hat Generationen von Literaturwissenschaftlern in Verlegenheit gebracht. Nur allzugern berief man sich auf die von ihm selber vorgetragene Abwertung seiner rhetorischen Manier und verminderte oder übersah die Bedeutung, welche die Rhetorik sowohl in der Theorie wie auch in der schriftstellerischen Praxis Schillers besaß. Der Niedergang der Rhetorik und der von ihr bestimmten Dichtungstheorie seit der Mitte des 18. Jahrhunderts in Deutschland ist noch kaum angemessen erörtert, geschweige denn auf seine gesellschaftlichen Ursachen hin untersucht worden. Im Verfallsprozeß der Redekunst, der bis weit ins 19. Jahrhundert andauert und auch nur die Rhetorik als festes Lehrgebäude berührt, nicht aber die rhetorischen Elemente überhaupt aus Dichtung und Ästhetik verbannt, erscheint Friedrich Schillers Position deshalb als besonders wichtig, weil er auf der einen Seite zwar die kantisch-idealistische Abwertung der Rhetorik aufgreift, andererseits jedoch die für eine rhetorische Ästhetik zentralen Kategorien übernimmt, neu diskutiert und inhaltlich damit eine Theorie reaktiviert, die der Stürmer und Dränger noch zu den "abgeschmackten Konventionen" gerechnet hatte.

Diese Ambivalenz charakterisiert Schillers Rhetorik, sie ist Zeugnis einer zwiespältigen Haltung gegenüber den gesellschaftlichen Problemen seiner Zeit, deren scharfsinnige Analyse durch das soziale Gewissen Schillers provoziert wurde, ohne daß es ihm möglich war, einen praktischen Ausweg aus der Krise der bürgerlichen Gesellschaft in Deutschland zu finden. So projizierte er Hoffnung und politische Zukunft des Bürgertums in den Bereich der Ästhetik, ohne aber den Wirkungszusammenhang zwischen künstlerischer Interpretation der Wirklichkeit und dieser selber aus dem Auge zu verlieren. Reinheit der Kunst erschien ihm nicht als ihr letzter Zweck, sondern als Voraussetzung ihrer ganz spezifischen Wirkungsweise, ihrer fast heilsgeschichtlichen Bedeutung. Schillers Differenzierung zwischen dem falschen und dem aufrichtigen Schein steht im Dienste eines auf reale Wirkung abzielenden rhetorischen Kunstwillens, der, soll er nicht von einer als schlecht und trügerisch erfahrenen Wirklichkeit diktiert werden, von dieser Wirklichkeit sich distanzieren muß. Im Bildungsideal der *Briefe über die ästhetische Erziehung des Menschen* kulminiert Schillers Rhetorik. Totalität des Charakters, zerstört durch Kultur, kann nur durch eine höhere Kultur wiederhergestellt werden; Schiller läßt keinen Zweifel daran, daß dieses Ziel nicht in selbstgewählter Beschränkung auf den privaten Bereich erreicht werden kann: "*Totalität* des Charakters muß also bei dem Volke gefunden werden, welches fähig und würdig sein soll, den Staat der Not mit dem Staat der Freiheit zu vertauschen".[1] Den "Verderbnissen seiner Zeit"[2] zu widerstehen,gehört freilich zu den ersten Aufgaben des Künstlers, ohne daß er damit schon seinen Zweck erreicht hätte, der gerade in der Aufhebung der von der *bestehenden Wirklichkeit* verlangten Trennung liegt.

1 F. Schiller: Über die ästhetische Erziehung des Menschen in einer Reihe von Briefen. In: Ders.: Sämtliche Werke. 5 Bde. Hg. v. G. Fricke u. H. G. Göpfert. Bd. 5. 4., durchges. Aufl. München 1967. S. 579.

2 Schiller, Ästhetische Erziehung, S. 594.

Natürlichkeit, Anmut und Schönheit

Nur durch das Morgentor des Schönen
Drangst du in der Erkenntnis Land.

Betrachtet man Schillers Erweiterung der Kantschen Ästhetik, die objektive Begründung der Schönheit als Freiheit in der Erscheinung, nicht lediglich philosophiehistorisch als Schritt von Kant zu Hegel, sondern sucht dessen Bedingungen selber auf, um die weitreichenden Folgen dieser Konzeption in Schillers Ästhetik angemessen berücksichtigen zu können, so fällt zunächst auf, daß Schiller immer wieder in seinen Beispielen und illustrierenden Bildern die pädagogische Bedeutung seines Schönheitsbegriffs verdeutlicht. In den *Kallias*-Briefen schiebt er nach der philosophischen Erörterung "zur Erholung" seines Briefpartners[3] die Parabel vom Menschen ein, der unter die Räuber gefallen ist und nun Anlaß verschiedener Hilfsleistungen wird, von denen aber nur eine: diejenige, in welcher "die Autonomie des Gemüts und Autonomie in der Erscheinung koinzidieren",[4] auch schön genannt werden kann. Wenn "die Pflicht zur Natur geworden ist",[5] so ist damit auch die moralische Schönheit erreicht. Im weiteren Verlauf seiner Argumentation wird Schiller dann deutlich machen, daß die Schönheit eines Kunstwerkes davon abhängt, ob seine Natur "mit seiner Technik zusammenstimmend erscheint".[6] Diese Bestimmung der Schönheit als Freiheit in der Erscheinung, als "Natur in der Kunstmäßigkeit"[7] transportiert politische Forderungen des Bürgertums im Gewande ästhetischer Diskussion - einer Diskussion, an die Schiller nur anzuknüpfen brauchte. Der Anspruch, in der Natur das Maß aller Dinge, auch der ästhetischen Gegenstände, zu sehen, begleitet die Emanzipationsbestrebungen des Bürgertums und lieferte ihnen eine ideologische Legitimation. Natürlichkeit ist nicht allein Gegenpol zu adliger Künstlichkeit, zu höfischer Etikette und Konvention, sie liefert gleichzeitig den Maßstab, an welchem bürgerliche Lebensweise selber sich auszurichten hatte. "Im aufklärerischen Denkstil dient die 'Harmonie mit der Natur' [...] als theoretischer Rahmen für die Motivierung der im alltäglichen Leben üblichen Handlungen und Einstellungen."[8] Die Beispiele, mit denen Schiller sehr reichhaltig die Evidenz seines Schönheitsbegriffs zu belegen sucht, stammen daher meist aus der Sphäre eben dieser Alltäglichkeit - ein schönes Gebäude, ein schönes Gefäß oder ein schönes Kleid:[9] "Wann sagt man wohl, daß eine Person schön gekleidet sei? Wenn weder das Kleid durch den Körper, noch der Körper durch das Kleid an seiner Freiheit etwas leidet; wenn dieses aussieht, als wenn es mit dem Körper nichts zu verkehren hätte und doch aufs vollkommenste seinen Zweck erfüllt".[10]

---

3 Ein guter rhetorischer Gebrauch: die Exempelerzählung zur Verdeutlichung des Gemeinten wie auch zur Vermeidung des taedium beim Publikum.

4 F. Schiller: Kallias oder Über die Schönheit. In: Ders., Sämtliche Werke, Bd. 5, S. 407.

5 Schiller, Kallias oder Über die Schönheit, S. 407.

6 Schiller, Kallias oder Über die Schönheit, S. 419.

7 Schiller, Kallias oder Über die Schönheit, S. 411.

8 B. Baczko: Rousseau. Einsamkeit und Gemeinschaft. Wien, Frankfurt a. M., Zürich 1970. S. 117.

9 Das Bild von der Bekleidung der Dinge für die geziemende Bezeichnung der res durch die verba hat alte Tradition in der Rhetorik; vgl. L. Fischer: Gebundene Rede. Tübingen 1968. S. 148f.

10 Schiller, Kallias oder Über die Schönheit, S. 420f.

Ganz im Gegensatz zur Übereinkunft der Zeitgenossen, die in der Rhetorik nur die zweckgerichtete Künstlichkeit, die regelgewandte Verstellungskunst erblickten, ist eben dieser auf der natürlichen, freien Erscheinung beruhende Schönheitsbegriff in der rhetorischen Theorie als Muster im Bereich der elocutio vorgebildet. "Man soll seine Kunst nicht zeigen und nicht so tun, als forme man den Ausdruck, sondern als rede man natürlich", fordert Aristoteles in seiner Rhetorik.[11] Auch Quintilian verurteilt den absichtlich gesuchten Stil; Schönheit des Stils erreicht man vor allem, wenn er natürlich erscheint.[12] Diese zunächst die angemessene Zuordnung von res und verba regelnde Vorschrift läßt sich als locus classicus durch die Geschichte der Rhetorik und der von ihr bestimmten Poetik verfolgen und wird selbst dann noch formal beibehalten, wenn inhaltlich die "unnatürliche", schwülstige Redeweise unter Berufung auf ihn gerechtfertigt werden soll.[13] Bereits für die antike Rhetorik ist die Lehre von der Angemessenheit nicht allein der stilkritische Maßstab, der etwa die Anwendung der drei genera dicendi regelte, sondern ebenso Maßstab angemessener Handlungs- und Lebenweise, denn "immer muß man in jedem Teil der Rede wie des Lebens bedenken, was sich ziemt".[14] Diese Angemessenheit im Verhalten, die gesellschaftliche convenientia, bedeutet nun aber gerade Übereinstimmung mit der Natur, die wie der Mensch Teil der zweckmäßigen und vernünftigen Ordnung des Weltganzen ist.[15] Die Verpflichtung des Redners zur Beachtung der Angemessenheit innerhalb seiner Rede (inneres aptum) wie die damit vorausgesetzte Stimmigkeit zu den sozialen Bedingungen der Rede (äußeres aptum) widerspricht also keinesfalls dem Streben nach Natürlichkeit, ist vielmehr dessen Folge und Zeichen. Innerhalb der Rhetorik sowohl als Theorie der Beredsamkeit wie aber auch als pädagogische Lehre nimmt das aptum im Sinne geregelter Natürlichkeit, einer zwanglosen Schicklichkeit den Rang eines höchsten Ziels ein, Berufungsinstanz sämtlicher Theoretiker auch zur Verteidigung der Rhetorik gegen die seit Platon immer wieder vorgetragenen Einwände und Verurteilungen. Mit Castigliones Ideal des Cortegiano findet dieses rhetorische Ideal Eingang in die höfische Bildung, es zeigt die Verschmelzung von Hofideal und humanistisch-rhetorischer Sittlichkeit. Verlangt wird vom vollendeten Hofmann die Vermeidung jeder Künstelei und eine natürliche Leichtigkeit in allem Verhalten, in Rede und Gespräch. Trotz des die gesellschaftlichen Auseinandersetzungen im 18. Jahrhundert reflektierenden Gegensatzes zwischen Natur und Hof, in denen das Bürgertum polemisch-propagandistisch das alte convenientia-Ideal im Sinne einer Übereinstimmung mit der Natur

---

11 Aristoteles: Rhetorik. In: Ders.: Die Lehrschriften. Hg. u. übers. v. P. Gohlke. Paderborn 1959. III, 2, S. 188.

12 Vgl. M. Fabius Quintilianus: Institutio oratoria. Die Ausbildung des Redners. Lat. u. dt. Hg. u. übers. v. H. Rahn. 2 Bde. 2. durchges. Aufl. Darmstadt 1988. Bd. 2. VIII, Prooemium, 18ff., S. 131ff.

13 Vgl. R. Hildebrandt-Günther: Antike Rhetorik und deutsche literarische Theorie im 17. Jahrhundert. Marburg 1966. S. 68.

14 M. Tullius Cicero: Der Redner. Orator. Übers. v. J. Sommerbrodt u. W. Binder. Eingel. v. M. Müller. München o. J. XXI, 71. S. 41.

15 Vermittler der stoischen convenientia-Lehre in der Renaissance war vor allem Cicero; vgl. K. Borinski: Die Antike in Poetik und Kunsttheorie. Von Ausgang des klassischen Altertums bis auf Goethe und Wilhelm von Humboldt. Unveränd. reprograf. Nachdr. d. Ausg. Leipzig 1914 u. 1924. 2 Bde. Darmstadt 1965. Bd. 1. S. 147f.

für sich beansprucht,[16] greift schon der Autor der *Kallias*-Briefe auf diese speziell höfische Prägung des rhetorischen Bildungsideals zurück: "Es ist auffallend, wie sich der gute Ton (Schönheit des Umgangs) aus meinem Begriff der Schönheit entwickeln läßt. Das erste Gesetz des guten Tones ist: *Schone fremde Freiheit.* Das zweite: *Zeige selbst Freiheit.* Die pünktliche Erfüllung beider ist ein unendlich schweres Problem, aber der gute Ton fordert sie unerläßlich, und sie macht allein den vollendeten Weltmann."[17]

Entgegen der bereits im 17. Jahrhundert von Schriftstellern wie Logau vorgetragenen Kritik am höfischen Leben, entgegen auch der aufklärerischen Doktrin vom Gegensatz Hof-Natur, findet Schiller im höfischen Ideal des Weltmannes seinen Begriff der Schönheit vorweggenommen. Selbst Einzelheiten des höfischen Lebensideals werden von ihm im Laufe seiner Argumentation wieder aufgenommen, dessen reale Depravierung zu Scheinhaftigkeit, leerer Floskel oder höflicher Maske allerdings scharf kritisiert. "In dieser ästhetischen Welt [...] fordert auch der Rock, den ich auf dem Leibe trage, Respekt von mir für seine Freiheit, und er verlangt von mir [...], daß ich niemanden merken lasse, daß er mir dient."[18] Entzündet sich gerade am Gegensatz von adliger Künstlichkeit und bürgerlicher Natürlichkeit das Pathos der aufklärerischen Kritik an der höfischen Gesellschaft, so stellt Schillers Schönheitsbegriff die Vermittlung der Gegensätze in Aussicht: weltmännische Haltung und Natürlichkeit schließen sich nicht aus, sondern sind eins im Reiche der Schönheit. "In der ästhetischen Welt ist jedes Naturwesen ein freier Bürger, der mit dem Edelsten gleiche Rechte hat, und *nicht einmal um des Ganzen willen* darf *gezwungen* werden, sondern zu allem schlechterdings *konsentieren* muß."[19] Schillers Entwurf einer ästhetischen Welt bedeutet also keine Restauration höfischer Lebensauffassung, sondern deren konsequent bürgerliche Aneignung auf ästhetischer Ebene. Die ästhetische Welt ist nicht mit dem höfischen Welttheater identisch, das ja gerade durch seine Sonderstellung und durch die Ausklammerung des bürgerlichen "Naturwesens" gekennzeichnet ist, vielmehr läßt sich Schillers Konzeption, wie sie erstmals präzise in den *Kallias*-Briefen beschrieben ist, am besten charakterisieren als eine Demokratisierung höfischer Bildungsvorstellungen. Er erneuert das humane Ideal der studia humanitatis, das den freien Bürger einer freien Republik bilden sollte, und behält doch die Aspekte bei, die der Hofmannserziehung ihre besondere Prägung verliehen haben: Liebenswürdigkeit und Gewandtheit, Gefälligkeit und anmutige Schönheit. Deutlich wird die derart modellierte Welt der real-politischen gegenübergestellt, was in dieser nicht möglich erscheint, in der anderen verwirklicht: Freiheit und Gleichheit aller natürlichen Wesen.

Wie Castigliones Buch *Il Cortegiano* neben der pädagogischen auch die artistische Seite der rhetorischen Tradition im Idealbild vom Hofmann aufgehen läßt - der vollkommene

16 In seiner Besprechung von *Kabale und Liebe* pointiert noch Joseph Hillebrand 1845 genau diesen Gegensatz: "Dem Privilegium derselben [der bevorzugten Stände] und ihrer moralischen wie socialen Entartung wird der Bürgerstand mit seiner menschlichen Wahrheit und Berechtigung gegenübergesetzt und auf diese Weise dann überhaupt der Gegensatz zwischen Konvenienz und Natur, zwischen sittlicher Gesinnung und unsittlicher Gesinnungslosigkeit dargestellt." Vgl. J. Hillebrand: Die deutsche Nationalliteratur. Hamburg und Gotha 1845. 2. Tl. S. 331.

17 Schiller, Kallias oder Über die Schönheit, S. 425.

18 Schiller, Kallias oder Über die Schönheit, S. 421.

19 Schiller, Kallias oder Über die Schönheit, S. 421.

Hofmann ist gleichzeitig Meister höfischer Beredsamkeit -, so sind auch die dem Kunstschönen im engeren Sinne gewidmeten Überlegungen Schillers dem antiken eloquentia-Ideal verpflichtet. "Schön ist ein Kunstprodukt, wenn es ein Naturprodukt frei darstellt."[20] Schiller knüpft hier an die bereits im ersten Teil der Abhandlung *Kallias oder Über die Schönheit* begonnene Erörterung über den Gegensatz von Regelhaftigkeit und Natürlichkeit und dessen Aufhebung an. Eine freie und damit auch schöne künstlerische Darstellung ist nur dann gewährleistet, "wenn die Natur des Dargestellten von der Natur des Darstellenden nicht gelitten hat",[21] wenn also "das *Nachgeahmte* seine reine Persönlichkeit auch in seinem Repräsentanten behauptet, wenn das Repräsentierende durch völlige Ablegung oder vielmehr *Verleugnung* seiner Natur sich mit dem Repräsentierten vollkommen ausgetauscht zu haben scheint - kurz - wenn nichts durch den Stoff, sondern alles durch die Form ist."[22] In diesem Kapitel seiner Abhandlung wendet sich Schiller dem Stoff-Form-Problem zu, das sich im Bereich der Dichtung als das Bezugsproblem von Sachen und Worten darstellt, in der Rhetorik also im Kapitel elocutio abgehandelt wird. Schiller folgt hier ganz der traditionellen Auffassung, wie sie von der Antike her überliefert wurde. In dem alten Streit, ob zwischen res und verba eine "natürliche", daher notwendige oder eine durch Übereinkunft geregelte Beziehung besteht, entscheidet er sich für die letztere Position: "Die Sache und ihr Wortausdruck sind bloß zufällig und willkürlich",[23] wobei noch erschwerend hinzukommt, daß zwischen Sachen und Worten keine "*materiale* Ähnlichkeit (Identität) stattfindet", ja nicht einmal durch Worte oder Wortsätze der individuelle Charakter der Dinge wiedergegeben werden kann - wobei es *dann* gleichgültig wäre, "ob dies durch *Konvenienz* oder aus innerer Notwendigkeit geschähe".[24] War für die Rhetorik aber die Beziehung zwischen res und verba immer nachprüfbar und gesichert,[25] sei es durch Übereinkunft, sei es durch Notwendigkeit, so ist diese Beziehung für Schiller problematisch geworden: "Sowohl die Worte, als auch ihre Biegungs- und Verbindungsgesetze sind ganz allgemeine Dinge, die nicht *einem* Individuum, sondern einer unendlichen Anzahl von Individuen zum Zeichen dienen".[26] Für die von Schiller dem Dichter ganz traditionell zugeordnete Aufgabe der imitatio ergibt sich so die Schwierigkeit, das Besondere und Individuelle durch das ihnen entgegengesetzte Allgemeine ausdrücken zu müssen.[27] Dieser Aufgabe kann er nur durch eine "künstliche *Zusammensetzung des Allgemeinen*" gerecht werden,[28] was nun aber wiederum die Gefahr in sich birgt, daß dem Gegenstand Gewalt angetan und damit das Ideal des Schönen verfehlt wird. Obwohl auf diese Weise für Schiller eine in der rhetorischen

20 Schiller, Kallias oder Über die Schönheit, S. 426.
21 Schiller, Kallias oder Über die Schönheit, S. 428.
22 Schiller, Kallias oder Über die Schönheit, S. 429.
23 Schiller, Kallias oder Über die Schönheit, S. 431.
24 Schiller, Kallias oder Über die Schönheit, S. 431.
25 Fischer, Gebundene Rede, S. 184ff.
26 Schiller, Kallias oder Über die Schönheit, S. 432.
27 An dieser Stelle spiegelt sich sehr deutlich in Schillers Individualitätsbegriff die bürgerliche Individualität in ihrer historisch-realen Gestalt wider als vereinzelter einzelner, der aus der Gesellschaft, dem Allgemeinen herausgetreten ist und als dieses besondere und einmalige Subjekt begriffen werden will.
28 Schiller, Kallias oder Über die Schönheit, S. 432.

Theorie bereits vorgebildete Unsicherheit in verschärfter Weise aktuell geworden ist,[29] so bleibt er mit den aus dieser Erkenntnis folgenden Einsichten ganz auf rhetorischem Boden. Ja diese gibt sogar die eigentliche Begründung einer bildhaften Redeweise und übertragen gebrauchter Wortbezeichnungen, die beide um so wichtiger sind, je ungesicherter das Verhältnis zwischen res und verba angesehen wird und je weniger tauglich die Sprache ihrer Tendenz zum Allgemeinen nach für die Absichten des Dichters erscheint. "Die Sprache stellt alles vor den *Verstand*, und der Dichter soll alles vor die *Einbildungskraft* bringen (darstellen); die Dichtkunst will *Anschauungen*, die Sprache gibt nur *Begriffe*".[30] Wie sehr Schiller sich mit solchen Auffassungen wieder in rhetorischer Tradition befindet, wird daran deutlich, daß ihm der Maßstab sprachlichen Ausdrucks nicht allein in dessen mimetischer Absicht liegt, sondern ebenso in der *Wirkung* der Darstellung auf die Einbildungskraft, ihrer Sinnlichkeit und Individualität: der rhetorische Schmuck, vor allem die Tropen und unter diesen vorzüglich die Metapher, hatte für den Redner wie für den Dichter eben diesen Zweck der lebendigen, sinnlichen Intensivierung der Aussage.

Schönheit in Schillers Sinne als Freiheit in der Erscheinung realisiert der Schriftsteller allerdings nicht schon durch die künstliche Zusammensetzung der allgemeinen Begriffe zu einem besonderen, sondern erst dann, wenn durch diese "Operation", wie Schiller in anderem Zusammenhang schreibt,[31] der Gegenstand als durch sich selbst bestimmt erscheint. "Frei und siegend muß der Darzustellende aus dem Darstellenden hervorscheinen und trotz allen Fesseln der Sprache in seiner ganzen *Wahrheit, Lebendigkeit* und *Persönlichkeit* vor der Einbildungskraft dastehen."[32] Deutlich weist diese letzte Zielsetzung die Dichtung als wirkungsbezogene ars aus: hinter der trias Wahrheit, Lebendigkeit und Persönlichkeit steht das rhetorische "Dispositionsschema" von res, affectus, mores.[33]

Schillers Kennzeichnung künstlerischer Arbeitsweise als einer künstlichen Zusammensetzung des Allgemeinen, als "Operation", und seine Bezeichnung des Poeten als "Macher"[34] revidieren in entscheidendem Maße die Doktrin der zeitgenössischen Genie-Ästhetik, die den Künstler als verlängerten Arm der Natur und sein Schaffen als unbewußt wie die Schöpfungen der Natur darstellt. Seine Apologie des sentimentalischen, reflektierenden Dichters schließt direkt an seine Überlegungen über die Verfertigung eines sprachlichen Kunstwerks, wie er sie in den *Kallias*-Briefen vorträgt, an. Sie sind nicht denkbar ohne die Vermittlung der Rhetorik, die damit dem bürgerlichen Arbeitsbegriff im Bereich der Ästhetik wieder zur Geltung verhilft. "Soll also eine poetische Darstellung frei sein, so muß der Dichter '*die Tendenz der Sprache zum Allgemeinen durch die Größe seiner Kunst überwin-*

---

29 Vgl. Fischer, Gebundene Rede, S. 187: "Die Kriterien gerade für die Gestaltung der Tropen im einzelnen sind allerdings schwankend und weniger präzise als etwa die Angaben über die Verwendung dieses Schmuckes in unterschiedlichen Stillagen."

30 Schiller, Kallias oder Über die Schönheit, S. 432.

31 Schillers Briefe. Kritische Gesamtausgabe. Hg. v. F. Jonas. 7 Bde. Stuttgart 1892-1896. Bd. 2. S. 188.

32 Schiller, Kallias oder Über die Schönheit, S. 433. [Hervorhebung von mir.]

33 Vgl. dazu: K. Dockhorn: Die Rhetorik als Quelle des vorromantischen Irrationalismus in der Literatur- und Geistesgeschichte. In: Ders.: Macht und Wirkung der Rhetorik. Vier Aufsätze zur Ideengeschichte der Vormoderne. Bad Homburg v. d. H., Berlin, Zürich 1968. S. 46-95.

34 Jonas, Schillers Briefe, Bd. 6, S. 262.

den und den Stoff [...] durch die Form [...] besiegen'."[35] Im 22. Brief seiner *Ästhetischen Erziehung des Menschen* heißt es noch eindeutiger: "Darin also besteht das eigentliche Kunstgeheimnis des Meisters, *daß er den Stoff durch die Form vertilgt*".[36] Sieht man beide Äußerungen im Zusammenhang, so wird deutlich, daß Schiller mit diesen so mißverstandenen Äußerungen keine reine Formkunst nach l'art-pour-l'art-Auffassung fordert, sondern daß er mit diesen Begriffen die Eigentümlichkeit künstlerischer Arbeit beschreibt: Als Stoff betrachtet er die "Worte und ihre Flexions- und Konstruktionsgesetze" und als Form "die Anwendung derselben".[37] Vertilgung des Stoffes durch die Form ist Bedingung der schönen Darstellung als einer "*freie[n] Selbstbehandlung der Natur in den Fesseln der Sprache*".[38] Durch das Formen des Stoffes erst entsteht Schönheit als Freiheit in der Erscheinung im Bereich der Kunst, in diesem Prozeß bewährt sich der Künstler als Meister. Sehr viel undeutlicher als später Hegel versucht Schiller hier das Wesen der Arbeit zu fassen. Wie dieser stellt er nur die positive Seite der Arbeit heraus - als einen Prozeß, dessen Produkt Freiheit erscheinen läßt und in dem der produzierende Künstler sich selber zu bewähren hat: "seine Stärke besteht darin, einen mangelhaften Gegenstand *aus sich selbst heraus* zu ergänzen und sich durch eigene Macht aus einem begrenzten Zustand in einen Zustand der Freiheit zu versetzen".[39] Diese Selbstentäußerung, die Arbeit des Künstlers, führt zur Selbstverwirklichung als der "Zusammenstimmung zwischen dem Geist und den Sinnen"[40] und bringt damit jenen ästhetischen Zustand hervor, in dem der Mensch die Freiheit als Spiel erlebt. Die Anstrengung des Künstlers als eine ästhetische, die Ergänzung, Vollendung des Gegenstandes, besteht in der Überwindung der Wirklichkeit als seiner Grenze hin auf die ihm selber zukommende Idee.[41]

In Hegelschen Kategorien ausgedrückt, ist der Prozeß der Bearbeitung des Gegenstandes als eines wirklichen die Entäußerung der Idee des Künstlers und der "durch eigene Macht", eben durch Arbeit, erlangte Zustand der Freiheit die Aufhebung eben dieser Entäußerung als "Wiederherstellung unseres Naturganzen", die von Schiller ausdrücklich der "anspannende[n] und erschöpfende[n] Arbeit" entgegengesetzt wird.[42] Wie die *Briefe über die ästhetische Erziehung des Menschen* zeigen, ist sich Schiller über die negative Seite der Arbeit, über deren Auswirkungen auf den Menschen durchaus im klaren. Deren positive ist in seine Konzeption einer alle Kräfte und Vermögen des Menschen harmonisch vereinigenden Spielkultur eingegangen. Während das "schöne Ganze menschlicher Natur" durch "jede Arbeit augenblicklich und durch ein arbeitendes Leben anhaltend zerstört wird", gilt es jenen Zustand zu erreichen, in dem der Mensch, "ohne zu arbeiten, tätig ist".[43] Wenn Schiller nach einer ausführlichen Kritik am gegenwärtigen, durch Kunst (= Künstlichkeit) gekenn-

35 Schiller, Kallias oder Über die Schönheit, S. 432f.

36 Schiller, Ästhetische Erziehung, S. 639.

37 Schiller, Kallias oder Über die Schönheit, S. 432f.

38 Schiller, Kallias oder Über die Schönheit, S. 433.

39 F. Schiller: Über naive und sentimentalische Dichtung. In: Ders., Sämtliche Werke, Bd. 5, S. 754.

40 Schiller, Über naive und sentimentalische Dichtung, S. 765.

41 Vgl. Schiller, Über naive und sentimentalische Dichtung, S. 720f.

42 Schiller, Über naive und sentimentalische Dichtung, S. 764f.

43 Schiller, Über naive und sentimentalische Dichtung, S. 768.

zeichneten Stand der Kultur seine Erörterungen einer ästhetischen Erziehung beginnt und zu dem Ergebnis kommt, daß, was die Kunst zerstört hat: die Totalität menschlicher Natur, nur durch eine höhere Kunst wiederherzustellen sei, so ist ihm adliger Müßiggang keine Alternative. "Schlaffheit" und "Depravation des Charakters" der zivilisierten Klassen,[44] der selige "Genuß des Nichts auf dem weichen Polster der Platitude"[45] erscheinen ihm nur als die andere Seite in jenem "Gleichgewicht des Schlimmen",[46] das den Geist seiner Zeit kennzeichnet. Schiller hält zwar an dem "Pathos des Machens" (Ernst Bloch) fest, mit dem in der Renaissance bereits die bürgerliche Aufhebung der Adelsherrschaft intendiert war, doch seine Überlegungen gelten dem Versuch, was mit dem Fortschritte der Gattung den Individuen angetan wurde, aufzuheben, ohne eben diesen Fortschritt zu gefährden. Es ist wohl kaum ein Zufall, daß in die Zeit der Konzeption dieser Gedanken Schillers Lektüre von Quintilians *Institutio oratoria* fällt, wie Karl Philipp Conz berichtet.[47] Quintilians Absicht ist die Ausbildung des vollkommenen Redners, des vir bonus, wie er bereits von Cicero beschrieben wurde und dessen Einfluß auf das Renaissance-Ideal des uomo universale unverkennbar ist. Castigliones *Cortegiano* ist die Rekonstruktion dieses Ideals auf höfischer Ebene.[48] Im Bildungsideal der *Ästhetischen Briefe* sind die verschiedenen Einflüsse eine beinah ununterscheidbare Mischung eingegangen.

Vir bonus und bürgerliches Bildungsideal

Dem prangenden, dem heitern Geist,
Der die Notwendigkeit mit Grazie umzogen [...]

Nach Überzeugung der antiken Rhetorik ist der Redner zuständig für alle nur denkbaren Fragen und Probleme des öffentlichen Lebens, der politischen und wissenschaftlichen Auseinandersetzung, des gesellschaftlichen Zusammenlebens, der individuellen Verhaltensweisen - die Anzahl seiner möglichen Redegegenstände ist unbegrenzt. Die dem Redner damit zugestandene Universalität der materia enthält als Forderung, daß er auch universal ausgebildet sein müsse. Die Rhetorik ist keine Einzelwissenschaft, sondern umgreift alle anderen Wissenschaften, einschließlich der Philosophie. Fehlt dem Redner die Kenntnis der wichtigen Gegenstände und Wissenschaften, so kann seine Rede keine angemessene Behandlung der jeweiligen causa garantieren. Rednerisches Können hat in der universalen Bildung seine Basis - eine Bildung, die nicht nur als wissenschaftliche verstanden wird, sondern ebenso die Vervollkommnung des Charakters einschließt: vollkommen kann ein Redner nur sein, wenn er auch sittlich den höchsten Maßstäben entspricht. Dieses ethische Moment wird unter dem Einfluß der platonischen Philosophie zum integrierenden Bestandteil des rhetori-

44 Schiller, Ästhetische Erziehung, S. 580.
45 Schiller, Über naive und sentimentalische Dichtung, S. 766.
46 Schiller, Ästhetische Erziehung, S. 581.
47 Vgl. Schillers Gespräche. Hg. v. J. Petersen. Leipzig 1911. S. 223f. Dazu auch: H. Meyer: Schillers philosophische Rhetorik. Eine versteckte Entlehnung. In: Euphorion 53 (1959), S. 313-350.
48 Vgl. im vorliegenden Band: "Rhetorische Konstellationen im Umgang mit Menschen", S. 108f.

schen Selbstverständnisses, wie es sich im Idealbild des Redners als eines vir bonus niedergeschlagen hat. Nicht *überreden*, sondern von der Wahrheit der Sache *überzeugen* soll der Redner sein Publikum - eine Forderung, die nur dann realisiert werden kann, wenn der Redner nicht nur Meister oratorischer Kunst, sondern auch ein sittlich guter Mensch ist. So wendet sich Cicero auch energisch gegen die Trennung von Redner und Philosoph, die erst durch Sokrates entstanden sei. "Mag man nun, wenn man will, den Philosophen, der uns den Reichtum der Sachen und der Rede lehrt, meinetwegen einen Redner oder, zieht man es vor, den Redner, der, wie ich sage, Weisheit und Beredsamkeit verbindet, einen Philosophen nennen, so habe ich nichts dagegen, [...] fragen wir aber, was den Vorrang vor allem verdiene, so müssen wir dem kenntnisreichen Redner den Siegespreis reichen."[49] Ohne Philosophie also kann der Redner nicht bestehen, weil er ohne sie weder die notwendige Kenntnis der Sachen noch auch die moralische Unterweisung recht erhalten könnte.

Besteht das Ziel des Redners nun darin, das Publikum mit Hilfe der drei officia oratoris von der Wahrheit seines Standpunkts zu überzeugen, so geschieht die Herstellung der Überzeugung auf dreifache Weise: durch die lehrhafte Argumentation (docere), durch unterhaltsam-erfreuende Darstellung (delectare) oder durch mitreißend-pathetischen Appell (movere). Mit der rhetorischen Doktrin von der parteiischen Vertretung der Wahrheit hängt ein Theorem eng zusammen, dessen Wirkungsgeschichte sich bis ins 19. Jahrhundert hinein verfolgen läßt: der Gemeinplatz rhetorischer Theorie, daß der Redner die Gefühle, die er vermitteln will, selbst empfinden muß. Damit im engen Zusammenhang stehen Schillers Erörterungen der Schönheit menschlicher Gestalt und Bewegungen, seine verstreuten Bemerkungen über den Schauspieler wie auch schließlich seine Beschreibungen des "guten Tons".

Architektonische Schönheit (das glückliche Verhältnis der Glieder, zarte Haut, freier Wuchs, wohlklingende Stimme), schreibt er in der Abhandlung *Über Anmut und Würde*, verdankt der Mensch der Natur, sie ist "ein schöner Vortrag der Zwecke, welche die Natur mit dem Menschen beabsichtigt".[50] Ihr gegenüber (und höher zu bewerten als sie) steht die Schönheit der Gestalt unter dem Einfluß der Freiheit, die Schiller *Anmut* nennt: "Indem also die Person oder das freie Prinzipium im Menschen es auf sich nimmt, das Spiel der Erscheinungen zu bestimmen, und durch seine Dazwischenkunft der Natur die Macht entzieht, die Schönheit ihres Werks zu beschützen, so tritt es selbst an die Stelle der Natur und übernimmt [...] mit den Rechten derselben einen Teil ihrer Verpflichtungen."[51] Die anmutige Schönheit kann daher mit Fug "ein *persönliches* Verdienst"[52] ihres Urhebers genannt werden. Ist in dieser Unterteilung deutlich die rhetorische natura-ars-Doktrin gegenwärtig, so tritt Schiller nun bei der Erörterung der Anmut als jener Schönheit, die die Seele dem Körper gibt, ganz in jene rhetorisch-ästhetische Diskussion ein, die den Bereich der pronuntiatio oder actio beherrscht und der Überlegung gilt, wie der Redner seine Emotionen darzustellen habe.

---

[49] M. Tullius Cicero: Vom Redner. De oratore. Übers. u. eingel. v. R. Kühner. München o. J. III, 142. S. 303.

[50] F. Schiller: Über Anmut und Würde. In: Ders., Sämtliche Werke, Bd. 5, S. 438.

[51] Schiller, Über Anmut und Würde, S. 445.

[52] Schiller, Über Anmut und Würde, S. 446.

In der Konzeption der beweglichen Schönheit, der Anmut, hebt Schiller die Trennung des Schönen von jedem teleologischen und moralischen Bestimmungsgrund auf, die er, Kant folgend, für die architektonische Schönheit als zwingend erachtet hatte. Schönheit der Anmut ist menschliche Schönheit, eine Schönheit, die der menschlichen Persönlichkeit gehört, deren Sittlichkeit sich in den vom Willen gelenkten, aber notwendigen Bewegungen seines Körpers ausdrückt, sie wird "nicht von der Natur gegeben, sondern von dem Subjekte selbst hervorgebracht",[53] ist daher ein "persönliches Verdienst",[54] ein "Vorrecht der Menschenbildung".[55] Ihr Ausdruck sind die sympathetischen Bewegungen, die eine moralische Empfindung unwillkürlicher- und daher notwendigerweise begleiten als Äußerung der Gesinnung.

Anmut zeigt sich als eine an der Person sich vollziehende, sinnlich erfahrbare Bewegung, die einer Veränderung im Gemüt als Ausdruck der Gesinnung entspricht. Der Zusammenhang von innerer und äußerer Bildung, von Schiller bereits in seiner zweiten Dissertation *Über den Zusammenhang der tierischen Natur des Menschen mit seiner geistigen* ausführlich diskutiert, ist ein Problem, das die Theoretiker der Zeit ausgesprochen intensiv beschäftigt. Lavaters physiognomische Fragmente sind der spektakulärste Versuch, das Wissen vom inneren Menschen durch die Anschauung zu begründen, und er übte damit eine unglaubliche Wirkung auf seine Zeitgenossen aus - gleichwohl faßt er nur mit seinen Mitteln eine sehr viel ältere Tradition zusammen.

Schillers Konzeption der Persönlichkeit als eines harmonischen Ganzen umfaßt auch das gesellschaftliche Verhalten des Menschen, seine *Erscheinung* im weitesten Sinne. Dem Persönlichkeitsideal der Anmut muß in der Wirklichkeit auch ein entsprechendes Verhalten korrespondieren, wie umgekehrt der äußeren Darstellung des Menschen seine "sittliche Fertigkeit"[56] entsprechen muß. Die Forderung nach der Einheit von innerer und äußerer Bildung nimmt die Kritik an der bloß äußerlichen höfisch-galanten Lebensauffassung auf, die schon die *Moralischen Wochenschriften* bestimmt hatte, und führt gleichzeitig eine Diskussion fort, die wesentlich wieder unter dem Einfluß der Rhetorik und der von ihr entwickelten Theorie der körperlichen Beredsamkeit entstanden war. Gerade von der "Aufführung" einer Rede hängt deren Wirkung entscheidend ab: der Redner hat die Glaubwürdigkeit der von ihm vertretenen Sache nicht nur argumentativ, sondern auch durch seine Persönlichkeit zu erweisen. Die menschlich-personhafte Glaubwürdigkeit, die seinem Parteistandpunkt Ansehen und Gewicht verleiht, offenbart sich im ethos des Redners, in der Art und Weise, wie sich in seinen Gesten, Gebärden, im Mienenspiel seines Gesichts, in der Haltung seines Körpers, im Klang seiner Stimme und im Ausdruck der Augen sein Charakter vorstellt. Identität von äußerem Vortrag des Charakters und innerer Überzeugung, von Rolle und Persönlichkeit, ist so die unerläßliche Voraussetzung für die Wirkung der Rede. Das Publikum glaubt nur dem Redner, der selber überzeugt ist von der Wahrheit seiner Rede, und eine ungeschickte Darstellung dieser Überzeugung (die beabsichtigte Nicht-

53 Schiller, Über Anmut und Würde, S. 437.
54 Schiller, Über Anmut und Würde, S. 446.
55 Schiller, Über Anmut und Würde, S. 436.
56 Schiller, Über Anmut und Würde, S. 459.

übereinstimmung von Rolle und Charakter schließt die Konzeption des perfectus orator als vir bonus aus) gefährdet die virtus des äußeren aptum.

Solche Bestimmungen erweitern die Redelehre schon ausdrücklich zu einer Anweisung zum richtigen, angemessenen gesellschaftlichen Verhalten und bereiten ein Erbe vor, wie es beispielhaft Castiglione angetreten hat. Seine Definition der Anmut als derjenigen Verhaltensweise, welche "die Kunst verbirgt und bezeigt, daß das, was man tut oder sagt, anscheinend mühelos und ohne Nachdenken zustande gekommen ist",[57] überträgt die rhetorische Vorstellung schließlich völlig auf ein Ideal gesellschaftlicher Verhaltensweise, demzufolge Anmut, Freundlichkeit, Gefälligkeit als persönliche Eigenschaften ihre Träger auszeichnet und ihnen die gesellschaftliche Wirkung sichert. Bis ins 18. Jahrhundert behielt die Doktrin der Identität von Rolle und Person auch für den Schauspieler seine Gültigkeit,[58] und es ist bezeichnend, daß auch Schiller die schauspielerische Darstellung als Beispiel benutzt, um eine schöne Nachahmung von einer unschönen zu unterscheiden: "Wenn Ekhof oder Schröder den Hamlet spielten, so verhielten sich ihre *Personen* zu ihrer *Rolle* wie der Stoff zur Form, wie der Körper zur Idee, wie die Wirklichkeit zur Erscheinung. Ekhof war gleichsam der Marmor, aus dem sein Genie einen Hamlet formte und weil seine (des Schauspielers) Person in der künstlichen Person Hamlets völlig unterging, [...] weil alles an ihm bloß Form (bloß Hamlet) war, so sagt man, er spielte schön."[59]

Wenn auch die Scheinhaftigkeit des Hoflebens Castigliones Bildungsideal als illusionär überführte, so machte dieses selber die Diskrepanz zwischen Anspruch und Wirklichkeit erst sichtbar. Die Auffassung von Leichtigkeit und ungekünstelter Grazie als der humanen Form gesellschaftlicher Vermittlung wurde gerade von den Kritikern des höfischen Rollenspiels weitergetragen und konnte in Verbindung mit dem, was Cicero und Quintilian initiiert hatten, wieder zum Moment eines Bildungsideals werden, das nicht nur rigoros die einwandfreie sittliche Lebensführung verlangt, sondern auch das äußere Verhältnis der Individuen zueinander als frei und natürlich konstituieren will. Harmonie im körperlichen und sprachlichen Ausdruck der Affekte mit dem sittlichen Gefühl ist für Schiller das Ideal der "Bewegung", als vollkommenste Darstellung der Anmut entspricht ihm nur die schöne Seele. "In einer schönen Seele ist es also, wo Sittlichkeit und Vernunft, Pflicht und Neigung harmonieren, und Grazie ist ihr Ausdruck in der Erscheinung."[60]

Die sozusagen adlige Abstammung der schönen Seele wird noch deutlicher, verfolgt man, welchen Gebrauch Schiller in seinen Schriften außerhalb der theoretischen Abhandlungen davon macht. Im Fragment *Der Geisterseher*, dessen Schauplatz weitgehend als höfisch charakterisiert werden kann, kommt Schiller den im *Buch vom Hofmann* vorgetragenen Ansichten und Beschreibungen fast bis auf die Formulierung nahe. Es heißt dort von dem pantomimischen Tanz junger Knaben und Mädchen: "Leichtigkeit und Grazie beseelten jede Bewegung."[61] Charakteristisch die Koppelung von "Leichtigkeit" und "Grazie". Die erste

57 B. Castiglione: Das Buch vom Hofmann. Übers. u. eingel. v. F. Baumgart. Bremen o. J. S. 53.

58 Diderot ist einer der ersten, der sie anzweifelt. Vgl. T. Buck: Brecht und Diderot. Tübingen 1971. S. 20ff.

59 Schiller, Kallias oder Über die Schönheit, S. 430.

60 Schiller, Über Anmut und Würde, S. 468f.

61 F. Schiller: Der Geisterseher. In: Ders., Sämtliche Werke, Bd. 5, S. 55.

ist die Bedingung der Möglichkeit der zweiten - weshalb auch Castiglione eine gewisse "sprezzatura" (Lässigkeit) vom Hofmann als Voraussetzung der Grazie verlangt hatte. Gracián formuliert später ähnlich: "despejo", Unbefangenheit, Ungeniertheit als Bedingung eines anmutigen Verhaltens. Ihr entspricht die "Leichtigkeit" bei Schiller, die er auch in *Über Anmut und Würde* als den "Hauptcharakter der Grazie" pointiert.[62] Besonders kennzeichnend für die höfische Prägung der Anmut und ihre Nähe zum Schillerschen Begriff ist die Beschreibung des Marchese von Civitella im *Geisterseher*: "Denken Sie sich die bezauberndste Figur, mit Würde und Anmut getragen, ein Gesicht voll Geist und Seele, eine offne einladende Miene, einen einschmeichelnden Ton der Stimme, die fließendste Beredsamkeit, die blühendste Jugend mit allen Grazien der feinsten Erziehung vereinigt".[63] Hier und im folgenden finden sich fast sämtliche Merkmale, die Castiglione als solche des vollendeten Hofmanns beschrieben hatte: "Frohherzigkeit, Wohlwollen, Wärme des Gefühls." Begabt mit einer Liebenswürdigkeit, "der kein Mensch widerstehen kann",[64] bietet der Marchese das Bild eines vollkommenen Edelmanns. - Solche Beschreibungen zeigen eine intime Kenntnis der höfischen Kultur, ihrer Ideale und Gesellschaftsformen an.

Wenn Schiller den Ausdruck der Anmut von der Moralität der Person, ihrer Gesinnung abhängig macht, wenn er in einer Anmerkung schreibt, daß der Schauspieler zwar Leidenschaften vorspielen darf, auch wenn er "ein Mensch von sanftem Charakter ist",[65] ohne dadurch an Bewunderung oder Achtung zu verlieren, daß aber die Anmut der Darstellung ihm als Charakter natürlich sein muß, so zeigt sich, daß diese ganze Deduktion der Anmut *strukturell* bereits von der Rhetorik geleistet war. "Indem eine Person spricht, sehen wir zugleich ihre Blicke, ihre Gesichtszüge, ihre Hände, ja oft den ganzen Körper *mitsprechen*, und der *mimische* Teil der Unterhaltung wird nicht selten für den beredsten geachtet."[66] Seinem Ursprung nach ist der mit ethos bezeichnete sanfte Affekt nach außen gerichtet, gehört er zur Strategie der Überzeugungsherstellung, ja sogar zur Taktik der politisch-ideologischen Auseinandersetzung vor der Volksversammlung. Auch hier allerdings ist er begründet im Charakter des Redners, in seiner Gesinnung, die sich als ethos in seiner ganzen Erscheinung darstellt: er bezeichnet, so kann man sagen, die charismatische Überzeugungskraft eines großen einzelnen, der sich als Repräsentant einer Sache, einer Partei versteht. Dort, wo Anmut dann nur noch die besonders formgerecht-leichte Art und Weise des gesellschaftlichen Umgangs bezeichnet, wie in der höfischen Kultur, als deren Beispiel uns der Cortegiano des Castiglione dient, zeigt sich dieser Repräsentationscharakter besonders deutlich: auf der einen Seite zeichnet Anmut die einzelne Person aus, deren Liebenswürdigkeit Erfolg verspricht, auf der anderen aber ist sie der Ausweis einer Klasse, dessen Besitz den Zutritt in eine geschlossene Gesellschaft freigibt - gerade dadurch aber garantiert er umgekehrt deren Status. Als notwendige Folge ergibt sich die höfische Formalisierung des als anmutig Bezeichneten: es verkommt zum Gefälligen um jeden Preis - gerade um den der Gesinnung, Anmut wird zur Maske und leeren Floskel, und es bedurfte einer besonderen

62 Schiller, Über Anmut und Würde, S. 461.
63 Schiller, Der Geisterseher, S. 120.
64 Schiller, Der Geisterseher, S. 120.
65 Schiller, Über Anmut und Würde, S. 452.
66 Schiller, Über Anmut und Würde, S. 448.

Anstrengung, um das wieder zu aktivieren, was, trotz aller Verkehrung, an ungenutzten und damit auch unverbrauchten Möglichkeiten in diesem Begriff verborgen lag.

Schillers Konzeption der Anmut und sein Persönlichkeitsideal der schönen Seele reflektieren die Auseinandersetzung zwischen Adel und Bürgertum, die im Deutschland des 18. Jahrhunderts als Konflikt der Persönlichkeit verinnerlicht wurde, sie richtet sich gerade gegen den höfisch depravierten, auf Etikette und formal-äußerliche Verhaltensweisen reduzierten Zuchtmenschen. Die schöne Seele ist der sublimierte Ausdruck des in seinen politisch-sozialen Erwartungen enttäuschten Bürgertums, das zur Verinnerlichung seiner Ansprüche gezwungen ist und seine Klassenzugehörigkeit als Schranke vor der politischen Macht empfindet. Daraus resultiert auf der einen Seite die Feindschaft gegenüber dem heruntergekommenen Adel, auf der anderen Seite aber die Versuche zur Assimilation von Aristokratie und Bürgertum. Beide Aspekte dieses gesellschaftlichen Konflikts sind in Schillers Konzeption der schönen Seele erkennbar. In ihr kristallisieren sich die Sublimationsformen, die das Bürgertum infolge seiner erzwungenen politischen Trägheit ausbildete.

Schillers ästhetische Erziehung geht von der Überzeugung aus, daß, um die politischen Probleme seiner Zeit praktisch, in der Erfahrung zu lösen, es notwendig sei, zuerst im ästhetischen Bereich sich auszubilden, "weil es die Schönheit ist, durch welche man zu der Freiheit wandert."[67] Seine Absicht besteht also nicht darin, "die politische Erziehung zu einer Angelegenheit der Ästhetik zu machen", ein Unternehmen, dem Brecht zu Recht Aussichtslosigkeit attestiert,[68] und Schiller grenzt seine Intention in den ersten Briefen seiner *Ästhetischen Erziehung des Menschen* scharf von all den Ereignissen ab, die den politischen Schauplatz seiner Zeit bestimmen und die ihm allesamt als Zeichen einer Krise der bürgerlichen Gesellschaft erscheinen, nicht aber als deren Überwindung. Zur Stützung seiner These untersucht Schiller zunächst die Ursachen dieser Krise, die sich ihm als Herrschaft des Bedürfnisses und des Nutzens, als Verwilderung der niederen und zahlreichern Klassen und als barbarische Depravation des Charakters in den zivilisierten Klassen darstellen. Auf doppelte Weise ist so der Mensch sich selber entgegengesetzt, und Vereinigung dieser beiden Extreme menschlichen Zerfalls in einem Zeitraum macht den spezifischen Charakter der Krise aus. Um deren Ursachen aufzudecken, benutzt Schiller die kritische Methode des Vergleichs eines schlechten Zustands mit einem glücklichen, deren sich die politisch-philosophische Literatur seit Platon bedient. Dabei spielt es keine Rolle, ob diese maßstabsetzende Gegenwelt utopisch konstruiert oder als in der Vergangenheit bestanden behauptet wird. Für Schiller ist diese paradigmatische Welt die der Griechen: "Damals, bei jenem schönen Erwachen der Geisteskräfte, hatten die Sinne und der Geist noch kein strenge geschiedenes Eigentum; denn noch hatte kein Zwiespalt sie gereizt, miteinander feindselig abzuteilen und ihre Markung zu bestimmen."[69] Die Rousseau entlehnte Terminologie (Ursache der Ungleichheit unter den Menschen) verrät den politischen Inhalt der Analyse. Erst durch die Trennung des Ganzen und die Überführung der so entstandenen Teile in das Eigentum einzelner entstand die Voraussetzung für jene unglückliche Vereinzelung, die Schiller als

---

67 Schiller, Ästhetische Erziehung, S. 573.

68 B. Brecht: Gesammelte Werke in 20 Bdn. Hg. vom Suhrkamp Verlag in Zs.arb. mit E. Hauptmann. Frankfurt a. M. 1967. Bd. 18. S. 165.

69 Schiller, Ästhetische Erziehung, S. 582.

Stigma seines Zeitalters betrachtet, für die Entzweiung der ehemals harmonisch vereinten Kräfte. Immer wieder bricht bei Schiller durch die idealistische Hülle die Einsicht in gesellschaftliche Ursachen der Krise, die aus der Zersplitterung der Individuen und der Desintegration der verschiedenen menschlichen Vermögen im einzelnen Individuum selber besteht. "Ewig nur an ein einzelnes kleines Bruchstück des Ganzen gefesselt, bildet sich der Mensch selbst nur als Bruchstück aus, ewig nur das eintönige Geräusch des Rades, das er umtreibt, im Ohre, entwickelt er nie die Harmonie seines Wesens."[70] Für Schiller steht fest, daß die Wiederherstellung menschlicher Totalität weder von dem derart ausgebildeten Individuum noch auch von der Gesellschaft insgesamt zu erwarten ist, die sich eben jene staatliche Form gegeben hat, welche die Ursache des Übels darstellt. Auch der Staat, "wie ihn die Vernunft in der Idee sich aufgibt",[71] kann keine Wendung zum Besseren bringen, denn er verlangte als Begründung eine bessere Menschheit, die vom bestehenden Staat gerade verhindert wird. Eine weitere Erschwerung hatte Schiller schon im 3. Brief zu bedenken gegeben: daß nämlich "um der Würde des Menschen willen seine Existenz nicht in Gefahr geraten darf",[72] eine Gefahr, welche die Zerstörung der Gesellschaft mit sich führt, wobei schon sicher scheint (diesem Nachweis gilt die referierte Argumentation), daß das bloß mögliche Ideal von Gesellschaft auf diesem Wege nicht zu verwirklichen ist. Das Dilemma, in das Schiller durch diese Überlegungen gelangt, provoziert den Entwurf einer ästhetischen Erziehung in politischer Absicht. Daß die durch Kunst bewirkte Wiederherstellung menschlicher Totalität als Voraussetzung einer politisch-gesellschaftlichen Veränderung des Bestehenden allerdings nicht Ergebnis erschütterungslosen Umdenkens sein wird, daran läßt Schiller keinen Zweifel: der Zusammenhang dieses Prozesses mit der Französischen Revolution wird sprachlich manifest, und der 8. Brief liest sich über weite Strecken wie eine Rechtfertigung jenes Geschehens, das ihm immer noch "der freigebige Augenblick"[73] oder - in der Formulierung der *Xenien* - die große Epoche, der große Moment ist.[74] Die Vernunft wird zwar nicht selber am Kampf teilnehmen, aber einen würdigen Streiter wählen, der mit göttlichen Waffen und "durch seine siegende Kraft die große Entscheidung" bewirkt.[75] Für Schiller ist dieses Werkzeug die schöne Kunst, weil sie allein sich "bei aller politischen Verderbnis rein und lauter erhalten"[76] und damit über die Veredlung des Charakters auch eine Verbesserung im Politischen erreichen kann. Insofern der Künstler der einzige ist, der dieses Werkzeug zu bedienen versteht, kommt ihm die hervorragendste Stellung zu. Nicht um sein Jahrhundert "mit seiner Erscheinung zu erfreuen", ist er "unter fernem griechischem Himmel" zum Manne gereift, sondern als fremde Gestalt kehrt er zurück, "furchtbar wie Agamemnons Sohn, um es zu reinigen".[77] Dergestalt beschreibt Schiller metaphorisch die Aufgabe des Künstlers als eine umwälzende, apokalyptische. Der

70 Schiller, Ästhetische Erziehung, S. 584.

71 Schiller, Ästhetische Erziehung, S. 588.

72 Schiller, Ästhetische Erziehung, S. 575.

73 Schiller, Ästhetische Erziehung, S. 580.

74 F. Schiller: Xenien von Schiller und Goethe. In: Ders., Sämtliche Werke, Bd. 1, 4., durchges. Aufl. München 1965, S. 260.

75 Schiller, Ästhetische Erziehung, S. 590.

76 Schiller, Ästhetische Erziehung, S. 593.

77 Schiller, Ästhetische Erziehung, S. 593.

Künstler soll der Welt, auf die er wirkt, die Richtung zum Guten geben, ohne sich aber in die bedenkliche Gesellschaft seiner Zeitgenossen einzulassen: "Denke sie dir, wie sie sein sollten, wenn du auf sie zu wirken hast, aber denke sie dir, wie sie sind, wenn du für sie zu handeln versucht wirst."[78] Schillers Auffassung vom Künstler läßt sich leicht entziffern als die Wiederaufnahme und militante Verschärfung des rhetorisch-humanistischen Ideals der Menschenbildung, wie es von Cicero und Quintilian vorbildhaft im vir bonus gedacht wurde. Dessen allseitige Erziehung und einwandfreie Charakterbildung wird schon bei Quintilian durch seine frühzeitige Isolierung von seiner Umgebung und durch den Eintritt des Kindes in die Rhetorenschule gewährleistet. Nur so kann verhindert werden, daß die fachtechnische Unterweisung später zum Mißbrauch der Redekunst verführt und an die Stelle der Überzeugungsherstellung die Überredung des Publikums tritt. Die Überzeugung, daß die Rhetorik als Muster "besonders den menschlichen Charakter bilde, das künstlerische Gewissen wecke und schärfe",[79] daß die rhetorische Erziehung erst den Menschen zur Verwirklichung aller seiner Anlagen führe und der Rhetor daher als der vorbildliche Mensch überhaupt zu gelten habe, hat zusammen mit dem Wirkungsaspekt rhetorischer Kunstäußerung überhaupt jene so weitreichende Vorstellung "von der die menschliche Gesellschaft begründenden und erhaltenden Macht der Rede" erzeugt,[80] wie wir sie in zeitgemäßer terminologischer Verkleidung noch in Schillers ästhetischen Schriften wiederfinden. Ablesbar selbst noch an jener Kategorie der "Veredlung", die den Prozeß der Charakterbildung bezeichnen soll und auf das humanistische Hofmannsideal des Cortegiano verweist. Während aber Castiglione den vollkommenen Hofmann lediglich im geborenen Edelmann verwirklichbar findet, ihm eine "Veredlung" von Menschen niedriger Herkunft nicht möglich erscheint (und herrschten auch bei ihnen dieselben Tugenden wie bei den Adligen), so bedeutet für Schiller Veredlung das tätige Erwerben eines hohen Grades von geistiger, sittlicher und künstlerischer Vollkommenheit. Veredlung bedeutet den Prozeß der Annäherung an das Ideal vollkommener Menschlichkeit und steht also mit der höfischen Adelsvorstellung nur insofern in einer Beziehung, als es auch bei Schiller zunächst Zeichen eines auserlesenen Charakters ist: des Dichters. Doch auf diesen allein beschränkt es sich nicht. Der Dichter soll die ganze Menschheit "von allen zufälligen Schranken befreien"[81] und sie damit zu der Höhe der Vollendung heraufführen, die er selber bereits erreicht hat.

Daß eine solche Veredlung durch Schönheit zu erreichen sei, obwohl doch die Erfahrung ein eher gegenteiliges Zeugnis ablegt, versucht Schiller vom 11. Brief an zu erweisen. Über die an Fichte und Kant anknüpfende Erörterung der beiden den Menschen bestimmenden "Triebe", "Formtrieb" und "Stofftrieb", befindet sich Schiller bei dem Entwurf einer Spielkultur, die auf dem harmonischen Wechsel, dem Gleichgewicht der beiden, den Menschen jeweils einseitig anspannend bestimmenden Kräften beruht, bereits wieder in der europäischen Diskussion, die in Kant ihren einseitigen Abschluß gefunden hatte. Schiller entdeckt den "vorkritischen" Geschmacksbegriff wieder und findet in ihm alle die Eigenschaften versammelt, die er dem ästhetischen Zustand zuschreibt.

---

78 Schiller, Ästhetische Erziehung, S. 596.

79 Borinski, Antike in Poetik und Kunsttheorie, Bd. 1, S. 124.

80 Borinski, Antike in Poetik und Kunsttheorie, Bd. 1, S. 124.

81 Schiller, Über naive und sentimentalische Dichtung, S. 767.

Geschmack und Geselligkeit

Und ungesellig, rauh wie er,
[...]
- So stand die Schöpfung vor dem Wilden.

Wenn im ästhetischen Urteil die ganze Natur, also auch der Mensch, als Darstellung von freien, ihr eigenes Leben und Gesetz erfüllenden Wesen erscheint, das Kunstwerk also den Vorschein menschlicher Wahrheit als einen ästhetischen Zustand entwirft, so muß dieser ästhetische Zustand auch das pädagogische Endziel einer Erziehung sein, die die Vervollkommnung und Veredlung des Menschen als ihre Aufgabe begreift. In der europäischen Geschmacksdiskussion, die weitgehend unter dem Anstoß und der Ägide Graciáns geführt wurde, bezeichnete der Begriff nicht lediglich ein Unterscheidungsvermögen geistig-ästhetischer Art, sondern "ein allgemeines Kulturelement [...], kein nebensächliches, sondern [...] die Wurzel aller, ja [...] die treibende Kraft der gesamten Kultur."[82] Die Auffassung von der kulturstiftenden Wirkung des Geschmacks, der allein "Harmonie in die Gesellschaft [bringt], weil er Harmonie in dem Individuum stiftet",[83] konstituiert Schillers Humanitätsideal. Geschmack bezeichnete schon für Gracián das Zusammenstimmen von Natur und Kunst, die künstlerische Veredlung, Vervollkommnung der Natur, ohne daß Künstlichkeit entsteht, die vielmehr selber wieder als Natur erscheinen soll.[84] Schillers Aufnahme dieses Geschmacksbegriffs ist Zeichen seines Protestes gegen eine Kultur, welche die Vereinzelung, Zerstückelung und Entfremdung des Menschen bewirkt. Wie "das Reich des Geschmacks ein Reich der Freiheit",[85] so ist auch der freie, seine sinnlichen und geistigen Kräfte harmonisch vereinigende Mensch ein Produkt des Geschmacks, vielmehr: Produkt eines Erziehungsprozesses durch Geschmack, der auch das soziale Wesen des Menschen "kultiviert". "Der Geschmack befördert nicht nur unsre Glückseligkeit, sondern *zivilisiert* und *kultiviert* uns auch. Der Mensch darf nicht ganz *allein* genießen, sondern muß auch bedacht sein, seine Vergnügen mitzuteilen. [...] *Allgemeine Mitteilbarkeit* seiner Empfindungen muß sich der Mensch zum Gesetz machen. In dem Vermögen, diese Eigenschaft zu äußern [...], zeigt sich der *Geschmack*."[86] Wie sich Schiller schon in den *Ästhetischen Vorlesungen* mit einer möglichen "Frivolität des Geschmacks" auseinandersetzt,[87] so erörtert er auch, ungleich ausführlicher, im 10. Brief seiner *Ästhetischen Erziehung* die Einwände, die sich gegen eine Geschmackserziehung vorbringen lassen. Die "Reize des Schönen", räsoniert er, "können in guten Händen zu löblichen Zwecken wirken, aber es widerspricht ih-

82 K. Borinski: Baltasar Gracian. Tübingen 1971. S. 43. Gerade die ältere Forschung (vgl. A. Bäumler: Das Irrationalitätsproblem in der Ästhetik und Logik des 18. Jahrhunderts. Darmstadt 1967) hat die gesellschaftliche und literarische Bedeutung der europäischen Geschmacksdiskussion herausgearbeitet. Vernachlässigt man sie, so gefährdet das die angemessene Einschätzung der rhetorischen Tradition in der deutschen Literatur.

83 Schiller, Ästhetische Erziehung, S. 667.

84 Vgl. H. Jansen: Die Grundbegriffe des Baltasar Gracian. Genf, Paris 1958. S. 66ff.

85 Schiller, Kallias oder Über die Schönheit, S. 424f.

86 F. Schiller: Aus den ästhetischen Vorlesungen. In: Ders., Sämtliche Werke, Bd. 5, S. 1021.

87 Schiller, Aus den ästhetischen Vorlesungen, S. 1022.

rem Wesen nicht, in schlimmen Händen gerade das Gegenteil zu tun und ihre seelenfesselnde Kraft für Irrtum und Unrecht zu verwenden. Eben deswegen, weil der Geschmack nur auf die Form und nie auf den Inhalt achtet, so gibt er dem Gemüt zuletzt die gefährliche Richtung, alle Realität überhaupt zu vernachlässigen und einer reizenden Einkleidung Wahrheit und Sittlichkeit aufzuopfern."[88] Schiller bringt hier die traditionellen Einwände vor, die von den Philosophen (vor allem von Platon) gegen die Rhetorik und deren Anspruch, die Jugend zu erziehen, gerichtet waren und die von den bürgerlichen Intellektuellen des 18. Jahrhunderts wieder aufgegriffen wurden als Instrument der polemischen Auseinandersetzung mit der höfischen Geschmackskultur. Und wenn Schiller die dafür bezeichnenden Beispiele in der "vergangenen Welt" Athens und Spartas aufsucht, so gilt die Feststellung, "daß Geschmack und Freiheit", wohin immer man blickt, "einander fliehen"[89], in ihrer Allgemeinheit auch der unmittelbaren Vergangenheit und seiner eigenen Gegenwart. "Aber vielleicht ist die *Erfahrung* der Richterstuhl nicht, vor welchem sich eine Frage wie diese ausmachen läßt", schließt er vorläufig seine Erörterung, um sich der Aufgabe zuzuwenden, die Schönheit "als eine notwendige Bedingung der Menschheit" aufzuzeigen.[90]

Schillers Auffassung vom Menschen als einem Wesen, das durch zwei einander entgegengesetzte Triebe, den Form- und den Stofftrieb, bestimmt wird, versucht auf anthropologischem Wege die Ursachen für die in der Erfahrung vorfindbaren Deformationen des Menschen zu bestimmen. Auch seine Lösung, den Antagonismus von Form- und Stofftrieb, der zu einer wechselseitigen Unterordnung des einen unter den anderen führt, aufzuheben in einem Zustand des wechselseitigen Ineinanderspielens beider Triebe (der Spieltrieb als Resultante dieses Vorgangs), bleibt eine anthropologische Konstruktion, die auf eine Veränderung der vereinzelten einzelnen durch Schönheit abzielt, um sie auf diesem Wege erst fähig zu einer vom Geschmack bestimmten Gesellschaftlichkeit/Geselligkeit zu machen. Die Harmonie sämtlicher Gemütskräfte wird erst dann Ereignis im Spiel als der gemeinschaftlichen, harmonischen Wechselwirkung von Form- und Stofftrieb, wenn deren gemeinsames Objekt die Schönheit ist. Daraus folgt für die pädagogische Absicht: "So gibt es eine Erziehung zur Gesundheit, eine Erziehung zur Einsicht, eine Erziehung zur Sittlichkeit, eine Erziehung zum Geschmack und zur Schönheit. Diese letztere hat zur Absicht, das Ganze unsrer sinnlichen und geistigen Kräfte in möglichster Harmonie auszubilden."[91]

Wie seit Gracián der Geschmack das Zeichen des vollendet gebildeten Mannes, des Hombre universal, ist, der "aus sich gemacht hat, was zu machen war"[92], und jene Vollkommenheit erreicht hat, die sich als die Totalität seines Charakters darstellt, so entwickelt auch Schiller das Ideal der allseitig, zwanglos entwickelten Individualität als ein ästhetisches, an die Person gebundenes. Die Ähnlichkeit beider verweist auf die gemeinsame Wurzel in der rhetorisch-humanistischen Bildung. Schillers Spielbegriff, die anthropologische Fassung des Geschmacks, basiert auf dem ethos der Rhetorik. Der Zustand, in dem allein der Mensch ganz Mensch sein kann, ist charakterisiert durch Zwanglosigkeit,

---

88 Schiller, Ästhetische Erziehung, S. 598.

89 Schiller, Ästhetische Erziehung, S. 599.

90 Schiller, Ästhetische Erziehung, S. 600.

91 Schiller, Ästhetische Erziehung, S. 634.

92 Borinski, Gracian, S. 42.

Widerspruchslosigkeit, durch einen Ausgleich von Vernunft und Sinnlichkeit, durch Leichtigkeit - Attribute, mit denen die Rhetorik die durch Charakterdarstellung (ethos) erzielten Emotionen beschreibt. Gewiß gehört das delectare (conciliare qua Charakterdarstellung) der klassischen Rhetorik zur *emotionalen* Wirkungsart, doch im Gegensatz zum movere fehlt es ihm an eindeutigen Bestimmungen. Die Pathoserregung zielt ganz auf die heftige Überwältigung des Publikums, in ihr manifestiert sich der leidenschaftliche Wille des Redners mit größtem Nachdruck. Wogegen das delectare als ein gewisser Gegensatz dazu empfunden wird, der andererseits doch wieder in einer schwer zu unterscheidenden Ähnlichkeit aufgeht. Da die Rede ein dauerndes Beschwichtigen und Aufwiegeln, ein wechselweises Steigern und Beruhigen der Affekte verlangt, fällt dem delectare die *beschwichtigende Funktion* zu, seine Aufgabe ist "eine Temperierung und Erzielung eines emotionalen Gleichgewichtszustandes".[93] Da es andererseits meist den intellektuellen Teil der Rede vor der Gefahr des taedium bewahren soll und so das docere im allgemeinen begleitet, nimmt es eine Art von Mittlerstellung ein: es beschwingt die heftige Spannung der Leidenschaftserregung und gibt der Beweisführung ein gefällig-einnehmendes Aussehen. Sofern sich also das delectatio-erregende ethos überhaupt eindeutig bestimmen läßt, so nur von der zunächst formalen Zwischenposition aus, die es in dem rhetorischen Dispositionsschema einnimmt. Diese aber bedeutet im Hinblick auf die Wirkung: das ethos stellt im Zuhörer eine Art von Gleichgewichtszustand her, der nicht wertneutral ist, sondern gerade im Gegensatz zu der anspannenden Wirkung des movere (Anspannung der Affekte) wie des docere (Anspannung der Verstandeskräfte) als angenehm empfunden wird und für den Redner und die von ihm vertretene Sache einnimmt. So ist an dieser Stelle eine merkwürdige Offenheit in dem sonst recht geschlossen systematisierten Wirkungsschema der Rhetorik. In seinem Inhalt unbestimmt, in der Richtung, die damit angegeben ist, eindeutig, ist das rhetorische ethos daher besonders tauglich für Erweiterungen - eine solche hat Dockhorn bereits angedeutet, wenn er auf die Humanismusdiskussion verweist, eine andere ist Schillers Spielbegriff.

Die Entdeckung des Geschmacks als Grund der Menschlichkeit führt Schiller wie selbstverständlich an den Anfang der europäischen Geschmacksdiskussion zurück. Gebildet im weitesten Sinne nannte Gracián denjenigen Menschen, dem die "Vergeistigung seiner Animalität zur zweiten Natur" gelungen war,[94] und eben diese Veredlung des physischen Menschen ist für Schiller Ergebnis einer durch Schönheit erreichten ästhetischen Gemütsstimmung, welche "die Selbsttätigkeit der Vernunft schon auf dem Felde der Sinnlichkeit eröffnet",[95] so daß der geistige Mensch sich nach Gesetzen der Freiheit aus dem physischen bloß zu entwickeln braucht. "Es gehört also zu den wichtigsten Aufgaben der Kultur, den Menschen auch schon in seinem bloß physischen Leben der Form zu unterwerfen und ihn, soweit das Reich der Schönheit nur immer reichen kann, ästhetisch zu machen, weil nur aus dem ästhetischen, nicht aber aus dem physischen Zustand der moralische sich entwickeln kann."[96]

---

93 Dockhorn, Rhetorik als Quelle, S. 126.

94 Borinski, Gracian, S. 42.

95 Schiller, Ästhetische Erziehung, S. 642.

96 Schiller, Ästhetische Erziehung, S. 643.

Erhabener Stil und erhabener Charakter

Der Menschheit Würde ist in eure Hand gegeben,
Bewahret sie!

Die der Schönheit zu verdankende harmonische Wechselwirkung der beiden entgegengesetzten Triebe wird von Schiller deutlich als Ideal gekennzeichnet, das in der Wirklichkeit nie ganz erreicht werden kann. Für die ästhetische Erziehung folgt aus dieser Tatsache, daß sich ihr Theoretiker mit den wirklichen, empirisch erfahrbaren Wirkungen des Schönen, mit dem, was durch Schönheit real erreichbar ist, zu beschäftigen hat, um doch eine größtmögliche Annäherung an das Ideal zu verwirklichen. Als auflösend bezeichnet Schiller die Wirkung des Schönen, wenn die Schönheit den Menschen im Spiel von der einseitigen Spannung des Stofftriebs oder des Formtriebs befreit, anspannend nennt er sie dagegen, wenn sie der Erschlaffung dieser Triebe entgegenwirkt. Die eine ist somit die schmelzende, die andere die energische Schönheit. Schiller kehrt an dieser Stelle seiner Argumentation an den Anfang der Briefe zurück, als er die beiden Extreme zeitgenössischer Verderbtheit beschrieb - in der energischen und in der schmelzenden Schönheit ist ihnen ein Pendant in der ästhetischen Welt erstanden: "Für den Menschen unter dem Zwange entweder der Materie oder der Formen ist also die schmelzende Schönheit Bedürfnis, denn von Größe und Kraft ist er längst gerührt, ehe er für Harmonie und Grazie anfängt empfindlich zu werden. Für den Menschen unter der Indulgenz des Geschmacks ist die energische Schönheit Bedürfnis, denn nur allzugern verscherzt er im Stand der Verfeinerung eine Kraft, die er aus dem Stand der Wildheit herüberbrachte."[97]

Schiller gibt mit Recht die Nomenklatur "schmelzende und energische Schönheit" im Laufe seiner Erörterung wieder auf, sie wird ersetzt durch die traditionelle des Schönen und Erhabenen, wobei letztere erst in dem Aufsatz *Über das Erhabene* in dem ihr zukommenden Wert für die ästhetische Erziehung ausführlich diskutiert wird: "Ohne das Schöne würde zwischen unsrer Naturbestimmung und unserer Vernunftbestimmung ein immerwährender Streit sein. [...] Ohne das Erhabene würde uns die Schönheit unsrer Würde vergessen machen. [...] Nur wenn das Erhabene mit dem Schönen sich gattet und unsre Empfänglichkeit für beides in gleichem Maß ausgebildet worden ist, sind wir vollendete Bürger der Natur, ohne deswegen ihre Sklaven zu sein und ohne unser Bürgerrecht der intelligibeln Welt zu verscherzen."[98] Die Diskussion um das Schöne und Erhabene im 18. Jahrhundert reflektiert auf ästhetischer Ebene Opposition und Aspiration des aufstrebenden Bürgertums in einer das wachsende Selbstbewußtsein trefflich charakterisierenden Umwälzung der ihnen ehemals zukommenden sozialen Beziehungen. Der Bürger reklamiert das Erhabene als den ihm und seinem Wollen angemessenen Ausdruck, als Ausdruck seiner gesellschaftlichen Bedeutung, während das Schöne, häufig als Bloß-Schönes deutlich minder bewertet, eher Ausdruck der überkommenen, zur Ablösung ausstehenden Kultur des Adels ist. "Das Erhabene verschafft uns also einen Ausgang aus der sinnlichen Welt, worin uns das Schöne gern immer gefangen halten möchte. Nicht allmählich (*denn es gibt von der Abhängigkeit keinen Übergang*

97 Schiller, Ästhetische Erziehung, S. 621.

98 F. Schiller: Über das Erhabene. In: Ders., Sämtliche Werke, Bd. 5, S. 807.

zur Freiheit), sondern *plötzlich und durch eine Erschütterung* reißt es den selbständigen Geist aus dem Netze los, womit die verfeinerte Sinnlichkeit ihn umstrickte, und das um so fester bindet, je durchsichtiger es gesponnen ist. Wenn sie so viel über die Menschen gewonnen hat [...] so ist oft eine einzige erhabene Rührung genug, dieses Gewebe des Betrugs zu zerreißen".[99]

Der erhabene Charakter ist der Charakter des revolutionären Bürgers, der sich scharf von der "Erschlaffung eines ununterbrochenen Genusses" distanziert, ihm gegenüber seine Würde behauptet und erst in einem dritten Schritt die Synthese von Schönem und Erhabenem als harmonischen Endzustand antizipiert, in dem "vollendete Bürger der Natur"[100] möglich sind. Der zeitgemäßen Bindung der Kategorien an den Kampf des Bürgertums um seine Emanzipation entspricht auch ihre "historische" Einordnung, "denn die Schönheit ist unsre Wärterin im kindischen Alter und soll uns ja aus dem rohen Naturzustand zur Verfeinerung führen".[101] Diese Verfeinerung und Kultivierung unserer Empfindungsfähigkeit durch das Schöne muß später durch die Entwicklung der "Empfindungsfähigkeit für das Große und Erhabene aus der Vernunft"[102] ergänzt werden, denn "der Mensch hat noch ein Bedürfnis mehr, als zu leben und sich wohl sein zu lassen, und auch noch eine andere Bestimmung, als die Erscheinungen um ihn herum zu begreifen".[103] Eben diese andere Bestimmung gibt sich mit dem "regulären Wirtschaftsgarten" nicht zufrieden, sie eröffnet dem "begeisterungsfähigen Gemüt, selbst in der bedenklichen Anarchie der moralischen Welt, die Quelle eines ganz eignen Vergnügens":[104] "Die Freiheit in allen ihren moralischen Widersprüchen und physischen Übeln ist für edle Gemüter ein unendlich interessanteres Schauspiel als Wohlstand und Ordnung ohne Freiheit, wo die Schafe geduldig dem Hirten folgen und der selbstherrschende Wille sich zum dienstbaren Glied eines Uhrwerks herabsetzt."[105] Die wohl kaum vor 1794 entstandene Abhandlung *Über das Erhabene* liest sich streckenweise wie eine Rechtfertigung der Revolution auch noch nach der von Schiller sonst als Justizmord gewerteten Hinrichtung Ludwigs XVI. und läßt die vorsichtige Anfrage Frau von Steins an Charlotte Schiller, ob ihr Mann denn nun nicht mehr darüber entsetzt sei, wenn sie den Nationalkonvent als Räuber kennzeichne, in einem anderen Licht erscheinen.[106] Wir haben in dieser Schrift die kaum verhüllte Auseinandersetzung Schillers mit der Französischen Revolution, eine ausführliche Diskussion der Standpunkte, die überraschenderweise nicht zur Verurteilung des revolutionären Geschehens führt, sondern es grundsätzlich bejaht: "so gefällig die Natur in ihrem *organischen Reich* sich nach den regulativen Grundsätzen der Beurteilung richtet oder zu richten scheint, so unbändig reißt sie im Reich der Freiheit den Zügel ab, woran der Spekulationsgeist sie gern gefangen führen möch-

---

99 Schiller, Über das Erhabene, S. 799 [Hervorhebung von mir].

100 Schiller, Über das Erhabene, S. 807.

101 Schiller, Über das Erhabene, S. 800.

102 Schiller, Über das Erhabene, S. 800.

103 Schiller, Über das Erhabene, S. 802.

104 Schiller, Über das Erhabene, S. 802.

105 Schiller, Über das Erhabene, S. 803.

106 Vgl. H.-G. Thalheim: Schillers Stellung zur Französischen Revolution und zum Revolutionsproblem. In: Forschen und Wirken. Festschr. zur 150-Jahr-Feier der Humboldt Universität. Berlin 1960. S. 206f.

te."[107] Und Schiller diskutiert und verteidigt auch die Folgerungen, die derjenige zieht, der mit der physischen Welt nicht auf Kosten der moralischen in Einvernehmen stehen will, sich daher in die "heilige Freiheit der Geister" flüchtet und gestärkt dann sogar imstande ist, "das wirkliche Leiden in eine erhabene Rührung aufzulösen".[108] Schillers Auseinandersetzung mit der Französischen Revolution führt nicht zur Preisgabe ihrer Ziele, nicht einmal zur letzten Preisgabe ihrer historischen Erscheinung ("dieses gesetzlose Chaos von Erscheinungen"[109]), sondern zu ihrer Projektion in den ästhetischen Bereich. Seine Absicht, die er gleichwohl hellsichtig als "Spekulationsgeist" kennzeichnet, ist, den Bürger erst auf dem Wege der ästhetischen Erziehung dem Citoyen-Ideal so nahe zu bringen, daß zwischen physischer und moralischer Welt, Sinnlichkeit und Sittlichkeit, Freiheit und Notwendigkeit kein unüberbrückbarer Gegensatz mehr besteht und das Reich der Freiheit verwirklicht werden kann, ohne daß der Mensch seine Würde hingeben muß. Bis dahin allerdings muß er gelernt haben, "zu ertragen, was er nicht ändern kann, und preiszugeben mit Würde, was er nicht retten kann!"[110] Wie ambivalent Schillers Position trotz dieser ausdrücklichen Resignation, der Flucht in die überschwengliche Misere, immer noch bleibt, wie sehr seine Theorie des Erhabenen und Pathetischen revolutionären Willen kaschiert, wird immer wieder sprachlich manifest in Bildern und Worten, die der politischen Schreib- und Redeweise der Zeit entnommen sind: "Also hinweg mit der falsch verstandenen Schonung und dem schlaffen verzärtelten Geschmack, der über das ernste Angesicht der Notwendigkeit einen Schleier wirft und, um sich bei den Sinnen in Gunst zu setzen, eine Harmonie zwischen dem Wohlsein und Wohlverhalten *lügt*, wovon sich in der wirklichen Welt keine Spuren zeigen."[111] Das idealistische Pathos Schillers repräsentiert eine ganz eigene Form von "Sklavensprache", die den aufrichtigen Jugendgedanken des Ehrenbürgers der Französischen Revolution auch im Exil, im Reich des Scheins, festhält und immer wieder eindringlich der Behauptung widerspricht, daß "der ganze Zauber des Erhabenen und Schönen nur in dem Schein und nicht in dem Inhalt liegt."[112] Daß ausgerechnet der antike Erhabenheitsbegriff, an die Spitze der gesellschaftlichen Hierarchie gebunden, für eine derartige Erbschaft aus revolutionärem (schlechtem) Gewissen tauglich sein konnte, ist die erstaunliche Konsequenz der rhetorischen Überzeugung Schillers.

Die antiken Theoretiker haben dem erhabenen Stil als genus grande (genus sublime, genus vehemens) einen eindeutig definierten Platz innerhalb des Schemas der drei Stilarten zugeordnet: er ist sowohl Ausdruck der hohen Bedeutung eines Redegegenstandes wie auch der Größe der Leidenschaften, die der Redner erzeugen will. Wie die anderen genera dicendi weist er eine gewisse Variationsbreite auf, die vom großartig-erhabenen bis zum leidenschaftlich-heftigen Redestil reicht. Der Redner wählt aus der Anzahl der Stilmöglichkeiten die dem Gegenstand und seinem Wirkungszweck angemessene aus und realisiert sie in der elocutio. Entscheidet er sich für das genus grande, so auch nur, weil er seine Zuhörer von

---

107 Schiller, Über das Erhabene, S. 804.

108 Schiller, Über das Erhabene, S. 805.

109 Schiller, Über das Erhabene, S. 802.

110 Schiller, Über das Erhabene, S. 805.

111 Schiller, Über das Erhabene, S. 806.

112 Schiller, Über das Erhabene, S. 808.

der Wahrheit seiner Sache überzeugen und auch den letzten Zweifel beseitigen will. Die "momentane, wenn auch in ihrer Wirkung durchaus nachhaltige seelische Erschütterung"[113] hat den Zweck, der theoretisch argumentativ dargelegten Wahrheit auch zum praktischen Erfolg zu verhelfen. Wenn Bloch das Prinzip aufrichtiger Propaganda formuliert, so trifft er damit genau den Kern antiker rhetorischer Überzeugung: "Gerade die Wahrheit verlangt, in ihrer angemessenen Fülle wie pädagogischen Vermittlung, daß sie nicht nur ist und wird, sondern auch scheint."[114] Vom Redner her gesehen, zeigt das movere immer ein besonders stark emotional begründetes Engagement und den höchst gesteigerten Willen, dieses zu übertragen. Obwohl der schwere Stil vor allem gattungsgeschichtlich, dann soziologisch fixiert wurde als die angemessene Darstellung des hohen Standes und damit Ausdruck seiner gesellschaftlichen Erhabenheit, bestimmte er gerade in individuellen wie auch gesellschaftlichen Umbruchzeiten die Ausdrucksweise derer, die sich erhoben. Pathetische Sprache gehört daher sowohl zu den Insignien bestehender Erhabenheit, wie sie auch Zeichen der Revolte gegen die erhabenen Herren an der Spitze der sozialen Hierarchie sein kann. Von ihrer Begründung, der Gemütserschütterung und emotionalen Aufwiegelung, birgt die pathetische Redeweise auch immer die Gefahr, an die Stelle rationaler Überzeugung zu treten, anstatt sie zu befördern, reale Widersprüche nicht bloßzulegen, sondern emotional zu verschleiern und eine Schwäche in eine Stärke umzuschwindeln. Auch Schillers Pathos erhebt sich oft derart in den luftigen Äther, *damit* die irdischen Widrigkeiten als so gering erscheinen, wie sie es gerade nicht sind: das große, sprengende Wort erliegt dann dem Schwulst.

Das Erhabene bezeichnet in der rhetorischen Tradition nun nicht allein das dritte genus dicendi - in der erst später (1554) wieder entdeckten Schrift *Vom Erhabenen*, bis Anfang des 19. Jahrhunderts fälschlicherweise Kassios Longinos, einem berühmten Rhetor des 3. Jahrhunderts n. Chr., zugeschrieben, werden vor allem die weiteren Bedeutungen des Erhabenen behandelt, die Borinski zu der Qualifikation veranlaßten: "Das Erhaben-Schöne birgt das Unendlichkeitsstreben antiker Bildung"[115] - denn die erhabene Rede verlangt auch den erhabenen Charakter. "Vor allem dieses: die Natur hat uns, das Menschenwesen, nicht bestimmt zu einem niedrigen gemeinen Tier [...] Sie hat deshalb unseren Seelen sogleich ein unzähmbares Verlangen eingepflanzt nach allem jeweils Großen und nach dem, was göttlicher ist als wir selbst [...] Wenn man rings unsere Umwelt betrachtet und sieht, in welchem Ausmaß das Ungewöhnliche, das Große, das Schöne in allem überwiegt, so wird man rasch erkennen, wozu wir geboren sind. Von der Natur irgendwie geleitet, bewundern wir darum nicht die kleinen Bäche [...], sondern den Nil und die Donau oder den Rhein und noch viel mehr als sie den Ozean. Und über ein Flämmchen hier [...] staunen wir [...] nicht so sehr wie über jene Feuer des Himmels, die doch häufig in Dunkel tauchen; auch die Krater des Ätna halten wir für ein größeres Wunder - große Steine und ganze Felsbrocken schleudert er bei seinen Ausbrüchen aus den Tiefen hervor, und manchmal läßt er Ströme jenes erdentstammten, willkürlichen Feuers entspringen. Von all diesen Phänomenen kann man Folgendes sagen: das Nützliche oder auch das Notwendige ist uns leicht bei der Hand, Bewunderung jedoch erregt immer das Unerwartete."[116]

---

113 H. Lausberg: Handbuch der literarischen Rhetorik. 2 Bde. München 1960. Bd. 1. S. 143.

114 E. Bloch: Vom Hasard zur Katastrophe. Frankfurt a. M. 1972. S. 197.

115 Borinski, Antike in Poetik und Kunsttheorie, Bd. 2, S. 263.

116 Pseudo-Longinos: Vom Erhabenen. Hg. u. übers. v. R. Brandt. Darmstadt 1966. S. 99.

Der Einfluß dieser fragmentarischen Rhetorik auf die begriffliche Fassung und bildliche Darstellung des Erhabenheitserlebnisses, wie sie die Literatur des 17. und 18. Jahrhunderts bestimmen, ist bisher trotz verschiedener Ansätze noch nicht genügend berücksichtigt worden.[117] Für die bürgerlichen Theoretiker in Deutschland erwies sie sich als äußerst tauglich zur ideologischen Rechtfertigung ihres Bestrebens, aus der Beschneidung des äußeren, politisch-gesellschaftlichen Handlungsraumes ein Mittel der Selbstbestätigung zu konstruieren. Die alles Gewöhnliche transzendierende Seelengröße des erhabenen Charakters bewährt sich nicht in niedriger gesellschaftsbezogener Aktivität als politische Handlung, sondern in der Rückwendung auf sich selber, auf das eigene seelische und ritterliche Vermögen, den letzten Grund von Freiheit und Unabhängigkeit. Für Schiller reduziert sich dann folgerichtig die ursprünglich auf Emanzipation von den Fesseln einer feudalen Gesellschaft gerichtete Erhebung des großen Charakters auf die innerlich-seelisch begründete passive Widerstandskraft des Individuums. Deren Ausdruck in der dramatischen Erscheinung ist der große Verbrecher.[118] Das moralische Vermögen des Menschen zu stärken ist Aufgabe des Pathetisch-Erhabenen, des künstlich herbeigeführten Erhabenheitserlebnisses. "Das Pathetische ist ein künstliches Unglück, und wie das wahre Unglück setzt es uns in *unmittelbaren Verkehr* mit dem Geistergesetze, das in unserm Busen gebietet."[119] Schiller betont die pädagogisch-ethische Komponente des menschlichen Kampfes mit der Sinnlichkeit, wie ihn uns die Tragödie vorführt. Das moralische Vergnügen, das dem Zuschauer die Vorführung des Schmerzes und seine freie Überwindung durch die Vernunft vermittelt, bestärkt ihn in dem Bewußtsein seiner eigenen inneren moralischen Freiheit. So gipfelt in der Darstellung von Würde und sittlicher Größe die bildungsästhetische Bedeutung des Erhabenen. "Schillers grundsätzliche Erörterungen zum Schicksal des Menschen gelten der Frage nach der Entwicklung von dessen 'idealischer Anlage'. Wie können, so fragt er sich, Kultur und tragische Kunst dazu beitragen, den 'idealischen Schwung des Gemüts' zu kultivieren und die Erhabenheit des Menschen zu stärken? Denn die Tragödie soll uns nicht vorbereiten, würdig zu sterben, sondern würdig zu leben."[120]

Die dramatische Erscheinung der Freiheit

Fern dämmre schon in eurem Spiegel
Das kommende Jahrhundert auf.

In der ästhetischen Erziehung nimmt der Dichter die Stelle ein, die der orator perfectus in der rhetorischen Erziehung innegehabt hatte. "Was ist so königlich, so freiheitlich, so wohl-

117 Vgl. K. Viëtor: Die Idee des Erhabenen in der deutschen Literatur. In: Ders.: Geist und Form. Bern 1952.

118 Das Erhabene ist auch der Ausgang einer ästhetischen Rechtfertigung des Nicht-Schönen, die Schiller entgegen der klassizistischen Kunstdoktrin ausführt. Vgl. G. Ueding: Schillers Rhetorik. Idealistische Wirkungsästhetik und rhetorische Tradition. Tübingen 1971. S. 89ff.

119 Schiller, Über das Erhabene, S. 805.

120 Berghahn, Das Pathetischerhabene, S. 225.

fähig nie Beistand zu leisten den Hilfegehenden, aufzumuntern die Niedergeschlagenen, zu retten, wo es ums Heil geht, zu befreien, wo Gefahren drohen, Menschen die wegwollen zu halten im Staat?"[121] So hatte Cicero den Redner als Vor-Bild vollkommener Menschlichkeit geschildert und sein Programm an die abendländische Pädagogik weitergegeben. Ein erster Schritt zur Übertragung dieses Ideals auf den Dichter war schon in der Renaissance gemacht worden, doch hat Schiller sie in seinen sich schroff gegen jedes unmittelbar politisch-praktische Interesse wendenden pädagogischen Programmen vollendet. Der ästhetische Charakter dominiert Leben und Sitte, und der Dichter ist sein Vorkämpfer, seine Leitfigur. Freilich in einem mehr als pragmatischen Sinne: Schiller wird nicht müde, den Poeten aus der gewöhnlichen Sphäre des Lebens zu entfernen, "eingeweiht in die Mysterien des Schönen, Edeln und Wahren",[122] gehört er dann oft mehr dem Reiche des Ideals als der Wirklichkeit an. Das mag der Grund dafür sein, daß Schiller keine in sich zusammenhängende Darstellung der Prinzipien, Methoden und Techniken des Schreibens, keine Poetik gegeben hat, wie das noch wenige Jahrzehnte zuvor üblich gewesen war und seinen theoretisch-philosophischen Interessen entsprochen hätte. Dennoch war er viel zu sehr bewußter Autor, keiner aus der Gilde der inspirierten, unterm Diktat der Musen, der Natur oder des Unbewußten schreibenden Dichter - sein Selbstporträt als sentimentalischer Schriftsteller zeigt das deutlich genug. Und so hat er, seiner idealistischen Programmatik oftmals widersprechend, sein Schreiben in allen Vorraussetzungen, Schwierigkeiten, Formen und Absichten ausführlich reflektiert: ob im ausgedehnten Briefwechsel mit Körner oder Goethe, im Kontext kunstphilosophischer Erörterungen oder im Aufsatz *Über die notwendigen Grenzen beim Gebrauch schöner Formen*. Nimmt man seine dramentheoretischen Reden und Essays hinzu, die von früh an die schriftstellerische Produktion begleiten, so ergeben sich schließlich dennoch die Grundzüge einer Poetik, die ihre entscheidenden Anregungen aus der rhetorischen Theorie erhalten hat.

Schiller fordert eine Schreibweise, die "durch die vereinigte Aufforderung der sinnlichen und geistigen Kräfte immer den ganzen Menschen in Anspruch nimmt",[123] welche also im Sinne der ästhetischen Erziehung auf sämtliche Vermögen des Menschen einwirkt und sie zu entwickeln sucht. Weder der wissenschaftliche, auf Prinzipien aufbauende und in streng logischer Konsequenz fortfahrende Vortrag noch auch die populär-didaktische Redeweise, die ein nicht vorgebildetes Publikum durch Vergnügen zur Erkenntnis führen soll, entsprechen der Darstellungsart, deren Wirkung die sinnlichen und geistigen Kräfte des Menschen harmonisch vereinigt. Dieses Ziel erreicht erst die *wahrhaft* schöne Schreibart, welche als Synthese aus den beiden anderen entsteht und doch auch eine neue Qualität des Schreibens darstellt. Sie vereinigt höchste Gesetzmäßigkeit und schöne Form, so daß das Notwendige frei, das Gesetzmäßige natürlich erscheint. "Wer mir seine Kenntnisse in schulgerechter Form überliefert, der überzeugt mich zwar, daß er sie richtig faßte und zu behaupten weiß; wer aber zugleich imstande ist, sie in einer schönen Form mitzuteilen, der beweist nicht

121 Cicero. Zit. n. : R. Schottlaender: Synopsis. Zu Grundbegriffen aus Philosophie, Politik u. Literatur von der Antike bis zur Gegenwart. Würzburg 1988. S. 81.

122 F. Schiller: Über Bürgers Gedichte. In: Ders., Sämtliche Werke, Bd. 5, S. 976.

123 F. Schiller: Über die notwendigen Grenzen beim Gebrauch schöner Formen. In: Ders., Sämtliche Werke, Bd. 5, S. 680f.

nur, daß er dazu gemacht ist, sie zu erweitern, er beweist auch, daß er sie in seine Natur aufgenommen und in seinen Handlungen darzustellen fähig ist. Es gibt für die Resultate des Denkens keinen andern Weg zu dem Willen und in das Leben, als durch die selbständige Bildungskraft. Nichts, als was *in uns selbst* schon lebendige Tat ist, kann es *außer uns* werden, und es ist mit Schöpfungen des Geistes wie mit organischen Bildungen; nur aus der Blüte geht die Frucht vor."[124] Die Stiltheorie, wie sie Schiller hier in Opposition zu Fichte entwickelt, stimmt nur grob mit der traditionellen Drei-Stil-Lehre überein, in der sich besonders augenfällig die Abhängigkeit der Poetik von der Rhetorik zeigt. Wissenschaftlicher Vortrag und didaktisch-populäre Redeweise lassen sich noch recht eindeutig den beiden ersten genera dicendi zuordnen, die wahrhaft schöne Schreibart aber, in der alleine darstellend zu denken möglich ist, entspricht nicht dem genus grande mit seinem Ziel der heftigen Affektsteigerung. Aus der rhetorischen Stillehre behält Schiller zwar die formale triadische Gliederung bei, konzipiert aber die dritte Schreibweise seinen Erfordernissen entsprechend neu: in ihr vereinigen sich die Wirkungsintentionen der klassischen Rhetorik docere und delectare/movere unter Vernachlässigung der heftigen Komponente emotionaler Überzeugungsherstellung (movere) zu einer Einheit, die in gleichem Maße den sinnlichen und den geistigen Menschen in Anspruch nimmt und beiden vollauf Genüge leistet.

Das dritte genus dicendi, in der rhetorischen Stillehre der Aufgabe zugeordnet, das Publikum durch die Erregung seiner Leidenschaften zur Überzeugung zu zwingen und die sofortige praktische Umsetzung der Überzeugung in Handlung (sei es Richterspruch, sei es politische Stellungnahme) zu gewährleisten, erhält in Schillers Dramentheorie den ihm gemäßen Platz. Der Autor der *Räuber* betont die ansteckende, überwältigende Wirkung der Emotionsdarstellung. "Es ist unstreitig wahr", schreibt er an Reinwald, "daß wir Freunde unserer Helden seyn müßen, wenn wir in ihnen *zittern, aufwallen, weinen* und verzweifeln sollen."[125] Die emotionale Wirkung allein verbürgt jene Unmittelbarkeit, die für Schiller den vorzüglichen Wert der dramatischen Kunst ausmacht. "Da sie uns ihre Welt gleichsam gegenwärtig stellt und uns die Leidenschaften und geheimsten Bewegungen des Herzens in *eigenen Äußerungen* der Personen schildert, so wird sie auch gegen die beschreibende Dichtkunst um so mächtiger würken, als die lebendige Anschauung kräftiger ist denn die historische Erkenntnis."[126] Die Wirkungskraft einer guten stehenden Schaubühne beruht auf der emotionalen Teilnahme, zu der die Zuschauer durch das Bühnengeschehen gezwungen werden, und daher ist es auch nicht ihre Aufgabe, darüber zu belehren, was gut und böse sei, so wie es philosophische und religiöse Moral und die Gesetze tun, sondern durch die lebendige Darstellung und Versinnlichung soll sie eine abschreckende Wirkung erzielen. Die Leidenschaft ist also gerade nicht ein Feind der Vernunft, sondern verhilft ihren Erkenntnissen erst zur Wirkung. Hält die Tragödie dem Laster einen furchtbaren Spiegel vor, der die Menschheit mit heilsamen Schauern durchzittern läßt, so belacht das Lustspiel die menschlichen Schwächen und läßt eine "sanfte Ermahnung"[127] den schuldigen Toren

124 Schiller, Notwendige Grenzen beim Gebrauch schöner Formen, S. 682.

125 Jonas, Schillers Briefe, Bd. 1, S. 114.

126 F. Schiller: Die Räuber. In: Ders., Sämtliche Werke, Bd. 1, S. 481.

127 F. Schiller: Was kann eine gute stehende Schaubühne eigentlich wirken? In: Ders., Sämtliche Werke, Bd. 5, S. 826.

zukommen - Schiller folgt hier der traditionellen aus der Stiltheorie folgenden Unterscheidung von Tragödie und Komödie.

Die Herstellung einer umfassenden Solidarität von Redner und Publikum war Wirkungszweck der antiken Rhetorik. Die allgemeine Überzeugung von der Wahrheit sollte die Grundlage solcher Solidarität sein, die Macht der Rede sie herbeiführen. Die Erweiterung der eigenen Erkenntnis zu einer des ganzen Geschlechts, wie sie sich Schiller von der Bühne erhofft, die Grenzen überschreitende Verbrüderung der Individuen sollen eine gesellschaftliche Existenz sicherstellen, die in der Realität verweigert wird. Die Differenz zwischen dem historisch-gesellschaftlichen Standort des antiken Rhetors und dem Friedrich Schillers ist unüberbrückbar. Der Redner Ciceros begriff sich als Repräsentant einer in ihrem Selbstverständnis unbezweifelten Gesellschaft, seine Rede war Bestandteil politischer Aktion. Der Autor der Schaubühnenrede will mit rhetorischen Mitteln herstellen, wozu die gesellschaftlichen Bedingungen fehlen. So wird die Rede selber wie ihr Gegenstand, die Schaubühne, zum Ort, wo das Verweigerte (die politische Aktion) dennoch in der affekthaften Expression der Individuen simuliert werden soll. Die Bühne entsteht als Refugium, das "dem nach Tätigkeit dürstenden Geist einen unendlichen Kreis eröffnet, jeder Seelenkraft Nahrung gibt, ohne eine einzige zu überspannen, und die Bildung des Verstandes und des Herzens mit der edelsten Unterhaltung vereinigt."[128]

Nach 1790 wird Schiller die der aufklärerischen Ästhetik folgende Koppelung von Kunstzweck und sittlichem Nutzen zum Problem - dem eigentlichen Thema der Abhandlung *Über den Grund des Vergnügens an tragischen Gegenständen.* "Die wohlgemeinte Absicht, das Moralischgute überall als höchsten Zweck zu verfolgen, die in der Kunst schon so manches Mittelmäßige erzeugte und in Schutz nahm, hat auch in der Theorie einen ähnlichen Schaden angerichtet."[129] Als einzig legitime Kunstabsicht fordert Schiller ein Vergnügen, das von der Moral unabhängig sein soll und das alle Vorstellungen begleitet, durch die der Mensch Übereinstimmung und Zweckmäßigkeit erfährt. Dennoch bedeutet diese Konzeption keinen schroffen Bruch mit den in der Schaubühne vorgetragenen Ansichten, sondern die Weiterentwicklung von Ansätzen, die auch in dieser schon zur Sprache gekommen waren. Die Wirkung als zentrale dramentheoretische Kategorie wird beibehalten, und die Reflexion über den *Grund* des Vergnügens geht über in die Untersuchung der verschiedenen Wirkungsarten und gipfelt schließlich in einer quasi-rhetorischen Affektenlehre. So werden zwar die Künste entsprechend den verschiedenen Quellen, aus denen sie das Vergnügen schöpfen, eingeteilt, doch das schließlich gefundene System, das "Künste des Geschmacks, Künste des Verstandes" und "Künste des Gefühls, des Herzens"[130] in zwei großen Blöcken zusammenfaßt, ist ebenso deutlich nach der Wirkung berechnet, je nachdem, ob die rationale oder die emotionale Komponente überwiegt. Als Hauptgegenstände der Künste des Gefühls, worunter vorzüglich die Tragödie zählt, bestimmt Schiller das Rührende und Erhabene. Die Erkenntnis, daß der "Zustand des Affekts für sich selbst [...] etwas Ergötzendes

128 Schiller, Stehende Schaubühne, S. 821.

129 F. Schiller: Über den Grund des Vergnügens an tragischen Gegenständen. In: Ders., Sämtliche Werke, Bd. 5, S. 359.

130 Schiller, Vergnügen an tragischen Gegenständen, S. 362.

für uns [hat]"[131], beherrscht bis in die neunziger Jahre Schillers Theorie der dramatisch-rhetorischen Wirkungsabsicht. Sie tritt später mehr in den Hintergrund, das Augenmerk bei der "geschickten Führung des dramatischen Kampfes" richtet sich stärker auf die eine affekthafte Wirkung begrenzenden Mittel. Aber noch die Markierung ihrer Schranken zeigt, daß sie immer vorausgesetzt bleibt, eine Basis, auf die der Dramatiker nicht verzichten kann, will er nicht überhaupt die Wirkungsabsicht aufgeben. In einem Brief an Goethe vom 12. Dezember 1797 spricht Schiller von der "pathetischen Gewalt" der Tragödie, von der "Berechnung auf d. Zuschauer" und vom "äußern Eindruck"[132], auf den der Dramatiker Rücksicht nehmen muß. Der affekthaft-sinnlichen Wirkung trägt daher auch noch der gemeinsam mit Goethe verfaßte kurze Aufsatz *Über epische und dramatische Dichtung* Rechnung. Allerdings bezieht sich Schiller darin nicht mehr auf den Elementaraffekt, der Gegenstand des Beginns von *Über die tragische Kunst* war. Dieser gehört der "wirklichen" Natur an, wogegen es Pflicht des Dichters ist, die "wahre" Natur des Affekts als einer menschlichen vorzustellen - und die menschliche Wahrheit des Affekts liegt gerade in seiner Überwindung, deren Ausdruck jedesmal Würde ist.

Schillers Konzeption des dramatischen Charakters geht von der Situation der Bewährung aus, die der Gegenstand der dramatischen Zuspitzung ist, und schließt daher von vornherein den schönen Charakter aus. Die ihn konstituierende Harmonie von Sinnlichkeit und Sittlichkeit, Leidenschaft und Vernunft, die ihn charakterisierende Vereinigung aller menschlichen Tugenden sind dem Begriff der Tragödie als der Nachahmung einer Handlung, die das Leiden von Menschen zeigt, entgegengesetzt. Denn von dem Augenblick an, wo der schöne Charakter leidet, büßt er seine Schönheit ein: "Die *schöne* Seele muß sich also im Affekt in eine *erhabene* verwandeln"[133] - die Sittlichkeit des Charakters erweist sich im Widerstand gegen die Macht der Affekte. Damit kommt Schiller allerdings nicht zur Apologie des tugendhaften Helden, vielmehr ist es für das Interesse des Dramatikers einerlei, ob er einen guten oder schlimmen Helden wählt, "da das nämliche Maß von Kraft, welches zum Guten nötig ist, sehr oft zur Konsequenz im Bösen erfordert werden kann."[134] Der tragische Charakter muß also so viel Widerstandskraft besitzen, daß er nicht unter der Last des Unglücks zusammenbricht. Für den dramatischen Dichter ist es am besten, meint Schiller schon im Aufsatz *Über die tragische Kunst*, wenn er dem gemischten Charakter des Helden ("in gleicher Entfernung zwischen dem ganz Verwerflichen und dem Vollkommenen"[135]) den Vorzug gibt. Der gemischte Charakter ist nicht allein eine dramatische Notwendigkeit, er entspricht am vollkommensten der bürgerlichen Individualität in ihrer realen Erscheinung als "Produkt einerseits der Auflösung der feudalen Gesellschaftsformen, andererseits der seit dem 16. Jahrhundert neuentwickelten Produktivkräfte".[136] Die "persönliche Unabhängigkeit auf sachlicher Abhängigkeit gegründet"[137] macht den Zwiespalt aus, den das Indivi-

---

131 F. Schiller: Über die tragische Kunst. In: Ders., Sämtliche Werke, Bd. 5, S. 372.

132 Jonas, Schillers Briefe, Bd. 5, S. 297f.

133 Schiller, Über Anmut und Würde, S. 474.

134 F. Schiller: Über das Pathetische. In: Ders., Sämtliche Werke, Bd. 5, S. 535.

135 Schiller, Über die tragische Kunst, S. 391.

136 K. Marx: Grundrisse der Kritik der politischen Ökonomie. Berlin 1953. S. 5.

137 Marx, Kritik der politischen Ökonomie, S. 75.

duum realiter kennzeichnet. Seine Unabhängigkeit gründet in seiner sittlichen Autonomie. Wenn Untergang das Los des Schönen auf der Erde ist, so ist es die Pflicht des Erhabenen, standzuhalten. Der gemischte Charakter gewinnt die Qualität der Erhabenheit, wenn er infolge des Unglücks, das ihn niederzuwerfen droht, die in seiner Individualität qua seines Menschseins liegenden Möglichkeiten gegen die äußere Notwendigkeit ("sachliche Abhängigkeit") mobilisiert. Der Rückzug auf die innere Freiheit ist deutlich verbunden mit dem Protest und der Auflehnung gegen eine gesellschaftliche Realität, die dem Individuum feindselig und zerstörerisch entgegentritt.

Die Qualifikation des erhabenen Charakters als eines lediglich abstrakt-idealistischen Schwärmers - modisches Verdikt über Schillers Dramen seit Nietzsche - negiert die Wahrheit im bürgerlichen Humanismus, die sich im Protest äußert. Dennoch ist der Versuch, im Ideal das von der Erscheinung verdeckte Wesen zu gestalten, Schiller bei der Personendarstellung vielfach zum Verhängnis geworden. Im Widerstand soll das Individuum den Charakter der Gattung zeigen, seine Subjektivität überschreiten auf ein Allgemeines hin, das allen Menschen wesentlich eigen ist: "die innere Erfahrung des moralischen Gesetzes und die darin gründende Idee der Freiheit."[138] Georg Lukács charakterisiert Schillers Bemühungen: "Er suchte nicht aus dem modernen Leben selbst jene Züge herauszuentwickeln, die in sich eine Öffentlichkeit enthalten, sondern versucht, mit artistischen Mitteln ein künstliches Milieu zu schaffen, in dem das rein Private zum Öffentlichen idealistisch aufgebläht wird."[139] Schon im frühen Schaubühnenaufsatz ist dieses Element des Abstrakt-Öffentlichen enthalten, begründet in der hypothetischen Vereinigung aller Klassen und Stände im Bereich der Bühne. Die Vorrede zur *Braut von Messina* führt diesen Gedanken weiter aus, und der Chor ist seine dramatische Realisierung: "Der Chor ist selbst kein Individuum, sondern ein allgemeiner Begriff, aber dieser Begriff repräsentiert sich durch eine sinnlich mächtige Masse, welche durch ihre ausfüllende Gegenwart den Sinnen imponiert. Der Chor verläßt den engen Kreis der Handlung, um sich über Vergangenes und Künftiges, über ferne Zeiten und Völker, über das Menschliche überhaupt zu verbreiten, um die großen Resultate des Lebens zu ziehen und die Lehren der Weisheit auszusprechen."[140]

Die Konstruktion der Öffentlichkeit als ein von Raum, Zeit und individuell-privaten Beschränkungen unabhängiges Medium universaler Vermittlung überspringt die Grenzen, die solcher Kommunikation in der Realität gesetzt sind. Selbstentfremdung und Vereinzelung kennzeichnen die gesellschaftliche Existenz der Individuen, und es ist Aufgabe der ästhetischen Erziehung, durch Versöhnung das Auseinandergefallene wieder zu vermitteln. "Die Natur macht ihn [den Menschen] mit sich eins, die Kunst trennt und entzweiet ihn, durch das Ideal kehrt er zur Einheit zurück."[141] Die Übertragung dieses Rousseauschen Gedankens in die Dramentheorie ergibt als praktische Konsequenz die Stilisierung des Individuell-

138 Berghahn, Das Pathetischerhabene, S. 218.

139 G. Lukács: Schillers Theorie der modernen Literatur. In: Ders.: Faust und Faustus: Vom Drama der Menschengattung zur Tragödie der modernen Kunst. Ausgew. Schriften II. Reinbek b. Hamburg 1968. S. 87.

140 F. Schiller: Die Braut von Messina. In: Ders., Sämtliche Werke, Bd. 2, 4., durchges. Aufl. München 1965. S. 821.

141 Schiller, Über naive und sentimentalische Dichtung, S. 718.

Privaten zum Menschlichen überhaupt, die abstrakte Utopie des bürgerlichen Humanismus. Schiller realisiert als Chor in der Tragödie eine Möglichkeit, die im rhetorischen ethos von Anfang an lag: als Träger der menschlichen Emotion ist das ethos Basis der Geselligkeit, einer auf humanitas beruhenden öffentlichen Kommunikation. Im Charakter des Redners verkörperte sich das Nur-Menschliche im Sinne des Allgemein-Menschlichen, und die von ihm ausgehende Emotion bildete das Medium der Verständigung zwischen Redner und Publikum. Die derart konstituierte Gemeinsamkeit bildete die Grundlage für die Vermittlung der im öffentlichen Streit ausgetragenen politischen und gesellschaftlichen Antagonismen. Der Rückgriff auf die rhetorische Auffassung von einer im ethos des Charakters begründeten menschlichen Übereinstimmung, die nach antikem Verständnis gerade das Persönliche, die "fremde" Eigenart und Sonderlichkeit einschließt, konnte für Schiller allerdings nur eine Verstärkung und Versteifung seiner idealistischen Position bedeuten. Denn das Allgemein-Menschliche war, auch seiner eigenen Erkenntnis nach, dem Bruch zwischen Natur und Gesellschaft zum Opfer gefallen, und dessen antizipierende Konstruktion als Ideal muß daher von allen konkreten Elementen menschlicher Existenz in der Geschichte abstrahieren.

In nicht geringe Verlegenheit geriet der Dramatiker Schiller, sobald er versuchte, diese Theorie in die Bühnenpraxis umzusetzen, was seine zeitweilige Unsicherheit über die Darstellung der Charaktere motiviert, die er zugunsten der Handlung dann am liebsten sogar eliminiert sähe. Böckmann weist auf die einfache "Eigenschaftspsychologie" hin, nach der Schillers Personen konzipiert sind,[142] so daß sie fast eine Art von "Dingcharakter" annehmen, und trifft damit ein zentrales Problem der Dramentheorie, die sich nach einem sozusagen shakespearisierenden Anfang zu einer Auffassung hin entwickelt, der das Charakteristische allein als veredelt Allgemeines noch bedeutend erscheint und im Chor dessen ideale Verkörperung erblickt. Das Schwergewicht seiner theoretischen Bemühungen um das Drama liegt für den späten Schiller daher konsequenterweise auf der idealen Organisation seines Materials, da "der Künstler kein einziges Element aus der Wirklichkeit brauchen kann, wie er es findet".[143] Aufgabe des Dramatikers ist es, im Besonderen das Allgemeine darzustellen und damit der Reflexion in der Tragödie den ihrer Bedeutung gemäßen Platz einzuräumen. Bezogen auf das Wirkungsschema der Rhetorik heißt das, daß für Schiller die rationale Komponente in den Vordergrund rückt, daß er das docere gegenüber der emotionalen Wirkung qua pathos und ethos betont als Bedingung jener Gemütsfreiheit, die er für den Zuschauer verlangt und die ihren Ausdruck in der Abstraktion vom konkret Vorliegenden, affekthaft Berührenden, in der Allgemeinheit der darüber angestellten Reflexion hat. "Auch die tragischen Personen selbst bedürfen dieses Anhalts, dieser Ruhe, um sich zu sammeln; denn sie sind keine wirklichen Wesen, die bloß der Gewalt des Moments gehorchen und bloß ein Individuum darstellen, sondern ideale Personen und Repräsentanten ihrer Gattung, die das Tiefe der Menschheit aussprechen."[144] Schiller ist zu sehr Praktiker, als daß er die sinnlich-emotionale Wirkung der Tragödie dem vernünftigen Räsonnement der Personen oder des Chors opfern könnte, aber die Wirkung des Idealen und des Sinnlichen

---

142 P. Böckmann: Stilprobleme in Schillers Dramen. In: Jahrbuch des Freien deutschen Hochstifts. Frankfurt a. M. 1929. S. 13.

143 Schiller, Braut von Messina, S. 818.

144 Schiller, Braut von Messina, S. 822.

müssen sich entsprechen, einander die Waage halten: die Reflexion soll aufgehoben sein in der Anschaulichkeit des Vortrags und "mit der vollen Macht der Phantasie, mit einer kühnen lyrischen Freiheit" wirken.[145] Denn "indem man das Theater ernsthafter behandelt, will man das Vergnügen des Zuschauers nicht aufheben, sondern veredeln."[146] Schillers Entwurf des Chors als einer dramatischen "Person", die zwar in der dramatischen Handlung entzweit ("wo er als wirkliche Person und als blinde Menge mithandelt"[147]), als ideale Person aber "immer eins mit sich selbst" ist,[148] enthält die ganze Widersprüchlichkeit der bürgerlichen Individualität als reale Erscheinung und heroische Illusion, welch letztere schließlich die praktisch-politische Bedeutung hatte, die "Leidenschaft auf der Höhe der großen geschichtlichen Tragödie zu halten"[149] und so zu helfen, die feudale durch die bürgerliche Gesellschaft abzulösen.

"Eine vom genus iudiciale ausstrahlende Tendenz zur 'Parteilichkeit' läßt sich [...] in allen genera [...] feststellen. Diese Tatsache hat auch Auswirkungen auf die von der Rhetorik beeinflußte Dichtung gehabt."[150] Wenn das von der Dichtung Schillers in hohem Maße gilt, so ist der strukturierende Einfluß der zentralen Theoreme der Rhetorik auf seine Ästhetik, wie sich bis in Einzelheiten, Beispiele und Erläuterungen hinein verfolgen läßt, von ähnlich großer Bedeutung. Die Rhetorik hat entscheidend mitgeholfen, eine Theorie zu formen, der Kunst nicht bloßes Ornament und schmückender Luxus ist - gerade in Schillers überspitztem Nein zum Publikum, vor dessen Mittelmäßigkeit, Rohigkeit und verächtlichen Schlaffheit er einen herzlichen Ekel verspürt,[151] manifestiert sich eine Überzeugung, die die Verbindung mit der bestehenden politischen Realität aus *Engagiertheit* aufgekündigt hat, um an ihrer Wahrheit festhalten zu können. Im Schein der idealen Welt führt der Künstler Freiheit und Humanität modellhaft vor - wobei dann schließlich, in der Intention, der Zuschauer selber zum Subjekt des Experiments wird, das ihn anfänglich zwar nur in einen augenblicklichen Traum von Freiheit versetzen kann, ihn aber dadurch von der Immanenz dieser Utopie überzeugen will. Wie Schiller sich selber in seiner Ästhetik der Auflösung der rhetorischen Tradition widersetzt, indem er an ihrem Wahrheitsgehalt festhält, so mag auch die nachträgliche Konfrontation seines Werks mit der Rhetorik eine fortschrittliche, an den "Prolog der menschlichen Freiheit und Würde" (Ernst Bloch) anknüpfende Konstruktion der Geschichte ermöglichen, die das Gegenteil von konformistisch einebnender Konservierung wäre.

---

145 Schiller, Braut von Messina, S. 821.

146 Schiller, Braut von Messina, S. 816.

147 Schiller, Braut von Messina, S. 823.

148 Schiller, Braut von Messina, S. 823.

149 K. Marx, F. Engels: Werke. Bd. 8. Berlin 1960. S. 116.

150 Lausberg, Handbuch der literarischen Rhetorik, Bd. 1, S. 56.

151 Jonas, Schillers Briefe, Bd. 4, S. 224.

Lichtenbergs Beredsamkeit aus der Erfahrung

Wenn wir vernünftig sprechen, sprechen wir nur immer unser Wesen und unsere Natur.

Lichtenbergs Methode, "neue Blicke durch alte Löcher" zu werfen,[1] vermag immer wieder neue oder doch überraschende Perspektiven auch auf sein eigenes Werk zu eröffnen. Über seine *Sudelbücher* hat er sich mehrfach geäußert, seine "Schmierbuch-Methode" bestens empfohlen,[2] weil sie "durch Ersparung der Pfennigs-Wahrheiten" zu Reichtum verhelfe,[3] man darin die Einfälle "mit aller Umständlichkeit" ausführen könne[4] und sie erst später, wenn man mit der Sache vertrauter geworden sei, auch in der nötigen Kürze zu fassen bekomme. "Ein Buch, worin ich alles einschreibe, so wie ich es sehe." Zu den ausführlichsten Reflexionen über dieses von ihm derart bevorzugte Medium gehört eine vielzitierte und schon in verschiedener Richtung gedeutete Notiz, die er in England niederschrieb. "Die Kaufleute haben ihr Waste-Book (Sudelbuch, Klitterbuch glaube ich im Deutschen), darin tragen sie von Tag zu Tag alles ein, was sie verkaufen und kaufen, alles durcheinander ohne Ordnung, aus diesem wird es in das Journal getragen, wo alles mehr systematisch steht, und endlich kommt es in den Leidger at double entrance nach der italiänischen Art buchzuhalten. [...] Diese verdient von den Gelehrten nachgeahmt zu werden. Erst ein Buch, worin ich alles einschreibe, so wie ich es sehe oder wie es mir meine Gedanken eingeben, alsdann kann dieses wieder in ein anderes getragen werden, wo die Materien mehr abgesondert und geordnet sind, und der Leidger könnte dann die Verbindung und die daraus fließende Erläuterung der Sache in einem ordentlichen Ausdruck enthalten."[5]

Diese Erörterungen sind nun keineswegs ungewöhnlich, schon gar nicht in dem Jahrhundert, dem Lichtenberg so kernhaft zugehört. Es ist gut, sich das klarzumachen, weil nur dann die Eigenart der *Sudelbücher* und die eigentümliche Ambivalenz, die ihr Autor ihnen gegenüber bewahrte, auch hinreichend deutlich hervortritt. Denn rühmt er sie auch als eine Art Schatzkammer an Gedanken, Einfällen, Redewendungen ("Keine Wendung, keinen Ausdruck unaufgeschrieben zu lassen."[6]), so betont er doch andererseits auch immer ihren vorläufigen Charakter, ihre untergeordnete Bedeutung. Darin wird der Nachhall einer Diskussion in Deutschland spürbar, die schon zu Anfang des Jahrhunderts begonnen hatte und in welcher sowohl die Veränderungen im Wissenschaftsverständnis wie auch ein neues Naturverhältnis zum Ausdruck kamen, ohne daß es nun freilich, wie oftmals behauptet wird, zum Abbruch der bisherigen Überlieferung gekommen wäre. Im Gegenteil entsteht das

---

1 G. Ch. Lichtenberg: Sudelbücher. In: Ders.: Schriften und Briefe. Hg. v. W. Promies. Bd. 1 u. 2. München ²1973 u. ²1975. Bd.1. Heft F 879. S. 585.

2 Lichtenberg, Sudelbücher, Bd. 1, F 1219, S. 639.

3 Lichtenberg, Sudelbücher, Bd. 1, F 1219, S. 639.

4 Lichtenberg, Sudelbücher, Bd. 1, E 150, S. 373.

5 Lichtenberg, Sudelbücher, Bd. 1, E 46, S.352.

6 Lichtenberg, Sudelbücher, Bd. 1, F 1219, S. 639.

Neue gerade erst aus der Übertragung vertrauter methodischer Prinzipien auf einen anderen Gegenstandsbereich.

Die *Sudelbücher* stellen nur dem Namen nach eine neue literarische Form dar. Ehemals kursierten derartige Merkbücher als Blütenlesen oder Kollektaneen, die Humanisten benutzten sie, antiker rhetorischer Tradition folgend, zur inventio, also um Gedanken zu finden und ihnen hernach durch elocutio den angemessenen sprachlichen Ausdruck zu geben. "Wer sich also vorgenommen hat", rät Erasmus seinen Schülern, "die gesamte Literatur durchzulesen - und das muß jeder wenigstens einmal im Leben tun, der auf Gelehrsamkeit Anspruch machen will -, wird sich zunächst möglichst viele loci schaffen. Er kann sie nach Gutdünken von den Arten und Unterarten der Tugenden und Laster abnehmen oder von den wichtigsten Beziehungen des Lebens".[7] Nach diesem Muster entstanden oftmals dickleibige Exzerptensammlungen, das wichtigste Handwerkszeug aller Dichter und Redner, und in deren Folge dann "gedruckte Collectanea", die nicht mehr dem eigenen Studium entstammten, sondern deren standardisierte Form darstellen. Weniger auf die Erkenntnismethode kam es bei einer solchen fremdbestimmten inventio rerum an als vielmehr auf die schmückende Ausgestaltung des Gesprächs, der Rede, und im Laufe des 17. Jahrhunderts treten daher auch die antiken auctores als Gewährsmänner solcher Realienbücher in den Hintergrund, die unterhaltsame Anekdote aus dem Journal und allerlei kuriose Nachrichten nehmen ihren Platz ein. Doch verstärkte sich die Opposition gegen diese allein dem gesellschaftlich-geselligen Vergnügen dienende Praxis auch schon seit Ende des Jahrhunderts erheblich, und sie stammte ebenfalls ganz aus rhetorischem Geist. Nach der Jahrhundertwende und unterstützt durch die neue Wissenschaftsentwicklung gewinnt die Auseinandersetzung dann neue Brisanz. Gunter Grimm hat die entscheidenden Positionen sorgfältig ermittelt, auf Gottfried Polykarp Müller hingewiesen, der Realien ein "Puppenspiel der oratorischen Kinder nennt",[8] und dann vor allem Friedrich Andreas Hallbauers Kritik erläutert. Bei ihm findet sich - hier negativ gemeint - auch jener Vergleich, den Lichtenberg später von ganz anderer Seite aufgreifen wird. Hallbauer nennt diejenigen abschätzig "Realien-Crämer",[9] die mit ererbten und gedruckten Exzerptensammlungen hantieren, um ihre Ignoranz über die Sache selbst zu verbergen.

"Was ihnen nur zu Gesichte kommt", spottet er, "das schreiben sie ab: sie schreiben ihre eigenen Bücher oft mehr, als einmal aus: denn einige tragen es erst in *miscellanea*, hernach aus diesen in *collectanea*. Kommen sie zu einem guten Freunde, so stenkern sie ihm gleich die Bücher durch: kaum haben sie eins aufgeschlagen, so greiffen sie schon nach der Schreibtafel, oder nach weissen Pappier, das sie wol zu dem Ende immer bey sich führen: und alsdenn gehet es an ein schreiben. Man kann kein Buch vor ihnen behalten, das sie nicht gleich abschreiben, sobald sie es nur gewahr werden. Sonderlich Journale und Zeitungen müssen gleich brüh-warm excerpiret werden. Sie schreiben eine Sache wol etlichemal;

---

7 Erasmus von Rotterdam: De studii rationale. Zit. n. H.-O. Burger: Renaissance-Humanismus-Reformation. Deutsche Literatur im europäischen Kontext. Bad Homburg v.d.H., Berlin, Zürich 1969. S. 38.

8 Vgl. dazu G. Grimm: Literatur und Gelehrtentum in Deutschland. Untersuchungen zum Wandel ihres Verhältnisses vom Humanismus bis zur Frühaufklärung. Tübingen 1983. S. 581.

9 F. A. Hallbauer: Anweisung zur Verbesserten Teutschen Oratorie, Nebst einer Vorrede von Den Mängeln Der Schul-Oratorie. Jena 1725. S. 287.

aus einem Zettel oder der Schreibtafel in ein Buch; aus einem Buche ins andere; unter verschiedene Titel u.f.f. Ihr ganzes Studiren bestehet aus schreiben, colligiren, excerpiren, annotiren [...]. Und ob sie gleich mercken, daß sie bey dem colligiren nichts in Kopf kriegen, daß sie die Augen verderben, daß sie das *malum hypochondriacum* sich zuziehen, daß sie ihre ganze Gesundheit dabey zusetzen; so können sie sich doch von solcher Begierde nicht los machen. Dadurch geschieht es oft, daß sie ihre mit grosser Mühe gemachte *excerpta* nicht brauchen können; und zwar entweder, weil sie sich vor der Zeit zu tode excerpiren, oder weil sie wegen ihres kräncklichen Leibes ganz unbrauchbar sind."[10]

In der satirischen Kritik noch wird der Entstehungsprozeß der Realienbücher deutlich, dessen verschiedene Stufen in Lichtenbergs Überlegungen eine Rolle spielen, so daß am Anfang die ungeordnete Sammlung und zum Schluß die geprägte, systematisierte Form steht. Zugleich wird hier der Gegensatz zwischen unmittelbarer Lebenswirklichkeit und leblos antiquarischer Gelehrsamkeit virulent, der von nun an die Diskussion über die Realien beherrschen wird. Schon Hallbauer empfahl Erfahrung und eigene Meditation als die wahren Realienquellen, und Gottsched betont wenig später im Zusammenhang eines neuen Wissenschaftsverständnisses sowie unter dem Einfluß der englischen empiristischen Philosophie: "Besteht nun die Schreibart mehr in Gedanken, als in Worten: so sieht man wohl, daß man dieselbe nicht aus den Sprachbüchern, oder Sammlungen von allerhand auserlesenen Redensarten; sondern vielmehr aus den Wissenschaften, und sonderlich aus den philosophischen, zu lernen habe. Diese räumen den Kopf auf, bessern die Kräfte des Verstandes, üben die Vernunft und reinigen den Witz. Sie geben auch die Materien an die Hand, davon man schreiben und reden kann: davon in allen Anweisungen zur guten Schreibart, in allen Rednerschätzen und Sammlungsbüchern nichts steht. Doch schließen wir hier die Erfahrung und den Umgang mit vernünftigen und wohlgesitteten Leuten nicht aus."[11]

Das ist nicht neu, Gottsched erweist sich vielmehr auch hier als ein getreuer Schüler Wolffs, der die Naturerklärung als Resultat einer Verbindung von Erfahrung und Vernunft auffaßte und das Experiment als die Möglichkeit, die Natur zu unserer Unterrichtung von sich sprechen zu lassen. Natur als Erfahrung und Erkenntnis, nicht als Konstrukt unabhängig von ihr angenommener Sätze, das ist ein Grundzug auch der deutschen Aufklärung, sie braucht dazu nicht, wie Wolff hervorhebt, erst in die Schule der englischen Philosophie gehen.[12] Dem derart pointierten historischen Wandel unterliegt auch die Rhetorik, und zwar noch vollkommen ungefährdet, ja: sie war nicht unwesentlich an seinem Zustandekommen beteiligt. Denn der Grundsatz der neuen Wissenschaften, die Dinge der Natur selber sprechen zu lassen und in ihren Wirkungen zu beobachten, ist selber rhetorischer Herkunft und das gewandelte Realienverständnis nur ihr äußeres Zeichen.

Lichtenbergs Vergleich seiner Sudelbücher mit dem kaufmännischen Merkbuch ist übrigens auch in der Tradition des Rhetorik-Unterrichts begründet, der bis weit ins 19. Jahrhundert hinein die kaufmännische Ausbildung mit vorbereitete und begleitete. So heißt es

---

10 Hallbauer, Anweisung zur Verbesserten Teutschen Oratorie, S. 289f.

11 J. Ch. Gottsched: Ausführliche Redekunst. In: Ders.: Ausgewählte Werke. Hg. v. R. Scholl. Bd. 7. Berlin, New York 1975. S. 295.

12 Vgl. dazu M. Wundt: Die deutsche Schulphilosophie im Zeitalter der Aufklärung. Tübingen 1945. S. 178f.

etwa vom Rhetorik-Kurs des "Rectors und Professors der Beredsamkeit am Königlichen Joachimsthal. Gymnasium" Johann Heinrich Ludwig Meierotto, er "setzte voraus, sein Schüler werde einst als GeschäftsMann nicht selten sich veranlasset sehen, eine Materie aus dem Kreise seiner Geschäfte Andern, schriftlich oder mündlich, so aus einander zu setzen, daß die Ideen, mit erforderlicher Vollständigkeit und Zweckmäßigkkeit in einem wohlgeordneten Zusammenhange vorgetragen, auf Leser und Zuhörer ganz den erwünschten Eindruck machen."[13] Weshalb er besonders großes Gewicht darauf legte, seine Schüler "1) im Sammeln, 2) im Sichten, 3) im Anordnen der Materialien" zu üben.[14] Selbst wenn der Rhetorik-Unterricht wie im Fall Meierottos noch sehr stark der alten Konzeption von Gedanken- und Ideensammlungen verpflichtet ist,[15] entstand aus der Zwecksetzung, dem kaufmännisch-praktischen Ausbildungsziel, ein wesentliches Motiv für ein neues Realienverständnis, so daß dann Lichtenberg sagen konnte, er achte "ganze Kapitel schöner Ausdrücke nicht so hoch [...] als ein Senfkorn von Sache."[16] Zur Verdeutlichung des Vorrangs, den für ihn immer die Sache dem Wort überlegen macht, ließen sich viele Beispiele zitieren. "Also immer *Sachen und keine Wörter*",[17] fordert er als Grundlage der Sprachkritik, spricht - ganz im Sinne der rhetorischen Kollektaneenkritik - von der "gelehrte[n] Barbarei"[18] durch zuviel Lesen ("Er las immer Agamemnon statt 'angenommen', so sehr hatte er den Homer gelesen"[19]) und setzt statt dessen auf Beobachtung und Erfahrung als den Quellen der Erkenntnis und den einzig wahren Gegenständen des Selbstdenkens. Auch diese zentrale, aller Aufklärung eigentümlichen Kategorie von Lichtenbergs Lehre ist noch gegen jenes Fremddenken gerichtet, das die überlieferten Realienbücher ihrem Benutzer aufzwangen. Erfahrung ist Wissen des Besonderen, ein Kenntnisschatz, der auf der eigenen Beobachtung beruht.

Vorschlag zu einem Orbis pictus: Lichtenberg und Comenius

Besonders aufschlußreich für die Absichten, die er beim Schreiben ebenso wie im Hörsaal oder auf seinen Reisen verfolgte, ist sein *Vorschlag zu einem Orbis pictus für deutsche dramatische Schriftsteller, Romanen-Dichter und Schauspieler*,[20] weil er der überlieferten Form des Orbis pictus ganz ausdrücklich neue Möglichkeiten abgewinnt. Einen *Orbis sensualium pictus* hatte Comenius sein so unglaublich erfolg- und epochemachendes Bilderbuch

13 F. L. Brunn: Versuch einer Lebensbeschreibung J. H. L. Meierotto's. Berlin 1802. S. 417.

14 Brunn, Lebensbeschreibung Meierotto's, S. 418.

15 Meierotto hat selber eine "rhetorische Beispielsammung" alten Stils herausgegeben: "Abschnitte aus deutschen und verdeutschten Schriftstellern, zu einer Anleitung der Wohlredenheit, besonders im gemeinen Leben, geordnet." (Berlin 1794).

16 Lichtenberg, Sudelbücher, Bd. 1, E 194, S. 389.

17 Lichtenberg, Sudelbücher, Bd. 2, G 68, S. 146.

18 Lichtenberg, Sudelbücher, Bd. 1, F 1085, S. 615.

19 Lichtenberg, Sudelbücher, Bd. 2, G 187, S. 166.

20 Vgl. G. Ch. Lichtenberg: Vorschlag zu einem Orbis pictus für deutsche dramatische Schriftsteller, Romanen-Dichter und Schauspieler. In: Ders., Schriften und Briefe, Bd. 3, München 1972, S. 377-394.

genannt[21] und die gemalte Welt auf die neue Naturlehre Bacons bezogen. Gerichtet gegen die alte scholastische Methode der humanistischen Studien, in der die Dinge nicht durch direkte Anschauung, autopsia, gelehrt würden, sondern auf dem Umwege langer und unklarer Reden, ging es Comenius freilich nicht um die rein experimentelle Naturerforschung. Sein wichtigstes Ziel war ein neues Verhältnis von Dingen und Worten, Sachen und sprachlichen Zeichen, anders ausgedrückt: er wollte jenen Bereich neu begründen, den die Rhetorik "elocutio" genannt hat und worin es, mit Cicero zu reden, auf das "vestire atque ornare oratione",[22] also das sprachliche Gewand, ankommt. Die Metapher des Bekleidens für den Vorgang der sprachlichen Benennung von Sachen ist zum Topos geworden, und auch Comenius spricht davon, daß alle Dinge "mit Namen bekleidet" und "naturgetreu" den Sinnen auf geschickte und angenehme Weise vorgeführt werden sollen.[23] Nicht von einer Abkehr von der rhetorischen Erziehung kann man daher sprechen, sondern von der Erneuerung ihrer antiken Grundlagen, denn die Vorschrift des aptum, der Angemessenheit von Worten und Dingen, sollte gerade die dekorative oder pedantische Verselbständigung der Sprache gegenüber der gemeinten Sache verhindern und war dem ordo naturalis, der natürlichen Ordnung der Dinge, verpflichtet.

"Die sich den humanistischen Studien widmen [und er meint hier die in der Schulgelehrsamkeit aufgegangenen Humanisten], werden im allgemeinen über den Vokabeln alt ...; die Jugend wird jahrelang durch unendlich viele umständliche, komplizierte, unklare und zum größten Teil unnötige Regeln in Anspruch genommen, ja geradezu entnervt. Das ist das erste Übel. Gleichzeitig werden die Kinder mit Wörtern ohne Dinge vollgestopft; die Dinge, die diesen Wörtern entsprechen, werden ihnen nicht gezeigt, um das Lernen leichter und fruchtbarer zu gestalten. Und auch die Zusammenhänge der Ausdrücke, die es in jeder Sprache gibt, werden nicht erklärt ... Die Wörter sind aber nichts anderes als die Zeichen der Dinge. Wenn man diese nicht berücksichtigt, was haben sie dann noch für einen Sinn? Ein Kind mag Tausende von Wörtern lernen, aber welchen Nutzen hat es davon, wenn es sie nicht auf die Dinge beziehen kann? Und wer glaubt, daß man aus isolierten Wörtern eine Rede machen kann, der meint, man könne Sand zusammenkitten, wenn man ihn fest in der Hand preßt, oder man könne eine Mauer ohne Mörtel errichten."[24]

Es würde zu weit führen, die Karriere jenes einzigartigen Buches zu verfolgen, das Comenius nach diesen Prinzipien schrieb und worin er "die sichtbaren Dinge dem Gesichtssinn"[25] durch das Medium des Bildes und nicht mehr durch Beschreibung vorführte. Fast zweihundert Jahre hat es den Unterricht in ganz Europa bestimmt und zahllose Nachahmun-

---

21 J.A. Comenius: Orbis sensualium pictus, hoc est, omnium fundamentalium in mundo rerum et in vita actionum, pictura et nomenclatura. Nürnberg 1658.

22 M.Tullius Cicero: Über den Redner. De oratore. Lat. u. dt. Übers. u. hg. v. Harald Merklin. 2. durchges. u. bibl. erg. Aufl. Stuttgart 1981. S. 120.

23 J.A. Comenius: Schola ludus seu Encyclopaedia viva, hoc est Januae linguarum praxis comica. Res omnes nomenclatura vestitas, est vestiendas, Sensibus ad vivum repraesentandi artificium exhibens amoenum. Sarospatak 1656.

24 J.A. Comenius: Pansophiae prodomus. Londini 1639. Zit. nach E. Garin: Geschichte und Dokumente der abendländischen Pädagogik. Bd. III: Von der Reformation bis John Locke. Reinbek bei Hamburg 1967. S. 37.

25 Comenius, Pansophiae prodomus, S. 36.

gen, Seitenstücke, Fortsetzungen gefunden; Lichtenbergs Projekt, für das Chodowiecki die sinnlichen Anschauungsbilder lieferte, gehört jedenfalls zu seiner Wirkungsgeschichte, und es verkörpert den Geist der Überlieferung noch besonders getreu. "Ich sehe [...] mit Vergnügen", schreibt Lichtenberg, "jetzt einen Geschmack an vernünftiger Naturgeschichte, die mehr als Namen-Register, und an Physik, die mehr als Taschenspielerkunst ist, aufleben und mit ihm Beobachtungsgeist und Aufmerksamkeit auf sich selbst und die Natur."[26] Auch Lichtenberg würde den Sinnen die Realien am liebsten direkt vorführen, allein bis "die Jugend selbst in die Werkstätten gehen kann",[27] empfiehlt er als beste Vorbereitung "den Weg eines *Orbis pictus*",[28] in dem nicht bloß Regeln gelehrt, sondern Beispiele gezeigt und aus der Natur selber genommen werden, so daß der Leser dadurch in den Stand gesetzt sei, "alles mehr zu individualisieren".[29] Was er unter solcher Individualisierung versteht, erläutert er mit dem Hinweis auf die rhetorische Poetik des Horaz. "Schwierig ist es, das Allgemeine eigentümlich auszudrücken",[30] ist die Übersetzung von dessen 128. Vers, und Lichtenberg fügt dem lateinischen Zitat der Stelle noch einen Zusatz bei, der dem Kundigen das rhetorische Programm auch seines Weltgemäldes abermals verrät. Denn die Abstraktheit läßt sich vermeiden, meint er, wenn man dem Gegenstand "alle die Bestimmtheit, Individualität und Wärme vermittelst gewisser Zusätze durch plus und minus" gebe, und diese Zusätze fänden sich durch "genaue Beobachtung" sowie "nähere Kenntnis der Welt."[31] In Bestimmtheit des Verstandes, docere, Darstellung des individuellen Charakters, seines besonderen Ethos, conciliare, und schließlich der Wärme emotionaler Überzeugungsmotive, movere: darin erblicken wir das triadische Dispositionsschema der Rhetorik, wie es seit der Antike und bis ins 18., 19. Jahrhundert überliefert wurde. Für die praktische Umsetzung seines auf Beobachtung und Erfahrung sowohl gründenden wie zielenden Aufklärungsprogramms empfiehlt Lichtenberg also ganz ähnlich wie Comenius die Erneuerung rhetorischer Tugenden, nicht etwa ihre Verwerfung. Verworfen wird nur jene Tendenz der Spätaufklärung (die wiederum verblüffende Übereinstimmung mit der späthumanistischen Schulfuchserei gelehrter Zirkel aufweist) zur neuen Schulphilosophie; verworfen wird auch der "Mangel an reellen Kenntnissen"[32] bei der neuen jungen Dichtergeneration, die auf Voltaire und Milton schimpfte, aber damit nur die Hohlheit der eigenen Bildung unter Beweis stellte. Denn der individuelle Ausdruck eigener Erfahrung könne nicht durch Kenntnislosigkeit erreicht werden oder dadurch, daß man "die jungen warmen Herzen"[33] sprechen lasse, wie ihnen der Schnabel gewachsen ist, sondern eben durch die kontrollierte Verwirklichung der rhetorischen Wirkungsintentionen docere, conciliare, movere "vermittelst gewisser Zusätze durch plus und minus",[34] wie Lichtenberg die beiden wichtigsten Methoden umschreibt,

---

26 Lichtenberg, Vorschlag zu einem Orbis pictus, S. 381.

27 Lichtenberg, Vorschlag zu einem Orbis pictus, S. 381.

28 Lichtenberg, Vorschlag zu einem Orbis pictus, S. 381.

29 Lichtenberg, Vorschlag zu einem Orbis pictus, S. 382.

30 Das lateinische Zitat lautet: "difficile est proprie communia dicere". Horaz: De arte poetica. Das Buch von der Dichtkunst. In: Ders.: Sämtliche Werke. Lat. u. dt. Hg. v. H. Färber. München 1967. S. 238.

31 Lichtenberg, Vorschlag zu einem Orbis pictus, S. 383.

32 Lichtenberg, Vorschlag zu einem Orbis pictus, S. 380.

33 Lichtenberg, Vorschlag zu einem Orbis pictus, S. 380.

34 Lichtenberg, Vorschlag zu einem Orbis pictus, S. 383.

mit denen der Redner zu dem besonderen und einmaligen Ausdruck der von ihm vertretenen oder darzustellenden Sache gelangt, nämlich "per adiectionem", durch Hinzufügung neuer, bisher nicht dazugehörender Bestandteile, oder "per detractionem", durch Wegnahme bestimmter anderer Teile. Diesen Methoden liegt nun nicht allein eine ganze Reihe stilistischer Techniken zugrunde, sondern sie leiten, getreu dem Grundsatz, daß Wörter und Dinge nicht getrennt werden dürfen, schon die Erfahrung und Erkenntnis des Gegenstandes. Das schönste und deutlichste Beispiel gibt Lichtenberg auch diesmal selber, denn sein *Orbis pictus* ist von vornherein charakterisiert durch die Wegnahme mehrerer Bestandteile oder - positiv ausgedrückt - durch Hervorhebung und Konzentration auf Phänomene, die bisher von der Beobachtung des Orbis ausgespart waren, was dann einer Hinzufügung zum bisherigen Bilde entspräche, nämlich die Beobachtung "der geringern Klasse von Menschen",[35] worunter er insbesondere hier die Bedienten männlichen und weiblichen Geschlechts versteht. Diese Ausrichtung der Perspektive bedeutet nun keineswegs eine Beschränkung. "Die Klasse des Pöbels enthält die Originale zu unsern Versteinerungen der höhern Welt",[36] schreibt er, so daß sich die vermeintliche Reduktion in Wahrheit bloß als die besondere, noch unverstellte Sichtweise herausstellt, die Totalität des Ganzen zu erfassen. Eine Begründung, auf die noch gesondert einzugehen sein wird, da sie auch die Perspektive rechtfertigt, unter der Lichtenberg generell seine Welt sah und in seinen Schriften rekonstruierte. Jedenfalls versichert er seinen Lesern, daß der Gegenstand seines Buches unerschöpflich sei und es daher auch nur eine Probe aufs Exempel abgeben könne. "Ich habe einen guten Vorrat an Bemerkungen liegen", fährt er fort. "Erhalten diese Beifall und sind sie nicht ohne Nutzen so sollen die andern künftig nach und nach alle folgen, und zwar so: Ich werde nur das *sagen*, was ich selbst beobachtet habe, und Herr Chodowiecki wird *zeichnen*, was *Er* beobachtet hat."[37]

Das ist nun freilich näher besehen ein doch etwas sonderbarer Grundsatz, gerade wenn wir bedenken, wie Lichtenberg die genaue Entsprechung von Wort und Sache verfocht. Die Absicht des alten *Orbis pictus* erschöpfte sich in der Anschauung des Gegenstandes und seiner Benennung oder Erklärung in einer oder mehreren Sprachen. Noch der Weimarer Schriftsteller und Verleger Friedrich Justin Bertuch hat im Plan zu seinem *Bilderbuch für Kinder* gefordert: "Es muß sehr wenig und nicht gelehrten Text haben [...] Der richtige Nahme und eine kurze, den Verstandes-Kräften des Kindes angemessene Erklärung des auf dem Kupfer vorgestellten Gegenstandes; dieß ist Text genug."[38] Hier ist das Verhältnis von res und verba ganz unproblematisch: das die Sache vertretende Bild wird im Wort erläuternd aufgegriffen, so wie es die Metapher von der Bekleidung, Anmessung der Sprache an das Ding, meint. Lichtenberg hat nun für seinen *Orbis pictus* eine andere Vorstellung: Autor und Zeichner formulieren jeweils auf ihre Weise und mit ihren Mitteln ihre eigenen Erfahrungen der äußeren Welt. Das Bild wird von Lichtenberg also nicht einfach als die sinnliche Nachahmung des Gegenstandes, sondern als dessen subjektiv eigentümliche künstleri-

---

35 Lichtenberg, Vorschlag zu einem Orbis pictus, S. 383.

36 Lichtenberg, Vorschlag zu einem Orbis pictus, S. 383.

37 Lichtenberg, Vorschlag zu einem Orbis pictus, S. 383.

38 F. J. Bertuch: Bilderbuch für Kinder. 24 Bde. Weimar, Gotha 1790ff. Zit. nach H. Kunze: Schatzbehalter. Vom Besten aus der älteren deutschen Kinderliteratur. Hanau a. M. 1965. S. 382.

sche Deutung aufgefaßt. Und wirklich, zwischen Bildbeilagen und Text gibt es wenig Entsprechungen, vernachlässigt man einmal die kurzen Anmerkungen, die Lichtenberg in der dritten Abteilung seines ersten Aufsatzes den beiden Platten gewidmet hat, die erste (und einzige) Fortsetzung bricht dann bekanntlich mit der Entschuldigung ab, der Autor habe die Seitenzahl des *Göttingischen Magazins* unzulässig überschritten und verspreche deshalb, die Beschreibung der beiden Chodowiecki-Kupfer im nächsten Stück nachzuholen - was freilich dann nie geschehen ist. Doch hätten wohl auch diese versprochenen Bildlegenden nicht mehr gebracht als im ersten Teil, nämlich eine eher beiläufige Aufzählung der Figurenfolge ohne ausdrückliche Verknüpfung mit dem eigenständigen Text Lichtenbergs. Diese, dem Gattungsvorbild, aber auch dem eigenen Konzept der späteren *Erklärung der Hogarthischen Kupferstiche* so unähnliche Vorgehensweise hat ihren Grund im Gegenstand wie auch in der Zwecksetzung des Unternehmens.

Um mit dem zweiten Punkt anzufangen, so hat Lichtenberg in seinem "Vorschlag" selber schon eine Erklärung geliefert. "Die meisten Menschen sind bessere Beobachter, als sie glauben", versichert er, "und kennen den Menschen besser, als sie wissen, es sind nur die falsch verstandenen Vorschriften anderer die sie irre führen".[39]

"Originale zu unsern Versteinerungen der höhern Welt"

Lichtenberg will seinen Aufsatz ersichtlich nicht bloß als Exempel seiner eigenen Beobachtungskunst und als Ratgeber für Schriftsteller und Schauspieler verstanden wissen, sondern zugleich auch als Versuchsanordnung für den Leser, die verschüttete, ungeübte Fertigkeit der Wahrnehmung am Beispiel zu probieren, ohne daß er Gefahr läuft, durch falsch verstandene Vorschriften eines anderen (eben seiner selbst) in die Irre zu gehen. Wie dieser Leser nun in seiner Einbildungskraft zu Lichtenbergs Bemerkungen die Bilder seiner eigenen Erfahrung hervorrufen kann, so vermag er zu den Kupfern Chodowieckis auch aus dem eigenen Kenntnisschatz besondere Erläuterungen selber hinzuzufügen. Ein Zug, der Lichtenbergs Denk- und Lebensart insgesamt kennzeichnet und den Experimentator und Lehrer ebenso auszeichnet wie den Schriftsteller und Gesellschaftsmenschen. Daß auch ihm eine rhetorische Praxis zugrunde liegt, sei hier nur am Rande vermerkt, insofern nämlich die auf sichere Geläufigkeit des Redners zielende exercitatio in der Anhäufung von "Sachkenntnissen und Worten"[40] mit Hilfe der praktischen Übung besteht, also nicht einfach bloß durch Anhäufung von Buchwissen erworben werden kann. Hinzu kommt nun aber auch der besondere Gegenstand des Unternehmens, für den Lichtenberg in Chodowiecki einen ihm ganz verwandten Geist erblickte, dem er schon in anderem Zusammenhang den "große[n] Fond von Beobachtungen und die glückliche Anlage die neuern [Beobachtungen] instinktmäßig zu haschen"[41] nachrühmte, ein geborener Beobachter des Menschen und darin Hogarth nicht

---

39 Lichtenberg, Vorschlag zu einem Orbis pictus, S. 382.

40 M. Fabius Quintilianus: Institutio oratoria. Ausbildung des Redners. Lat. u. dt. Hg. u. übers. v. H. Rahn. 2 Bde. Darmstadt 1972 u. 1975. Bd. 2. X, 1, 5, S.433.

41 G. C. Lichtenberg: Über Physiognomik; wider die Physiognomen. Zu Beförderung der Menschenliebe und Menschenkenntnis. In: Ders., Schriften und Briefe, Bd. 3, S. 295.

unähnlich, Lichtenberg verbunden in dem niederländischen Geschmack und psychologischen Interesse, in der Aufmerksamkeit, die er den alltäglichen Dingen des bürgerlichen Familienlebens widmete, so daß man den dokumentarischen Wert seines Werkes schon früh erkannte. Paul Requadt hat auf die Entsprechung dieses Gegenstandsbereichs mit dem des genus humile in der rhetorischen Stiltheorie aufmerksam gemacht,[42] und seither ist dieses Thema in der Forschung fest verankert, wenngleich mit unterschiedlichen und oftmals recht freimütigen Akzenten. Sieht der eine darin rhetorischen Stilwillen, so der andere einen erkenntnistheoretischen Vorbehalt zur "Erweiterung des Denkens".[43] Doch ist die starke Hinwendung zur Subjektivität und die Aufmerksamkeit, die dem einzelnen geschenkt wird, eine Errungenschaft der Aufklärung seit Thomasius, wenn sie auch zeitweise in der Wolffschen Schulphilosophie in Vergessenheit geriet. Beide sind in der rhetorischen Topik fest verankert, denn Menschenerfahrung braucht der Redner ebenso wie die Kenntnis der alltäglichsten Verrichtungen, und jedesmal entscheidet seine subjektive Findigkeit über die Stichhaltigkeit der Argumente. Die Topik lehrt nur das Allgemeine, die Fundorte der dem besonderen Fall oder Thema erst zu vermittelnden Beweise. Das Besondere, die auf die konkreten Gegebenheiten des Prozesses oder der politischen Probleme angewandten Argumente, hat der Redner selber zu finden. Die praktisch brauchbaren Überzeugungsmittel müssen sowohl dem Einzelfall möglichst angemessen sein, als auch der Verständnismöglichkeit eines Laienpublikums, an das der Rhetor sich ja in der Regel wendet, entsprechen, "denn für den praktischen Gebrauch sind", konstatierte Aristoteles, "die einzelnen und besonderen Dinge von größerer Bedeutung als die Kenntnis des Allgemeinen."[44]

Lichtenbergs Vorliebe für "alltägliche Pfennigs-Begebenheiten",[45] die "Aufmerksamkeit auf alltägliche Dinge",[46] auf das "*Irdisch-Vergängliche[]*"[47] und sogar "*Nichtswürdige[]*"[48] kann man demnach keinesfalls etwa (wie geschehen) als antirhetorische Eigenart bezeichnen: das Gegenteil ist der Fall. Wobei freilich gleich zu ergänzen ist, daß sich in Lichtenbergs Interesse am unscheinbaren Detail, an den Beobachtungen und Erfahrungen des bürgerlichen Alltags eine Funktionsveränderung der Rhetorik verrät. Denn setzte sich das Publikum des antiken Rhetors ebenso wie das des humanistischen Gelehrten zwar aus Laien zusammen, so waren es natürlich gebildete Laien. "Die Topoi sind also", schließt Lothar Bornscheuer, "gewissermaßen die Parameter für das Sprach- und Denkverhalten der kulturellen und politischen Führungsschicht."[49]

Anders Lichtenbergs Adressaten; ihr sozialer Ort stimmt wirklich mit dem Bezugsfeld des genus humile überein und ist mit den gesellschaftlichen Schichten identisch, deren Leben und Treiben Chodowiecki in den meisten seiner Genrebilder dokumentiert hat. Doch

---

42 Vgl. P. Requadt: Lichtenberg. Stuttgart 1964. S. 120-123.

43 H. Gockel: Individualisiertes Sprechen. Lichtenbergs Bemerkungen im Zusammenhang von Erkenntnistheorie und Sprachkritik. Berlin, New York 1973. S.135.

44 Aristoteles: Rhetorik. Übers. mit e. Bibl., Erl. u. e. Nachw. v. F. G. Sieveke. München 1980. S. 133.

45 Lichtenberg, Sudelbücher, Bd. 1, B 195, S. 98.

46 Lichtenberg, Sudelbücher, Bd. 1, B 22, S. 53.

47 Lichtenberg, Sudelbücher, Bd. 1, B 22, S. 53.

48 Lichtenberg, Sudelbücher, Bd. 1, B 22, S. 54.

49 L. Bornscheuer: Topik. Zur Struktur der gesellschaftlichen Einbildungskraft. Frankfurt a. M. 1976. S. 47.

soll damit nicht einer jener schlichten Kulturtheorien das Wort geredet werden, wonach die soziale Veränderung, also die Verschiebung des Adressatenbezuges auf die neuen bürgerlichen Mittelschichten, als die Ursache für jene Beredsamkeit aus der Erfahrung angesehen werden müsse, die wir in Lichtenbergs Schriften entdecken. Die Entwicklung ist viel zu kompliziert verlaufen, als daß sie sich in einem einfachen Kausalitätsmodell darstellen ließe. Lichtenbergs Orientierung an der alltäglichen Erfahrung und ihre Formulierung in einem neuen Typ von Realienbüchern, die ihre Überzeugungskraft nur noch in untergeordnetem Maße oder gar nicht mehr ihrem öffentlichen Geltungsanspruch, statt dessen aber der individuellen Authentizität verdanken, sind auch ein spätes Ergebnis seiner pietistischen Erziehung und verläuft sicherlich parallel zu jenem "Zurückgehen des Menschen in sich selbst",[50] das Hegel analysiert hat, so daß es zuallererst das hervorbringende Subjekt ist, das seine Produktion zu garantieren vermag. Die holländische Genremalerei dient ja auch Hegel als bestes Beispiel dafür, wie die "Prosa des Lebens"[51] zum Kunstgegenstand avanciert. In Lichtenbergs Fall ist die Subjektivität seiner Erfahrungen freilich nicht die einzige Bürgschaft ihrer Überzeugungskraft, es kommt ein Moment hinzu, das die topische Allgemeinheit von anderer Seite begründet und erst in einem mehr als metaphorischen, nämlich ganz präzisen Sinne seine Sudelbücher als Realiensammlungen ausweist, die schließlich immer auf einer Vermittlung zwischen Allgemeinheit und Einzelfall beruhen.

Der bereits zitierte Satz aus dem *Vorschlag zu einem Orbis pictus*, mit dem Lichtenberg seine Aufmerksamkeit für die geringere Klasse von Menschen begründet, gibt über dieses Problem weiteren Aufschluß. "Die Klasse des Pöbels", hieß es da, "enthält die Originale zu unsern Versteinerungen der höhern Welt. Niemand wird hoffentlich solche Bemühungen lächerlich finden, [so fährt er fort], da ohne Beobachtung fortzuschreiben nicht für lächerlich gehalten wird. Hier einmal wieder hinzusehen, ist, dünkt mich, was es auch sein mag, gewiß nicht unnützer, als nach Griechenland zu reisen und das heilige Grab der schönen Künste zu besuchen."[52]

Die Originale zu den Versteinerungen der Künste und Wissenschaften aufzusuchen, bezeichnet nun ein Grundmotiv neuzeitlichen Denkens, das hier nur in einer einzigen, freilich für Lichtenberg besonders wichtigen Spielart zur Diskussion steht und dabei auf ein Feld führt, das Albrecht Schöne zum Gegenstand einer Abhandlung über den experimentellen Physiker Lichtenberg gemacht hat. Wobei sich nebenbei erweisen wird, daß die Auslassung rhetorischer Tradition um den wahren Ertrag auch der scharfsinnigsten stilistisch-syntaktischen Analyse bringt. Denn wenn Schöne den "skeptische[n], hypothetische[n], experimentelle[n] Konjunktiv" zu jenem "Finder für alle Dinge" erklärt,[53] den Lichtenberg vermißte, so ist das ebenso, als ob man den Zeiger eines Suchinstruments für dieses selber nimmt und die kompliziertere Apparatur, deren Leistung er bloß anmeldet, gar nicht wahrnähme.

Der Trieb also, die wahren Beweggründe des Lebens hinter den kulturellen Sedimenten der abendländischen Geschichte zu suchen, ist der eigentümliche Zug des modernen Den-

50 G. W. F. Hegel: Ästhetik. Hg. v. Friedrich Bassenge. 2 Bde. Frankfurt a. M. o. J. Bd. 1. S. 581.

51 Hegel, Ästhetik, S. 572.

52 Lichtenberg, Vorschlag zu einem Orbis pictus, S. 383.

53 A. Schöne: Aufklärung aus dem Geist der Experimentalphysik: Lichtenbergsche Konjunktive. München 1982. S. 76.

kens, das mit der Renaissance einsetzt. Er bestimmt Lichtenbergs Selbsterforschung und Menschenbeobachtung ebenso wie seinen Begriff von empirischer Wissenschaft. Ja, man kann das Verhältnis seiner gesammelten Bemerkungen zum formulierten *Orbis pictus* bestimmen wie das vom Diener zum Herrn oder das von Alltag und großen öffentlichen Angelegenheiten oder genus humile und genus grande: sie alle verhalten sich wie die Originale zu den Versteinerungen (was übrigens auch noch einen Hinweis auf weitere Gründe dafür geben mag, warum es Lichtenberg in den meisten Fällen bei der Realiensammlung bewenden ließ: um nämlich die Originale nicht zu versteinern!). Noch seine Spekulationen im Gefolge von Leibniz' Idee einer "characteristica universalis" sind wie diese selber darauf aus, eine "natürliche"[54] Methode als eine Art Deduktionstafel für alle Einzelfälle zu finden, die derart zur Klarheit und Deutlichkeit der mathematischen Vorstellung gebracht würden. In Ideen dieser Art durchdringen sich rationalistisches und empiristisches Denken besonders augenfällig, und wenn Lichtenberg in seiner Entwicklung diesen beiden Polen mit unterschiedlicher Intensität zuneigt, so gelangt doch keiner zu völlig ausschließender Bedeutung. Man ist versucht zu sagen, daß sich Lichtenberg diesen beiden prinzipiellen Möglichkeiten der Aufklärung gegenüber selber experimentierend verhielt.

"Wir sehen in der Natur nicht Wörter sondern immer nur Anfangsbuchstaben von Wörtern, und wenn wir alsdann lesen wollen, so finden wir, daß die neuen sogenannten Wörter wiederum bloß Anfangsbuchstaben, von andern sind."[55] Das Interesse, das originale Buch der Natur zu lesen, ist primär, und Lichtenberg probiert die verschiedenen Lesemethoden durch, prüft sie auf ihre Tauglichkeit. Die Metapher, die er für seine Absicht benutzt, ist dabei freilich nicht willkürlich gewählt. Zuletzt ist ihr die Natur das wahre universale Realienbuch, das es zu entziffern, mit dem es zu arbeiten, dessen Topik es gleichsam zu entschlüsseln gilt. Lichtenberg hat diese Metapher nicht erfunden, sie ist selbst längst ein Topos, dessen weitverzweigte Geschichte Ernst Robert Curtius sorgfältig rekonstruiert hat. Von ihm stammt auch der Nachweis, daß die Metapher vom liber naturae schon im lateinischen Mittelalter geprägt wurde: "Das Buch der Natur sollte für den Prediger dem Bibelbuch als Stoffquelle zur Seite treten."[56] Rhetorisches Verständnis prägt diese Vorstellung von Anfang an, und wenn sie auch später modifiziert wird, Galilei davon spricht, das Buch der Natur sei "in mathematischer Sprache geschrieben, und die Schriftzeichen sind Dreiecke, Kreise und andere geometrische Figuren",[57] so liegt der Metapher doch weithin die Überzeugung zugrunde (und das erklärt allein auch ihren fortwirkenden Gebrauch), daß es so etwas gebe "wie ein aus dem Alltagdenken und den Problemen der Alltagspraxis erwachsendes allgemeinverständliches inventorisches Forschungsverhalten, das allen Künsten und Wissenschaften vorausliege und deren Prinzipien überhaupt erst begründe."[58]

Eine eminent rhetorische Überzeugung, und sie hat, bedenken wir die Entwicklung der Naturwissenschaften, die bis heute weitreichendsten Folgen gebracht. Ihr Gewährsmann für Lichtenberg ist Francis Bacon gewesen, auch wenn er ihn erst spät genauer studiert hat.

---

54 Lichtenberg, Sudelbücher, Bd. 1, B 190, S. 97.

55 Lichtenberg, Sudelbücher, Bd. 2, J 2154, S. 394.

56 E. R. Curtius: Europäische Literatur und lateinisches Mittelalter. Bern [6]1967. S. 323.

57 G. Galilei: Opere. Ed nazionale. VI 232. Zit. n. Curtius, Europäische Literatur, S. 327.

58 Bornscheuer, Topik, S. 93.

Und das vollkommen zu Recht. Denn in Bacons *Novum organum*, dem *Neuen Organ der Wissenschaften*, können wir sehr genau verfolgen, wie das neue Realienverständnis zwar die Kritik an den bisherigen Wissenschaften inspiriert, dabei auch die Rhetorik nicht ausläßt (die übereilte und unreife Methode bisheriger Naturforschung nennt Bacon die "Antizipationen der Natur" und fügt hinzu: sie "sind hinlänglich zum Ueberreden, weil man ganz gut mit Phantastereien, wenn sie nur mit Methode und Consequenz vorgetragen werden, Proselyten machen kann"[59]), also in seiner Idolen-Kritik auch die Praxis, aus Worten nur Worte zu erzeugen,[60] dem alten, überholten Wissenschaftsverständnis zuschlägt, doch mit dieser Geringschätzung nur die bisherige historisch entwickelte Gestalt trifft, während das rhetorische Prinzip, das bislang die Rede über die Natur beherrschte, nun auf die Rede mit der Natur übertragen wird und die Kommunikation mit ihr bestimmt. Denn die "Auslegungskunst der Natur",[61] die Bacon vorschlägt, bedeutet kein selbstzweckhaftes, meditatives Versenken, sondern ist darauf ausgerichtet, sich der Natur zu bemächtigen, sie zu besiegen und zu überwältigen durchs scheinbare Gegenteil: "indem man ihr nachgibt", "und was in der Betrachtung als Ursache erscheint, das dient in der Ausübung zur Regel".[62] Ohne nun die zahlreichen Entsprechungen zwischen rhetorischer Auslegungskunst und der von Bacon empfohlenen Auslegungskunst der Natur, zwischen rednerischer Inventionskunst und naturwissenschaftlicher ars inveniendi im einzelnen aufzuzählen und damit einer immer noch ausstehenden Untersuchung unzulässig vorzugreifen, wird doch schon deutlich, daß Bacon vom Naturforscher neuen Typs ganz ähnliche Eigenschaften und Tätigkeiten verlangt, wie sie den klassischen Redner kennzeichnen. Wie dieser Menschenerfahrung, Kenntnis der Temperamente, von Alter, Gewohnheit, Stand sowie die Erfahrung der Gesellschaft und des Individuums haben muß, um im Streit der Meinungen seinen Gegner oder Widersacher zu überwältigen, so genau muß sich der neue Naturwissenschaftler auf seinen Gegenstand einlassen. Das Verhältnis, das nach klassischer Theorie der Redner zu den Dingen und seiner Umwelt einnahm, hat Bacon auf das Verhältnis des Menschen zur Natur übertragen; in Zukunft erschließt sich der Mensch die Natur nicht mehr deduktiv (wie meist die bisherige Philosophie), sondern nach Weise des Redners induktiv und unter Wahrung des Prinzips der Angemessenheit. "Unstreitig ist der beste Beweis die Erfahrung",[63] so kategorisch setzt der 70. Aphorismus im 1. Buch des *Novum organum* ein, und Bacon läßt auch keinen Zweifel, daß seine "Inductionsmethode Alles ohne Ausnahme" umfasse: "Wir werden Beobachtungen und Classificationen mittheilen über Zorn, Furcht, Scham und andere Gemüthsbewegungen, sowie über Fälle aus dem bürgerlichen Leben; nicht minder über Geistesthätigkeiten, Gedächtniß, Combinations- und Abstractionsvermögen, Urtheilskraft u. dgl. als über Wärme und Kälte, Licht, Vegetation u.s.w."[64] Selbst wenn dieses ehrgeizige Programm im *Novum organum* nur teilweise verwirklicht wurde, so hat es Bacon in seinen Essays dafür

---

59 F. Bacon: Neues Organ der Wissenschaften. Übers. u. hg. v. A. T. Brück. Unveränd. reprograf. Nachdr. d. Ausg. Leipzig 1830. Darmstadt 1981. S. 30.

60 Bacon, Neues Organ, S. 40.

61 Bacon, Neues Organ, S. 84.

62 Bacon, Neues Organ, S. 26.

63 Bacon, Neues Organ, S. 50.

64 Bacon, Neues Organ, S. 93.

nicht versäumt, die schönsten Proben zu liefern. Ja gerade sie zeigen immer wieder, daß die Begründung eines neuen Naturverhältnisses in ihrer empirischen, am Nutzeffekt orientierten Ausrichtung der rhetorischen Konvenienz-Doktrin folgt, die - mit Quintilians Worten - in nichts anderem besteht, als daß man "Stück für Stück versuchend, was passend und schicklich sei, durch Erproben kennen[zu]lernen".[65] Eine Maxime, die Bacon immer wieder aufgegriffen hat, in seinen Empfehlungen "Über Höflichkeit und Anstand"[66] ebenso wie in den Erfahrungssätzen, die der langjährige Parlamentarier aus seiner Redepraxis vor der beratenden Versammlung, als höchster Richter oder geistreicher Causeur zu ziehen vermochte. Dabei sind es gerade die alltäglichen und gemeinen Dinge, denen er seine Aufmerksamkeit schenkte - in der Überzeugung nämlich, "daß ohne Kenntniß der nähern und entferntern Ursachen des Alltäglichen auch über ungewöhnliche und merkwürdige Erscheinungen weder ein Urtheil zu fällen, noch etwas Neues daraus herzuleiten ist".[67]

Kein Wunder, daß Lichtenberg in dem "berühmte[n] Baco von Verulam"[68] schon früh einen verwandten Geist vermutete und ihn später auch als solchen kennenlernte. Bei ihm fand er auch bereits die methodische Begründung der aphoristischen Form. Wenn nämlich "Alles als längst in jeder Rücksicht vollendet dargestellt wird", so muß der wissenschaftliche Fortschritt stocken, wogegen das Verfahren, die "durch Naturstudien erworbnen Kenntnisse [...] in Aphorismen oder kurze nicht methodisch verkettete Sätze zu fassen",[69] dem Stande des fragmentarischen Wissens selber angemessen ist und zu weiteren Forschungen anregt. "Erwecken, was man vorher nicht deutlich erkannte."

Die einheitliche Hervorbringung von Sache und Wort war, gegenüber der didaktischen Trennung beider Bereiche in den Lehrbüchern, immer das eigentliche Ideal der rhetorischen Kunst. Der Unterschied liegt nicht darin, daß wir es in dem einen Falle mit einer unwillkürlichen Einheit, im anderen mit einer absichtsvollen Operation zu tun hätten. Der eigentliche Gewinn, der in der Einheit von Denken und Sprechen liegt, muß darin gesehen werden, daß Reden oder Schreiben dann nicht mehr bloß eine Bekleidung von Sachen mit Worten bedeuten, sondern Erkenntnis produzieren, also richtig verstanden eine ars inveniendi in allen Wissenschaften darstellen. Auch Lichtenberg hat diese Absicht mehrfach bekräftigt. Beginnend mit der Berufung auf Plato, der gesagt habe, "das poetische Genie werde durch die Harmonie und die Versart rege gemacht, und dieses setze den Dichter in den Stand ohne Überlegung seine Gedichte zu verfertigen [...] ein jeder wird dieses bei sich verspürt haben, wenn er mit Feuer Verse gemacht hat, vielleicht könnten wir durch ähnliche Kunstgriffe unsre übrige[n] Fähigkeiten ebenso in Bewegung setzen, hauptsächlich auch die Ausübung der Tugend. Eine große Fertigkeit im Dividieren und zwar nach der Methode, die man über sich dividieren heißt, die ich bei jemand bemerkte, brachte mir zuerst den Lusten zur Rechenkunst bei; ich dividierte mehr der einförmigen Gestalt der Auflösung willen, als aus einer andern Absicht."[70] Gerade dieses Beispiel aus Heft A der *Sudelbücher*

65 Quintilianus, Ausbildung des Redners, Bd. 1, V,10,123, S. 595.

66 Bacon, Neues Organ, S. 232.

67 Bacon, Neues Organ, S. 87.

68 Lichtenberg, Sudelbücher, Bd. 1, C 209, S. 199.

69 Bacon, Neues Organ, S. 66.

70 Lichtenberg, Sudelbücher, Bd. 1, A 27, S. 15f.

ist so bemerkenswert, weil es auf den psychologischen und sinnkräftigen Einfallsreichtum zielt, der selbst der abstrakten mathematischen Problemerörterung dienlich ist. Eine spätere Notiz nimmt den Gedankengang wieder auf und bezieht ihn nun direkt auf das Schreiben. "Zur Aufweckung des in jedem Menschen schlafenden Systems ist das Schreiben vortrefflich, und jeder der je geschrieben hat, wird gefunden haben, daß Schreiben immer etwas erweckt was man vorher nicht deutlich erkannte, ob es gleich in uns lag."[71] Auch noch ein dritter Beleg sei beigebracht, weil er das Überraschende, Unvorhersehbare dieses in Analogie zu religiöser Erfahrung beschriebenen Erweckungsprozesses pointiert: "Wenn ich über etwas schreibe, so kommt mir das Beste immer so zu, daß ich nicht sagen kann, *woher*."[72]

Lichtenbergs Wahrheitsbegriff erschöpft sich nicht, wie man wohl erwarten könnte, in der Angleichung an die Sache, die es zu erkennen gilt, so daß allein das Objekt das Verständnis des Subjekts bestimmt. Erkenntnis ist ihm vielmehr Produkt eines schöpferischen Prozesses, in dem das Interesse des Subjekts, seine Gefühle und Neigungen nicht allein als Hemmnisse mit eingehen, sondern die angemessene Erfahrung der Wirklichkeit erst ermöglichen. Nur auf den ersten Blick widersprechen diese Überlegungen den Ansichten, die Lichtenberg zur Rolle von Beobachtung und Erfahrung für die neue Naturforschung geäußert und der Kritik, die er an der Sprache, am Denken in Allgemeinbegriffen vorgetragen hatte. "Ich heiße eine Seele majorenn, nicht wenn der ihr zugegebene Leib sich dreimal die Woche rasieren läßt, sondern die mit einer bescheidenen Überzeugung, daß sie nun die Welt auch aus ihrem Standpunkt mit ihren Augen sehen und mit ihren Händen greifen könne, im Rat der Menschen über Wahrheit und Irrtum Sitz und Stimme nehmen kann."[73] Eine vergleichbare Überlegung findet sich auch an anderer Stelle. "Riefe ich laut aus und hätten meine Worte den Klang der Posaune des letzten Tags: *höre, du bist ein Mensch, so gut als Newton, oder der Amtmann oder der Superintendent, deine Empfindungen, treulich und so gut als du kannst in Worte gebracht, gelten auch im Rat der Menschen über Irrtum und Wahrheit. Habe Mut zu denken, nehme Besitz von deiner Stelle*!"[74]

Man darf wohl die pathetische Sprechweise dieses sonst so kompromißlos dem genus humile oder allenfalls dem genus mediocris, also der mittleren, leicht geschmückten, unterhaltsam-geselligen Stilebene, zugewandten Schriftstellers als Zeichen dafür nehmen, welche Wichtigkeit er dieser Überzeugung beimaß. Die beiden Stellen wurden freilich bislang ausschließlich auf Lichtenbergs aufklärerisches Programm des Selbstdenkens bezogen, das Bild vom Rat der Menschen über Irrtum und Wahrheit ist aber vielsagender. Lichtenberg benutzt das Muster der Ratsversammlung, um zu verdeutlichen, daß die Wahrheit (mit Hegel zu sprechen) nicht eine ausgeprägte Münze ist, die fertig gegeben und so eingestrichen werden kann, sondern im freien rationalen Streit der Argumente entsteht und sich also aus einer konkreten Gemeinsamkeit von Menschen entwickelt. Die wohl früheste Erläuterung findet sich in Heft A der *Sudelbücher*, sie läßt nun keinen Zweifel mehr, an welche Tradition Lichtenberg hier ganz ausdrücklich anschließt. "Sätze worüber alle Menschen übereinkommen sind wahr, sind sie nicht wahr, so haben wir gar keine Wahrheit. Andere Sätze für

---

71 Lichtenberg, Sudelbücher, Bd. 1, J 19, S. 653.

72 Lichtenberg, Sudelbücher, Bd. 2, K 183, S. 433.

73 G. Ch. Lichtenberg: Betrachtungen für junge Gelehrte. In: Ders., Schriften und Briefe, Bd. 3, S. 512.

74 Lichtenberg, Sudelbücher, Bd. 1, B 321, S. 130.

wahr zu halten zwingt uns oft die Versicherung solcher Menschen, die in der Sache viel gelten, und jeder Mensch würde das glauben, der sich in eben den Umständen befände, so bald dieses nicht ist, so ist es eine besondere Philosophie und nicht eine die in dem Rat der Menschen ausgemacht ist".[75] Lichtenbergs Ideal des Selbstdenkens schließt zwar das Streben ein, "von neuem sehen, von neuem hören, von neuem fühlen"[76] zu können, doch vor solipsistischer Beliebigkeit oder spezialistischer Hermetik schützt die Verankerung im gemeinschaftlichen Sinn der Menschen, jenem sensus communis, in dem schon das humanistische Ideal der eloquentia gründete. "Ich muß noch einmal erinnern", bekräftigt Lichtenberg seine eigenen Absichten, "daß ich keine Machtsprüche tue und wenn sie auch so klingen sollten, meine Gedanken sind ja die Gedanken eines Menschen, insoferne trage ich sie vor zur Betrachtung".[77] Die regulative Vorstellung vom Rat der Menschen wäre sinnlos, wenn der Sinn für das Rechte und das gemeine Wohl nicht als Anlage wenigstens in allen lebte. "Ich bin ein freier Mensch, meine Landesleute sind ehrliche Leute, ich spreche wie ich es denke, bin gegen mich selbst aufrichtig [...], so kann ich mich überall sehen lassen, ein falsches Urteil wird mir alsdann zum Gebrechen, und nicht zum Vergehen angerechnet."[78] Abermals liegt Lichtenbergs Denken Rhetorik zugrunde, doch diesmal nicht als inventorisches Forschungsverhalten im Bereich der Erfahrung, sondern als ein "Wissen darum, daß die Möglichkeiten des rationalen Beweises und Lehrens den Kreis der Erkenntnis nicht ausschöpfen",[79] auch nicht im Verein mit den induktiven Methoden der neuen Naturwissenschaften. Seine ganze Person war davon durchdrungen, und so hat ihn, mit sympathetischer Präzision, auch Wolfgang Promies gezeichnet, wie er am Pult steht, mit Witz und Einfallsreichtum seine Versuchsanordnung erläuternd, das verkörperte "Rokoko" auf dem akademischen Katheder,[80] Repräsentant einer fröhlichen Wissenschaft, ein Professor, der die Resultate seines Denkens und seiner Experimente mit Scherz und Laune präsentierte und die heitere Belehrung jeder pedantischen Demonstration vorzog, ein Gelehrter, der auch den zweideutigen Witz nicht scheute, um die Ohren seiner Hörer für neue Erkenntnisse zu öffnen, und der entzückt war von den bunten, überraschenden Schauspielen, die sein unbändiger Spieltrieb am Experimentiertisch selber erzeugt hatte, ein Wissenschaftler zudem, der mit seinen Geräten lebte, sie in die Wohnung holte und ihnen mitunter sogar Namen gab, der seine Forschungen ausschließlich sub specie hominis veranstaltete und daher den von ihm vervollkommneten Blitzableiter ganz konsequent "*Furchtableiter*" genannt hat.[81] Dem oftmals schon leichtfertigen Fortschrittsoptimismus und der Wissenschaftsgläubigkeit seiner Zeitgenossen, denen er doch als einer ihrer ersten Physiker galt, setzte er in seiner Person wie in seinem Denken ein Bildungsideal entgegen, das aus älteren Quellen stammt und eine

---

75 Lichtenberg, Sudelbücher, Bd. 1, A 136, S. 39.

76 Lichtenberg, Sudelbücher, Bd. 2, H 21, S. 181.

77 Lichtenberg, Sudelbücher, Bd. 1, B 321, S. 131.

78 Lichtenberg, Sudelbücher, Bd. 1, B 321, S. 130.

79 H.-G. Gadamer: Wahrheit und Methode. Grundzüge einer philosophischen Hermeneutik. 2., durch e. Nachtr. erw. Aufl. Tübingen 1965. S. 21

80 W. Promies: Georg Christoph Lichtenberg in Selbstzeugnissen und Bilddokumenten. Reinbek bei Hamburg 1964. S. 69

81 G. Ch. Lichtenberg: Brief an Christian Gottlob Heyne (12. Juli 1794). In: Ders., Schriften und Briefe, Bd. 4, München 1967. S. 889.

Tradition erneuert, die einer ihrer wichtigsten Gewährsmänner aus einer vergleichbaren Ideenkonstellation heraus beschrieben hat. "Da heute das einzige Ziel der Studien die Wahrheit ist, richten wir unsere Forschung auf die Natur der Dinge, weil sie gewiß zu sein scheint, die Natur des Menschen aber erforschen wir nicht, weil sie durch die Willkür völlig ungewiß ist. Aber diese Studienordnung bringt für die jungen Leute den Nachteil mit sich, daß sie künftig weder die nötige Klugheit im bürgerlichen Leben zeigen, noch eine Rede mit Charakterfarben zu beleben und mit dem Feuer der Affekte zu erwärmen vermögen. Da uns, um von der Klugheit im bürgerlichen Leben zu sprechen, die menschlichen Dinge unter der Herrschaft von Gelegenheit und Wahl, die beide höchst ungewiß sind, stehen und zumeist von Verstellung und Verheimlichung, die im höchsten Maße trügen können, gelenkt werden, so verstehen diejenigen, die allein das Wahre im Auge haben, nur schwer die Wege, die sie nehmen, und noch schwerer ihre Ziele; und, mit ihren eigenen Plänen scheiternd, von fremden betrogen, treten sie oft genug von der Bühne ab."[82] Dies Plädoyer für die fortdauernde Gültigkeit der studia humanitatis in einer Zeit, in der Descartes und die mathematische Methode herrschten, stammt von Giambattista de Vico, und zwar aus seiner Schrift *De nostri temporis studiorum ratione* (1709), in der er den Versuch unternimmt, die Studienart der Alten und der Modernen miteinander zu versöhnen. Sie pointiert den Zwiespalt, in dem auch Lichtenberg sich befand: hier die Untersuchung der gewiß und sicher erscheinenden Dinge, der natürlichen Realien, wie sie uns Beobachtung, Erfahrung, Experiment vor Augen führen; da die eigentümlich schillernde, ganz ungewisse menschliche Natur.

Den Menschen in seinem einzelnen und in seinem gesellschaftlichen und geschichtlichen Dasein zu verstehen, dies Ziel beherrschte die Epoche der Menschenkenntnis und Erfahrungsseelenkunde, erste tiefe Einblicke eröffneten sich Lichtenberg in diese terra incognita durch die Schauspielkunst Garricks, und sein *Orbis pictus* ebenso wie die spätere *Erklärung der Hogarthischen Kupferstiche* zeigen, daß es ihm immer um die Enthüllung der menschlichen Verhältnisse ging. In die Dynamik dieses Aufklärungsprozesses hat er sich auch selber mit hineingenommen, und er bemerkte verwundert, daß ihm auch die res naturae in diese seine menschliche Perspektive gerieten: "Jedes Kriechen eines Insekts dient mir zu Antworten über Fragen über mein Schicksal. Ist das nicht sonderbar von einem Professor für Physik? Ist es aber nicht in menschlicher Natur gegründet und nur bei mir monströs geworden, ausgedehnt über die Proportion natürlicher Mischung, wo es heilsam ist?"[83] Wir, die gebrannten Kinder eines wissenschaftsgläubigen Jahrhunderts, vermögen heute gewiß nicht mehr über diese Einmischung des Subjekts in die Naturerfahrung, über die Mißachtung der wissenschaftlich verordneten Distanz zu lächeln. Steckt doch dahinter die Überzeugung, daß die Stellung, die der Mensch sich zur Wirklichkeit gibt, nicht mit Hilfe der Naturwissenschaften zu schaffen, zu verstehen und zu durchdringen ist. "Eine große Rede läßt sich leicht auswendig lernen und noch leichter ein großes Gedicht. Wie schwer würde es nicht halten, eben so viel ohne allen Sinn verbundene Wörter, oder eine Rede in einer fremden

---

82 G. B. Vico: De nostri temporis studiorum ratione. Vom Wesen und Weg der geistigen Bildung. Lat. u. dt. Übers. v. W. F. Otto. Mit e. Nachw. v. C. Fr. Weizsäcker u. e. erl. Anhang v. F. Schalk. Darmstadt 1974. S. 61.

83 Lichtenberg, Sudelbücher, Bd. 1, J 715, S. 755f.

Sprache zu memorieren. Also Sinn und Verstand kömmt dem Gedächtnis zu Hülfe. Sinn ist Ordnung und Ordnung ist doch am Ende Übereinstimmung mit unserer Natur. Wenn wir vernünftig sprechen, sprechen wir nur immer unser Wesen und unsere Natur. Um unserm Gedächtnisse etwas einzuverleiben suchen wir daher immer einen Sinn hineinzubringen oder eine andere Art von Ordnung. Daher Genera und Species bei Pflanzen und Tieren, Ähnlichkeiten bis auf den Reim hinaus. Eben dahin gehören auch unsere Hypothesen, wir müssen welche haben, weil wir sonst die Dinge nicht behalten können. Dieses ist schon längst gesagt, man kömmt aber von allen Seiten wieder darauf. So suchen wir Sinn in die Körperwelt zu bringen. Die Frage aber ist, ob alles für uns lesbar ist. [!] Gewiß aber läßt sich durch vieles Probieren, und Nachsinnen auch eine Bedeutung in etwas bringen was nicht für uns oder gar nicht lesbar ist. So sieht man im Sand Gesichter, Landschaften usw. die sicherlich nicht die Absicht dieser Lagen sind. Symmetrie gehört auch hieher. Silhouette im Dintenfleck pp. Auch die Stufenleiter in der Reihe der Geschöpfe, alles das ist *nicht in den Dingen, sondern in uns*. Überhaupt kann man nicht gnug bedenken, daß wir nur immer uns beobachten, wenn wir die Natur und zumal unsere Ordnungen beobachten."[84]

Zeugnisse dieser Art gibt es, zumal seit den neunziger Jahren, in Lichtenbergs Werk genug. Er nennt den Menschen einen "Ursachensucher"[85] und "Ursachen-Bär"[86] und bemerkt "ein fast zu schriftlichen Tätlichkeiten übergehendes Mißtrauen gegen alles menschliche Wissen",[87] wovon einige Zeit nur die Mathematik ausgenommen war, bis auch sie seine Erwartungen enttäuschte. Doch das eigentlich Bemerkenswerte an der hier so ausführlich wiedergegebenen Stelle ist nicht die Wissenschaftsskepsis, sie enthält nämlich die neue rhetorische Begründung der Wissenschaften, die nun in einem ganz präzisen Sinn von Lichtenbergs Beredsamkeit aus der Erfahrung und von seinen Sudelbüchern als Realienbüchern sprechen läßt. "Wenn wir vernünftig sprechen, sprechen wir nur immer unser Wesen und unsere Natur"[88] - auf dieser Einsicht beruht die humanistische Methode, die Ausbildung von Gedächtnis, Phantasie, Sprechfähigkeit, die Verpflichtung auf die Topik, die Anlage und der Gebrauch von Realienbüchern und die konkrete Allgemeinheit des sensus communis. Womit auch deutlich wird, daß die Annahme, die besondere Form der Lichtenbergschen Aufklärung stamme aus dem Geist der experimentellen Naturwissenschaft,[89] den wahren Sachverhalt auf den Kopf stellt. Nicht nur historisch liegt der naturwissenschaftlichen Findekunst die rhetorische ars inveniendi zugrunde, die ein produktiv-ausschöpfendes Vermögen darstellt und durch Kombination, sinnreiche Verknüpfung, durch das methodisch kontrollierte, versucherische Umgehen mit ihnen, das dann Experiment genannt wird, auch zu neuen Erkenntnissen und Erfahrungen gelangen läßt. Lichtenbergs naturwissenschaftliches Denken selber erwächst aus der Diskussion der Frage nach seiner methodischen Kontinuität oder Zusammenhanglosigkeit mit dem rhetorisch-humanistischen Wissenschaftsbegriff und führt zu einer Art Rekonstruktion der neueren Wissenschaftsgeschichte seit der Renais-

84 Lichtenberg, Sudelbücher, Bd. 1, J 392, S. 710.
85 Lichtenberg, Sudelbücher, Bd. 2, J 1551, S. 286.
86 Lichtenberg, Sudelbücher, Bd. 2, J 1826, S. 330.
87 Lichtenberg, Sudelbücher, Bd. 1, J 938, S. 784.
88 Lichtenberg, Sudelbücher, Bd. 1, J 392, S. 710.
89 Schöne, Aufklärung aus dem Geist der Experimentalphysik, S. 50.

sance, nämlich immer wieder zu dem Ergebnis, daß bei der Entfaltung und methodischen Differenzierung des modernen mathematisch-naturwissenschaftlich geprägten Wissenschaftsgedankens die Tradition des rhetorischen Humanismus lebendig fortwirkte. Die Dinge wurden Lichtenberg immer nur verständlich, wenn er sie als menschliche Dinge denken konnte. Was erkenntniskritisch als Trübung erscheint (häufig wird in diesem Zusammenhang das Beispiel zitiert, wie sich der lesende Lichtenberg unvermerkt mit seinem Buch das Licht verstellt und spontan eine Wolke dafür verantwortlich macht),[90] was die Erkenntnis zu behindern vermag, kann sie auch befördern, und der subjektive Bezugs- wie Ausgangspunkt darf in keinem Erfahrungs- und Erkenntnisprozeß außer acht gelassen werden. Es ist eine durch und durch anthropozentrische, qualitative Auffassung der Natur, die dieser Experimentalphysiker vertreten hat, voller Realfiguren und Realsymbole, die es menschlich zu deuten gilt. Es wirkt wie eine besondere Pointe, daß die Entdeckung, die seinen Namen trägt, die Lichtenbergschen Figuren, nun wirklich in Figuren redet von "besonderer Gestalt", welche "erhabener Arbeit glichen".[91] Ein "sehr angenehmes Schauspiel"[92] nennt es der entzückte Berichterstatter später, und wir begreifen, daß in dieser existentiellen Beteiligung die Triebkraft seines ganzen Werkes und der Entstehungsgrund seiner Beredsamkeit zu suchen ist. Lichtenberg hat sich immer wieder bewußt Rechenschaft darüber abgelegt, und das abschließende Zitat liefert ein besonders schönes Exempel für die humanistische Rückspiegelungskunst, die seinen Umgang mit der Natur kennzeichnet. Es gibt heute, angesichts einer von dieser Tradition vollkommen losgekoppelten Naturwissenschaft, kaum einen Grund, sich darüber zu mokieren. "In meiner Krankheit im Januar und Februar 1790 betrachtete ich oft den Himmel meiner Bettlade, der aus einem kleingeblümten Zitz war. Jedes Blümchen lag in dem gemeinschaftlichen Punkt zweier sich unter einem Winkel von etwa 60° durchkreuzenden Linien. Dadurch entstunden denn eine Menge von Rhombis, so wie ich nur einen Rhombus von etwa *einem* Quadratzolle, oder von 4 oder von 9 usw. Quadratzollen recht deutlich ins Auge faßte, so verwandelte sich für mein Auge sogleich die ganze Fläche in solche Rhombos, alle von der Größe des angenommenen [...] Dieses waren also Muster, die aus objektiven und subjektiven Anlagen zugleich entstunden. Wenn ich ein Neues versuchte, so hielt es immer anfangs etwas schwer, war es aber im Gange, so war auf einmal das Ganze wie plötzlich kristallisiert. Ich glaube [die] Sache könnte auf höhere Dinge angewendet werden."[93]

90 Vgl. Lichtenberg, Sudelbücher, Bd. 1, A 35, S. 17.

91 G. Ch. Lichtenberg: Von einer neuen Art die Natur und Bewegung der elektrischen Materie zu erforschen. In: Ders., Schriften und Briefe, Bd. 3, S. 27.

92 Lichtenberg, Elektrische Materie, S. 27.

93 Lichtenberg, Sudelbücher, Bd. 1, J 532, S. 732.

Erzählte Geschichte

Über einige rhetorische und ästhetische Aspekte von Kracauers Geschichtsphilosophie

Das letzte Buch Siegfried Kracauers, das sich mit der Geschichte als einer Erzählung der Dinge vor den letzten Dingen beschäftigt, ist selber das Produkt seines Denkens vor dem Ende und die Arbeit seiner letzten Lebensjahre gewesen. Das Motiv von Altersperspektive und Tod durchzieht es sowohl ausdrücklich wie unausgesprochen, auch ist es Fragment geblieben und entspricht damit in der eigenen formalen Gestalt einer wesentlichen These seiner Argumentation. Paul Oskar Kristeller, der Freund und große Renaissance-Historiker, hat das Buch posthum herausgegeben; es ist nicht sehr beachtet worden, und die Auseinandersetzung mit ihm beschränkt sich auf gelegentliche Bemerkungen und den ein oder anderen Versuch, die darin entwickelten Gedanken mit Kracauers früheren Schriften über die Soziologie oder über Foto- und Filmästhetik zu konfrontieren. Die Absicht meiner diesmaligen Lektüre, über deren Ergebnisse ich Ihnen etwas berichten möchte, geht allerdings nicht dahin, das Geschichtsbild seiner Frühschriften mit dem der *Geschichte - Vor den letzten Dingen* zu vergleichen (und deren Diskrepanz und Übereinstimmungen herauszufiltern) oder die neue Gewichtung im Verhältnis von Geschichtsschreibung und Fotografie im Spätwerk zu erwägen.[1] Vielmehr möchte ich das Buch, getreu seiner eigenen Devise, aus der Perspektive jener Zwischenräume beleuchten, in denen seiner Ansicht nach generell die wichtigsten historischen Botschaften versteckt sind;[2] solche Zäsuren weist es natürlich auch selber auf, da Kracauers opus posthumum neben theoretisch-philosophischen Überlegungen, die er an einer Stelle auch Meditationen nennt (damit wohl auf den Husserlschen Begriff anspielend, der in die Suspension des empirischen Ich - nach Kracauer auch unumgängliche methodische Voraussetzung des Historikers - die Bedingung meditativen Verhaltens setzt), auch die Grundzüge einer Geschichte der Historiographie enthält. Gerade deren eher beiläufige Notierung interessiert mich, weil ich in ihnen den (oder wenigstens einen der wichtigsten) Schlüssel zu Kracauers eigener Geschichtsansicht erblicke.

Aber zuvor möchte ich noch eine andere kurze Überlegung anstellen, die von der an den Titel meines Aufsatzes anschließenden Frage ausgehen soll, inwiefern man denn überhaupt von einer Geschichtsphilosophie Siegfried Kracauers sprechen kann, dessen erklärte Absicht es in diesem Buch (wie übrigens auch schon vorher) gerade ist, die Anwendung philosophischer, also allgemeiner Prinzipien und Gesetze auf die empirischen Ereignisse und Tatsachen der Geschichte zu diskreditieren. "Geschichte ist auch das Reich von Zufällen und neuen Anfängen. Alle in ihr entdeckten oder in sie hineingelesenen Gesetzmäßig-

---

1 Vgl. I. Mülder-Bach: Der Umschlag der Negativität. Zur Verschränkung von Phänomenologie, Geschichtsphilosophie und Filmästhetik in Siegfried Kracauers Metaphorik der "Oberfläche". In: DVjs 61 (1987), S. 371.

2 Vgl. S. Kracauer: Geschichte - Vor den letzten Dingen. In: Ders.: Schriften. Bd. 4. Frankfurt a. M. 1971. S. 19.

keiten sind von begrenzter Reichweite."[3] Allein, auch die Überzeugung und Darlegung von Kontingenz ist eine allgemeine Aussage über Geschichte, und sie bedeutet darüber hinaus für Kracauer nicht etwa das Postulat ihrer Sinnlosigkeit und Unerkennbarkeit. Er nennt Geschichte zwar eine "umstrittene[ ] Wissenssparte"[4], die zwischen Wissenschaft und Kunst liegt, also einem "vermittelnden Bereich"[5] angehört, dessen besondere Art des Wissens seine Aufmerksamkeit fesselt: "Mein Ziel ist hierbei", heißt es im letzten Abschnitt seiner 'Einführung', "den vermittelnden Bereich von Geschichte als einen Bereich eigenen Anspruchs zu begründen - jenen der vorläufigen Einsicht in die letzten Dinge vor den letzten."[6] Eine solche Begründung aber, selbst wenn sie die Geschichte (mit Kant zu sprechen) aus dem Bereich der zugleich subjektiven und objektiven Gewißheiten herausführt, ist nichts weniger als eine geschichtsphilosophische Anstrengung.

Deren Beginn nun wirkt wie ein leises, aber unmißverständliches Signal. "Die antiken Historiker pflegten ihre Geschichten mit einer kurzen autobiographischen Vorrede einzuleiten - als ob sie den Leser unverzüglich über ihren Standort in Zeit und Gesellschaft in Kenntnis setzen wollten, jenen archimedischen Punkt, von dem sie alsdann aufbrachen, die Vergangenheit zu durchstreifen."[7] Das ist der erste Satz von Kracauers 'Einführung' in sein Buch, und daß er ihn ausgerechnet den antiken Historikern widmet, wird sich noch als bedeutungsvoll erweisen. Er enthält keimhaft bereits den Grundgedanken aller folgenden Darlegungen, die die "terra incognita" jener Geistesrichtung aufhellen soll, die man Geschichte nennt.[8] Ihre Kategorien sind von der Philosophie nicht etwa geklärt worden, sondern "überschattet"[9], also verdunkelt, behauptet eine These, und so ist es nur konsequent, wenn ihr Verfechter hinter die Anfänge der Geschichtsphilosophie, also hinter Voltaire und das 18. Jahrhundert, zurückgreift. Die antiken Historiker spielen die Rolle von Gewährsmännern der frühesten und immer noch überzeugenden Auffassung von Geschichte, die Kracauer sich vorgenommen hat zu rehabilitieren.

Diese Absicht betrifft zunächst einmal deren Gegenstand, die res gestae im Unterschied zur berichteten Geschichte, eine Distinktion, die sich sehr schön im englischen Sprachgebrauch fassen läßt, und Kracauer folgt ihm, wenn er die eine "story" und die andere "history" nennt. History bedeutet Geschichte als Erfahrung, den Bereich von Handeln und Leiden, öffentlicher und privater Wirksamkeit,[10] den die Geschichte als Erkenntnis zu durchdringen und zu verstehen sucht, ob sie dies nun in Form der Geschichtsschreibung, als historische Analyse oder geschichtsphilosophische Konstruktion unternimmt. Eben diese Geschichte als Erfahrung aber, so Kracauers Prämisse, erweist sich zuletzt dem menschlichen Wissen in seiner philosophischen oder naturwissenschaftlichen Ausrichtung als in-

---

3 Kracauer, Geschichte, S. 39.

4 Kracauer, Geschichte, S. 26.

5 Kracauer, Geschichte, S. 26.

6 Kracauer, Geschichte, S. 26.

7 Kracauer, Geschichte, S. 15.

8 Vgl. Kracauer, Geschichte, S. 16.

9 Kracauer, Geschichte, S. 197.

10 Vgl. D. Sternberger: Geschichte als Erfahrung und Geschichte als Erkenntnis. Rede für ein Archiv (1977). In: Ders.: Vexierbilder des Menschen. Schriften. Bd. 6. Frankfurt a. M. 1986. S. 37.

kommensurabel, weil sie sich von Naturgeschichte unterscheidet und von Menschen gemacht wird, die der "disruptiven Kraft der Freiheit"[11] in ihr zur Wirksamkeit verhelfen. "Der Mensch ist ein relativ frei Handelnder"[12], sagt Kracauer, was immer wir über ihn in Erfahrung bringen können, wird uns nicht befähigen, sein Handeln restlos auf Gesetze zurückzuführen und vorhersehbar zu machen. "Menschliche Verhältnisse transzendieren [...] die Dimension von Naturkräften und kausal determinierten Mustern."[13] Ohne sich nun in die alte und immer unentschieden gebliebene Diskussion um menschliche Willensfreiheit zu vertiefen und schließlich notwendigerweise zu verlieren, begnügt sich Kracauer damit, die Unzulänglichkeit und Unhaltbarkeit von Geschichtsmodellen hegelianischer, marxistischer oder quasi-naturwissenschaftlicher Provenienz durch einige schlagende Beispiele plausibel zu machen und ihr die eigene Ansicht als die zumindest wahrscheinlichere Hypothese gegenüberzustellen. Wenn es uns bisher nicht gelungen ist, so argumentiert er, trotz aller "Gleichförmigkeiten und in der Tat kausale[n] Beziehungen"[14], die wir in der historischen Realität feststellen können, zu einer historischen Erkenntnis zu kommen, die wissenschaftlichen Charakter hat, so braucht das nicht an den noch mangelhaften und prinzipiell etwa zu vervollkommnenden Methoden zu liegen; mindestens ebenso glaubwürdig ist die Alternative, daß der Gegenstand selber sich einem solchen Zugriff unangemessen erweist oder sich ihm allenfalls in Teilbereichen erschließt. Die Bilanz fällt eindeutig aus: "[M]enschliche Geschichte", so lautet sie, "ist unwiderrufbar von Naturgeschichte dadurch unterschieden, daß sie sich gegenüber geschichtlichen Längsschnitt-Gesetzen - Gesetzen, die stillschweigend Geschichtsprozeß mit Naturprozeß verwechseln - als unzugänglich erweist. Im Gegensatz zur Naturgeschichte, deren erzählerische Bestandteile mittels solcher Gesetze prinzipiell zu überwinden sind, muß die Geschichte menschlicher Verhältnisse eine epische Qualität bewahren. Ihr irreduzibler Anteil an Freiheit spricht letztendlich jeglicher Behandlung auf naturwissenschaftliche Weise, die jene Freiheit aussperrt, Hohn."[15]

Diese Freiheit begründet für Kracauer Geschichte als ein Netz von Zufällen, Neuanfängen, irreduziblen Wesenheiten, eingesprengt in Gleichförmigkeiten und gesetzmäßige Reihen, sie stets intermittierend, außer Kraft setzend oder erneut zur Geltung bringend. Das Universum des Historikers entspreche (und hier bringt er einen Husserlschen Begriff ins Spiel, der auch in seinen soziologischen Untersuchungen schon einmal so fruchtbar geworden war) der alltäglichen Welt, der Lebenswelt, die ebensowenig wie jenes Universum jemals gesetzmäßig zu erfassen sei. Das Beispiel, das er in seinem Buch sogar zweimal zur Illustration dieses Begriffs anführt, stammt aus der Filmgeschichte, aus Eisensteins Skript für die Verfilmung von Theodore Dreisers Roman *Eine amerikanische Tragödie*, die eine Sequenz enthalten sollte, in welcher durch eine schnell aufeinanderfolgende Summe von heterogenen Einflußmöglichkeiten bis hin zu Gedankensplittern, Tönen, beiläufigsten Impressionen "die Unendlichkeit von Faktoren und Umständen"[16] beschworen werden sollte.

---

11 Kracauer, Geschichte, S. 36.

12 Kracauer, Geschichte, S. 36.

13 Kracauer, Geschichte, S. 38.

14 Kracauer, Geschichte, S. 51.

15 Kracauer, Geschichte, S. 49f.

16 Kracauer, Geschichte, S. 64, vgl. auch S. 37.

Das ist kein zufälliger Vergleich. Die eigene Theorie von Fotografie und Film dient Kracauer dazu, die Situation des Historikers nicht allein zu verdeutlichen, sondern sein Metier als geschichtenerzählendes Medium an dessen modernste und - wie es ihm scheint - realitätsangemessenste Entwicklung anzuschließen. Die Kamera-Realität entspreche der Lebenswelt und diese der historischen Realität. Wie der Kameramann wolle auch der Geschichtsschreiber über die eigene künstlerische oder ideologische Absicht nicht seine Verpflichtung zur Dokumentation der Fakten vernachlässigen und etwa "das Rohmaterial, das er zu gestalten sucht, vollständig [...] verzehren."[17] In der Anerkennung dieser Verpflichtung sieht Kracauer das unterscheidende Merkmal von Historiker und Künstler oder Dichter, eine höchst willkürliche Setzung, die von ihm zudem selber relativiert wird. In anderen Teilen seines Buches nämlich ersetzt er den Kameramann wieder durch andere Modelle für den Historiker wie Joyce, Virginia Woolf und vor allem Marcel Proust. Dies völlig zu Recht, denn es stimmt ja nicht, wie er, einen französischen Gewährsmann zustimmend zitierend, meint, daß Filmaufnahme "als einzige unter den Künsten nicht viel mehr Erklärungen [...]) biete[] als Realität."[18] Das Bonmot vernachlässigt alle die künstlichen und komplizierten Mittel, die der Film benötigt, um eine dreidimensionale Erfahrungsrealität in eine zweidimensionale Bilderfolge zu verwandeln, in welcher die Realität ebenso in eine Kunstsprache übersetzt und durch sie deformierend, verfremdend, verdichtend vermittelt wird wie in irgendeinem anderen Medium. Hinzu kommt, daß das Foto- und Film-Paradigma das viel ältere Motiv der Geschichtsschreibung, das Kracauer zu rehabilitieren unternommen hat, mehr verdunkelt als erhellt. Auch seine Formel "Realistische Tendenz ≥ Formgebende Tendenz"[19] schließt zwar bestimmte Kunstabsichten als unverträglich mit Geschichtsschreibung aus, mitnichten aber als unverträglich für den Film, wie wir sogleich - mit dem Gedanken an Buñuels *Andalusischen Hund* oder Robbe-Grillets *Letztes Jahr in Marienbad* und eine ganze Richtung des modernen Films - hinzusetzen müssen. Ähnliche Fragezeichen gelten anderen begrifflichen Entlehnungen wie Großaufnahme oder Totale, um den Unterschied von Mikro- und Makrogeschichte zu erfassen[20] oder die Perspektive zu beschreiben, aus welcher heraus der Historiker seinen Gegenstand zu erfassen sucht. Dieser nämlich, das historische Universum in seiner nicht-homogenen Struktur, in dem "jede Sequenz sich einem eigenen Zeitplan entsprechend entfaltet"[21] und man nicht von einer linearen Zeitenfolge, sondern nur von Zeiträumen sprechen kann, gefüllt mit inkonsistenten Elementen von verschiedenem Alter, verschiedener Reife, dieses Multiversum in Raum und Zeit ist seit Homer der eigentliche Gegenstand der Erzählung gewesen, die ja immer eine inhomogene Zeitstruktur hat. Das gilt gleichfalls für die Rede, in welcher argumentatio und narratio und in dieser wiederum exemplum und Zuhöreranrede, Vorführung der signa und fictio personae ganz verschiedenen Zeitsequenzen angehören. Wirklich ist ja die Technik des Films, zwischen Großaufnahme und Totale eine Fülle fließender Zeitdimensionen evident zu machen, eine Übertragung rhetorisch-literarischer Perspektivenverschiebung in das neue Me-

17 Kracauer, Geschichte, S. 63.

18 Kracauer, Geschichte, S. 64.

19 Kracauer, Geschichte, S. 61.

20 Vgl. Kracauer, Geschichte, S. 104.

21 Kracauer, Geschichte, S. 137.

dium von Fotografie und Film und eher geeignet, die Kontinuität und Verbindlichkeit künstlerischer Prinzipien über die medialen Grenzen hinaus zu erweisen als eine besondere Affinität der Historiographie zu ihnen. Ohne darauf noch einmal ausdrücklicher einzugehen, denke ich, daß mein Gedankengang im folgenden auch diesen Verdacht erhärten wird.

Für mein Thema wichtiger ist, daß Geschichte als Erfahrung von Kracauer als der Bereich begriffen wird, über den man nur zu subjektiven Ansichten, zu Wahrscheinlichkeiten also, gelangen kann, nicht aber zur Gewißheit. Die historischen Phänomene sind wie die der Lebenswelt "Produkte von Bedürfnis wie von Zufall und Freiheit"[22], also von spezifischer Formung, konkret und einmalig,[23] und blieben uns undurchdringlich, fährt Kracauer fort, "verführen wir in unserem Umgang mit ihnen nicht nach der gleichen Art, in der wir im Alltag verfahren, wenn wir den Charakter eines Menschen oft scheinbar im Handumdrehen abwägen, über eine politische Entscheidung streiten, den Ausgang einer individuellen oder sozialen Krise bedenken usw."[24] Der Geschichte gegenüber, heißt das doch, können wir niemals zu einem Wissen gelangen, demzufolge sich schließlich die res gestae für alle zu jeder Zeit so und nicht anders ereignen und zeigen müssen. Den historischen Begebenheiten und Ereignissen gegenüber verhalten wir uns als Meinende und Entscheidende, wir wissen, daß die Begründung unseres Urteils subjektiv und objektiv unzureichend ist, können aber durch das Vertrautwerden mit dem Material, durch das Auswandern in die historische Zeit, welcher wir uns zuwenden, einen Grad von Gewißheit erreichen, der subjektiver Überzeugung entspricht. Der Historiker, sagt Kracauer, gleicht derart einem Reisenden in einer fremden, "von Quellen evozierten Welt"[25].

Doch auch der ethnologische Vergleich, so plausibel er uns zunächst vorkommt und für den Autor auch von lebensgeschichtlicher Bedeutung war, da er darin die eigene Situation des Exils imaginierte, führt aber in die Irre, Kracauer selber relativiert ihn, wenn er auf die Gefahr hinweist, daß die Auswanderung in die Fremde auch zur Aufgabe der eigenen Identität führen kann und dann die Rolle des teilnehmenden Beobachters verlassen wird.[26] Hier tut sich eine merkwürdige Leerstelle auf. Sie entsteht dadurch, daß der Historiker dieser Konzeption nach sich in mehrere Rollen aufspalten muß, nämlich "als rein aufnehmendes Instrument"[27] zu fungieren hat und zugleich doch seine menschliche Erfahrung, ja sogar, wie Kracauer sich nicht zu sagen scheut, seine "Weisheit"[28] braucht, um in dem unendlichen und unüberschaubaren Meer der Geschichte auch die überzeugenden Argumente zu finden, sich also für diejenigen Momente zu entscheiden, die das historische Material intelligibel zu machen vermögen. Wie soll sich dieser Widerspruch lösen, den Kracauer im Paradox "aktiver Passivität"[29] fassen möchte? Von seinem Ansatz ganz überzeugend wohl nicht. Denn weder die Auflösung in zwei Stadien der Arbeit, die, wie er selber einräumt,

---

22 Kracauer, Geschichte, S. 95.

23 Vgl. Kracauer, Geschichte, S. 50.

24 Kracauer, Geschichte, S. 95.

25 Kracauer, Geschichte, S. 85.

26 Vgl. Kracauer, Geschichte, S. 87.

27 Kracauer, Geschichte, S. 86.

28 Kracauer, Geschichte, S. 96.

29 Kracauer, Geschichte, S. 85.

eine praxisfremde Abstraktion darstellt, noch die ebenso künstliche Aufspaltung der Subjektivität in verschiedene Ich-Teile können hier mehr als heuristische Bedeutung haben. Die Leerstelle, von der ich sprach, ist die Unbestimmtheit, in die Kracauer den Zweck der historischen Erkenntnis selber setzt; Geschichte, so resümiert er, "kommt zu sich selbst, wenn sie die Vergangenheit aufzeichnet und uns so treu und vollständig wie möglich verstehen läßt."[30] Das klingt fast wie das Ideal einer positivistischen Geschichtsschreibung, doch geht Verstehen für den Autor dieser Zeilen über die bloße Reproduktion faktischer Wirklichkeit hinaus. Er erläutert es nämlich als das Begreifen historischer Ideen, die sich "als Produkte eingegebener Intuition"[31] von denen der Philosophie dadurch unterscheiden, daß sie "das Besondere mit dem Allgemeinen artikulieren und wahrhaft einzigartig verbinden"[32]. Als Verallgemeinerung sind sie richtig und falsch zugleich und nur in klar abgesteckten Grenzen gültig.[33] Für den Autor der *Geschichte - Vor den letzten Dingen* ist Jakob Burckhardts Konzeption vom erwachenden Individuum als Prototyp des Renaissancemenschen eine solche Idee,[34] die der Historiker uns aber mitnichten durch die Aneignung immer umfangreicheren und detaillierteren historischen Materials nahebringt. Der induktive Weg zur historischen Idee ist kein kontinuierliches Fortschreiten: "Nur im Sprung ist sie zu greifen"[35], heißt es bündig. Gemeint ist damit ein Prozeß analog der künstlerischen Produktion, und er wird auch wie sie und sogar in den gleichen Termini beschrieben: Einer "Inkubationszeit"[36] folgt die "Inspiration"[37] als eine "historische Sensation"[38] mit dem Ergebnis einer (goethisch gesprochen) anschaulichen historischen Idee, die sich schließlich im Werk artikuliert.

Das sind alles aus der Ästhetik vertraute Formulierungen, und tatsächlich findet in Kracauers Konzeption von Geschichte als Erfahrung und Erkenntnis, als history und story, eine denkwürdige Vermittlung von Kategorien statt, die heute gemeinhin streng getrennt erscheinen: ich meine rhetorischer und ästhetischer Kategorien. Seine Auffassung von Geschichte als historischer Lebenswelt schlägt die historische Erkenntnis dem Meinungswissen zu, das die Antike als topisch-rhetorisches Denken der philosophischen Dialektik gegenübergestellt hatte. Ein Topos im aristotelischen Verständnis[39] ist ein allgemein anerkannter inhaltlicher oder formaler, aber nicht eindeutig definierbarer Gesichtspunkt zum Auffinden von Beweisgründen und Argumenten, eine Art Suchkategorie also, die es mir erlaubt, eine Wahl zu treffen, eine Entscheidung zu fällen oder eine Handlung zu initiieren. Sie liefert mir die dazu nötigen Kriterien, weil eine wissenschaftlich exakte oder philosophisch wahre, subjektiv und objektiv gewisse Erkenntnis entweder vom Gegenstand oder der Situation her

---

30 Kracauer, Geschichte, S. 116.

31 Kracauer, Geschichte, S. 97.

32 Kracauer, Geschichte, S. 100.

33 Vgl. Kracauer, Geschichte, S. 98f.

34 Vgl. Kracauer, Geschichte, S. 98.

35 Kracauer, Geschichte, S. 98.

36 Kracauer, Geschichte, S. 101.

37 Kracauer, Geschichte, S. 97.

38 Kracauer, Geschichte, S. 97.

39 Vgl. H.-G. Schumann: Topik in den Sozialwissenschaften? In: D. Breuer u. H. Schanze (Hg.): Topik. Beiträge zur interdisziplinären Diskussion. München 1981. S. 191-199.

unmöglich ist. Die topoi dienen somit der Erschließung der Wirklichkeit und verhelfen den Individuen zu ihrer sozialen und kulturellen Orientierung.[40] Ihr Zuständigkeitsbereich ist das Alltagsleben, in dem ständig Entscheidungen getroffen werden müssen, deren komplizierte soziale, ökonomische, politische und ideologische Vermittlung zur Entscheidungslosigkeit verdammen würde, wollte man sie jeweils vorher angemessen analysieren. Ebenso alle Urteile, die über die Zukunft zu fällen sind, zukünftige Entwicklungen vorbereiten oder einleiten, da auch über sie nichts Gewisses auszusagen ist, hängen sie doch von jenem - mit Kracauer zu sprechen - irreduziblen Anteil an Freiheit ab, der sie letztlich unberechenbar macht. Schließlich ist auch die Geschichte Gegenstand des topischen Denkens, weil auch sie es mit den prinzipiell ungewissen menschlichen Dingen zu tun hat. Sie liegt zwar abgeschlossen vor uns, aber der historische Fall gleicht darin dem juristischen, daß auch er zweifelhaft bleibt. Wobei dem Historiker freilich kein Rechtssystem zur Verfügung steht, das er als System von Leitsätzen bei der Interpretation und Würdigung der historischen causa heranziehen könnte. Statt dessen fußt sein Problemdenken allein auf der sozialen und kulturellen Topik, die seit der Antike und bis ins 19. Jahrhundert hinein durch den Gemeinsinn, den sensus communis, verbürgt ist. In ihm sind die Argumente verankert, mit deren Hilfe der Historiker seinen Kurs durchs Universum der Geschichte legt, und das System der Topik fungiert als Navigationskarte, die ihm seine Messungen ermöglicht.

Man kann über den Zusammenhang von Geschichte und Topik nicht reden, ohne an Giambattista de Vico zu erinnern, den Professor für Rhetorik an der Universität von Neapel (er erhielt den Lehrstuhl 1697), der das topisch-rhetorische Problemdenken gegenüber der Philosophie und der Cartesianischen Methode verteidigt und erneut wirkungskräftig begründet hat. Geschichte als Produkt der Selbstschöpfung des Menschen war für Vico der eigentlich menschliche Erkenntnisgegenstand, denn erkennen kann man nur, was man selber produziert hat. Diese Produktion freilich basiert nicht allein oder wohl gar nur zum geringsten Teil auf dem rationalen Vermögen, sämtliche seelischen und geistigen, physischen und psychischen Kräfte sind daran beteiligt. "Es handeln demnach im Sinne unserer Darlegungen diejenigen nicht richtig", resümierte Vico, "die die Methode des wissenschaftlichen Urteils auf die Praxis der Klugheit übertragen; denn sie beurteilen die Verhältnisse mit reinem Verstandesdenken, die Menschen aber sind großenteils Toren, die sich nicht von Überlegung, sondern von Lust und Zufall leiten lassen "[41].

Da haben wir Kracauers Begriff der irreduziblen Wesenheiten, die alles menschliche Handeln der Dimension von berechenbaren Naturkräften gegenüber transzendent erscheinen lassen, und es verwundert überhaupt nicht, wenn er im Zusammenhang dieses Gedankens folgerichtig auf Vicos *Scienca Nuova* zu sprechen kommt.[42] Merkwürdigerweise tut er das allerdings auf so mißverständliche Art, daß man meinen möchte, er habe ihn nur flüchtig zur Kenntnis genommen. Vicos universalhistorisches Erklärungsmodell der dreistufigen

---

40 Vgl. dazu O. Negt: Soziologische Phantasie und exemplarisches Lesen. Zur Theorie der Arbeiterbildung. Frankfurt a. M. ²1967. S. 47-54: 'Die Funktion der sozialen Topik'.

41 G. B. Vico: De nostri temporis studiorum ratione. Vom Wesen und Weg der geistigen Bildung. Lat. u. dt. Ausg. Übertr. v. W. F. Otto. Mit e. Nachw. v. C. Fr. v. Weizsäcker u. e. erl. Anh. v. F. Schalk. 3., unveränd. Nachdr. d. Ausg. Bad Godesberg 1947. Darmstadt 1984. S. 63.

42 Vgl. Kracauer, Geschichte, S. 42.

Entwicklung der Nationen von einem göttlichen über das heroische bis zum menschlichen Stadium, ein Modell, das von Lessing über Schiller und Hegel bis hin zu Marx in mancherlei Verwandlung eine gewaltige Wirkkraft entfalten sollte, ist von Vico ja nicht als Gesetz im Sinne der Geschichtsschreibung des 19. Jahrhunderts verstanden worden, wie Kracauer anzunehmen scheint, sondern als topisch vermitteltes Deutungsmodell zur Verarbeitung historischer Informationen - mit anderen Worten: als historische Idee in jenem genauen Sinne, wie er selber sie versteht.

Kracauers Buch ist Fragment geblieben, und es ist müßig, darüber zu meditieren, welche Wege sein Denken über Geschichte noch genommen hätte, wäre ihm eine Weiterarbeit vergönnt gewesen. Lediglich eines ist sicher - und wird im folgenden noch weiter begründet werden -, daß er, sei es angeregt von den "antiken Historikern" oder ihren späteren humanistischen Erben, sei es unter dem Zwang seines antigeschichtsphilosophischen Affekts, zu einer rhetorischen Auffassung der Historiographie zurückfand oder besser: eine solche Renaissance anstrebte. Die Einführung und systematische Berücksichtigung der Topik hätte ihn dabei aus mancher Verlegenheit befreit und den merkwürdigen Umstand erklärt, daß der Historiker sowohl Kind seiner Zeit ist und deren Interessen vertritt wie auch über sie hinausgelangt, weil sein Werk zwar über die von ihm mehr oder weniger bewußt angewandten Deutungsmodelle mit den Lebensbedingungen seiner Generation, seiner Klasse oder sozialen Schicht vermittelt ist, doch die psychischen Instanzen der topoi in der menschlichen Erinnerung und Phantasie zu suchen sind; jenen Erkenntnisvermögen, die auf das Wahrscheinliche und Mögliche, daher auch Neue zielen. Der topos ist eine Suchkategorie, ein Werkzeug, dessen Anwendungsfeld durch seine soziale Verankerung zwar begrenzt ist, aber auch durch Kombination mit anderen topoi erweitert werden kann und - was vielleicht noch wichtiger ist - dessen individuelle, schöpferische Anwendung darüber entscheidet, ob das Ergebnis seines Einsatzes Erfolg verspricht oder nicht. In der Topik treffen kollektive Erfahrungs- und Deutungsmuster und individuell-irreduzibles Erkenntnisinteresse zusammen.

Auch für einen anderen Gedankengang Kracauers liefert sie erst das Bindeglied. Ich meine seine Entwicklung der historischen Idee in Auseinandersetzung mit dem philosophischen Begriff davon. Bei näherem Zusehen ist sie nichts anderes als ein neuer topos (das Beispiel von Burckhardts Renaissance-Individualismus könnte gar nicht besser passen, auch ein anderes von Kracauers Lieblingsbüchern, Huizingas *Herbst des Mittelalters*, kann man sogleich dazuzählen), dessen Gültigkeit sich natürlich auf klar abgetrennte Grenzen beschränkt, der ob seiner musterhaften Allgemeinheit niemals mit dem konkreten Fall vollkommen koinzidiert und doch das Besondere mit dem Allgemeinen verknüpft, weil er ein Kristallisationspunkt individueller und kollektiver Erfahrung darstellt. Auch ist kein Sprung nötig, um seiner habhaft zu werden. Gelingt es der üblichen Geschichtsschreibung, mit Hilfe der von ihr verwendeten Deutungsmodelle ihre Informationen zu einem überzeugenden Bilde, einer story eben, zu verarbeiten, zeigt sich die Genialität des Historikers, wenn er auf diesem Wege einen zentralen topos des von ihm untersuchten Zeitraumes selber wiederentdeckt, in welchem die geschichtlichen Erfahrungen der Menschen oder einer wichtigen Klasse und Gruppe von ihnen aufgehoben sind. In diesen topoi haben die Menschen die Stellung zur Welt, die sie sich selber gegeben haben, gefaßt, und so kommt es, daß sie es sind, mit deren Hilfe es uns, als den Zeitgenossen einer anderen Epoche, dennoch gelingen kann, ihre Verhältnisse zu verstehen und zu durchdringen. Das ist ein aktiver Prozeß, und er wurde häufig mit dem Gleichnis des Gesprächs über die Zeiten hinweg illustriert, eine Metapher, die sich auch bei Kracauer findet (im Zusammenhang mit den *Colloquia* des Erasmus)[43] und die den Historiker in ein neues, wiederum rhetorisch gefärbtes Licht setzt. Der Historiker, sagt auch der Autor der *Geschichte - Vor den letzten Dingen*, hat die Aufgabe, "die Toten zum Sprechen zu bringen"[44]. Die Topik ist ihm also nicht nur das Arsenal erwünschter Gesichtspunkte, die ihn die Geschichte verstehen lassen; mit Hilfe der von ihr gelieferten Argumente erzeugt er darüber hinaus eine bestimmte Stimmung und Empfänglichkeit. Die toposgesteuerte Selektion der Wahrnehmungen und Informationen durch den Historiker spiegelt auch die "Muster [...] seiner aufgehäuften Lebenserfahrung wider"[45], und ihr Ton mischt sich ohne Zweifel in die Rede der Toten. Er kann das niemals verhindern, das weiß auch Kracauer, und sein daraus folgender Rat, nach "Selbst-Transzendierung"[46] zu streben, geht so lange ins Leere, wie er nicht auf einen entsprechenden geneigten Adressaten trifft. Und wirklich, zaghaft zwar, aber in der Tendenz unmißverständlich hat Kracauer den Historiker dem humanistischen Redner-Ideal der Antike entsprechend entworfen und ihm die Züge des vir bonus verliehen. Denn "obschon die Botschaft des Humanen virtuell allgegenwärtig ist, meldet sie nicht mit gleicher Dringlichkeit zu aller Zeit ihren Anspruch an"[47], so daß es viel auf den Historiker und seine subjektive Verfassung ankommt, ob und in welcher Stärke er ihre Stimme hört. Die Toten zum Sprechen bringen, kann dann nur heißen, die "menschliche[n] Verhältnisse der Vergangenheit angemessen wiederzugeben und aufzuzeichnen"[48]. In anderem Zusammenhang nennt Kracauer die Fähigkeit, das Allgemeine auf das konkrete historische Detail angemessen zu beziehen, sogar ausdrücklich "Takt"[49], eine Bezeichnung, die nun sehr deutlich auf die rhetorische Ethik verweist, die in der Kategorie des aptum oder decorum, des sittlich angemessenen Verhaltens dem Mitmenschen gegenüber, fußte.[50] Dieses betrifft nicht nur unser Verhältnis zur Vergangenheit: "Die Tatsache, daß wir nur einmal leben, enthält eine moralische Verpflichtung für die Lebenden. Das Interesse des Historikers an ihnen - sein Wunsch, die Gegenwart besser zu verstehen - inspiriert viele seiner Untersuchungen über das Leben der Toten."[51] Das sind eigentlich nur Andeutungen, und die Zurückhaltung des Autors bleibt in diesem Punkt besonders beharrlich, zu sehr hat die biographisch-monumentalisierende Geschichtsschreibung das exemplarische Genre desavouiert. Wenn wir daher von einer Botschaft lesen, die die Geschichte zu vermitteln habe, sind deren Träger keineswegs mit den Heroen früherer Historiographie identisch.

---

43 Vgl. Kracauer, Geschichte, S. 24f.

44 Kracauer, Geschichte, S. 72.

45 Kracauer, Geschichte, S. 96.

46 Kracauer, Geschichte, S. 80.

47 Kracauer, Geschichte, S. 20.

48 Kracauer, Geschichte, S. 61.

49 Kracauer, Geschichte, S. 192.

50 Vgl. M. Fuhrmann: Brechungen. Wirkungsgeschichtliche Studien zur antik-europäischen Bildungstradition. Stuttgart 1982. S. 37 sowie M. Tullius Cicero: De officiis. Vom pflichtgemäßen Handeln. Lat. u. dt. Übers., kommentiert u. hg. v. H. Gunermann. Stuttgart 1976. I, 20, 66ff., S. 61ff.

51 Kracauer, Geschichte, S. 77.

Kracauer überträgt an dieser Stelle seines Gedankengangs ein hermeneutisches Prinzip, das er im *Ornament der Masse* formuliert und dort auch erprobt hatte. Darin heißt es: "Der Ort, den eine Epoche im Geschichtsprozeß einnimmt, ist aus der Analyse ihrer unscheinbaren Oberflächenäußerungen schlagender zu bestimmen als aus den Urteilen der Epoche über sich selbst. Diese sind als der Ausdruck von Zeittendenzen kein bündiges Zeugnis für die Gesamtverfassung der Zeit. Jene gewähren ihrer Unbewußtheit wegen einen unmittelbaren Zugang zu dem Grundgehalt des Bestehenden. An seine Erkenntnis ist umgekehrt ihre Deutung geknüpft. Der Grundgehalt einer Epoche und ihre unbeachteten Regungen erhellen sich wechselseitig."[52] Diese Möglichkeit bestimmt auch die Arbeit des Historikers, dem Kracauer daher ebenso wie dem Sozialwissenschaftler die Aufmerksamkeit auf die "kleinsten Elemente", auf "die Beziehungen dieser winzigen Einheiten untereinander"[53] empfiehlt und ihnen dazu so etwas wie eine Topik der Nebenwege an die Hand geben möchte: Ihre eigenen abseitigen Ideen und Launen, "die ihnen unbeachtet durch den Kopf gehen"[54], sind seiner Ansicht nach oft bessere Instrumente, die "namenlosen Möglichkeiten" zu finden, die in den "Zwischenräumen der vorhandenen Lehren" verborgen sind,[55] als die in den herrschenden Theorien begründeten Methoden. Damit nähert sich aber das Verfahren des Historikers noch mehr einer rhetorisch-ästhetischen ars inveniendi, die ihr Anwalt allerdings von der Rhetorik der üblichen Allgemeingeschichte abgesetzt sehen möchte. Der Universalhistoriker nämlich bemüht eine Rhetorik der Harmonisierung und des Verdeckens von Widersprüchen, Inkohärenzen und Zufällen. Wie der Epiker des alten Romans suggeriert er eine Ordnung und Konsequenz, die es gar nicht gibt. Er betrachtet die Lebenswelt wie aus einer sehr großen Entfernung, in welcher die Unterschiede, Brüche und Fragmente in eins verschwimmen und das inhomogene historische Universum mit seinen Ungleichzeitigkeiten wie ein einheitlicher Strom erscheint.

Kracauers Historiker hat mit dieser Erzählweise nichts gemein und bewahrt die epische Qualität der Geschichtsschreibung im Gegenteil durch seinen "geschärften Sinn für Diskontinuität in menschlichen Verhältnissen"[56]. So wird er zum Verbündeten des modernen Romanciers, der (wie Joyce oder Proust) entschlossen die fingierte Kontinuität der Zeit zerlegt, das geschichtliche Dasein gleichsam topisiert, es wie ein zeitliches Multiversum behandelt, dessen gleichzeitige oder zeitlich benachbarten Schauplätze von völlig unterschiedlicher Struktur sein können. Doch es stimmt nicht, wenn man vermutet, daß damit die Bahn dem völlig disparaten Zerfall und der Beliebigkeit freigegeben sei. "Die ihnen [den modernen Schriftstellern] versagte 'Ordnung des Lebens' mag existieren oder nicht. Tatsächlich bezweifeln sie eher, ob die kleinen beliebigen Einheiten, in denen das Leben, wirklich greifbares Leben Gestalt annimmt, sinnvoll miteinander verbunden sind, so daß am Ende die schattenhaften Konturen eines Ganzen sich am Horizont abzeichnen."[57] Das wirkt wie

52 S. Kracauer: Das Ornament der Masse. In: Ders.: Das Ornament der Masse. Essays. Frankfurt a. M. 1964. S. 50.

53 Kracauer, Geschichte, S. 106.

54 Kracauer, Geschichte, S. 86.

55 Kracauer, Geschichte, S. 199.

56 Kracauer, Geschichte, S. 171.

57 Kracauer, Geschichte, S. 171.

eine Paradoxie und nimmt einen alten Gedanken des Autors wieder auf, daß nämlich nur durch das konsequente Weitertreiben der Destruktion und die schärfste Überspannung des Negativen die Utopie, das Positive oder Ganze sich zeige.

An dieser Stelle wird der rhetorisch-ästhetische Charakter von Kracauers Geschichtsansicht ein weiteres Mal deutlich, denn eben dieser Prozeß des Zuendetreibens geschieht im Werk und ist der Fluchtpunkt, auf den sein Historiker sich bezieht. Auch dessen Geschichtsschreibung ist konstruktiv rhetorisch, freilich nicht die Konstruktion einer manifesten Totalität der Geschichte, sondern ihre methodisch betriebene Zersetzung über den Status der Diskontinuität und Inhomogenität hinaus: Eine "destructio destructionis", um den frühen Terminus Ernst Blochs aufzunehmen,[58] dessen Dialog mit Kracauer in beider Werk viele und noch längst nicht hinreichend identifizierte Spuren hinterlassen hat. Doch zurück zum Hauptpunkt. Das provozierende Diktum: "In dem Maß, wie er Kunst hervorbringt, ist der Historiker kein Künstler, sondern ein vollkommener Historiker"[59], treibt Kracauers Gedanken auf die Spitze. Ästhetische Sensibilität, so sein Ausdruck, geht weit über die rein technische Fertigkeit des Schreibens zur Vermittlung der Geschichte als öffentliche Angelegenheit hinaus. Sie gewinnt auf der einen Seite eine moralische Qualität, denn sie allein entspricht unserer Verpflichtung gegen die Vergangenheit und die Toten, ihnen die angemessene Sprache zu geben (ohne welche sie stumm und vergessen bleiben); auf der anderen Seite ist sie das einzige organon für einen Sinn der Geschichte, indem sie ihn umrißhaft aus ihren Zwischenräumen gleichsam herauspräpariert. Allerdings nicht als manifeste Erscheinung, denn Geschichte bleibt auf den "Vorraum", die Lebenswelt in all ihrer Vorläufigkeit, verwiesen, verläßt sie diese Sphäre, indem sie ein Ziel anvisiert, das notwendigerweise jenseits ihrer Grenzen liegt, verfehlt sie es um so sicherer. Ihre einzige Chance, den Vorraum zu transzendieren, ist seine Extremisierung, die Zuspitzung seines Fragmentcharakters, seines Vorläufigkeits-Status, seines ewig nur aproximativen Wesens. "Daher zieht sich durch dieses ganze Buch", resümiert sein Autor gegen Schluß, "meine Sorge um Abschattungen und Näherungswerte"[60], und er zitiert mit großer Zustimmung Huizingas Kommentar, wonach es dem Historiker vor allem auf das "à peu près", das "mehr oder weniger", ankomme. "Es ereignet sich, so sagt er [Huizinga], eine Auferstehung 'in der Traumsphäre, einem Anblick ungreifbarer Figuren, einem Anhören halbverstandener Wörter'."[61] Das Wissen des Historikers ist Vorraum-Wissen, und nur eine versucherische, vorläufige, mehrdeutige, eben künstlerische Sprache vermag es zu artikulieren.

Die Hoffnung, an der Kracauers Historiker festhält und die genaugenommen den Vorraum in ihm selber überschreitet, ohne ihn zu radikalisieren, und dem historischen Problemdenken somit als Impuls von außen zukommt, diese Hoffnung wird nicht verschwiegen, aber charakteristischerweise auf sehr indirekte und wiederum erzählerische Weise zweifach ausgedrückt. Zuerst in der schönen jüdischen Legende von den sechsunddreißig Gerechten in jeder Generation, "die die Welt aufrechterhalten. Ohne ihre Gegenwart würde die Welt zerstört werden und untergehen. Doch keiner kennt sie, noch wissen sie

58 E. Bloch: Durch die Wüste. Frühe kritische Aufsätze. Frankfurt a. M. 1964. S. 56.

59 Kracauer, Geschichte, S. 166.

60 Kracauer, Geschichte, S. 198.

61 Kracauer, Geschichte, S. 198.

selbst, daß die Welt verschont ist vom Verhängnis, weil sie da sind. Die unmögliche Suche nach diesen verborgenen Gerechten - sind es auch wirklich sechsunddreißig in jeder Generation? - scheint mir", kommentiert der Erzähler, "eines der erregendsten Abenteuer, auf die Geschichte sich einlassen kann."[62]

Wenn man diese Sätze genauer bedenkt, stehen sie in einem engen Verhältnis zu Kracauers anfänglicher Berufung auf die antiken Historiker, von denen er vor allem Thukydides überaus schätzt. Das Selbstverständnis der antiken Geschichtsschreibung bezog sich auf den exemplarischen Gehalt ihrer Praxis und hat in diesem Sinne auch die humanistische Tradition geprägt. Hier lag dem Wiederaufleben der Historiographie ebenfalls Rhetorik zugrunde. Das Mittelalter hatte doctrina und exemplum, Lehre und Geschichte, streng geschieden. Petrarca und Salutati waren wohl die ersten, die dieser Ansicht energisch widersprachen, weil Weisheit sich niemals im Theoriedenken erschöpfe, sondern immer in einer konkreten Handlung und Begebenheit zum Vorschein komme, sich also nur konkret und exemplarisch darstellen lasse. Und nur eine solche konkrete Vermittlung der Tugenden (virtutes) hat auch praktische Folgen, führt zu Handlungen und Haltungsänderungen. Eckhard Kessler resümiert in seiner Salutati-Monographie: "Denn Rhetorik ist für den Humanismus Salutatis nicht virtuose, ästhetische Formvollendung, sondern die Gestalt der Wirklichkeit, die nicht nur eine intellektuelle Erkenntnis, sondern eine leidenschaftliche Erfahrung dessen, was den Menschen angeht, ermöglicht."[63] Wir sehen, Kracauers Entdeckung ist nicht neu, doch erhebt sie den rhetorischen Begriff der Historiographie mit großer Entschiedenheit erneut zur leitenden Idee. Das geschieht noch vor der jüdischen Legende gleich zu Beginn seines Buches und also programmatisch mit ausdrücklichem und zentralem Bezug auf die humanistisch-rhetorische Quelle seiner Meditationen. Doch hergestellt wird dieser Bezug nicht etwa in Gestalt einer ideen- oder begriffsgeschichtlichen Rekonstruktion, sondern (und auch das ist absichtsvoll) in dem so kurzen wie meisterhaften Porträt eines Erz-Humanisten: "Die Figur des Erasmus, der unter den Antagonisten einer solchen Ära lebte, ohne ihnen anzugehören, illustriert einen Großteil von dem, was bislang gesagt ist, so auffällig, daß ich der Versuchung nicht widerstehen kann, einige Bemerkungen über ihn einzublenden."[64] Der Terminus Illustration, das sei nur am Rande bemerkt, wird hier nicht in seinem heutigen reduzierten Wortsinne verwendet, sondern nach humanistischem Gebrauch, wo er die Einheit von Allgemeinem und Besonderem, also etwa der Tugend und ihrer konkreten Gestalt, meinte. In der Figur des Erasmus konzentrieren sich für Kracauer alle wichtigen Züge des exemplarischen humanistischen Redners und Schriftstellers, den er als modernen Geschichtsschreiber wiedererwecken möchte. Und so hat er ihn geschildert, den großen Skeptiker, der frei von allen ideologischen Zwängen leben wollte, überzeugt, daß die Wahrheit sich ins Gegenteil verkehrt, sobald sie fixiert und Dogma wird, der seine Ideen immer flüssig halten wollte, ein souveräner Geist, der sich nach den Umständen entschied und nur, was Frieden und Toleranz, diese Tugenden einer fließenden, wandelbaren Welt, betraf, ein unverbrüchlicher Parteigänger von Ideen war. "Vom Standpunkt der Welt

62 Kracauer, Geschichte, S. 25.

63 E. Kessler: Das Problem des frühen Humanismus. Seine philosophische Bedeutung bei Coluccio Salutati. München 1968. S. 205.

64 Kracauer, Geschichte, S. 20.

aus gesehen", sagt Kracauer, "war Erasmus in der Tat ein unsicherer Kantonist"[65], bei aller kämpferischen Verve gegen verstockte Tradition und elende Sozialverhältnisse, gegen Dummheit und Eiferertum, war er ein früher Anhänger jenes "mehr oder weniger", des Mittelwegs, als des Wegs des Humanen und direkten Wegs nach Utopia.[66] "Bei allem, was wir wissen", schließt Kracauer seine Erzählung - die auch ein verkapptes Selbstporträt ist und wohl in diesem Sinne dem Freund Ernst Bloch zum 80. Geburtstag gewidmet wurde -, "könnte es hierbei bleiben. Aber ist es die ganze Geschichte (story)? Bekanntlich gilt Erasmus als so unergründlich wie freimütig. Es dürfte aber etwas geblieben sein, was er unausgesprochen ließ, - Dinge vielleicht, die zu gefährlich waren, um offenbart zu werden? Um eine Vermutung in einer Sache zu wagen, die für immer sein Geheimnis bleibt: es ist nicht gänzlich aus der Luft gegriffen, daß Erasmus beim Erwägen seines Wegs und Ziels zu Schlüssen gelangte, die ihn mit solchem Entsetzen erfüllten, daß er sie lieber in seinem Innersten verschloß. Er mag vielleicht den Verdacht gehegt haben, daß er letzten Endes auf etwas zielte, was jenseits der Grenze des Christentums lag, und daß sein Vorhaben, zu Ende gedacht, in Wahrheit war, die Mauern der Verfestigung samt ihren Dogmen und institutionalen Abkommen ein für alle Mal niederzureißen, um jener 'letztendlichen Einheit' willen, die die gerechten Sachen wollen und vereiteln."[67]

---

65 Kracauer, Geschichte, S. 23.

66 Vgl. Kracauer, Geschichte, S. 24.

67 Kracauer, Geschichte, S. 25.

Drucknachweise

Rhetorik des Lachens - Originalbeitrag; Vortrag, gehalten am 29.10.1991 im Rahmen der Ringvorlesung "Vom Lachen" an der Universität Tübingen, initiiert und zusammengestellt vom Südwestfunk Landesstudio Tübingen.

Rhetorische Kunstprosa in Klassik und Romantik - In: G. Ueding: Klassik und Romantik. Deutsche Literatur im Zeitalter der Französischen Revolution 1789-1815. Hansers Sozialgeschichte der deutschen Literatur vom 16. Jahrhundert bis zur Gegenwart. Hg. v. R. Grimminger. Bd. 4. München, Wien 1987. S. 771-810.

Rhetorik und Popularphilosophie - In: Rhetorik 1 (1980), S. 122-134.

Von der Universalsprache zur Sprache als politischer Handlung - In: J. Schmidt (Hg.): Aufklärung und Gegenaufklärung in der europäischen Literatur, Philosophie und Politik von der Antike bis zur Gegenwart. Darmstadt 1989. S. 294-315.

Rhetorik der Tat - Ludolf Wienbargs "Ästhetische Feldzüge" - In: G. Ueding: Die anderen Klassiker. Literarische Porträts aus zwei Jahrhunderten. München 1986. S. 89-109.

Rhetorik des Kitsches - Bearbeitete Fassung eines Aufsatzes, der auf dem ersten Teil des Buches: Glanzvolles Elend. Versuch über Kitsch und Kolportage. Frankfurt a. M. 1973, beruht und zuerst in dem Sammelband: Literarischer Kitsch. Texte zu seiner Theorie, Geschichte und Einzelinterpretationen. Hg. v. J. Schulte-Sasse. Tübingen 1979. S. 65-88 abgedruckt wurde.

Rhetorische Konstellationen im Umgang mit Menschen - In: Jahrbuch für Internationale Germanistik 9 (1977), H. 1, S. 27-52.

Gesprächsgesellschaft in Utopia - Goethes "Unterhaltungen deutscher Ausgewanderten" - In: G. Ueding (Hg.): Johann Wolfgang von Goethe: Unterhaltungen deutscher Ausgewanderten. Frankfurt a. M. 1987. S. 167-192.

Von der Rhetorik zur Ästhetik - Winckelmanns Begriff des Schönen - Originalbeitrag; Vortrag, gehalten in Paris im Maison des Sciences de L'Homme am 18.1.1991.

Rhetorik und Ästhetik in Schillers theoretischen Abhandlungen - In: G. Ueding (Hg.): Einführung in die Rhetorik. Geschichte - Technik - Methode. Stuttgart 1986. S. 124-155.

Lichtenbergs Beredsamkeit aus der Erfahrung - In: J. Zimmermann (Hg.): Lichtenbergs Streifzüge der Phantasie. Hamburg 1988. S. 134-157.

Erzählte Geschichte - Einige rhetorische und ästhetische Aspekte von Kracauers Geschichtsphilosophie - Originalbeitrag; Vortrag, gehalten am Goethe-Institut Genua am 25.11.1989.

Personenregister

Sachregister

Danksagung

Mein Dank gilt allen Mitarbeitern am Seminar für Allgemeine Rhetorik in Tübingen, besonders Else Schaudinn für die Einrichtung, kritische Lektüre und Korrektur des Manuskripts, Ute Rather und Wilhelm Hilgendorff für die redaktionelle Bearbeitung der Beiträge und Anmerkungen sowie die Herstellung der Druckvorlage und Boris Kositzke für die Anfertigung der Register.